荊楚文庫

〔康熙〕黄安縣志

〔清〕劉承啟 修
〔清〕詹大衢 纂

荊楚文庫編纂出版委員會
武漢大學出版社

荊楚文庫

〔康熙〕黄安縣志

KANGXI HUANG'AN XIANZHI

圖書在版編目(CIP)數據

〔康熙〕黄安縣志/〔清〕劉承啟修;〔清〕詹大衢纂.
—武漢:武漢大學出版社,2022.3
ISBN 978-7-307-22856-6
Ⅰ.康…
Ⅱ.①劉… ②詹…
Ⅲ.黄安縣—地方志—清代
Ⅳ.K296.34
中國版本圖書館 CIP 數據核字(2022)第 008570 號

責任編輯:李 程
整體設計:范漢成 曾顯惠 思 蒙
責任校對:汪欣怡
出版發行:武漢大學出版社(中國·武漢)
地址:武昌珞珈山
電話:(027)87215822 郵政編碼:430072
録排:武漢恒清圖文菲林輸出工作室
印刷:湖北新華印務有限公司
開本:787mm×1092mm 1/16
印張:42.75 插頁:6
版次:2022 年 3 月第 1 版 2022 年 3 月第 1 次印刷
定價:169.00 元

ISBN 978-7-307-22856-6
9 787307 228566 >

《荆楚文庫·方志編》編纂組

組　長：劉偉成　陽海清（執行）

副組長：劉傑民（執行）　王　濤　謝春枝　郝　敏　嚴繼東　范志毅（執行）

參編人員（以姓氏筆畫爲序）：

王　濤　李云超　宋澤宇　范志毅　郝　敏　柳　巍　馬盛南　陳建勛

夏漢群　梅　琳　陽海清　彭余焕　彭筱溦　楊　萍　楊愛華　雷　静

劉偉成　劉傑民　劉水清　謝春枝　戴　波　嚴繼東

編　審：周　榮

顧　問：沈乃文　李國慶　吴　格

出版説明

湖北乃九省通衢，北學南學交會融通之地，文明昌盛，歷代文獻豐厚。守望傳統，編纂荆楚文獻，湖北淵源有自。清同治年間設立官書局，以整理鄉邦文獻爲旨趣。光緒年間張之洞督鄂後，以崇文書局推進典籍集成，湖北鄉賢身體力行之，編纂《湖北文徵》，集元明清三代湖北先哲遺作，收兩千七百餘作者文八千餘篇，洋洋六百萬言。盧氏兄弟輯録湖北先賢之作而成《湖北先正遺書》。至當代，武漢多所大學、圖書館在鄉邦典籍整理方面亦多所用力。爲傳承和弘揚優秀傳統文化，湖北省委、省政府決定編纂大型歷史文獻叢書《荆楚文庫》。

《荆楚文庫》以『搶救、保護、整理、出版』湖北文獻爲宗旨，分三編集藏。

甲、文獻編。收録歷代鄂籍人士著述，長期寓居湖北人士著述，省外人士探究湖北著述。包括傳世文獻、出土文獻和民間文獻。

乙、方志編。收録歷代省志、府縣志等。

丙、研究編。收録今人研究評述荆楚人物、史地、風物的學術著作和工具書及圖册。

文獻編、方志編録籍以一九四九年爲下限。

研究編簡體横排，文獻編繁體横排，方志編影印或點校出版。

《荆楚文庫》編纂出版委員會

二〇一五年十一月

前言

《〔康熙〕黄安縣志》十二卷，清劉承啟修，清詹大衢纂，清康熙三十六年（一六九七）刻本。劉承啟，字光仲，清直隸故城（今河北故城）人，貢生。詹大衢，字涉園，湖北黄岡人。康熙十一年（一六七二）副榜，授翰林院孔目，其著作甚富，有《大易疏晦》《發明朱子本義》《孝經論註》《環溪草堂集》《白燕堂集》等行世。

黄安縣置於明嘉靖四十二年（一五六三），其志則始於明萬曆十三年（一五八五）邑人耿定向所修《黄安初乘》。其後周鶴陽稍加補輯，又有耿應昌於康熙四年（一六六五）補修重刊。康熙三十五年（一六九六），劉承啟來宰是邑，其人勤政務實，歷一載而使百廢興。又以志事爲己任，公務之暇與衆士大夫討取舊志，搜採遺編，於康熙三十六年（一六九七）閏春舉志事，延名宿詹大衢主持續修，又請鄉紳四子加以考究，『以《初乘》爲準繩，而折衷于省、郡二志，加以博採遺文，廣諏輿論』，三閲月而其書告成。

志分十二卷十二綱：沿革、疆域、田賦户口、蠲賑、學校、諸祀、風俗、職官、選舉、人物、閨範、藝文，約八十目，每卷卷前有總引，卷後有總論，而卷内每條目之首爲該條小引，之末則以該條之義爲小結。是志較之《初乘》，體例更符合修志規範。《初乘》分十三綱，綱下無目。是志加以調整細化，分綱置目，使之條分縷析，一目了然。如分置『學校』『諸祀』二綱，以示學宫焕新、尊重先聖之意；棄『景賢』設『人物』、以『閨範』取代『壼懿』；《初乘》除『文徵』外，亦有詩文散見於『山川』『景賢』等，今以『藝文』收録各類詩文。《初乘》未做圖考，是志四境、縣治、八景各繪有圖，彙列首卷，其餘細圖則各列相應門目之下。其内容在審慎原則之下，廣録與安邑相關的人物、遺迹。如『古蹟』所録除聲名顯著者，亦收『文存而迹泯或事微而人重譬之景星慶雲』者。『名宦』補入『於文集、諸書確有見聞足據者』。『鄉賢』則『不論已入未入，總於「人物」中詳載行實，以備採覽』。其『閨範』則例外設一編録入未旌者，以免實足世風者遺録青史。

《初乘》修時，距安邑立縣不過二十餘年，難免簡略。是志在此基礎之上完善體例，充實内容，作爲清初志書，有承上啟下之用。

據《中國地方志聯合目録》，是志僅天津圖書館存完整藏本，本次據此影印。原書缺卷二第七十九葉、卷十『人物下』之十七、十八葉。（彭筱溦）

目録

年遐齡序……一
王燕序……七
高緝睿序……九
岳宏譽序……一三
胡在恪序……一六
賈鉉序……二〇
詹大衢序……二三
宋希若跋……二六
周國購跋……二九
張希良序……三一
自序……三五
原序……三七
纂輯姓氏……四二
綱目……四五
凡例……四七

卷之一　沿革……五〇
圖考……五六
星野……七九
祥異……一一九
公署……一二六
正廨……一二六
雜廨……一三一
書院……一三三
卷之二　疆域……一三六
城池……一三八
山川……一四〇
山……一四〇
川……一四七
三鄉分壤……一五二
坊里邨落……一六四
坊里……一六四

街巷……一六五
郇落……一六六
鋪……一六八
店……一六八
關……一七〇
橋梁……一七〇
物産……一七二
卷之三　田賦户口……一七八
田賦户口則例……一八〇
附關切利弊數則……二〇四
卷之四　蠲賑……二一〇
蠲租……二一〇
賑貸……二一五
倉貯……二一八
養濟院……二二二
漏澤園……二二二
卷之五　學校……二二三
殿廡……二二四
木主……二三二
頒勒貞珉……二三三
聖賢圖考……二四一
祀典……二五九
禮器……二七七
樂器……二九七
鄉飲酒禮……三一八
鄉射禮……三二三
社學……三二四
義學……三二四
學規……三二四
卧碑……三二五
弟子員……三二六
賓興……三二六

貢試……三三六
卷之六　諸祀……三三七
壇壝……三三七
壇壝考……三三八
風雲雷雨山川壇……三三八
社稷壇……三三四
厲壇……三四〇
禮芒神……三四二
救護日月蝕……三四三
祭旗纛……三四四
名宦……三四四
名宦祠……三四四
鄉賢……三四五
鄉賢祠……三四五
耿公專祠……三四六
寺觀……三四七
城内寺觀……三四九
城關寺觀……三四九
三鄉寺觀……三五一
古蹟……三五九
陵墓……三六五
卷之七　風俗……三六七
歲時競尚……三六九
五禮……三七〇
近俗四則……三七一
十六條直解……三七二
卷之八　職官……三八八
職官考……三八八
職官制……三八八
慶賀儀制……三八九
上任儀制……三八九
職官表……三九〇

儒學……三九九
教諭……三九九
訓導……四〇一
醫學　僧會　道會……四〇二
卷之九　選舉……四〇三
選舉考……四〇三
進士……四〇四
舉人……四〇六
貢士……四一〇
國學……四一二
貤封……四一四
恩蔭……四一五
薦辟……四一五
武進士……四一六
武舉人……四一六
卷之十　人物……四一八
理學……四一八
名賢……四二三
宦蹟……四四五
忠義……四五三
孝友……四五八
德行……四六五
文學……四七五
武勳……四八四
隱逸……四八六
僑寓……四九四
方伎……四九七
僊釋……五〇〇
卷之十一　閨範……五〇六
貞淑……五〇七
節烈……五一三

卷之十二　藝文……五四二
制誥……五四三
詩賦……五六〇
賦……五六〇
詩……五六七
疏……五九四
文……六〇二
序……六〇二
傳……六二三
記……六四一
書……六五九
頌……六六四
表……六六六
人物補遺……六六八

黃安縣志序

以天下而視楚楚其十五之一耳以楚而視黃黃亦十

五之一耳以黃而視安安又其九之一耳然則安之爲邑也藐藐矣曷爲

乎志曰視邑知郡視郡知省視省知天下安雖小郡之積省之積天下之

積也烏容以不志考之志安之稱縣也自有明嘉靖癸丑始未立縣以前

其地分屬黃岡麻城黃陂之三邑顧以介居楚豫巖巒重複菁葱蔚翳且去各邑遠地僻而民雜則往往鞠爲盜藪里中太學生秦鉞等伏闕上書

請立縣以治議者憚於改作多以爲未便格不行久之邑大司農耿公定向方在臺中力主其議事下行省覆勘僉言立縣治之允宜天子報可經

始落成屹然金湯
矣夫有縣則有志
有志則有其志之
事與目表之以沿

革經之以疆域田
賦學校緯之以祀
典風俗職官博之
以選舉人物閨範

附之以藝文而志
之法備焉當安之
未改邑未立志也
其所謂風俗人物

諸事附於各邑以
見遠邑改而志立
則人得指而目之
曰某某安之疆域

田賦也其其安之
風俗職官也其其
安之選舉人物也
人指爲安之所有

安之人亦遂據以
爲有而官於安者
以安之土爲土以
安之人爲人則亦

必以安之所有而
爲之規畫之經理
之舊者仍之新者
創之利者興之弊

者除之去其習染
而煥以新猷廣其
教養而予以樂利
俾後之視今頓改

昔觀感懷盛蹟而
追溯其所由來則
黄安縣志之作夫
豈徒然乎哉安之
志肇始者有初乘
一書百餘年來修
輯無聞紀載放失
魯豕混淆人心靡

所勸懲習俗日以
頹惰九河劉子承
啟作令是邑採輯
編摩煥然一新為
紀爲載以法以戒
可謂知爲治之先
後者矣方今
聖天子久道化成大

治濯俗安雖小邑
文教蔚興賢才輩
出駸駸乎日馳而
上矣則雖於楚爲

百之一於天下爲
千之一其爲出類
拔萃而表異於鄉
國天下無難也安

之人勉乎哉安之
令勉乎哉爰染翰
而爲之序
旹

康熙三十七年歲
在戊寅孟夏
誥授光祿大夫奉
命巡撫湖廣等處地

方兼提督軍務兵
部左侍郎兼都察
院右副都御史加
三級三韓年遐齡

撰

黃安縣志序

國之有史郡邑之有志非取備掌故而已
蓋將考鏡得失焉夫畫疆經野以為民也
民之不安國誰與立立而不教民猶弗安
明嘉靖間豫寇充斥姜家畈僞冢震隣伏
莽蔓延急於厝火君成觀變為徙薪曲突
之防莫如設治乃非常之原懼焉者衆三

年築倉奏請徒勤非耿公伯仲起而為纓
冠之擊迄未易潰於成余考其建置沿革
重有慨焉今之黃安昔之畈也食世德服
先疇雖歌明鑿而蒙業者昔之審勢沉幾
犯衆忌排群難以貽之者也噫前之人既
肩其鉅後之席其成者宜遵何道哉無亡
惟是養而教其子弟蒸蒸於禮陶樂淑享

有道之長而已顧向者百餘年來剽悍之
氣未柔時復乘間竊發以煩騷除將安道
之者寡術與父兄率之未先與何俗之媮
也今
天子四征弗庭武廟匝宇與薄海內外休養生
息仁興讓起萬國同風際斯盛也安之人
其相與入而束身砥行務本力田出而奮

起事功潤色鴻業時哉不可忽也九河劉
君以名家子來宰斯邑以其家學措為令
圖凡所為導揚
聖謨修明學校鉏害馬改佩牛一年之閒循蹟
皆有可紀茲復汲汲以志乘未修恐徒績
之浸湮無以勒
國典而畢
皇圖纂前修而開來緒亟若苑輯成茲可藉可
謂講於治道之要矣余故因其請序藉手
而申勗安人以前事之不忘劉君其以余
言日討而訓焉夫守成不易嘉會難遭為
聖朝樹風聲褒文治使斯人無墜乃先猷者良
有司事也抑余又有慮夫教思之無疆莫
切於表章人物上則為之陳其粗德下則

為之翼厥孫謀達直捷擲俾之興起為敦
尤近以速然往見郡邑修志請託輒多魚
目碔玞錯然在列久而論定適以叢怨招
尤固不如嚴其覈之為愈耳其有潛德幽
光燽處耳目或以門祚單寒抑使不耀或
私心成見逞其臆以上下之是又秉筆者
之過而取忌於冥冥者也劉君此志吾知

免夫夫郡邑之志國史所資以昭勸懲為
訓方型俗典綦重已如以其備一文士僂
為之於大政乎何補此余之鄭重於沿革
人物二端為是鰓鰓過計也餘志非所略
則竊取曾子之義曰有司存
康熙歲在丁丑季夏
通奉大夫湖廣湖北等處承宣布政使司
布政使王燕譔

黃安縣志序

黃安古無是邑有之自
明嘉靖始蓋析黃岡之
中和鄉黃陂之兩河口
麻城之金場另設爲邑
從里人秦鉞等請也由
楚而論與衡之嘉禾鄖
之保康永之新田靖州
之天柱同一例至今仍
之弟邑創未久往蹟尚

湮志亦多缺略九河劉
子光仲來宰是邑毅然
以修廢舉墜爲已任政
成之暇與邑之士大夫
討舊乘而更新之余持

臬湖北甫蒞鄂渚而是
編適告竣請序于余余
維
聖朝聲教四訖幅幀遼廣
爲振古未有自奉

大清一統志纂脩之命各
省通志及郡縣志皆修
輯有成書黃安雖僻壤
乎豈可使前志所未備
者略而不詳況畫疆分

域以來生齒日繁迄今
過金局之關煙火桑麻
不絕望五雲仙居諸峰
森鬱環列儼然一都會
先哲自天臺耿恭簡公

暨翁仲臺八先生倡理學于前吳敦之盧贊勳秦五梅張璧山諸君子相繼振起文章節義爲邾城冠嗣後名流輻輳

家擅青箱彬彬乎稱盛已獨是踵事增華易爲力集腋成裘難爲功縱蠹簡可尋事經草昧摒擂不易守土者遂視纂

輯爲緩圖乃劉子不以其急者緩之而能以難者易之凡星躔分野山川阨塞以及風土人物詩古文辭無不洞悉源

流瞭若指掌昔崔後渠大名志康對山武功志簡核精當人艶稱之以視黄安志優絀未審何如然讀其書知是邑必

不可不設設是邑足爲
齊安一郡增重則志之
修卽爲一邑增重且得
藉以旁蒐廣覽異日輶
軒采擇上之石渠劉子
未必無小補云

旹
康熙三十六年歲次丁
丑仲秋湖廣湖北等處
提刑按察使司按察使

靜海高維嶠撰

黃安縣志序

春秋時黃國在汝寧光山今之黃州乃楚西陵地也漢晉皆仍西陵隋曰黃岡分其地爲麻城後齊又分其地爲黃陂是黃岡麻城黃陂三邑皆西陵地也明

嘉隆間又析三邑邊徼地相聯屬者爲黃安亦西陵地也興廢沿革各有其時而定謨刱始規畫久遠豈不以其人哉當其界在荒邈民易作奸官難遥制萑苻竊擾殆無寧晷自耿恭簡公建議上請分疆立縣百餘年來保城郭之安固享菽帛之利賴士食德農服疇皆恭簡公之力也邑成而志以作山川風土學社祠廟以及政刑貢稅之倫人文物產之盛麟麟炳炳燦然可

觀名曰黃安初乘亦恭簡公之撰著也嗟乎不有作者前何以傳不有述者後何以繼自恭簡公後百年之內有學使周鶴陽先生暨公之孫戸刑兩主政邑宰關中蕭使君節經錄刻凡三

易板萧使君刻於
今上龍飛之四年迄今又三十有餘
年矣三十年爲一世其間蒞事
增華日新月盛戸口繁庶阡陌
姸麗昔爲僻壤今號名區震耀
隣封聲光四起若夫四民之首

入文秀出科第則鄉會名魁輩
英藝苑宦績則詞林銓諫振采
巖廊此皆三十餘年被
皇上作人之雅化應
國家景運之休明故克臻此若不
起而修之得無因陋就簡久且

散逸罔稽恭簡公亦不能無遺
憾於後人也故城劉君蔡齋以
名家子來宰是邑雅擅騷賦之
宗夙裕經濟之畧視事一載善
政蔚興慨然以風化名教爲已
任公餘之暇搜採遺編探討舊

乘去其支蔓存其徵信綱舉目
備彙集大成庶乎其爲一方之
龜鑑而垂百代之典型也乎志
旣成因邑之大夫士請問序于
余余惟徵文考獻興廢舉𡚁使
臣之專責也賢有司留心文教

激揚同美他日膺清華之選行
將天祿石渠備
聖天子顧問亦使臣之亟宜揄揚獎
勵以樂觀厥成者也余雖未能
窺恭簡公之堂奥而私心景仰
竊聞其緒餘兼有劉君之編風

輯雅實嘉其志何敢以鄙拙不
文而固辭焉遂援筆而爲之序
昔
康熙三十有六年歲次丁丑仲
夏之吉
賜進士出身全楚督學使毘陵岳宏
譽撰

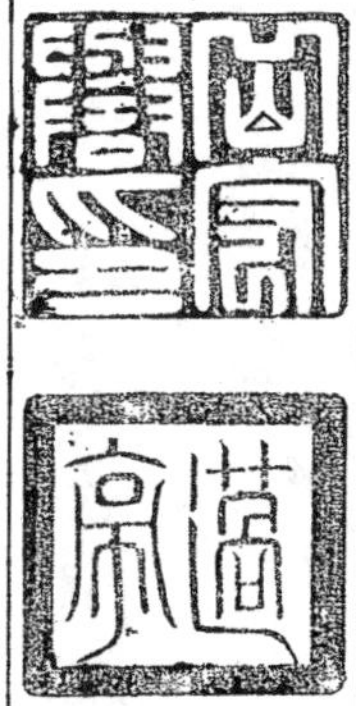

黃安縣志序

太倉稊米宇宙間章亥八極之所步崑崙層城之所起尾閭萬壑之所歸存而不論者多矣至於辨方正位體國經野以易海內之法勒爲成書莫備於周禮中若內史掌邦國之治外史掌

四方之志四方之志即郡國之志也志爲史中之一體而紀其土地風俗物產貢賦之數故自大司徒而下司會司書所計以及夫家六畜一一皆達於羣吏

漢龔遂之治渤海幾樹幾韭尙皆其遺意也史記上自天文地理下至溝洫刑法皆爲立志而後人因兵無志選舉無志遂謂爲漢書缺典故孟堅因陋就簡而又謂固添毀史記字近於蛇足甚矣夫作志者之難言也志

所以傳治法傳治人而自古有治人無治法則因成法而神明之以實見之於治者內有公孤論道外至岳牧宣化而下一切利病得失惟良令之習見熟識

而後得以漸次上聞蓋造命者
君相而造一邑之命者則良令之所
獨也
劉侯之令黃安也以擘劃風雲
之手運造化鑪錘之柄催科兼
乎撫字保甲嚴於里社而遒人

有書課士有程華故闢新百廢
俱舉修築營繕以時後民雖西
蜀之文翁河陽之潘岳無以加
茲而
太公衆憲先生以尚書起家海
內談經義者奉爲宗哲典試吾

楚荊璞湘蘭奇芳畢獻衡文山
右驪黃牝牡剪拂長鳴箕裘鳥
奕棠棣蟬聯家學治譜所從來
者遠也化成政舉之日爰諮詢
黃安故實蒐網成帙以爲縣志
乃屬孝廉盧君荇浦於澴川索

序於余豈以甲子昌期奉
命纂修楚志時在恪會陪陳僉憲省
齋張侍講石虹共事丹鉛尙爲
老馬識途長年知津乎噫嘻甲
子去今荏苒十有四年矣而余
以憔悴顑頷之入筋力日已衰

聞見日以窄又何能辨艅艎舴艋萬斛一壺之分以爲五兩之先占而又思舊國舊都雖山林草木之緡入之十九望之猶暢然也余於三十年前經遊此地者久因得稔知其山川之險易人文之瑰奇風俗物宜之厚薄豐約而人傑地靈之不同也按明嘉靖末始析黃岡黃陂麻城三縣地爲黃安時二耿先生雙鳳入座咳唾九天樓船將軍聡爲闗外民徙築新安去弘農三

百里固其宜也今之縣治正屬麻城地百雉以外廣輪經緯所距凡余之目賞足踐者殆過半矣兹聞侯建廳事時於兩楹下得二古泉水清而深遂名其堂曰雙泉夫王者政平則地出醴泉我

皇上聖神文武太平恩澤淪洽海宇

今吾侯奉

命以惠元元古泉並出苦變爲甘盧城豈得專美於前哉邑之彭東莪耿天臺叔臺盧贊勲諸先生

理學經濟卓然自命而近所聞
於彭君伯常之女未適而誓死
匪他此真山川間氣所鍾而天
理民彝之賴以幾希不滅者因
侯之下問而及之固志中之宏
綱大節也至於課農桑興教化
移風易俗禮禁之於未然之前
以仰佐
國家萬年無疆之慶則一邑者天
下之積也行將舉巢閣遊郊之
瑞其為吾侯快先覩云
康熙丁丑季夏上浣

賜進士第奉政大夫原任江西管理
通省驛傳鹽法道按察司僉議
荆南隣治年家弟胡在恪頓首
拜譔

黃安縣志序

周鼎臺

山水畎澮物產之分昉自
夏之禹貢體國經野載
於周之職方此志乘之原
也班氏藝文志則文章以

地而傳合而為志猶古史
也然匪得良史才曷以文或
蕪而不簡事或繁而失
實具已史才矣而尤博諳
廣訂則流於山經野志諸
譌踳駮矣抑必有其權輿
其學而後志可言也方今
幅幀遠矣山陬海澨者入
版圖支郡雕題咸登王會
而制九州名區炳若列宿者

哉楚黃為湖北上游黃安
一邑以春秋江黃之地漢晉
總曰西陵隋曰黃岡分其地
為麻城後齊又分其地為
黃陂迨明嘉隆間又析三

邑之邊徼聯絡者為黃
安當其附界在荒服綏埜
豫之要衝建置沿革猶
存樸那萬山之中寔萑蔚
之藪也乃有恭簡耿大司
農為之經營碩畫復輯
山川風土之宜為初稾一
書厥功偉矣垂百有餘
年而歷更良吏之拊循山
川益以煥麗人文益以彪炳

物產益繁而户口益廣此
初稾之增脩斷斷然已余
承乏齊安顧黃安屬在
大邑興廢舉墜長吏責
也不有其人何以勝任遠茂
宰劉君以名家子種學
績文游刃是邑未幾而以
脩志告工既竣請余弁其
首余惟
國家右文凡在外吏莫不首明

忠孝敬節義故張弛善
而風土美焉邑之於郡猶
指掌也織物持衡掌事
也爬羅剔抉指事也指屈
厥職掌識穎焉能覓輯

於草埜冽民瘼而不問
矣矧
今天子方脩一統志方輿等
書他日入謁
黼座山川民物歷歷對揚向詎

非良有司之事哉則是
書也不第為齋志之
將備採風之上乘矣爰援
筆而為之敘
皆

康熙三十有六年歲在彊
圉赤奮若月在無射下澣
四日知黃州府事加三級河
東賈鋐書

黃安縣志序

黃安爲吾郡名區每望天臺僊居五雲摩空紆茀直凌霄漢方三邑未割以前先文憲公同始遷倣邑輙不憚越境踄履濟勝迄今坊額不刊有以也逮二世

祖少保公㣲生三子長中翰綬郎先祖次洗馬紱居黃陂次廕監絅居安代遠地隔媿生也晚從未經其地歲丁丑春三月九

河

劉公光仲先生以世家名宿涖安邑甫朞年故鼎新百廢具舉固已士悅民安旣修黌序更公廨葺治城垣樓堞更念邑創百餘年締造伊始畧載初乘迄今又久歷年所矣因孜孜以邑乘爲急務從吾友周廣文我席寓書

於余屬爲纂裁余謝不敏者再四詎越數日公親自赤壁扁舟渡江枉駕草堂復申前說德容盎溢引人以深公爲余本郡鄰近父母余面不敢辭而中實媿甚稔知九峯之峻無待于翳薈

之翔四瀆之深無取于蹄涔之積矧乘猶史也司馬子長家世史官猶不免誤闕止爲子我盧陵五代史壯輿華尚多摘其譌謬既慮狗此失彼又恐掛一漏萬聽違者聞其疾而不聞其舒

烏焉成馬操觚家能無惕息乎公曰否否不然夫興利而除弊奬正而斥衮長吏之事也蒐訪舊聞酌通時變劑量參合正其牴牾而刊其謬誤特恐非簿書鞅掌之所得暇及耳嘗聞諸先

正曰郡邑之志猶天下求其近可以參水經遠可以追岱史者止有成都松江二志成都弭律于升菴松江隃廉于眉叟安以彈丸小邑介楚豫之交凡疆域山川扼塞要害城郭溝塗田井

賦役學校公署仕宦選舉人物隱逸節孝以及壇祠仙釋方術禽獸草木一邑之禮樂于是乎在文獻于是乎徵名教于是乎彰民情風尚于是乎托夫豈徒遐稽博採資爲潤色而已乎試

思先聖何以爰侑而見尊崇之
實提封何以錯繡而獲磐石之
安等威何以明辨而嚴上下之
體經賦有定額何以不煩追呼
而足也營繕有常役何以不待
鳩集而來也高風亮節逸侶貞

媛幽芳久湮未聞者何以悉表
揚而無脫漏也薦紳先生賁然
辱臨者軒蓋時有何以交淡如
水相信而不疑也通經學古肄
業膠宮者濟濟彬彬何以環境
內拂楮濡毫敲金戛玉而惠教

者比肩接踵也凡今之所欲言
而不暇及者殊難以更僕數至
矣哉何其鴻纖無遺本末畢徹
耶余聞之而愈覺儼然矣以公
之學行公之才以公之才運公
之心已然者且不勝書將然者

方未有艾行見薰蒸大化比戶
可封華薄從忠還淳返樸匪曰
志一邑之盛已也即入膺
內召左右凝丞不過本此治一邑者
推而廣之以佐治天下裕如爾
余雖獲來是地侷局數月同分

校耿君資生鍾君敏來盧君其
庚吳君愼旃及余次子士齊簪
筆以從而撫衷滋愧猶疇昔也
管窺之見曾何裨于
高深之萬一哉然躬逢
盛典自有不能已於言者故書之

康熙三十六年蒲月中澣鄰治
年家眷弟臨皐詹大衢洮園氏
拜題於黃安旅館

黃安縣志跋

昔吾夫子謂百世可知而以因革損
益爲倪葢三綱五常百世不變者也
文質三統隨時損益者也斯二者自
國史下迄有倫於郡邑之志者哉黃
安自明世宗末年割三邑之三鄉以
爲治百事草創故邑志弗備耿恭簡

先生初乘一書經緯犁然發還固之
緒論基討論之鼻祖其用心良苦矣
夫何百餘年來賢侯接踵竟無有大
因革損益之宜匯事而增華者亦何
其宜聞而久不聞也我
先翁父臺世先生來蒞茲土甫下車謁
文廟見宫垣圯毀已愀然動念且新

政之暇郎坐紳士而諏度之而告諸邑志之不修則勸懲之無資也未及期年凡所以致君澤民者亦既綱紀丕振張弛有序矣謂夫誕敷文治莫先於學廼鳩工庀材故泮之宮丹楹而刻桷者皆前日之污漫而頽折者也泮之水膏渟而黛蓄者皆前日之

淤濁而瀦穢者也經營既就先聖之靈庶其右之矣而度先聖之志似有歉然未盡彼文獻不足之感知我罪我之書果何人事歟爰屬紳士而謀邑志焉擇其具三長之畧者俾爲考訂我公親爲裁定丹黄甲乙激揚褒貶必質諸先聖無愧而後安如鄭國

之命三子各盡所長而潤色期於東里如唐書之作諸公各有撰述而鑒定必俟歐陽益仰觀俯察而知建邦因乎時地也故首之以沿革沿革定而畫疆分牧各子其民故次之以疆域疆域之内有民人焉養民人者厥惟恒産古者三壤咸則寓撫字於催

科而民數歲登於天府誠重之也故次之以田賦户口而又三九之蓄以禦災祲猶恐不足焉故次之以蠲賑廼登民數者掌於司寇而教萬民者責在司徒庶且富教俗緩乎故次之以學校學校之設凡以惇典庸禮也典禮莫先於祀事故次之以諸祀祀

事明而神貽爾福群黎徧爲爾德故次之以風俗風俗醇茂則良吏可以鳴琴而奏績矣故次之以職官職官教成斯賢豪之生其間者自應時而興雖山林草澤俱有禮陶樂淑之思而江永漢廣莫非齊治之徽音也故次之以選舉次之以人物次之以閨

範由是成人有德小子有造彪彪炳炳以大

國家右文之教而永同文之治皆良有司之澤也故終之以藝文焉嗚乎志之義備矣然非我公殫心蒐輯脈徑

昔以詔來茲於以矢

九重之文德作千秋之龜鑑庶幾先聖照臨與宮墻之日月並爲不朽亦安能軼恭簡而成茲盛典哉余旣樂泮林之美富又睹斯志之詳贍願與都人士昭宣大義質諸我公公曰子盍爲我言之善則歸之

朝廷心則公諸草野志之義如是余頓首而退遂吮筆濡墨而爲之辭曰

康熙三十六年六月朔黃安縣儒學教諭壬子科舉人隣治年通家眷世晚生尊川宋希若頓首拜撰跋

黃安縣志䟦

丁丑仲秋安志告成行將風示天下炳炳乎其千秋衡鑑也邑侯劉公編其事上憲諸臺弁其端昆法精意旣詳且確余經生復何贅耶乃侯顧謂余曰予秉鐸於茲有年聞見必廣安可無言

余唯唯受命不敢以不文辭侯編風輯雅美不勝書即自朝夕覩事來有卓越前人破荒後世一段經營苦心與民更始而成曠舉者安得不攄抒共明之安爲楚黃文物地前此兵燹頻仍轉輸供億致使財匱事弛凋敝日甚司牧者動輒棘手侯以名世大儒擅王佐才恢恢游刃毅然以興利除弊起衰振靡爲已任不數月而百廢具舉煥然改觀矣其所最關注者於邑志尤三致意焉噫以長吏而留心信史又豈可多得之於今日也哉邇自耿恭簡公著初乘後雖間有纂輯相沿百年竟鮮成書論世至此鮮

不以爲闕典侯曰邑無志猶國無史烏乎可並慮夫時代之遷流莫辨則前後無分形勝之疆界莫清則捍禦無據賦役之節目莫別則催科無稽宮墻之序列莫識則教化無資祭典之虔敷莫正則鬼神無依習俗之厚薄莫詳則從違無定仕宦之履歷莫

晰則功績無攷賢良之懿行莫著則獎勵無因朝野之著作莫備則建白無徵合此數大端皆有關政治非經書詳訂烏足以昭衡鑑於是集共聞共見公是公非者加之矢公矢慎克明克備鍵關甄別期於無間而後安故纂修討論雖皆名流碩彦而其提

衡綜理俟仍自爲研究竟至廢寢忘餐斟酌咸宜可法可傳夫以精誠貫注乃爾亘合天地民物幽明上下以爲體認故感通所致無遠近賢愚靡不懽忻鼓舞傳爲盛事此其淪浹人心爲何如耶葢實揆諸大經大法嘉言懿行舉凡善俗宜民有裨政敎皆

可按籍而求無復疑慮其爲一邑傳信之書亦云至矣後之讀此編者不獨思其蒐羅墳典旴衡今古進而窮天時人事之明備察國計民生之休戚俟之性情學問政事文章於茲具見事雖一邑而治天下之規模裕焉論雖一時而千百世之章程準焉亘可與古之良史並垂不朽當不徒作

邑志觀也異日

聖天子採風問俗安邑以此編進方將良法精義傳布遵守又豈僅以此際更始推爲曠舉也哉余因知之深故言之切然亦非挾聞寡見之私言也故特書以質之

旹
康熙三十有六年桂月下浣黃安縣
儒學訓導隣治年家世晚生夏汭周
國購薰沐拜撰

黃安縣志序

皇上稽古右文蘭臺石室之英抱槧
摛毫日不暇給凡郡國紀載皆
得上之太史氏考按而吾邑自
造昧之始大司農恭簡耿公著
剏乘曠百五十年屢欲繼作卒

無成書予每從史局目覩縹緗
深引以爲恥屬
明府光翁劉公涖吾邑造辭俯詢
一切予首舉邑在萬山中不通
舟楫其漕糧久入條鞭恭簡公
有力焉惟南糧本折無成畫歲

煩詳請尚爲民累自乙丑通籍
首陳之大司農相國余公徐崑
山繼長民部又陳之忠節葉公
今大中丞吳公與督糧馮公先
後之楚皆力請焉且言麻梅大
冶通山俱艱輓運徃時忠烈楊

公欲爲通山圖永利遺書當事
字字血淚事垂成而寢予悲其
志載其書於通志中安邑南糧
僅四千石侯能剏非常之原永
請改折萬世利也又言邑雖彈
丸山原雄曠土風厚醇萃三邑

之人文爲一郡會如吳公西山
之隱德詹公同文之著作吳公
朝陽之高節耿公恭簡之理學
耿公叔臺之經濟俱足炳麟千
秋而其間孝子節婦義俠隱流
潛而未耀者難更僕數也及今

無述後將奚徵矧侯大家績學
才擅三長與舉廢墜先此二者
而徐及其餘則安人之幸矣侯
首肯焉旣下車而刁訟者不敢
窺公府萑苻屏跡脩廟學課生
徒諸所張施頌聲大起又數月

則遺于書云改折體大且有待邑志則捐貲從事已邀同麗朋詹公暨邑紳士刻日編纂矣侯之不托空言而知無不爲風發飈迅如此書成屬予序予惟今之令長簿書期會外率贅肬視之日吾俗吏此其說不然志者一邑之精神眉目也於沿革見古今之形勝焉於疆域見金湯之保乂焉於田賦見民力之艱難焉於蠲賑見惠輯之得失焉於學校祠祀見時代之興替所

報之是非焉於風俗職官見剛柔之異性寬猛之殊施焉他如選舉以彰教化之盛衰人物以表不朽之樹立而閨範之節烈貫金石藝文之彪炳懸宇宙也酌其盈虛補其偏獘而政不外是矣謂非長吏事乎且非特此而已今

聖天子疇咨吏治必及學問賢令長固將待徵召入爲侍從者也昔有官毘陵者召對問錫山不知曰郡有名山不知政可知矣假

俗吏自甘房州杜若幾何其不
爲天下笑哉如我侯操此以往
有餘矣侯所爲志蒐求博而限
斷精忠厚謹嚴深得良史遺意
傑然與初乘並垂百五十年曠
闕舉之一旦吾儕何幸而際此

也若時當大凱方且臥鼓韜弓
邉塞積糧俱無所用則前者第
一芻言猶於侯有厚望焉
旹
康熙丁丑七月後五日
賜進士二甲傳臚翰林院侍講奉
命提督浙江等處學政丙子科順天
文武鄉試主考官前左右春坊
賛善
日講官起居注翰林院編脩充
三朝國史一統志明史纂脩官戊辰
會試同考殿試掌卷官庚午科

浙江鄉試正主考翰林院庶吉
士邑人治年家眷張希良拜題

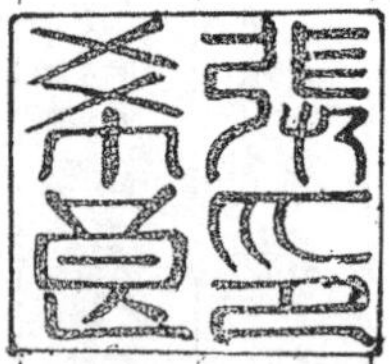
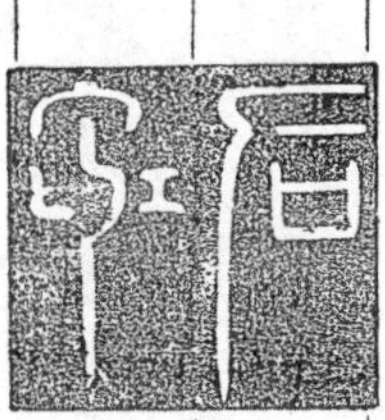

黄安縣志自序

自龍門有八書而後之作史者宗其書蘭臺有十志而後之作史者宗其志夫志者心之所之也孔子不曰志在春秋乎古者列國各有史官以記其事故春秋為經中之史則志之所在即書也諸葛武侯稱王佐才其治蜀不設史官使後世鮮所考據

識者猶譏其躬校簿書精於細而忽于鉅而況才不逮武矦者哉今之邑猶古列國今之邑志猶古列國之史故志必自縣始而府而省彙為一統志層累而上乃詳且確所謂滙衆流然後知朝宗之大挹列宿然後知北極之尊尊者職要卑者職詳理勢然爾乙亥冬余謁典銓得安邑因知安

為明嘉靖時割黄岡麻城黄陂三邑之裔疆百數十年來理學名儒比肩接踵人文物產越鄙猶聞風慕之既蒞任未嘗不亟欲辨形勢之險易明土田之沃瘠稽戶口之登耗核賦稅之嬴縮考風俗之淳漓舉其利弊興釐勒成一書永垂不易相其緩急而輕重布之頃以簿書鞅掌未暇問及

筆墨事然或晤對賢哲則訪其舊或驅車田間則諏諸野或道逢碑碣則摩其字或惠投編帙則攷其文寤寐圖維冀得一當無如保固疆圉必有其程則辨險易之難也調劑區畫必有其竅則明沃瘠之難也斟酌損益必有其準則核嬴縮之難也勸懲旌別必有其方則考淳漓之難也一旦

而欲消斲泐挾蠹本移風易俗返樸還淳
俾耳目一而心志齊非徵文考獻刊定成
規以傳永久斷斷乎不可也考安邑自草
昧初開即有耿恭簡公所著初乘一書畧
載縣事然已久而多缺繼則從事修葺者
廣陵絕響噫亦可慨矣方今
朝廷聲教誕敷化成廣被安雖蕞尔小邑乎其

農服先疇而士遵舊德者率皆
聖天子湛恩汪濊之所及也使于百數十年之
人文物產利弊興除聽其淪落于荒烟蔓
草而無所表見尚可謂之知務也乎爰于
丁丑閏春奮勉舉事延黃岡詹陟園名甯
主其稿籍罨耿子宗神鍾子應遴盧子紘
懋吳子弘祚詹子士齊分校之矣公矣慎

商戶商確如是者三閱月而余亦藉手告
成事焉就中分列十二卷每于卷首畧引
其端而緒之以論總以明乎志內之所關
係者甚重初非泛及也唐韓昌黎與張韶
州詩云願借圖經將入界又張籍贈鄭尚
書句曰嶺南封管送圖經可知圖經所載
自古不容假易及時而修之豈特備一邑

之觀乎況恭簡與八先生倡明理學以後
彬彬蔚起代有賢哲文章道義之涵濡忠
孝節烈之蘊蓄藉榮史冊允彰不朽苟或
實未必至而欲竊其名則公道在天是非
在人南董雖不可作乎而三代之直尚未
泯故是役也事取其覈而鄙書杜撰之必
屏也議取其公而納交要譽之必察也謀

取其斷而聚訟築室之勿泥也三資者備歷幾乎遍觀厥成而無愧也乎若云稽往識來布在方策遂云有合于龍門蘭臺之遺意也則非余之所敢居也志甫竣事邑紳士咸欣〻以顧得

各上臺序文冠冕志端爲請余既爲之~~轉~~顓而姑以不敢之意詳告都人士爲旹

康熙三十六年桂月上澣文林郎知黃安縣事九河蔡齋劉承啟光仲氏書于雙泉堂

黃安初乘原序

學使王　圻　上海

籍家有言誌猶史也志體經見則自禹貢周職方始漢以降殆濫觴矣譚者謂常璩之志華陽盛弘之記荆州格古而辭簡要之言有枝葉先民所不貴也明興輿圖開拓視古百倍自統志外郡邑載乘在在有之顧多繁蕪不根所紀山川風俗壤則民數無裨省方實政乃今覩耿師楚侗公所著黃安初乘則彬彬乎文獻矣黃故楚疆在春秋爲江

黃地國初置縣所屬於黃郡者爲州一爲縣七而黃安之建則創自肅廟蓋黃岡麻城黃陂之析壤也時我耿師爲侍御力主其議先是茲土去三邑遼邈率多萑苻之警逮今示戢爲桑梓利猶懼載乘缺略無以信今傳後故公特身任之圻讀公所自叙卷目次第條理血脉貫串言言關國計切民務蓋意昉禹貢職方而體裁則良史矣即使常盛二家視之退避三舍而况繁蕪不根者乎或謂我

師道德功言並垂不朽乃茲總肅百僚濟登八座凡四方要害九土綱維皆所規畫奚限梓里圻曰不然昔尼父操筆削之權以我魯而準列國故曰舍魯何適公之黃安獨非孔氏之魯乎公將以一邑風天下俾有志作述者倣而爲之文如其簡事如其核義例如其嚴且詳此豈徒以邑乘名哉間又讀公所志往績謂以有盡觀無盡公之爲心亦遠矣卷凡二目僅十有三有道者之言信不贅云

萬曆歲次乙酉夏五月撰

黃安初乘原序

鄧應祈 内江

丙戌秋余來宰麻城於時會稽余君領黃安令有年矣麻黃故爾脣齒邑其間民表裏出入壤繡錯春相聞也余下車問俗從父老詢旁邑興革利病及長吏治行卓絕者旦暮若將模楷之于是得首聞君聲藹嘖嘖誦黃安令者口碑莫盡矣已稍稍從君遊習知君寬仁明斷揮霍沉毅彬彬質有其文焉因益願交讙君間叩其治邑狀曰行何德政而令頌聲載道也者則君頷笑不應也無何而出黃安初乘示余余讀而嘆曰嘻君之治黃安固若斯乎固若斯乎今天下語吏治難矣無論其斤斤奉三尺不敢破拘攣而操短長即其傳記所載布在方冊物軌以彰之話言以詔之勸戒以維之表儀以範之而且也先後殊軌廢置異宜上下別等遠近各制大小雜用輕重兩參明闇并燭寬猛互存若是數者乃欲巨細畢舉詳略不遺方圓兼周左右共貫勢不必一責以殊途時不必同強以合轍自非轉移隨機陰陽握樞安能勝其任而愉快哉乃今覯君之理黃安也舉凡禮樂文章民風士行錢穀要害土宜物產沿革變更虛實強弱靡不炯若觀火歷如辨指修廢舉墜表隱張微易瑑爲樸因害制利矯枉而歸正陂以平變而通之使自從之張而弛之使自宜之潤色藻繪擇揆挺搦順

而引於門適于道卽取初乘一書援前驗後比戸絜大毛舉而悉貲之則君之政績班班具在何得只令張季黃次公之徒若班氏所傳循良者卓卓稱上治也又不寧唯是天下之事有傳則久有徵則信有人則與有時則合不可闕也黃安自創建至今幾三十載爵者欲爵積者將洩而都御史耿公以理道微言振起絕學漸被其鄉君蒞茲土復日夕鼓舞濡染品式而節宣之文獻與矣且是書

也創于耿公而成于君無耿公則載籍莫據而美不傳無君則掌故悉虛而史不信耿公由性命發言故其詞贍其體辨其事核君以經術飾治故其績昭然燦然犂然炳然葢與是書相證不爽也則兩者若相待也則是書之所以不朽也萬曆戊子歲仲春撰

重脩初乘原序　　金學曾　錢塘

前吏叙循良期令家給人足無愁嘆之聲要矣夫泝厥本也孔子過卬鄘之墟有感於先王之澤未遠慨然欲進于教深哉其思乎國家鑒古與理建樹百司以寧海宇又率百里爲邑邑首置令使親附百姓其稍僻遠者往往復開設縣治立官師提衡之慮民之弗義蹈於辟也民之多辟久矣文罔羃縻之幾何其無辟長人者務教化以生其善心耳黃安古黃子封內地錯黃陂黃岡麻城間以去郡絕遠故其人自阻法度逋糧差保豪猾藏命作

姦多萑蒲警至頻三邑調度之不得嘉靖中鄉先生楚侗耿公謂非邑之不可制士民走請于朝下使者議邑之便郎其中城郭以爲邑置令長以下官治之公因自爲志命曰黃安初乘其叙經始疆理之規與山川人物風俗文獻官師之紀備矣侍御周君梓其書歸於邑藏史徵不佞叙之葢不佞往視楚學嘗嘆黃安風氣之美至于今不能無慨也夫黃安故稱難治一成邑而漓者淳亂者擾風

俗厚龐而英賢輩出巋然巖邑無亦令長承上德
意滋養滲漉倡率化道之效耶今去建邑時甫四
十年耳乃方椅實風俗日徙向所稱雅馴樸茂者
漸澙辟矣窮鄉僻壤有饑寒之虞吾懼其迫而走
險安從責其善心也然則課農桑足衣食先禮教
厚風俗必躬必親以無忘前事返之淳樸令久安
長治而稱上意烏可後哉烏可後哉侍御黄安人
不忮鄉所拔士先是礦稅興侍御移書部使者力

陳縣無礦且不宜輕動召亂使蹉之獨免黄安礦
稅以故全楚騷動而邑中晏然法得備以補史乘
之闕云萬曆壬寅仲秋撰

重脩初乘原序　　侍御周家棟 邑人

環天下皆邑也或因封以纘古或剏堞以棘時聯
絡山川綱紀身臂夫豈無所繇來哉然抑有開邑
而並得一時名世以爲邑開者乎今父老之言曰
以劉莊襄之威重陸中丞輩之經營而遷延築舍
竟罔功焉耿恭簡一鳴而建萬世之安邑固有待
也夫余謂不有先生則無以宣滯陳謨而壯任事
之氣不有先生諸仲則無以披荆萃渙而合三疆
之成兩者豈偶然哉然先生寧惟開邑且並一邑
之人心開之自先生伯仲崛起吾里而獨奮然以
其身上接姚江絕學之緒玄屑與義非余小子所
能窺然余父伯並遊先生之門與先生諸仲左提
右挈以闢草萊而一時烏合麇集景附焱起者無

不釋耒賁劍灑志同心以傾耳先生之訓即今通
邑人士不必知先生之學而猶知有所謂先生之
學互鄉窮陬不迷善惡之所刺褒孝子順孫悌弟
節婦勉勉而知爲世所重畏友諍朋論心切劘相
與正色斥過而恥爲面諛婞節篤行之士伏噓若
而持古道者有司欲弋之而不可得此孰非先生
之所遺哉乃先生猶脫藁初乘以詔來茲乘言初
也即所謂洪荒之義盡也然余有感於今昔之變

矣邑建甫四十年耳民罔素鮮蓋藏而猶能力當糊口以卒公家之賦頃自鑛榷之令一下而金貂大璫啣王綸而搜山藪者所至必饕括帑算賦公私一空國徇之瘼寧不瑩乎此其變變在民貧珥筆耕訟以衡命於國門外者不具論而侈口習儇横機鬬捷以商爲譭者果盡先民之秕也甚則相妬相軋惟力是逞而名義幾爲不足畏此其變變在俗倫民貧則先生所開之邑壞俗倫則先生所

開邑之人心壞數十年生聚數十年教訓吾安知所終始乎夫占氣運者謂國家此日似天之有秋冬余以爲颯栗寒凝吾邑與他邑雖同一氣候而含葆固蔕洩而未盡者總之視他邑稍遲而其零落亦必稍後自非身政教之任者休養生息於下而挽回倡導於上則自今以往盈不可保而先生開邑之心孤矣然則作乘者夫豈無憂患乎哉夫豈無憂患乎哉昔余令越時先生以初乘見遺欲壽諸梓余以吏事未遑也今余適按越而先生歿世已七年所乃爲板之以終先生之志蓋比延陵掛劍之意云萬曆壬寅歲仲夏撰

增修初乘原序

邑侯蕭　恒　關中

天下大矣自列邑有志而山川之蒼莽人物之班次土風之沿革道里之遼遠以及草木蟲魚之畜産文章節義之精華靡不悉載黃安雖小亦邑也締造未開界楚豫之壤最號雈苻隆萬間耿恭簡

先生爲大司農總度支之藪得以耑請建縣割三邑之隅輸三邑之賦不逾年而成兹邑凡城池學社刑獄貢稅之事視他邑不少鈌與子言孝與臣言忠至今觀於鄉而斷斷如也余就外傳時慕恭簡先生之爲人如日星之可仰睇如麟鳳之不世出安得親挹餘韻以愜素懷而
簡命再頒承乏兹土簿書之暇得與長君公府先輩看竹觀魚名園清賞可謂掇郄林之丹桂擷唐苑

之緗桃也濫竽七載善政無聞移守臨卭更逢錯節余自惟叱馭西行有日矣巫山秋雨劍閣猿啼回思疇昔之居諸茶竈筆牀不忘夢寐滄桑勿改日月如駛即使曳組蘭臺飄纓雲閣不知與安邑之縉紳父老尚得相遇於邂逅否也爰搜敝簏有黃安初乘一書爲恭簡先生撰述出入懷袖指點煙雲以當晤對但慮此書之不壽諸梨棗而淩失其傳幸公府先生紹衣前志欲廣詢而備述之斷

碣荒崖有可採者盡付剞劂將勒爲不刋之書以昭金石屬序于余余又何嫌數語爲貂之續而几以見余之繾綣於茲土也康熙四年乙巳歲中和節之後一日撰

黃安縣志纂輯姓氏

總裁

總督湖廣等處地方軍務兼理糧餉都察院右副都御史加三級李輝祖 藩陽奉天鐵嶺人

巡撫湖廣等處地方提督軍務兼理糧餉都察院右副都御史加三級年遐齡 大生奉天廣寧人

湖廣湖北等處承宣布政使司布政使加一級王燕 子喜順天宛平人

湖廣湖北等處提刑按察使司按察使高緝睿 鏡庭直隸靜海人

鑒定

湖廣分守湖北督糧道布政使司參議加三級馮瑞 繁陽江南婁縣人

提督湖廣通省學政按察使司副使王琯 修崑直隸交河人

前任提督湖廣通省學政按察使司僉事岳宏譽 適亭江南武進人

湖廣黃州府知府加三級賈鉉 可齋滿洲人

監纂

黃州府清軍同知楊玉柱 石臣陝西階州人

黃州府糧捕通判加五級董維祺 靜菴奉天人

編纂

黃安縣知縣劉承啟 光仲直隸故城人

討論
候補翰林院待詔詹大衢 陂園黃岡人
叅考
黃安縣儒學教諭宋希若 敬原蒲圻人
黃安縣儒學訓導周國購 我席江夏人
提督浙江學政翰林院侍講張希艮 石虹邑人
原任吏部考功司員外郎吳應庚 屺瞻邑人
吏部行取主事韓庚寅 子白邑人

吏部候選進士何通 衢上邑人
分輯
丙子科舉人吳弘初 慎旃邑人
候選州同鍾應遜 敏來邑人
邑增廣生員耿宗坤 資生邑人
邑附學生員盧紘慈 其度邑人
黃陂縣學廩膳生員詹士齊 厚存黃岡人
校訂

原任直隸大名府元城縣知縣詹岳年 武公邑人
原任江南松江府婁縣知縣秦至 知堂邑人
德安府儒學教授孟應瑄 友涵邑人
安陸府荊門州儒學學正俞士閈 思枚邑人
德安府孝感縣儒學教諭盧絳 荇浦邑人
鄖陽府鄖縣儒學教諭秦如芫 青選邑人
武昌府嘉魚縣儒學訓導鍾應逵 方翥邑人
襄陽府儒學訓導盧緒 彩浦邑人

癸酉科舉人彭鴻詞 修子邑人
候選州同彭喆 伯常邑人
候選州同盧統慈 道存邑人
候選縣丞盧績 設叟邑人
候選訓導楊震生 青木邑人
候選縣丞耿興待 賢之邑人
候選縣丞王巒 峻三邑人
候選縣丞盧綬 若浦邑人

候選縣丞耿興衛 元菴邑人
候選州同盧洽 載陽邑人
候選縣丞張希賢 文子邑人
候選縣丞耿昭晃 闇修邑人
附監生盧拱 端娭邑人
附監生張欒 樓村邑人
邑廩膳生員趙瑚 夏言邑人
邑飲賓生員韓廷棨 于瑾邑人

邑廩膳生員丁時簡 在夫邑人
邑廩膳生員盧綰 錦陽邑人
邑附學生員耿興行 吉之邑人
邑廩膳生員秦全 純旃邑人
邑附學生員張希元 乾子邑人
邑廩膳生員蕭曰鏊 亞蘓邑人
邑附學生員盧紘慈 昭子邑人
邑附學生員朱衮 輔臣邑人

邑廩膳生員江文待 聞來邑人
邑庠生何逈 達思邑人
邑廩膳生員熊朝㬌 東昇邑人
邑廩膳生員何溥 天與邑人
邑廩膳生員龔士任 泳達邑人
邑附學生員姚宋 溶水邑人
邑廩膳生員吳世樸 文次邑人
邑廩膳生員曹有庚 西有邑人

邑附學生員鍾應逌 幼吉邑人
邑廩膳生員劉紹唐 禮虞邑人
邑附學生員曹有甲 青尹邑人
邑附學生員盧濟 涵川邑人
邑附學生員秦天相 揆丹邑人
邑庠生耿昭冕 侍藻邑人
邑附學生員蕭龍光 乾五邑人
督刻

黄安縣典史盧元吉長人順天通州人

中和巡檢司巡檢濮舉賢飛壽肃隸青縣人

雙城巡檢司巡檢胡岱山長江南和州人

黄安縣志

綱目

卷之一

沿革志

圖考　星野　祥異

公署

卷之二

疆域志

城池　山川　三鄉分壤

坊里邨落　橋梁　物産

卷之三

田賦戸口志

利獘四則　均役條議

卷之四

蠲賑志

倉貯　養濟　漏澤

卷之五

學校志

殿廡　木主　聖賢圖考

頒勒貞珉　祭典　禮器圖考

樂器圖考　鄉飲　射法

社學　義學

卷之六

諸祀志

壇壝　名宦　鄉賢

寺觀　古蹟　陵墓

卷之七

風俗志

歲時競尚　五禮　近俗四則

十六條直解

卷之八

職官志

知縣　主簿裁　典史

巡檢二　教諭　訓導

醫學　道會　僧會

卷之九

選舉志

進士　舉人　貢士

國學　貤封　恩蔭

薦辟　武進士　武舉人

卷之十

人物志

理學　名賢　宦蹟

忠義　孝友　德行

文學　武勳　隱逸

僑寓　方伎　僊釋

卷之十一

閨範志

貞淑　節烈

卷之十二

藝文

制誥　詩賦　文集

黃安縣志

凡例

一本邑沿革與他邑異他邑必溯唐虞三代及秦罷侯置守以後漢晉唐宋元明隨代易名本邑則斷自故明嘉靖四十二年割麻城北弦鄖南黃陂東三邑之隅其經營曩度艱難締造向有初乘纂輯然而歷久多闕茲編裁成義類悉如國史即發端引例特又加謹焉識者其亦獲我心乎

一本邑自三邑分割後所轄輿圖止以黃岡之上中和鄉一十二里甲麻城之泰平僊居二鄉二十里甲黃陂之灄源一鄉八里甲合四十里甲後縮去三里併成三十七里甲總以在境內者爲限其書界以外概不濫収

一本邑禹貢荆州之域天文翼軫分野安值翼十二度其躔次分數雖與他邑犬牙相錯然垂象

著明自不可易

一本邑初乘未宪圖考大之地界難稽小之器物莫辨今志各繪一圖如四境縣治八景關於通邑觀瞻者特彙列首卷沿革後他如公署學校祭器禮器樂器壇壝逐爲細圖分入本條項下使覽者按冊而稽瞭如指掌匪曰飾觀亦立象盡意之義也

一本邑賦役戶口國有定額民有常供條鞭之法

固載全書而丁隨糧轉則徵輸有定例便民有良圖隨時隨地因利除弊不敢意爲措置故一切斟酌合宜使官民咸知欵額永杜飛詭之弊

一本邑學宮久圮今始輪奐重新他志但統於建置內附城池修築甚且與琳宇梵宮同載殊戾尊崇　先聖之意茲特爲一志諸祀另附於後

一本邑古蹟世遠人湮傳聞異詞聲名顯著者人人樂稱自無疑義即或文存而迹泯或事微而人重譬之景星慶雲雖散必録然亦不無如寡五郭公者悉從春秋闕疑之義益慎之也

一本邑名宦固皆棠風黍雨家尸而戶祝矣間有功德寓意深遠偶於文集諸書確有見聞足據者悉爲補入

一本邑鄉賢如巍科顯爵德彰勲著者不煩蒐討自然昭揭若位或未崇而實修有據功已及物而德隱未彰揆之輿論更有不可沒者茲不論

已入未入總於人物中詳載行實以備採覽

一本邑風俗近古歷百數十年來謠俗不免茲因時酌入俾家喻戶曉而還醇返樸則存乎有位者之潛移默化也

一本邑理學名賢忠義孝友德行文學以及武勲例有紀傳但豊功茂績非楮墨所能盡今限以二三百字亦云大書特書舉其重者而已

一本邑隱逸僑寓方伎不免有築施盈室之感茲

于怪誕不經未便湮入姑錄一二遺事實蹟以備稽考

一本邑貞淑節烈未奉旌表例應不入然而玉燒不毀金鍊彌精若俊遺載青史豈不飲憾黃泉兹詳詢徧訪求其衆耳衆目實足風世者另成一編以彰化逺閨門之盛云

一本邑名公詞客緗帙縹囊謹籍其有關於地方利弊可賴爲興除者存什一於千百亦日覩吉光片羽可以識羹嘗太牢一臠可以辨鼎也

一本邑志寧簡毋煩寧質毋文寧切毋泛每於所列十二卷卷首有總引卷尾有總論每卷內條目多寡不等於每條之首各爲小引以發其端每條之末取本條之義結之其初乘僅十三條有總括數語間附書於後以誌不忘

一本邑初乘所載止分創畫規建封域山川物産賦役牧秩學校選舉風俗景賢壺懿文徵十三則例今志分沿革疆域田賦戶口蠲賑學校祀風俗職官選舉人物閨範藝文統十二例爲綱而以圖考星野祥異公署城池山川三鄉分壤坊里郵落橋梁物産歲時競尚五禮近俗四則十六條亘觧利弊四則均役條議倉貯養濟漏澤殿廡木主聖賢圖考頒勒貞珉祭典禮器樂器鄉飲射法社學義學壇壝名宦鄉賢寺觀古蹟陵墓知縣簿尉巡檢諭訓醫學僧道二會進士舉人貢監貤封恩廕薦辟武列理學名賢宦蹟忠義孝友德行文學武勳隱逸僑寓方伎仙釋貞淑節烈制誥詩文七十則爲目其間大旨無殊而亦有同異詳畧之別然猶慮有訛滋亥豕弊隱掛漏者姑並垂之以俟諸後

一是書以初乘爲準繩而折衷于省郡二志加以博採遺文廣諏輿論既延黃岡詹陟園捴其筆削復藉邑紳衿吳鍾耿盧四子互相考究而又

親加讐效謀始于今春之閏月告成于中秋下
浣其愼持嚴謹寸衷兢兢或可邀同志者之鑒
諒焉
九河藜齋劉承啟光仲氏識

黃安縣志卷之一

知黃安縣事九河劉承啟纂輯

沿革

周禮地官大司徒職方氏掌天下之圖辨九州之邦國都鄙正南曰荆州成王封熊繹於楚黃固楚屬也夫志一邑之勝必先志一邑之所由來如治絲者紛紜錯雜得其緒而經之而餘可就理也安邑壤地褊小要皆黃屬三邑之隅所分割朝廷之

建置維新而閭巷之室廬未改自不得指土著作流徙疑隣封非故里矣蓋廢興相尋皆有自然之數茲則但有興而無廢惟於層巒叠巘中忽見有巋然雉堞隱現於市火村煙之際亦瑰瑋奇特之觀也作沿革志第一

禹貢九州邑界荆州豫州之交

周封建爲黃國

秦罷侯置守爲南郡

漢爲西陵屬江夏郡

晉爲西陵屬弋陽郡

南北朝爲南安信安南司州屬齊安郡

隋爲木蘭麻城黃陂屬永安郡

唐爲黃岡亭州南司州屬淮南節度

宋爲黃岡麻城黃陂屬淮西路與金畫淮爲疆

元屬黃州路江北道隸河南行省至正中徐壽輝起兵里人鄒普勝馮瑄佐之嘗據雙城蓋宋元之

際郎此爲邊徼兵衝焉

明初洪武甲辰命陶安撫定

戊辰改路爲府三邑俱屬黃州治而轄於湖廣布政使司此壤爲中土奈去各治遼絶政教難訖覉爲盜藪民鮮寧止而積逋滯訟官司苦之增建之議起焉

嘉靖壬寅里中監生秦鉞省祭李大夏伏闕上書言狀下所司勘議於時都御史平湖陸公杰御史開州史公褒善咸曰建之便而承委臨勘者多以難阻越

丁未郡守祥符郭公鳳儀牒上兩臺具陳建邑便狀而駁前所稱難者乃時主議者意異格之越

壬寅本縣官保尚書耿公定向方登賢書患苦剿廬乃爲書上都御史馮公約馮公主其議持論益力而時郡侯暨諸邑大夫莫有任之者卒稽閣不報嗣是盜益充斥民罹焚掠之慘至有舉家就屠

無噍類者及

庚辰耿公方釋褐南宮爲殿中執法值無爲劉公崙新簡楚撫亟申前議故劉公甫及疆首以是檄麻城令廣安蘇君松趣蒐故牒上其事無何劉公罷去蒲安張公兩代撫

辛酉秋耿公奉命巡西夏遇張撫軍於宣城道中爲悉前議時有諸生王國任等率父老隨投牒上公檄下所司郡守天台應明德貳守華亭袁福徵

集議咸稱便會直指上海唐公繼祿岳伯豊城徐
公南金憲副易州劉公斯潔皆一時之良念切民
瘼以是詢謀僉同其議遂定
壬戌十一月兩臺疏題爲隔省流賊殘害官難遥
制民難存活懇乞天恩俯順下情設縣弭盗保全
地方事據湖廣布政呈奉臣批據本司呈據黄州
府同知袁福徵呈卷查先奉前巡撫湖廣右副都
御史陸杰案驗准都察院咨該麻城縣聽選官吏

監生秦鉞李大夏等奏稱本縣迤西地名金易姜
家畈黄岡縣地名中和鄉黄陂縣地名兩河口各
偏一隅地近河南信陽光山羅山等州縣路通牛
山老山等寨俱離府縣各二三百里地僻民頑官
難遥制賊盗剽掠無時乞於切要姜家畈建設縣
治始得弭塞盗源保障地方等因備案行司會勘
查議間並蒙巡按湖廣監察御史褒善案驗奉都
察院勘合同前事行司會守巡武昌各道轉行黄

州府知府郭鳳儀督同黄岡麻城黄陂三縣各掌
印官勘議得三縣地名姜家畈等處去縣甚遠政
教不及若糧差則決於逋逃若勾攝則敢於抗拒
豪強噬吞小户則過於狼虎賊盗刼殺鄉民則慘
於天行雖是腹裏實同要荒蓋緣官遠於民上情
壅而不究民遠於官下情阻而不通誠於姜家畈
最切要處立一縣治則官親於民民附於官禦盗
保民莫此爲便往時議者一則嫌於更變恐錢糧

之飛詭户口之隱射姦人緣此爲獘惟欲循途守
轍而不敢爲一則憚於縻費恐工役之浩繁廪祿
之供給小民有所不堪惟欲省事裕民而不肯爲
凡此者狃於一時之利而不爲經久之計也若以
丁糧作獘爲慮在縣則有縣總在鄉則有鄉總在
里則有里總在户則有户總以户而計甲以甲而
計里以里而計鄉以鄉而計縣此去則彼収丁糧
多寡毫釐不差委一明達府官理之里書雖姦安

得作弊於其間若以工費爲慮成大事者不計小費動全省之公財建一丸之小縣又何難焉况該府隨宜措處未必無補也若以廩祿之費爲慮黃州一府冗官頗多如岐亭通判爲捕盜而設黃岡捕盜主簿爲中和鄉而設彼既設縣此官宜革又赤壁巡簡司在於府城原衛既有巡捕巡江官員則巡簡宜革又黃梅縣有陸湖河泊所併爲二所該裁去三所其三所河泊司吏亦該各照所裁革

去役彼額設之廩祿以供新縣官吏師生之廩祿自有餘裕矣又何足慮哉誠於此建設縣治則政教行而民知勸懲上無誅求之過下無刑戮之慘益國便民最爲要務等因呈詳前湖廣右副都御史馮岳會同巡按湖廣監察御史朱瑞登案行守巡武昌道轉行本府商廷試覆督各縣知縣親臨姜家畈踏勘得姜家畈地勢寬平山明水秀但其地多田畝稀少居民事未易舉詳覆批司道再議

隨據監生生員秦鉞葉洪等呈稱懇乞奏請以慰民望等情又據該府呈據該黃岡麻城黃陂三縣儒學生員王國任等五十二名呈稱姜家畈流賊出沒生民塗炭又據省祭李大夏等奏立縣治委官踏勘果係道里適中風水完聚每以官司遥代不常未蒙詳覆以致流賊愈甚白晝張旗殺死民命深爲大患今蒙踏勘民心鼓舞願輸財力監造公廳伏乞軫念民瘼轉達奏請施行又據民秦子

真等四十七名告同前情本府復拘各民到官並帖該圖里老查勘得建縣之議以地利言則姜家畈地當要害爲大盜出沒之所以人情言則諸民願任營建乃同心激切之真以處置財用言則有本府知府郭鳳儀之議但事干興建難以輕議等因呈詳前巡撫湖廣右僉都御史劉批行司道詳議該右布政司張柔舉會同按察副使盛唐并黃州府知府應明德同知袁福徵各議得姜家畈四

距皆山中有平原東屬麻城泰平仙居二鄉二十里甲西屬黄陂灊源一鄉八里甲南屬黄岡之上中和一鄉一十二里甲北至河南信陽等縣委宜設縣禦盜安民以上三縣各里似應裁割以屬新縣其城垣縣治學基原係各縣士民義出地土先已草創縣廳學廟分司於上其合用錢糧相應於本府庫藏隨宜措處及三縣應割里分當年里甲丁石馬價官錢之內酌量派出以爲築城等項之

費其城內之地小民欲便僦居避盜則必欣承鬻買又約得價二千餘兩再照姜家畈既有新縣其原設岐亭捕盜通判當撤回府原有防守民壯亦應仍留新縣守城其興工人役已於建議各民之家及三縣里甲之內起派城磚亦有黄陂麻城原窑燒造以敷應用及義令巨富之家願建之户均分丈尺築砌仍委能幹府佐一員總理則燒磚集夫庶克濟事不患無成等因呈奉巡撫湖廣右僉

都御史張批建設縣治既稱民情迫切誠不容緩但事體頗重仰布政司會同按察司併守巡道作速再加熟議詳報繳該本司署印左參政藍璧會同按察司及守巡道議得前項建縣事宜委屬相應況士民具奏樂從官司累議穩便宜亟舉行等因呈詳奉批看得所議具見事勢之急與民情之同仰司速行會議詳奪奉此該本司左布政使徐南金會同按察使劉斯潔守巡武昌道左參政藍璧僉事袁淳議照姜家畈界居三邑之間路當兩

省之會山谷聯絡道路四通其去縣者幾二三百里姦宄藏匿莫可究詰盜賊刼掠緝捕爲難兼以錢糧逋負豪強吞噬官司苦於勾攝民俗習爲奸頑既經士民具奏願輸財力設縣至切又該官司集議措置工費亦易且民多願助衆悉樂從仍簽題議至於修築城垣分割糧里增設官吏建造衙門等項事宜俱照各官原議一一舉行庶地方

謐俾民安業等因具題到臣據此該臣參詳司議
之覆議稱查地方之險要審度事勢民情之切急
則姜家畈建設縣治誠不容已蓋其地雖屬麻城
而中和鄉兩河口諸處則隸於黃岡黃陂二縣由
畈而東乃桃花鎮則宋元之故鎮而岐亭鎮則隋
唐之龍集縣也自右兵爭盤擾俱常設官置站矣
逮今一統則東路由黃蘄西路趨郢襄官使絶不
經行政令率[illegible]違[illegible]乎稅糧被其逋負而上累

有司樂土[illegible]擾而下傷民命三縣之要害一
方之隱憂[illegible]建設縣治在今日所當急為之所
屢該前任諸臣紛紛勘議經年未決蓋以事關興
建剏始肇端分析錢糧截割地里頭緒頗多坐是
因循未有以慰斯民饑渴之望今該臣重覆行勘
前來會同巡按湖廣監察御史唐繼祿議照麻城
縣地名金場姜家畈地連蘄豫山繞岡陵昔人稱
為盜區闢盛代名為內地其間仕宦何慮百家生[illegible]

[illegible]下[illegible]平時拘攝則阻山依谷以自為處[illegible]
[illegible]則累戶成羣以為盜錢糧緊急足跡無尋法度
[illegible]徙居不定既經士民具奏又該官司屢議咸
謂本地風氣完聚既有得於地利衙門修建又悉
出乎民願其[illegible]工費官吏俸糧等項事宜誠如
各官所議事[illegible]有緒工可立成如蒙皇上軫念封
疆[illegible]民社攸關[illegible]該部再加查議更請准設
縣治欽定縣名[illegible]精奏典史各一員

[illegible]學教諭訓導各一員[illegible]陰陽醫學等官鑄給印
[illegible]前來任事仍[illegible]肄業成命既下民
[illegible]官吏既[illegible]建築城池修造衙
[illegible]處公費[illegible]官員[illegible]河泊與夫
割里[illegible]糧審編從[illegible]定造版籍等項事宜通候命
下容臣等督行司道遵照前議一一次第舉行伏
[illegible]糧儲黃州該道撫[illegible]籍如[illegible]如此庶[illegible]
[illegible]梁之輩咸知政教而巉險[illegible]之[illegible]永頼[illegible]

一□□綠係偏省流賊殘害官難遥制民難存活懇
乞天恩俯順下情設縣弭盜保全地方事理未敢
擅便爲此會本具題請旨
癸丑三月十三日戶部覆奏報可遂定名爲黃安
縣四十里甲因知縣文德審編縮爲之三里甲
皇清定鼎仍其名爲黃安縣其中和太平僊居灄源
四鄉三十七里甲悉如舊

論曰邑隸於府府隸於省由來舊矣省郡既各有

志則邑乘似宜在所略然自周秦至今代有變更
故不由邑而府由府而省則見聞未確紀載徒繁
安所憑據哉安邑始於里中父老上書闕下值吉
水毛公伯温秉憲因太保莊襄劉公言乃得覆奏
蒙允下議後此兩臺疏上值少師徐公階在政府
從中調贊而切陳利弊不憚再三奏記於太保少
師總憲諸公者則恭簡耿公之力爲多余更採之
輿論恭簡公又有難弟仲子稱八先生處於伯叔
之間性至孝寔以理學兼經濟方嘉靖時里中盜
起臺使得請將郎曠野擬邑治居民率畏豹虎不
敢近有司幾莫能強仲子獨不憚手剪荆榛招善
賈者略具魚鹽以市稍有至者仲子輒助之治屋
且勞之漸幾成都爲江淮一都會至今頌八先生
之功不衰昔羅近溪先生稱其孝曰不有出者誰
光宗祐不有處者誰任晨昏余更爲之稱其功曰
不有恭簡公無以贊成於朝不有八先生無以鼓

動於野此邑之建置所由始也茲爲折衷正史備
録源流欲使上下千年瞭然在目庶稽古之儒揣
摩擘畫可無筆乖微杪步凋千尋之疑也乎

附初乘 劉書紀邑所由始也草昧新造往績靡沿
無疆惟休實自今昉傾終今以來今爲往矣累今
靡述後何稽焉

圖考

天下形勢之自然莫如天建地設之境然而巖險

原隰不一其形迴環拱抱不一其勢昔之省方觀民辨宜任土者嘗不下堂階而周知天下之故何哉蓋舉天下之瀛全在輿圖安雖僻壤而全勢在望四至劃然夫且境地有界也城郭有制也宮牆有體也廨舍有規也井疆繡錯之有程室廬鱗次之有序也一展卷而提封遠近陵谷險易戶口阨塞風土民物之規模雲飛霞舉之景象皆歷歷昭若列眉焉故入於沿革志而曰圖考

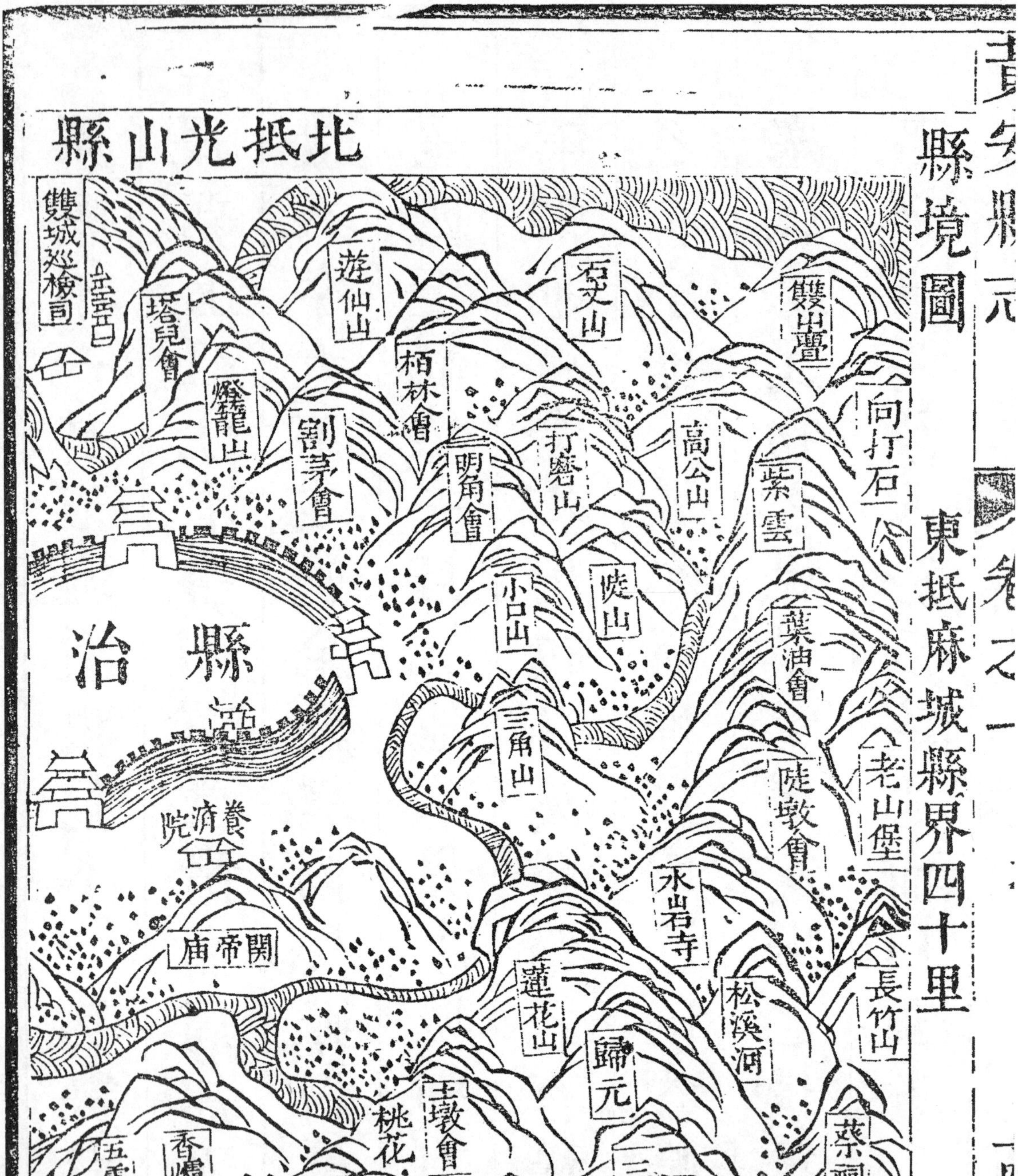
黃安縣志 卷之一
縣境圖
北抵光山縣
東抵麻城縣界四十里
南抵黃岡縣
雙城巡檢司
塔兒會
遊仙山
栢林會
蟠龍山
劉茅會
明角會
打磨山
高公山
紫雲
向打石
縣治
三角山
老山堡
松溪河
長竹山
蓮花山
歸元
關帝廟
養濟院
桃花
香爐山
三師廟
中和巡檢司
紫潭河
金山會
小金山

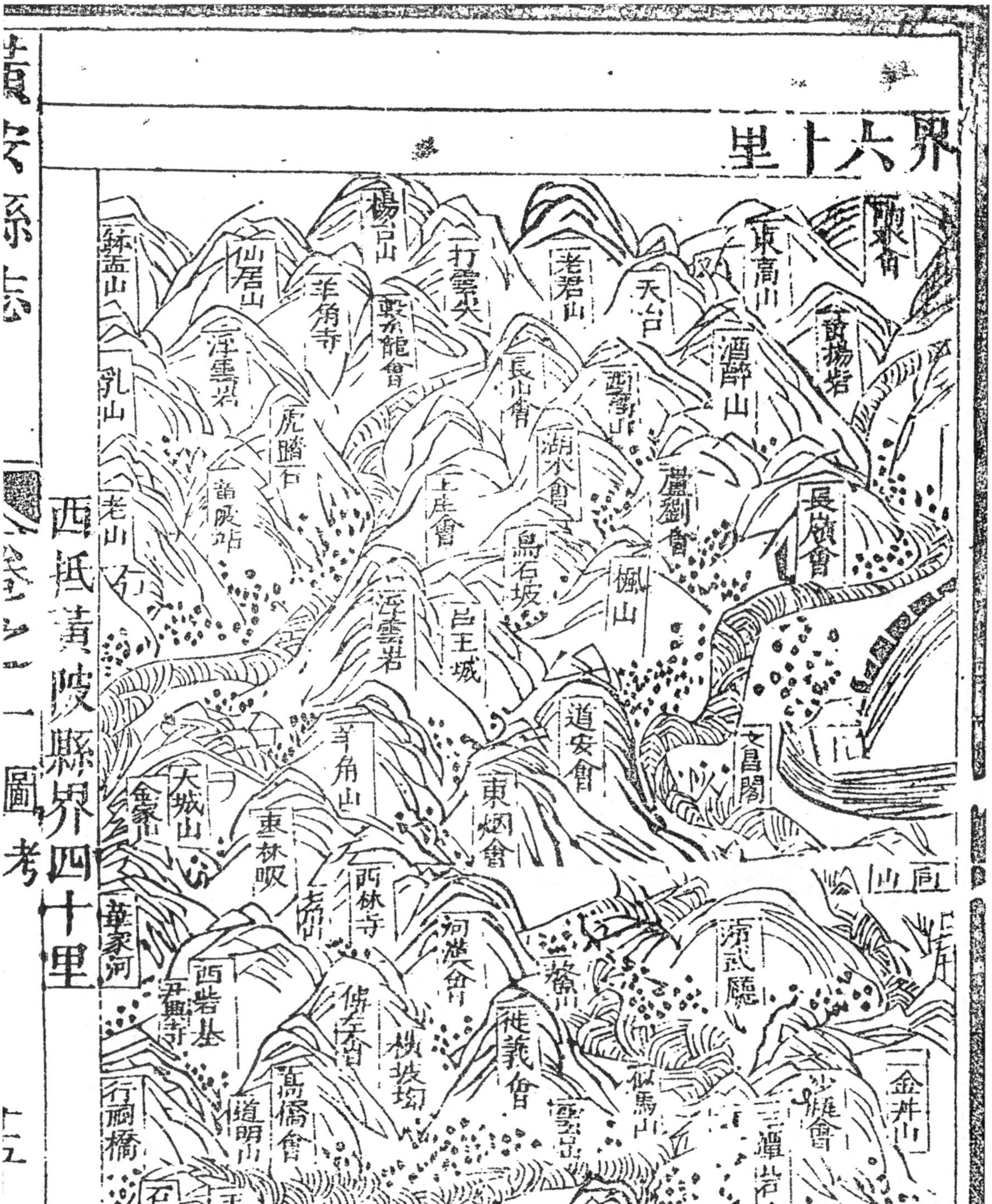
界六十里
西抵青陂縣界四十里
界七十里
仙居山
羊角寺
打雲尖
老君山
天台
東高山
乳山
老山
長山會
湖水會
虎踏石
酒醉山
盧劉會
長嶺會
烏石坡
楓山
呂王城
道安會
文昌閣
羊角山
大城山
金家山
西林寺
河灘會
華家河
徙義會
高僑會
道明山
行祠橋
石灰潭
金井山
三潭岩
似馬山
卓望會
東岳會
木蘭山

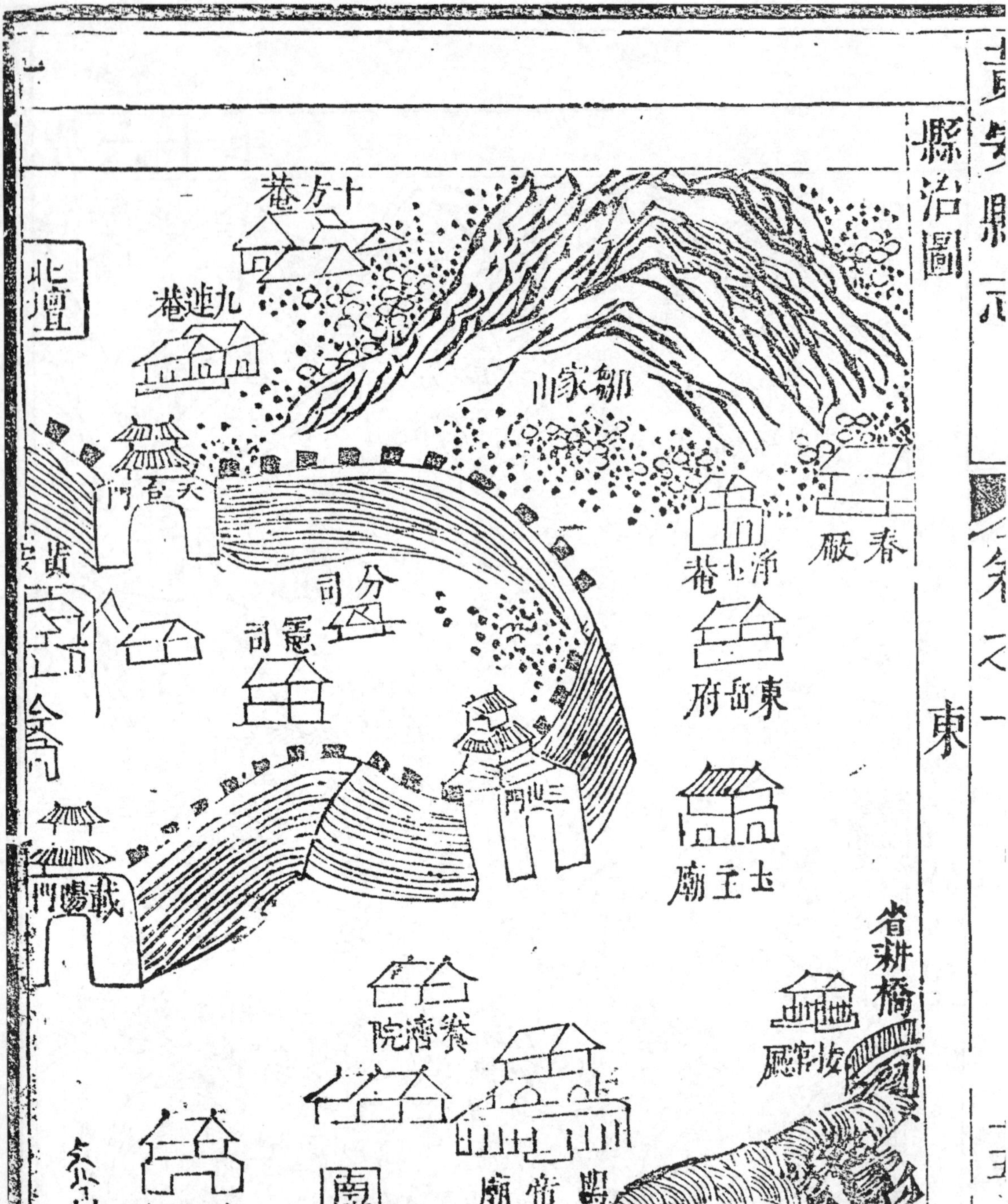
黃安縣志
卷之一
縣治圖
東
十方巷
九蓮巷
北壇
鄒家山
天香門
春厰
淨土巷
分司
憲司
東嶽府
三山門
土主廟
載陽門
省耕橋
接官廳
養濟院
關帝廟
南壇
南極巷
太平宮
向山

寶藏菴
捕衙
儒學
縣
回瀾門
書院
文昌閣
西
鰲魚山
演武廳
引龍岡

官閣

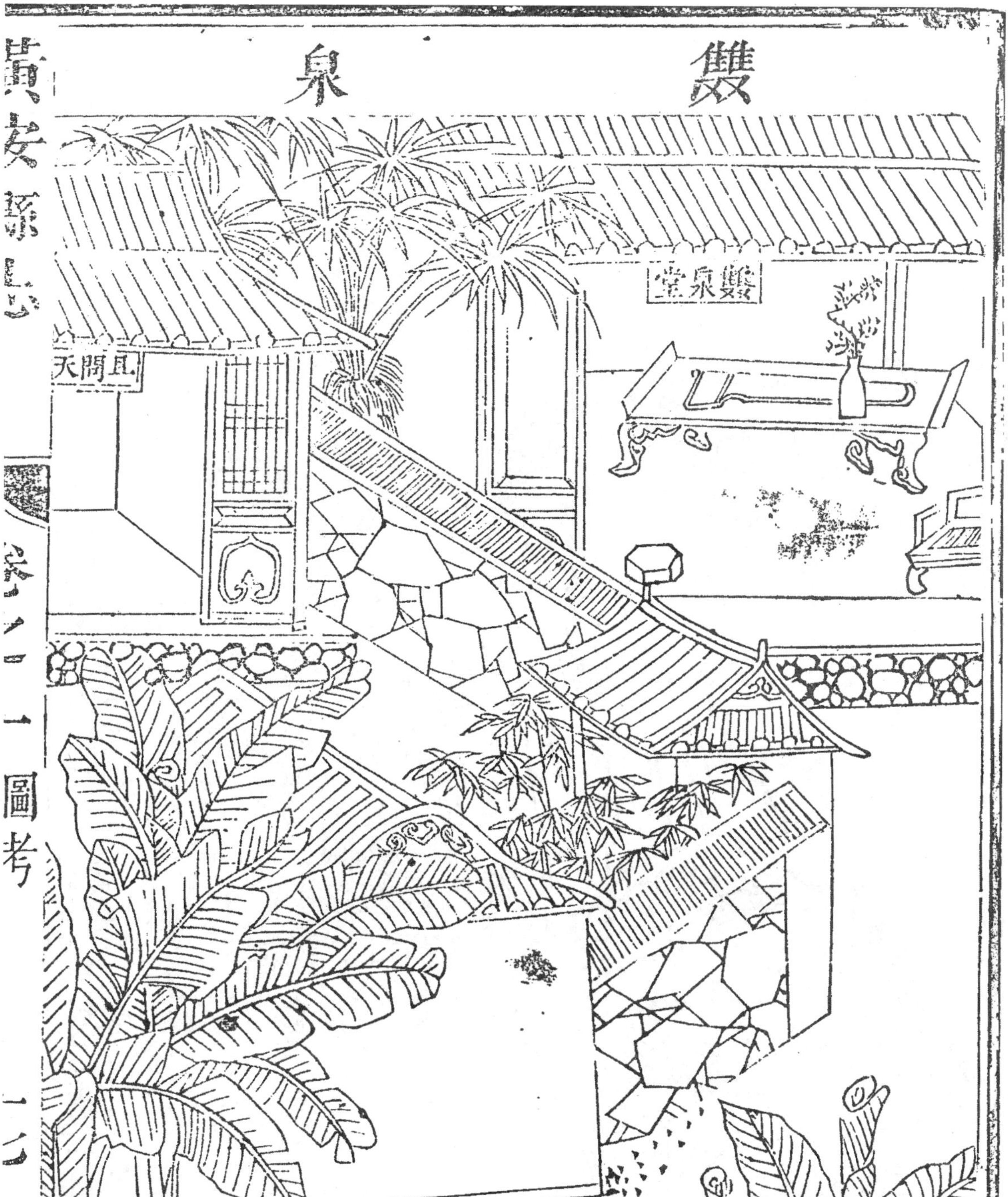
雙泉
雙泉堂
且間天

向山

層塔

天台

秋月

桃[illegible]塢

晨鐘

飲馬

靖安縣志　卷之一　圖考　二十一

紫一潭

烟 · 雨

釣磯

漁艇

松嶺

樵歌

安□志　圖考

按圖考者謂仁政始於經界故先四境設險所以守國故次縣城內外備八景昭矣由此聽政而左右逢原則官閣雙泉爲一圖臨民而正宣入望則向山層塔爲一圖惟高能明則天臺秋月爲一圖惟聲應遠則桃塢晨鐘爲一圖澄清須攬轡則似馬峯巒爲一圖甘霖須及時則紫潭煙雨爲一圖餒人無不足於水則釣磯漁艇爲一圖虞人無不足於山則松嶺樵歌爲一圖合之爲十圖考云

[illegible][illegible]體國經野之大固非可按圖索驥然必從畫
境分畫始世之善畫者輒稱畫史夫畫工也而何
可以謂之史哉說者謂史之宜者固未易擬若或
徇愛挾忿爲美惡高下反不若善畫者之傳神阿
堵能使見者知其爲某山某水環某邑其一邑之
內某地可以治民某地可以造士凡在城中者煙
火雲繞而蕃庶燦然可觀凡在郊外者阡陌綺陳
而耕鑿殷然可覩如是而尙有美惡混淆高下倒

置者吾知善畫者必不出於此矣今邑之志與畫
雖殊亦期其無混淆無倒置而止耳倘凡見此志
者謂史筆爲不丹青之畫而書筆乃不文字之史
方將取畫筆與史筆相需並用何不可稱爲畫史
哉況繕寫諸圖於銀鉤鐵畫中頗饒意在筆先之
致是在握機者之以神相遇而轉移變化之有方
則化工之神即寓於畫筆有心者當自得之也

星野

占星望氣之必據分野爲準也蓋由三代以後[illegible]
禆竈之星出婺女李郃之使星向益州推之多驗
故其說行然亦不爲無所本雖夏書禹貢九州各
以山川分誌未嘗有天星之紀迨考周官書立保
章氏掌天星以星土辨九州之地所封疆域各有
分星以觀妖祥是星土相麗尺寸皆有所不遺則
安之躔次相應精氣相屬可知也故入於沿革志
而曰星野

翼十八度七十七分圖

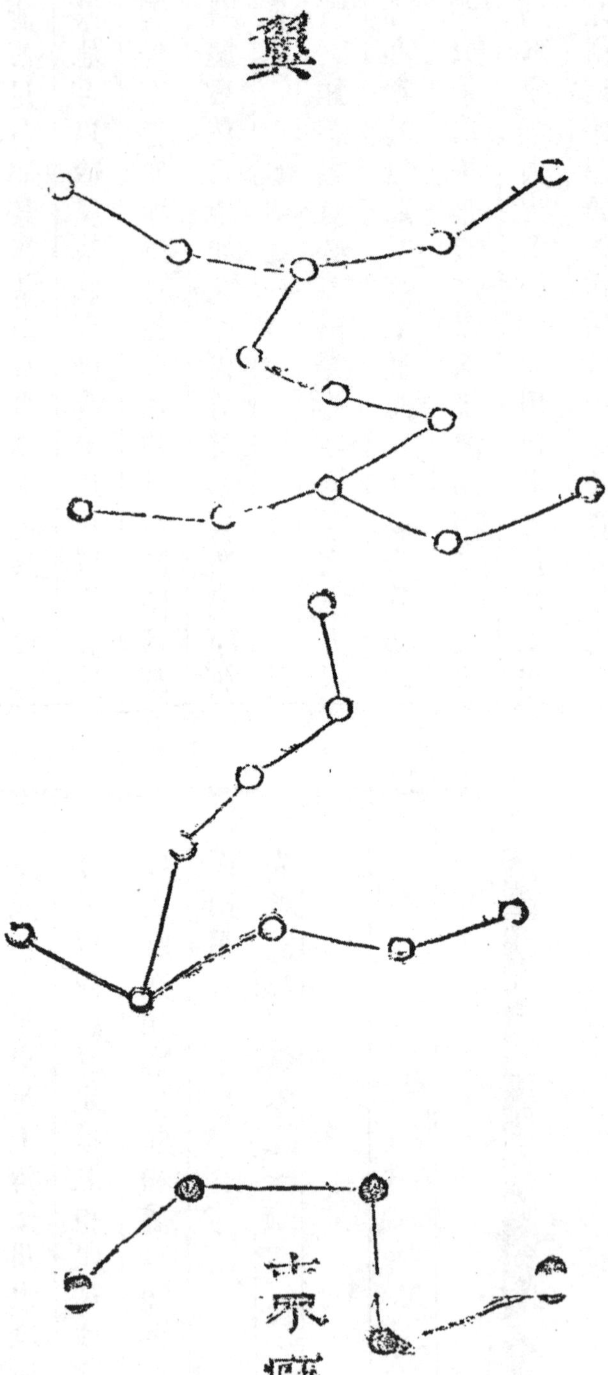

丹元子步天歌云翼二十二星大難識上五下五横着行中星六個恰似張更有六星在何處三三相連張畔附五個黑星翼下頭欲知名字是東甌

隋志云翼爲天之樂府主俳倡戲樂又主邊徼遠客負海之賓光耀則禮樂興四方來賓動則遠方來麗徙則天子主兵

又云耀則禮樂興瞻則政教失日食臣僭月食嬪人憂五星孛流客犯大凶東甌五星在翼之南蠻

微星也張衡云主東越穿胸越三方金火守之其
地有兵芒角動移兵內叛
翼本十九度甘氏云翼有二十二星主太微三公
化道文籍失色則民流日月交食五星並逆芒動
則化道不行文籍壞滅動移則三公廢光耀則化
成

[illegible][illegible]縣志　卷之一

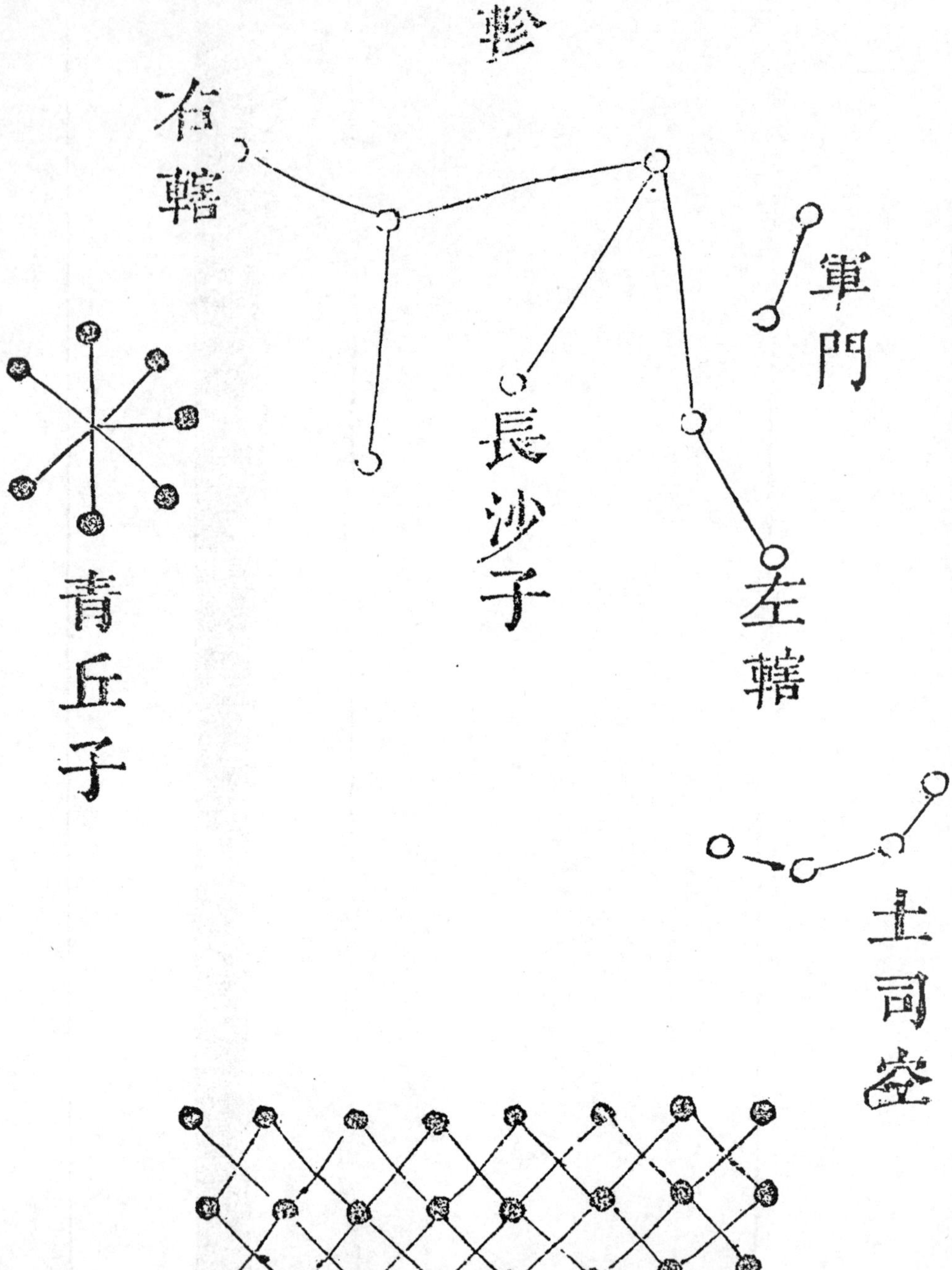
軫
右轄
軍門
長沙子
左轄
青丘子
土司空
器府

丹元子步天歌云軫四星似張翼相近中央一個長沙子左轄右轄附兩星軍門兩黃近翼是門下四個土司空門東七烏青丘子青丘之下名器府器府之星三十二以上便爲太微宮黃道向上看取是

太微垣分翼軫圖

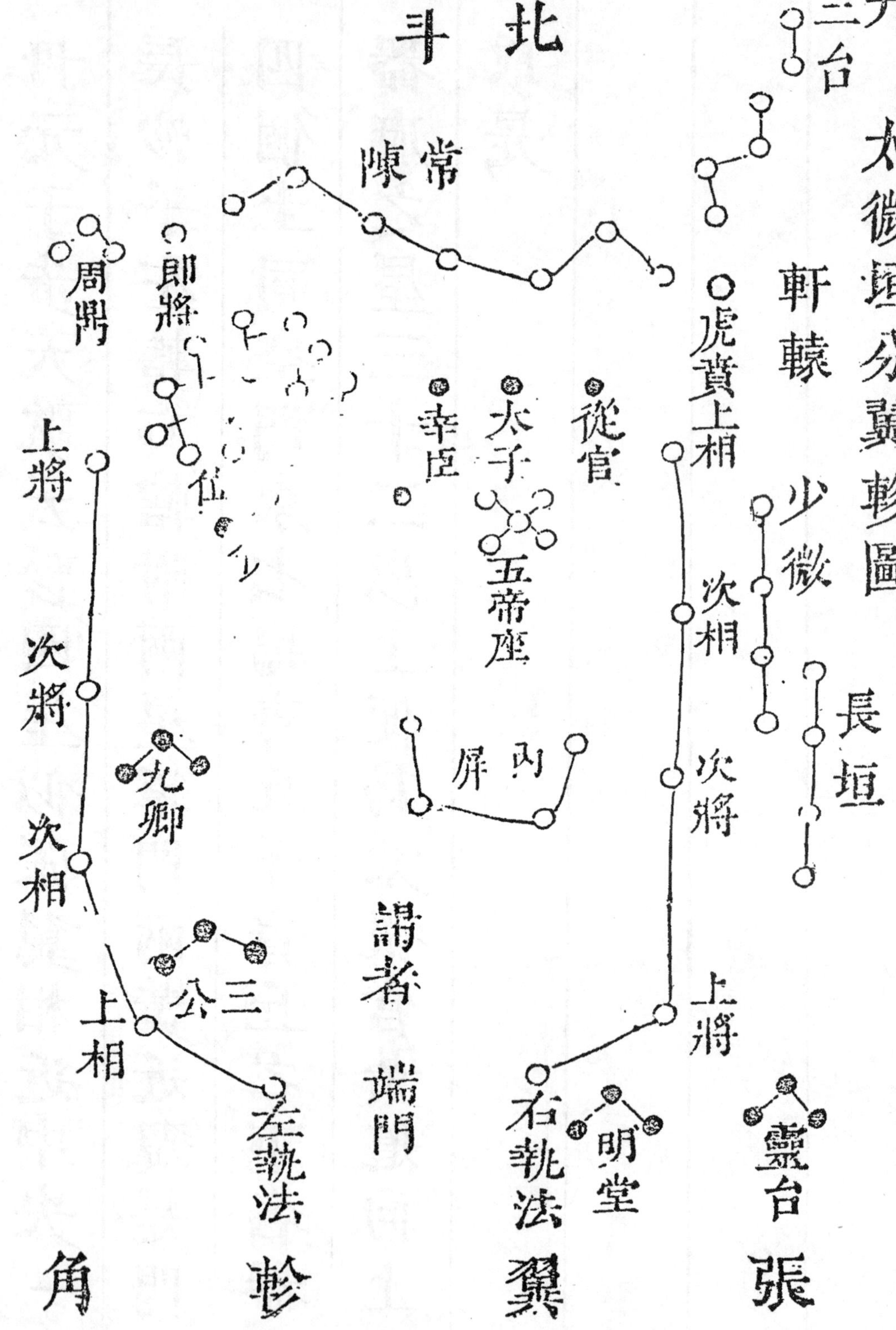
三台
軒轅
少微
長垣
虎賁
上相
次相
次將
上將
右執法
明堂
靈台
張
翼
內屏
謁者
端門
左執法
軫
北斗
常陳
從官
太子
幸臣
五帝座
郎將
郎位
周鼎
上將
次將
次相
上相
九卿
三公
角

丹元子步天歌云上垣天庭太微宮昭昭列象布
蒼穹端門只是門之中左右執法門西東門有皂
衣一謁者以次即是烏三公三黑九卿公背傍五
黑諸侯卿後行四個門西主軒屏五帝內座於中
正幸臣太子並從官烏列帝後從東定郎將虎賁
居左右常陳郎位居其後常陳七星不相侵郎位
陳東一十五兩面宮垣十星布左右執法是其數
宮外明堂布政宮三個靈臺候雲雨少微四星西

南隅長垣雙雙微西君北門西外接三台與垣相
對無兵災
宋天文志太微十星右執法去極八十四度入翼
十二度半左執法去極八十六度入軫初度半謁
者一星去極八十三度入軫一度三公三星距東
星去極八十四度半入軫六度九卿三星距西北
星去極七十五度入軫七度內五諸侯五星距西
星去極七十度入軫一度五帝座五星距中大星
去極七十一度半入翼十一度屏四星距西南星
去極八十度入翼十度太子一星去極六十六度
半入翼十一度半從官一星去極六十四度半入
翼八度半幸臣一星去極六十六度半入翼十五
度郎位十五星距西南星去極六十度入翼十八
度郎將一星去極四十七度半入軫十一度常陳
七星距東星去極五十一度半入軫初度虎賁一
星去極六十二度入翼二度北斗七星在太微北

七政之樞機陰陽之元本也魁四星爲琁璣杓三
星爲玉衡又魁第二星曰琁第五星曰衡皆主楚
之地又爲音七政星明則國昌斗旁欲多星則安
斗中少星則人恐上張衡云若廣營宮室妄鑿山
陵則第二星不明或變色若廢正樂淫濫聲則第
五星不明

紫微垣翼軫分楚圖

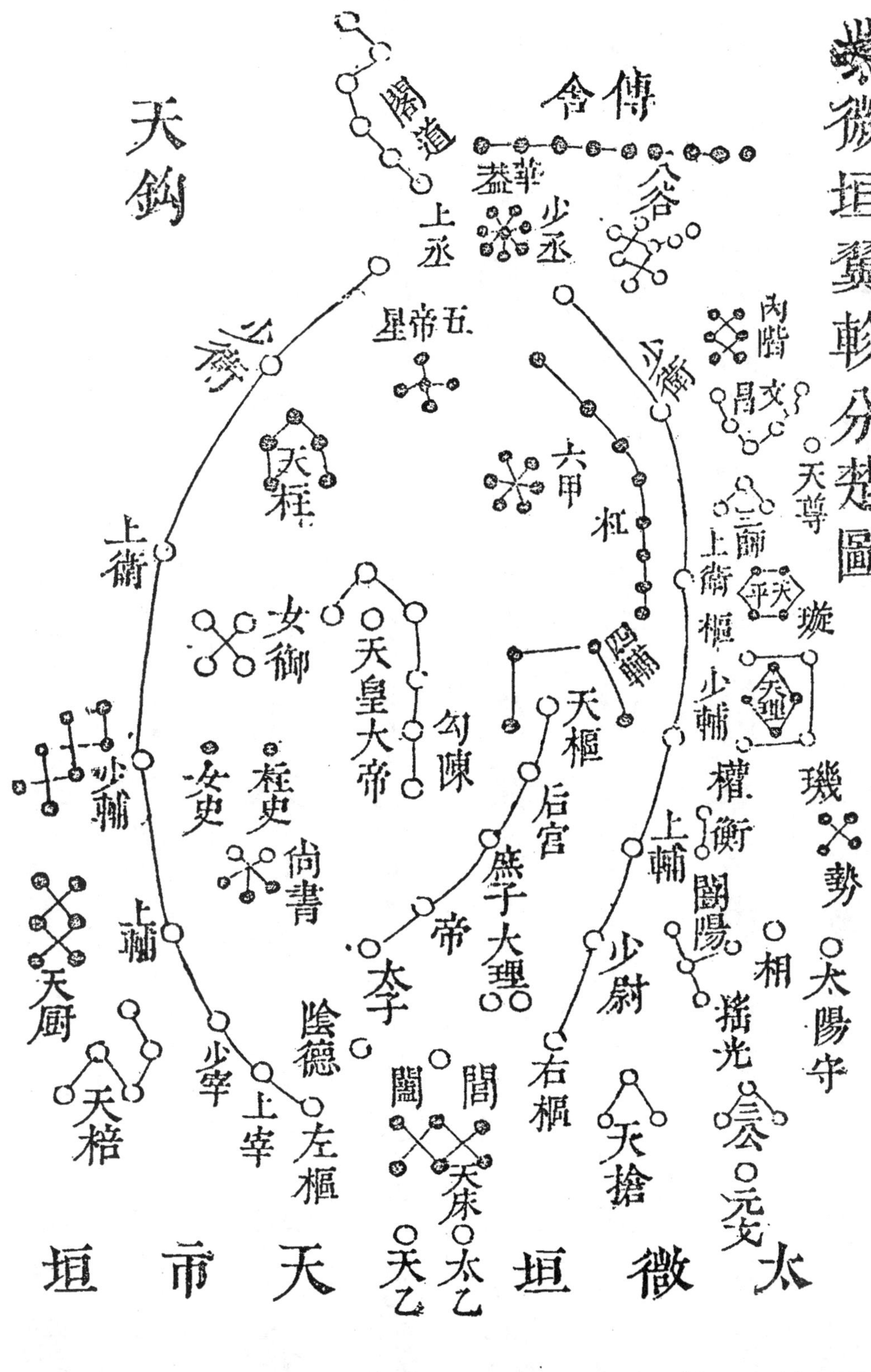
傳舍
閣道
天鈎
華蓋
上丞
少丞
八穀
五帝星
內階
文昌
天尊
少衛
六甲
柱
三師
上衛
天床
天理
太乙
天乙
四輔
天樞
少輔
權
衡
天柱
女御
天皇大帝
勾陳
女史
柱史
尚書
后宮
庶子
太子
帝
上輔
少輔
陰德
閶闔
天廚
天棓
少宰
上宰
左樞
右樞
少尉
天槍
闘陽
搖光
三公
元戈
相
太陽守
勢
璣
璇
天市垣
太微垣

中元北極紫微宮北極五星在其中大帝之座第
二珠第三之星庶子居第一號曰太子四爲后宮
五天樞左右四星是四輔天乙太乙當門路左樞
右樞夾南門左八右七十有五上宰少尉兩相對
少宰上輔次少輔上衛少衛次上丞後門東邊大
贊府門西喚作一少丞以次郄向前門數陰德門
裏兩黃聚尙書以次其位五女史柱史各一星御
女四星五天柱大理兩星陰德邊勾陳尾指北極

顛勾陳六星六甲前天皇獨在勾陳裏五帝內座

後門是華蓋并杠十六星九個傳舍如連丁

天市垣西星分楚星圖

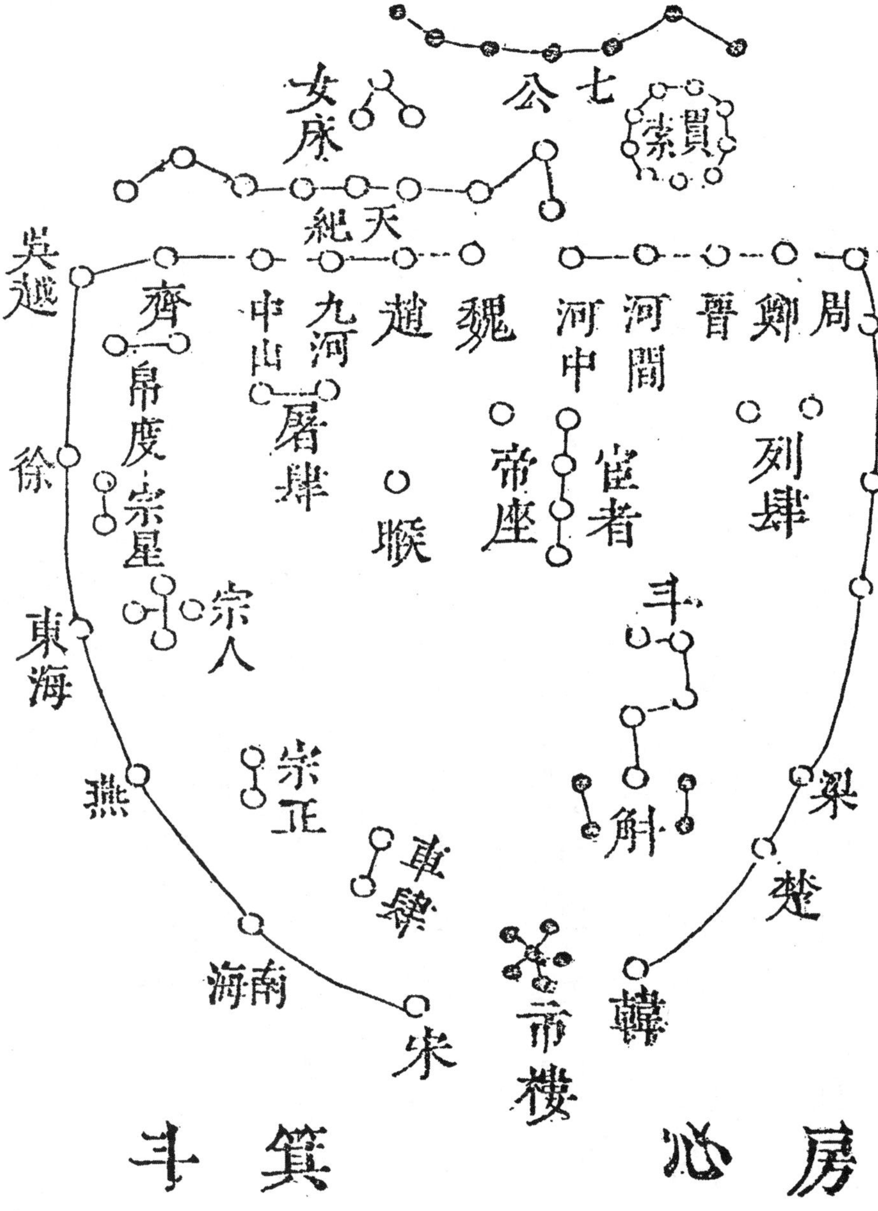

七公
貫索
女牀
天紀
吳越
齊
中山
九河
趙
魏
河中
河間
晉
鄭
周
秦
帛度
屠肆
帝座
宦者
列肆
蜀
巴
徐
宗星
候
斗
宗人
東海
燕
宗正
車肆
斛
梁
楚
南海
宋
市樓
韓
房
心
箕
斗

下元一宮名天市兩面垣墻二十二當門六個黑市樓門左兩星是車肆兩是宗正四宗人宗星一雙亦依次帛度兩星屠肆前睺星還在帝座邊帝座一星常光明四個微茫宦者星以次兩個名列肆斗斛帝前依其次斗是五星斛是西垣北九個貫索星索口橫著七公成天紀分明多兩星紀北三星名女床此坐[illegible]依織女傍在垣魏趙及九河中山與齊吳越[illegible][illegible]與東海並燕星南海宋國左

十一右垣河中及河間晋鄭周秦巴蜀次梁楚相
連以至韓天市右垣十有一

北斗璇衡分楚圖

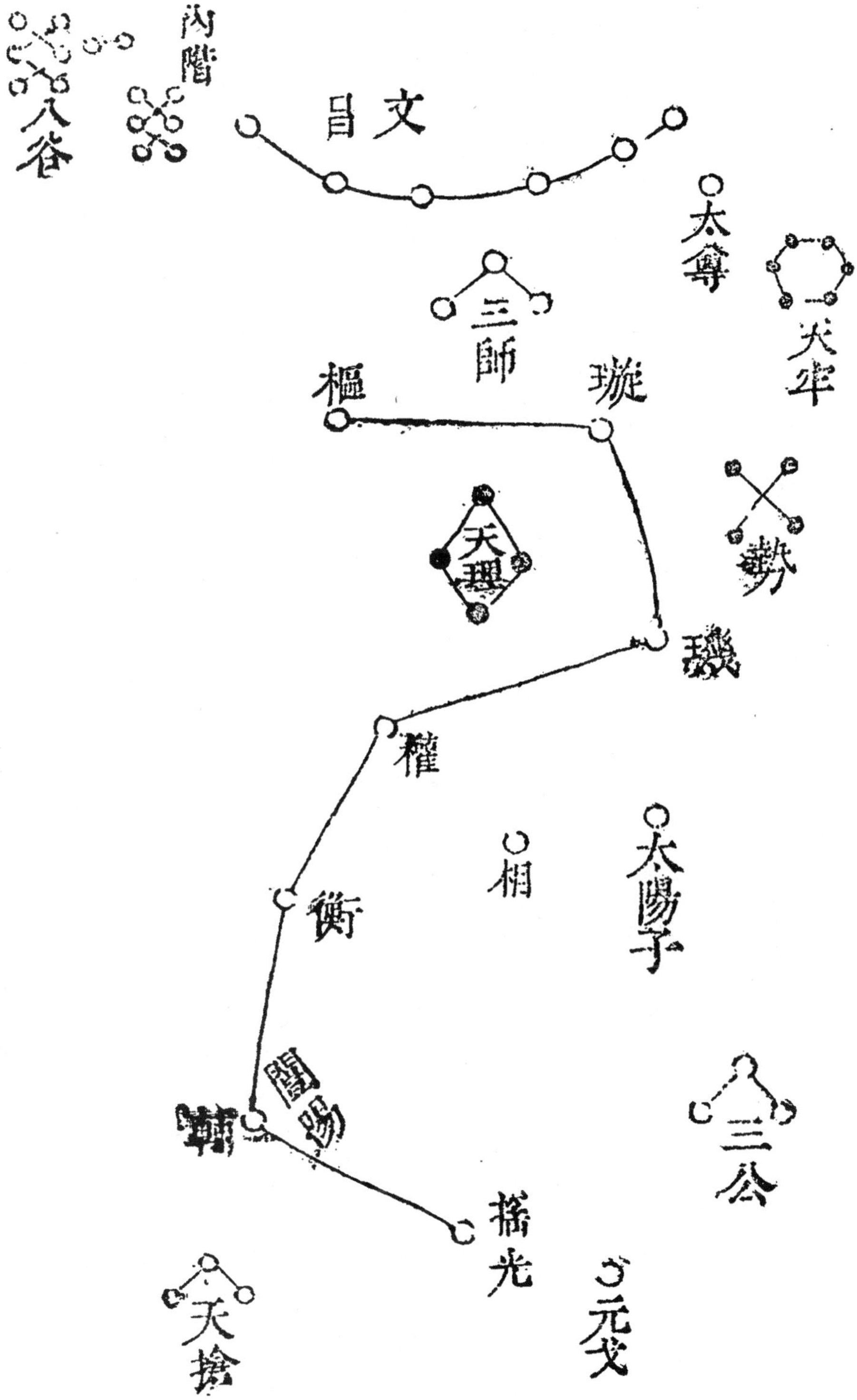

北斗垣外左右名六珠右是内階左天厨階前八星名八谷厨下五個天棓宿天床六星兩樞外内厨兩星右樞對文星斗上半月形稀疎分明六個星文昌之下日三師太尊只向三師明天牢六星太尊邊太陽之守四勢前一箇宰相太陽側更有三公相西邊即是元戈一星圓天理四星斗裏暗輔星近着闓陽淡北斗之星七宿名第一主帝名樞精第二第三璇璣是第四名權第五衡闓陽

光六七名

西畢五車星分楚星圖

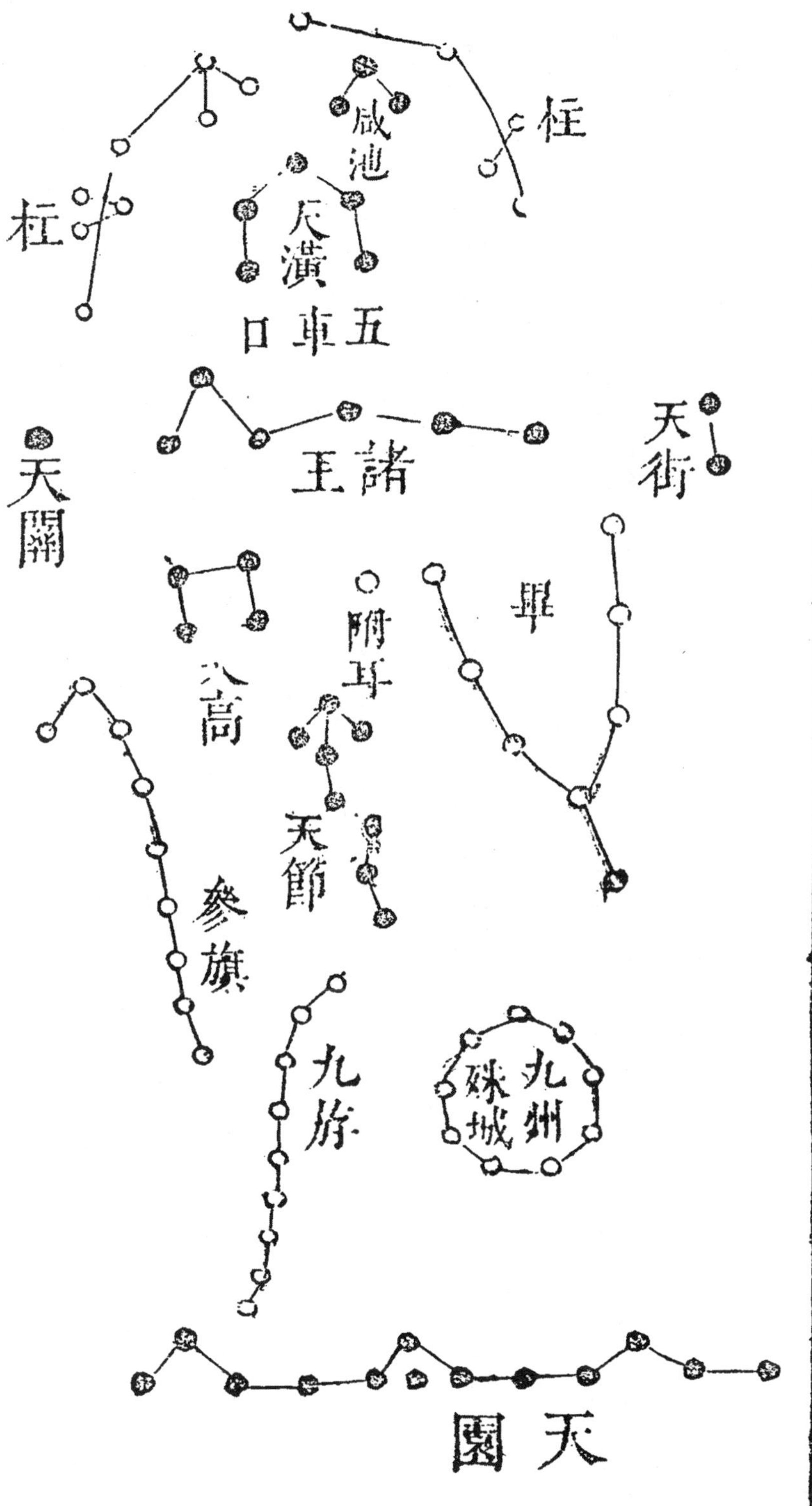

五車口恰似爪又八星出附耳畢股一星光天街
兩星畢背旁天節目下八烏幢畢上横列六諸王
王下四皂天高星接下圓圓九州城畢口斜對五
車口車有三柱任縱橫車中五個天潢精潢畔咸
池三黑星天關一星車脚邊參旗九個參車間旗
下直建九斿連斿下十三烏天園九斿天園參脚
邊

楚東南近吳分野圖

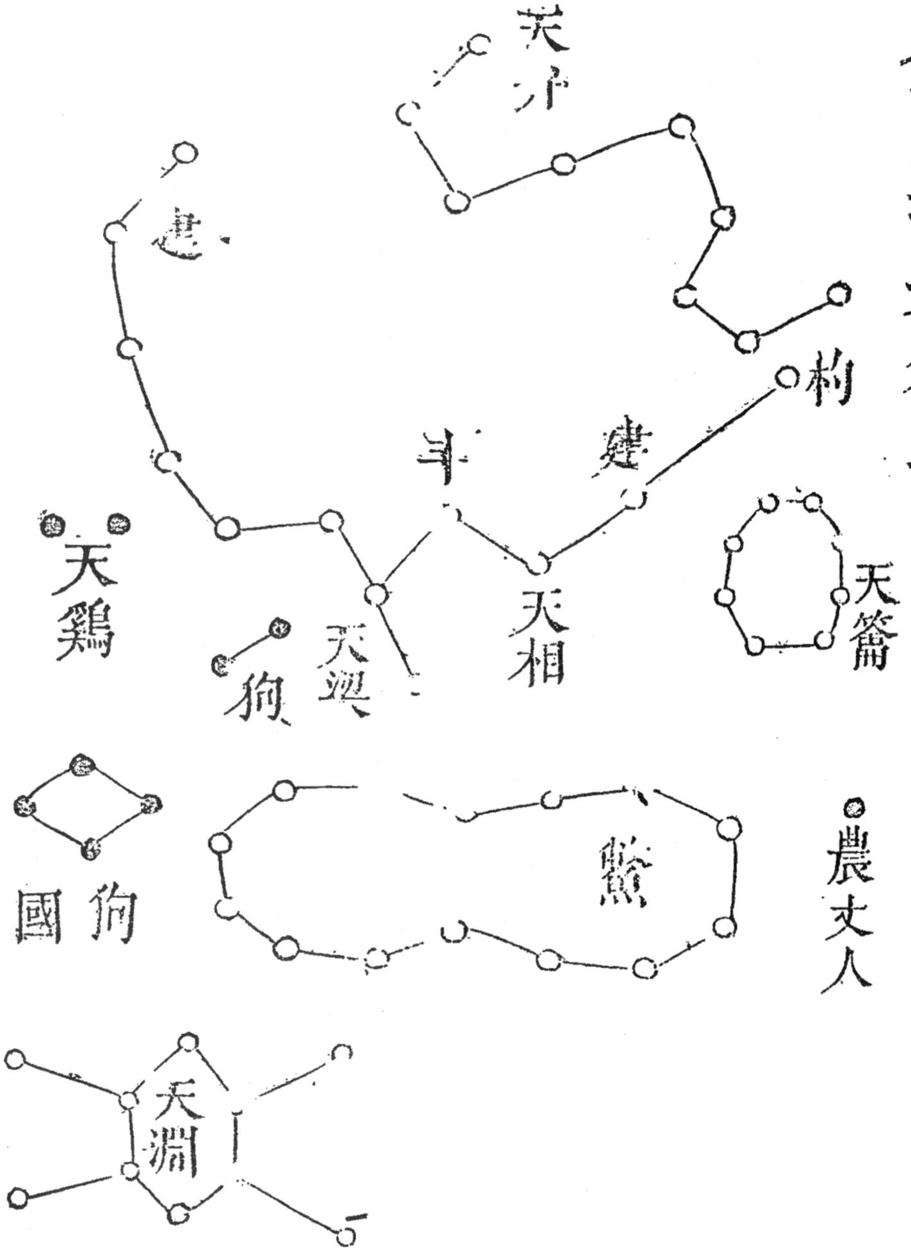

南斗宿歌二十四度又二十六度入丑吳分磨碣后星紀之次春分穀雨日中白露秋分昏中

六星形狀如北指魁上建星三相對天弁建上三復三三斗下圓安十四雖然名鱉貫索形天雞建背雙黑星天籥柄前八黃精狗國四方雞下生天淵十星鱉東邊更有兩狗斗魁前農家丈人斗下眠天淵十黃狗色元

牛宿圖

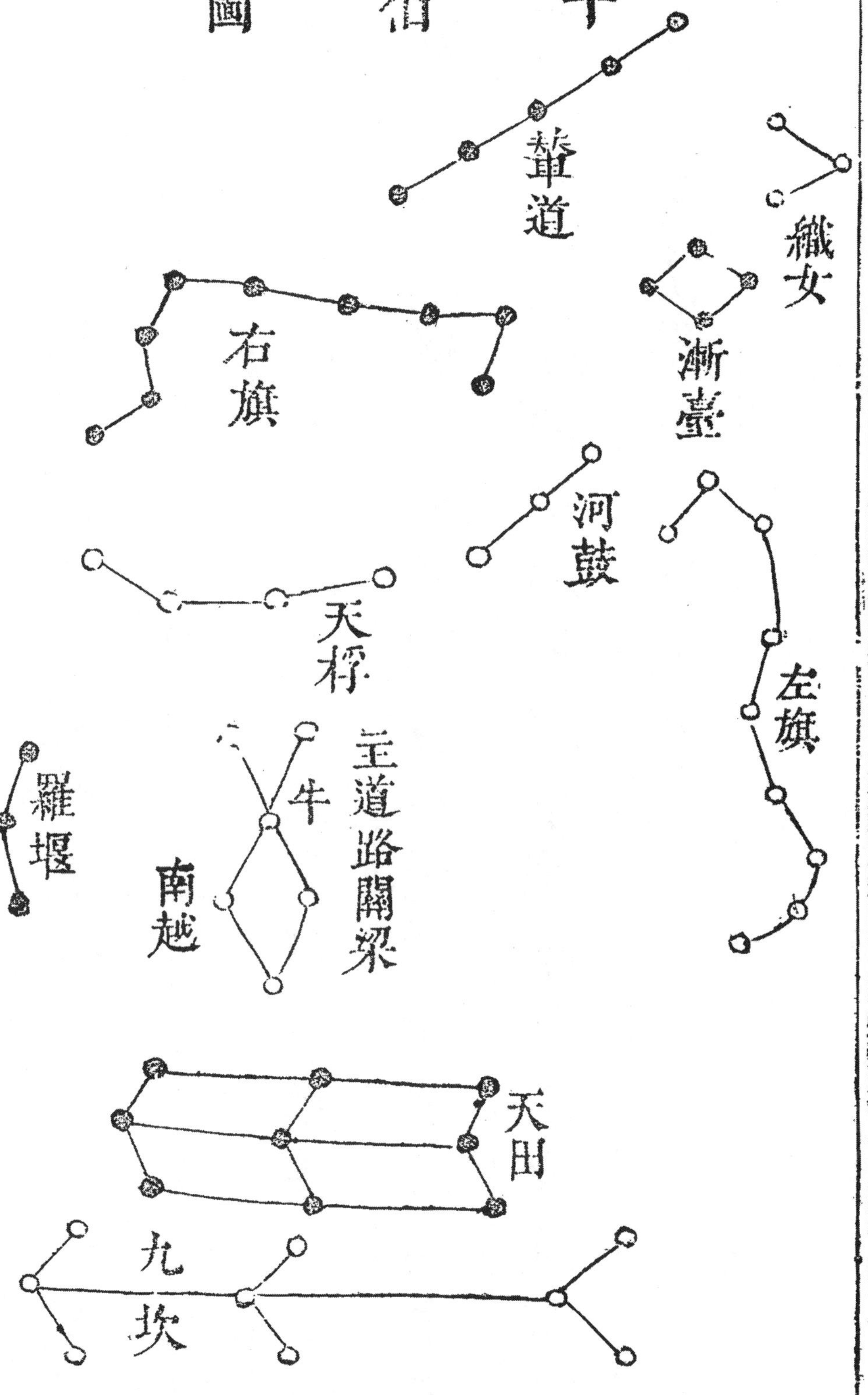

牛宿歌 七度丑磨碣石星紀吴越之次立夏旦中寒露昏中

六星近在河岸頭頭上雖然有個角腹下從來欠一脚牛下九黑是天田田下三三九坎連牛上直建三河鼓鼓上三星號織女左旗右旗各九星河鼓兩畔左邉明更有四黄名天桴羅堰三烏牛東居漸臺四星似口形輦道東側連五丁輦道漸臺在河滸欲得見時近織女

女宿圖

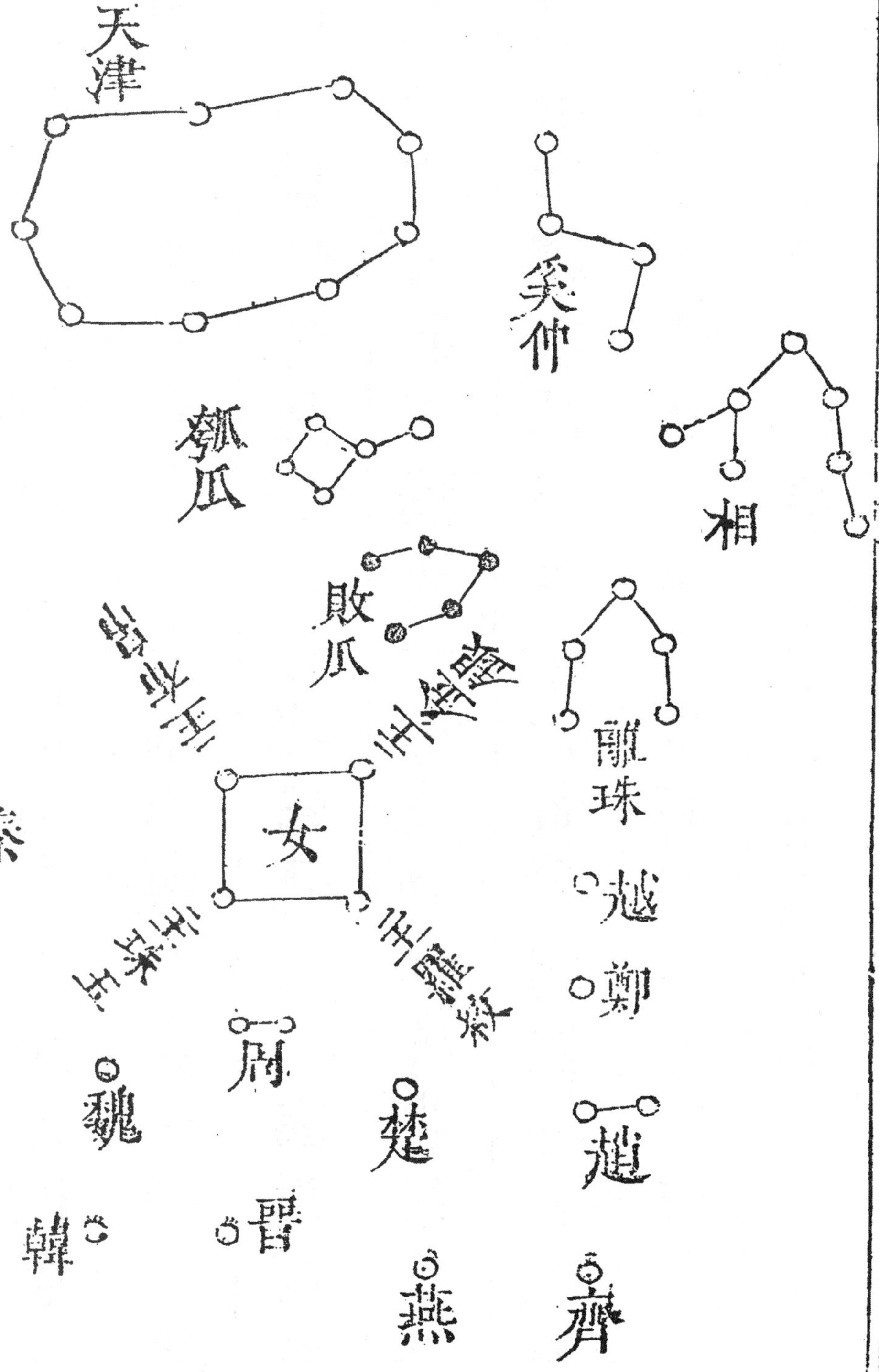

女宿歌　十度二虞入子齊分青州寶瓶宮
元枵之次小滿旦中霜降昏中

四星如箕主嫁娶十二諸國在下陳先從越國向東論東西兩周次三秦雍州南下雙鴈門代地又向西晉伸韓魏各一皆北輪楚之一國魏西屯楚之南畔獨燕軍燕西一郡是齊鄰齊北兩邑平原君欲知鄭在越下存十六黃星細區分五個璃珠女上星敗瓜珠上瓠瓜生兩個各五敗瓠瓜天津九個弹弓形兩星入牛河中横四個奚仲天津上

七個中側扶相星

黄安縣志卷之一

楚西北近秦分野圖

井宿圖

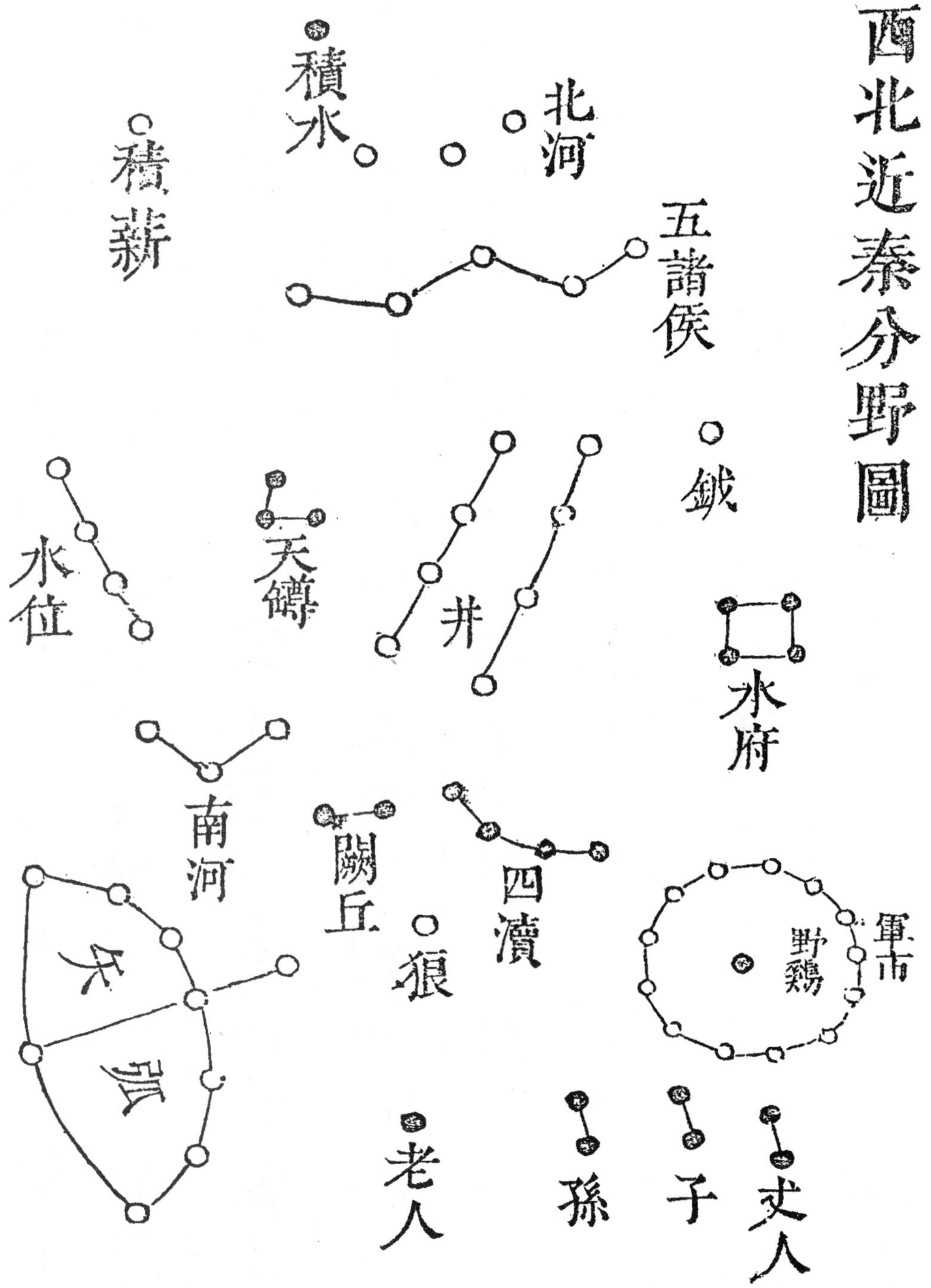

井宿歌　三十四度九度入未秦分雍州巨蟹宫
鶉首次驚蟄春分昏中秋分寒露旦中
八星行列河中靜一星名鉞井邊安兩河各三南
北正天罇三星井上頭罇上橫列五諸侯侯上北
河西積水欲覔積薪東畔是鉞下四星名水府水
府東邉四星序四瀆橫列南河裏南河下頭是軍
市軍市團圓十三星中有一個野鷄精孫子丈人
市下列各立兩星從東說闕丘兩個南河東丘下
一狼光蒙茸左畔九個彎弧弓一矢擬射頑狼胸

有個老人南極中春秋出來壽無窮

黃安縣志　卷之一

鬼宿圖

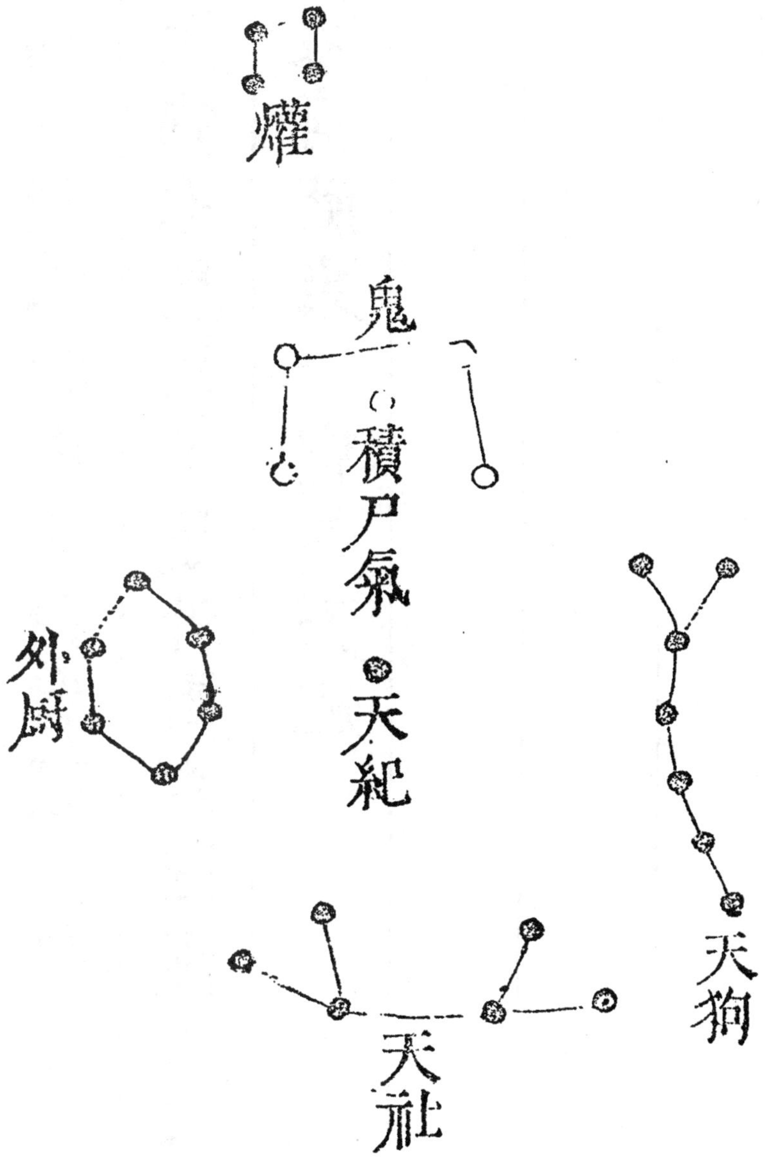

鬼宿歌　未二度，秦分雍州

巨蟹宫　鶉首次

四星册方似木櫃，中央白者積尸氣。鬼上四星是爟星，天狗七星鬼下是。外厨六間柳星次，天社六個弧東倚。社東一宿是天紀。

張宿圖

楚北近豫分野

六張梭肚兩頭長

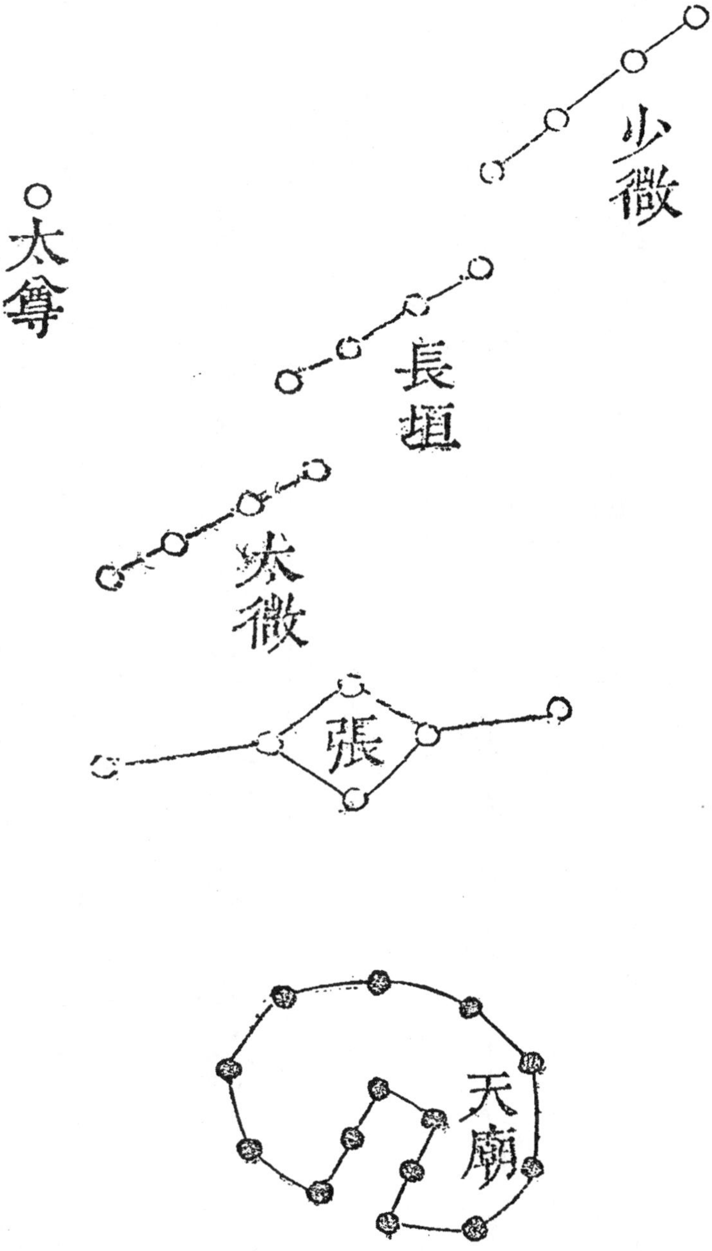

張宿歌十七度十五度入巳楚分荆州雙女

宫鶉尾之次穀雨昏中立冬旦中

六星似軫近星傍張下只是有天廟十四之星冊四方長垣少微雖向上星數欹在太微傍太尊一星逼上黃

按二十八宿東西南北各分七宿翼則南宫朱雀七宿守之第六宿也史記云翼軫荆州左傳謂襄公十八年裨竈言歲棄其次而旅於明年之次以害鳥帑鳥尾曰帑楚爲鶉尾可考而知也石氏經

云南宫赤帝其精朱鳥爲七宿井首鬼目柳喙心頸張嗉翼翮軫尾司夏司火司南岳唐書云星紀鶉尾以負南海其神主於衡山熒惑位焉星經曰翼二十二星九十九度軫四星凡十七度蔡邕月令則起翼二度至軫六度爲荆州晉皇甫謐謂自張十八度至軫十一度爲鶉尾之次於辰在巳雖考論互異總以翼軫爲楚之分也漢志謂荆襄皆古南郡地入翼十度沿漢陽逾武昌入黄州以

至德安安陸其地爲江夏郡入翼十二度謹據晉唐志參訂諸書黄安屬翼十二度無疑夫安邑細甚稱朱亦星所主之地故將東西南北與楚之相近星躔並列於左於以見可以占全楚即可以占一邑也

論曰分野辨分星右不謂地也安邑翼十二度度微難辨則翼在所必紀然南方朱鳥七宿經絡相連則舉一翼火而井木鬼金柳土星日張月軫水鶉首鶉尾皆不得畧且宿必視所拱則北斗辰居在焉宿必審所麗則紫微太垣天市三垣備焉宿必明所界則近吳近豫五車分星昭焉雖圖象載前圖考而義例於是乎繫則不得不詳言之以明志中所採皆非泛及也

祥異

天人相感之際微矣哉乃世之論者逞逞喜嘉祥而厭災告抑知席豊履順天之所以待庸人而災

變譴告天之所以昭仁愛乎安躔翼十二度凡有或凌或掩使翼宿失其常度者雖祥亦謂之異而景星慶雲之吉徵水旱凶荒之咎象皆得詳書於策以視盡人事者之善爲體驗焉但使逢吉徵而深不克副之疑遇咎象而滋有關德之懼則咎徵有不可消而吉何有不可永乎春秋雖不言事應而事應具存彼星移三度蝗不入境自非無因而致也故附於星野而曰祥異

[illegible]時天下和景星出翼軫
周赧王二年楚大饑
漢文帝元年四月楚地震山崩大水潰出
六年大旱蝗
景帝後元年七月先晦一日日有食之在翼十七
度
四年七月甲辰辰星在翼月犯之
武帝元光元年二月晦日有食之在翼八度

昭帝元平元年三月流星出翼軫有光少頃聲如
雷三鳴乃止
四年七月辰星在翼月犯之
宣帝本始二年七月辰星與翼出皆爲蚤
五年太白見於翼
元康四年南郡獲白鹿威鳳
成帝河平二年楚國雨雹大如斧
東漢光武十二年八月水星見東方翼分

明帝永平九年春正月客星至翼出牽牛長八尺
歷斗建箕過角亢至翼芒東指見五十日伏
章帝建初六年六月晦日有食之在翼六度
安帝元初五年八月朔日有食之在翼十八度
和帝永元九年夏六月旱蝗
順帝永建二年七月朔日有食之在翼九度
陽嘉四年閏三月朔日有食之在翼四度
桓帝元嘉二年秋七月朔日有食之在翼四度

三國魏太和六年冬十月有星孛於翼近太微正
將星
後漢章武十八年春正月彗星見於楚西北竟天
魏正始九年秋七月彗星見翼進軫長一丈積十
一日伏
晉武帝咸寧二年八月有星孛於太微至翼北斗
三台
惠帝光熙元年太白失行自翼入尾箕

元帝大興元年八月太白犯歲星會於翼
三年四月枉矢出虛危沒翼軫
孝武帝大元四年十月有星東南經翼軫聲如雷
十四年六月太白晝見於翼
安帝義熙元年七月太白晝見翼軫
三年六月熒惑犯辰星在翼
七年六月太白晝見在翼
九年月暈翼軫

南北朝陳文帝天嘉三年九月客星見於翼
宣帝大建二年五月有流星出太微端門流入翼
十一年歲星守翼
十二年流星入翼
北周大象二年九月熒惑歲星會於翼
唐高祖武德四年八月朔日有食之在翼四度
太宗貞觀十三年八月朔日有食之在翼十四度
十四年黃州進紫芝白兎

二十二年八月朔日有食之在翼五度
高宗乾封二年八月朔日有食之在翼六度
玄宗開元二十年八月朔日有食之在翼七度
二十八年三月朔日有食之在翼三度
肅宗乾元二年正月歲星食月在翼
德宗貞元十二年八月朔日有食之在翼十八度
憲宗元和四年正月南方旱饑
十年八月日有食之在翼十八度

黃安縣志　卷之一　祥異　五十二　丑

文宗太和六年十一月有星孛於翼
八年七月太白熒惑合相犯度在翼近太微
九年夏太白晝見自軒轅至於翼軫
武宗會昌六年旱
穆宗長慶元年正月星孛於翼
宣宗大中九年旱
僖宗中和二年天[illegible][illegible]轉磨無雲而雨
宋太祖建隆四年[illegible][illegible]州[illegible][illegible]兎

太[illegible]祥符[illegible]沒
真宗咸平三年十月黃州西北雷聲如[illegible]群
鷄夜鳴自秋至冬不止
仁宗天聖四年六月大水
九月火犯土在翼十五度
七年二月蒼黒雲長三十丈貫弧矢翼軫
明道元年黃州竹栁木連枝
慶曆八年京東西大水大饑人相食

景祐元年六月大水諸路江河決溢八月有星孛
於張翼長七尺濶五寸十三日伏
四年九月火犯土在翼十五度
七年六月太白熒惑在翼一度半
神宗元豐三年七月癸未彗出西北太微垣西
南北氣一丈斜指東西丙戌至翼度中
英宗治平二年十月火犯土在翼二度
四年二月月食虧從西方在翼十五度

哲宗元祐六年二月流星出翼東南
孝宗乾道元年十月夜著白氣見南方入翼
五年八月朔日食於翼
淳熙六年正月望月食於翼既
十四年八月朔日食於翼
寧宗慶元三年七月望月食於翼既
元世祖至元二年夏黃州旱
二十八年大水

成宗大德三年十二月黃州旱
武宗至大元年八月諸路水旱
二年旱
順宗元統二年湖廣自三月不雨至秋八月
至正十二年湖廣雨粉針民家門戶柾壁間有粉
痕如針樣無數
十五年冬湖廣雨黑雪有群鼠數十萬渡洞庭湖
望四川而去

二十一年六月熒惑歲星太白聚在翼
二十四年六月太白歲星合於翼
明永樂二年七月湖廣水災
六年五月黃州等郡旱澇
正統十三年四月旱災
十四年旱
景泰元年旱
成化六年夏大水

十四年旱
十六年旱
弘治元年災
十年大饑
十四年水旱
正德二年慶雲見於翼軫爲世宗生安陸之兆是
年黃州大旱
三年旱

四年旱
十三年大水
十四年五月雨雹
嘉靖三年黃州大饑
五年災
九年水災
十三年災
十五年災

二十三年旱
萬曆元年田鼠食禾殆盡
三年黃州各縣地震
十六年旱人相食
十七年春大疫禾委於地不能穫
二十八年福星順行守翼三百餘日
三十六年大水壞民居黃州舟可入城
四十二年四月黃州地震是年大旱

四十三年蝗

四十五年大旱飛蝗蔽天

四十六年蝗復爲災大旱

天啓元年大雪四旬不止薪如桂人多僵死

五年春雨不止無麥禾

崇禎元年春湖廣地震有聲如雷夏冬復震

六年地震有聲冬流寇至

七年元日城中男女驚逃盡三日乃還正月流寇

至邑侯趙帥民兵戰於嚴莊敗績賊薄城大焚殺

八年冬黃州郡縣地大震嗣後屢震

九年紫雲寨兵刃有火

十年有男化爲女春流寇至

十一年秋有野彘突入城寇復至

十二年夏大雨河溢城垣俱沒昇蛟龍數十處秋

流寇至

十三年蝗大饑人相食秋流寇至

十四年蝗農輟耕民謡云草無實樹無皮宰却耕

牛罷却犁辜負蝗虫來盛意可憐枵腹過黃陂

十五年黃州郡縣蝗大饑繼以疫人相食秋寇襲

城大焚殺市井爲墟

十六年春城復陷寇踞城數月

皇淸順治元年奸民夏嗣伯等爲寇結朋人會大肆

摽掠里人張五敦王獻臣集鄉勇勦平之

二年十一月西關外民家牛生犢二首趙家山石

驟長

五年王俊公等起兵謀不軌提督柯永盛討平之

八年奸民張正中向有惠廖國楨劉若愚等詐傳

詔旨煽惑婢僕結黨叛主揮刃横市邑紳士盧爾

慥賓化芳吳晋王獻臣勦之亂乃平

九年大旱饑黃州郡縣地震日中星屢經天

康熙元年旱

二年復旱

六年春夏大旱
七年夏大旱
九年旱
十年大旱
十三年大旱羅山奸民譚以從等嘯聚仙居山知縣徐秉仁遣邑舉人盧爾慥率子生員盧紘慈及耆民團練鄉勇往諭降之置賊家口於北關外各給米布尋仍入豫省安插

十四年旱
十八年旱災
二十五年旱災
二十七年夏裁兵夏逢龍會城倡亂本邑亂民李若謙等勾連叛兵宋二詐置僞官民盡逃散知縣張國柱儒學周國購及闔邑紳衿士庶立藏[illegible]之
二十九年旱
三十年十二月月食
三十一年正月朔日有食之
三十二年旱
三十四年四月月食十月望月食
三十五年夏知縣劉承啟創建官廨左右醴泉雙出因題額以名其堂曰雙泉堂
三十六年閏三月朔日有食之既是月晦天雨雹大如豆
論曰鄭康成之分星失之拘高新鄭嘗言之矣分

野非古也王弇州嘗辨之矣然按左氏董仲舒劉向京房輩則言之鑿鑿有據焉不云乎天垂象見吉凶孔子紀災異雖不言其事應而事應具存蓋側身修行遇災而懼敬天之道固當如是至於妖不勝德而有祥桑枯死災星徙度之驗君子惟修其德以俟之抑何敢必之天乎今以蕞爾安邑自三邑未分以前其列宿自有常位躔麗自有常度按舊載安邑入翼十二度則凡翼之改其常位與

移其常度者皆不得謂與安邑無與也則紀星野亦烏能不紀祥異也乎

公署

君子居位則有臨民之體當官則有等威之辨故嚮明出治肅堂簾而正觀瞻退食自公及閒暇而滋休沐凡以一出一入皆有凜然不可越者匪曰適已自便而已也安萃三邑之風土民物而設官分職建廳列署於其間使環邑城內外而居者皆得仰棲桷而望堂階於以集一邑之耳目齊一邑

之心志焉夫儀型不遠則敬愛攸昭不待發號施令而尊崇親近之意自交相洽於德威並著之際矣至於尉幕所棲俱勞區畫鄭司懸鐸亦賴綢繆皆營繕所不得畧者故附於沿革而曰公署

正廨

知縣署明嘉靖四十四年建奠城北背坎面離坎者水也正北方之卦也勞卦也萬物之所歸也故曰勞乎坎離者明也萬物皆相見南方之卦也君子南面而聽政嚮明而治蓋取諸此邑屬草創中經兵燹方位俱失故官禾黍什不存一順治元年郡倅委篆梁公夢卜重修大堂康熙四年知縣張公一躍重修戒石亭並建東書房康熙十七年知縣白公艮瑄重修過庭康熙二十八年知縣張公國柱重建譙樓康熙二十九年並建預備倉重修儀門俱有年月職銜署於梁近又傾圮過半康熙三十五年知縣劉承啟捐貲重修建亦有年月職

銜署於梁並鐫石

公堂即大堂也三楹在燕堂前置暖閣於中央以親民事即爲親民堂堂懸清慎勤

御額也承啟重新榜其簷曰忠君愛民

過庭三楹横接公堂簷承啟重修

月臺在過庭前甃以石欄以木承啟重建

班房左右各一楹在月臺下

御箴亭郎戒石亭舊中央初勒石後易亭凜
天語之煌煌傾民喦之畏畏尚愼旃哉正其位增以
飾加深青焉新植槐與栢列其旁
六曹舊東西各七楹禮糧兵刑四曹圮承啟重修
內署三楹臨高臺奠厥居天台清淑之氣蜿蜒扶
輿至此而聚形家者流以地脉所鍾焉承啟重建
內屏墻一座廬其門樹一小屏於門屏間以爲內
障如疊屏焉

燕堂郎二堂也卑且陋康熙三十五年知縣劉承
啟改建三楹體泉雙出兩廡下儼若量而後定者
邑人士歌以賦焉因顏爲雙泉堂有記載藝文志
外屏墻一座直立燕堂前承啟重建廬其門
東書房三楹燕堂左承啟重修舊額歌薰門從此
達焉
寶藏庫三楹遷公堂左承啟重修
西書房三楹燕堂右舊爲廚建顏爲退思堂

貯冊庫三楹舊庫基公堂右承啟重建顏爲南軒
貯圖籍防散佚也
儀門郎二門也三楹承啟重修新植栢
福德堂郎土地祠也三楹儀門左入諸祀有祀事
則仍祭於其寢
賔賓館三楹祠前儀門左稍下地僻士賢非公不
至暫爲民賦所
申明亭儀門左又稍下基存屬縣治

獄五楹儀門右稍下承啟重修
縣門郎大門也三楹承啟重修門左右碑森森立
或儆官箴或興民困或起積弊或紀去思計拾壹
通詳載藝文賦役志故或之
預備倉三楹縣門左貯常平穀於倉內時爲修葺
之重民天防滲漏也
陰陽學縣門又左基存屬縣治
醫學縣門又左基存屬縣治

倉監三楹縣門右承啟重建

旌善亭縣門又右基存屬縣治

周垣圍一百四十三丈高有仞加睥睨置邏卒焉

照墻一座仍其舊臨民聽政蔽内外也

譙樓一座去縣治百武上三楹下四闥額南開萬世太平北寄百里民命東慈孝里西仁讓里四隅綴以鐸内題望鶴樓承啟重修奠治中屬正廨分十字於中央市廛衢宇相繡錯若拱極焉

縣署圖

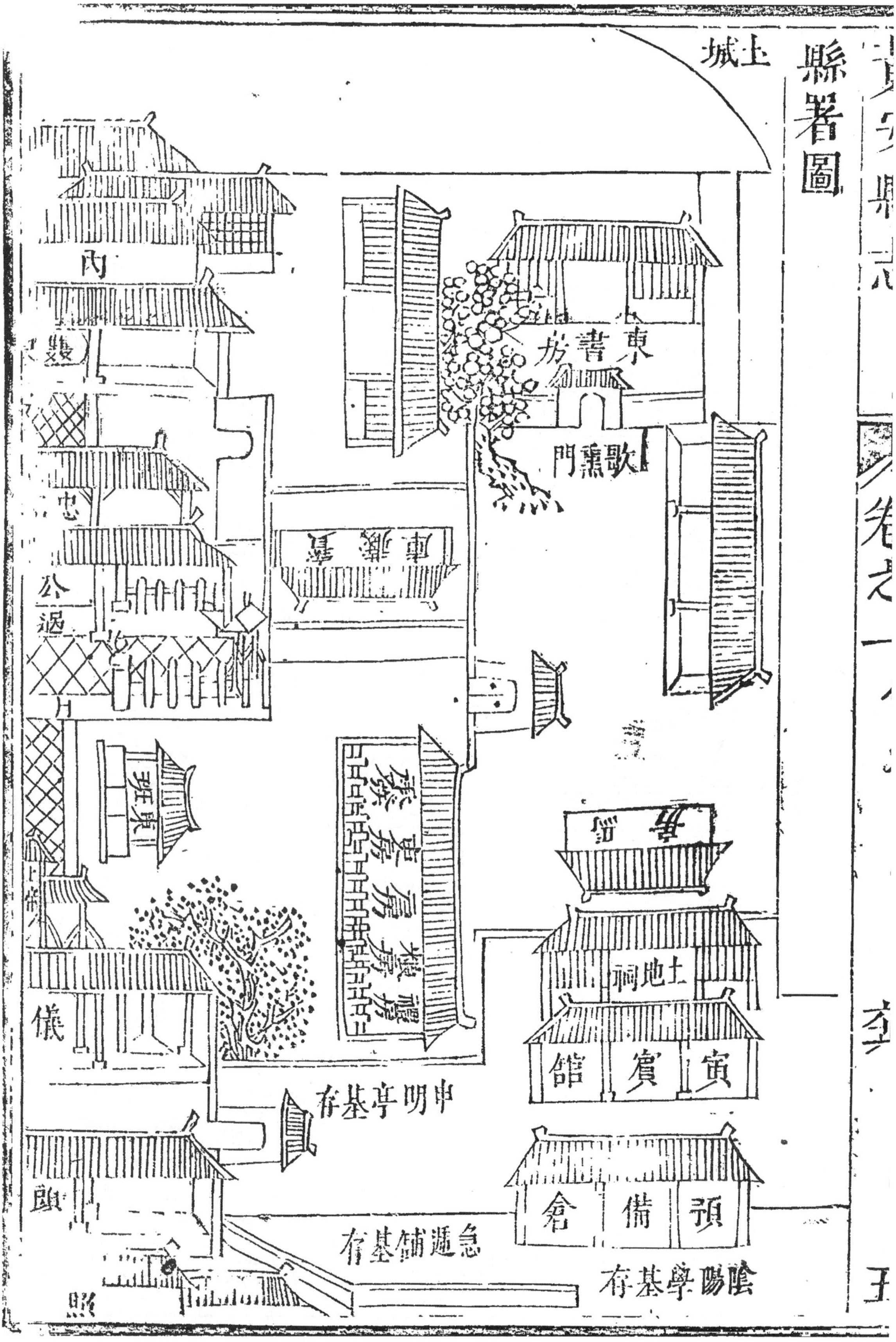

黄安縣志　卷之二　公署

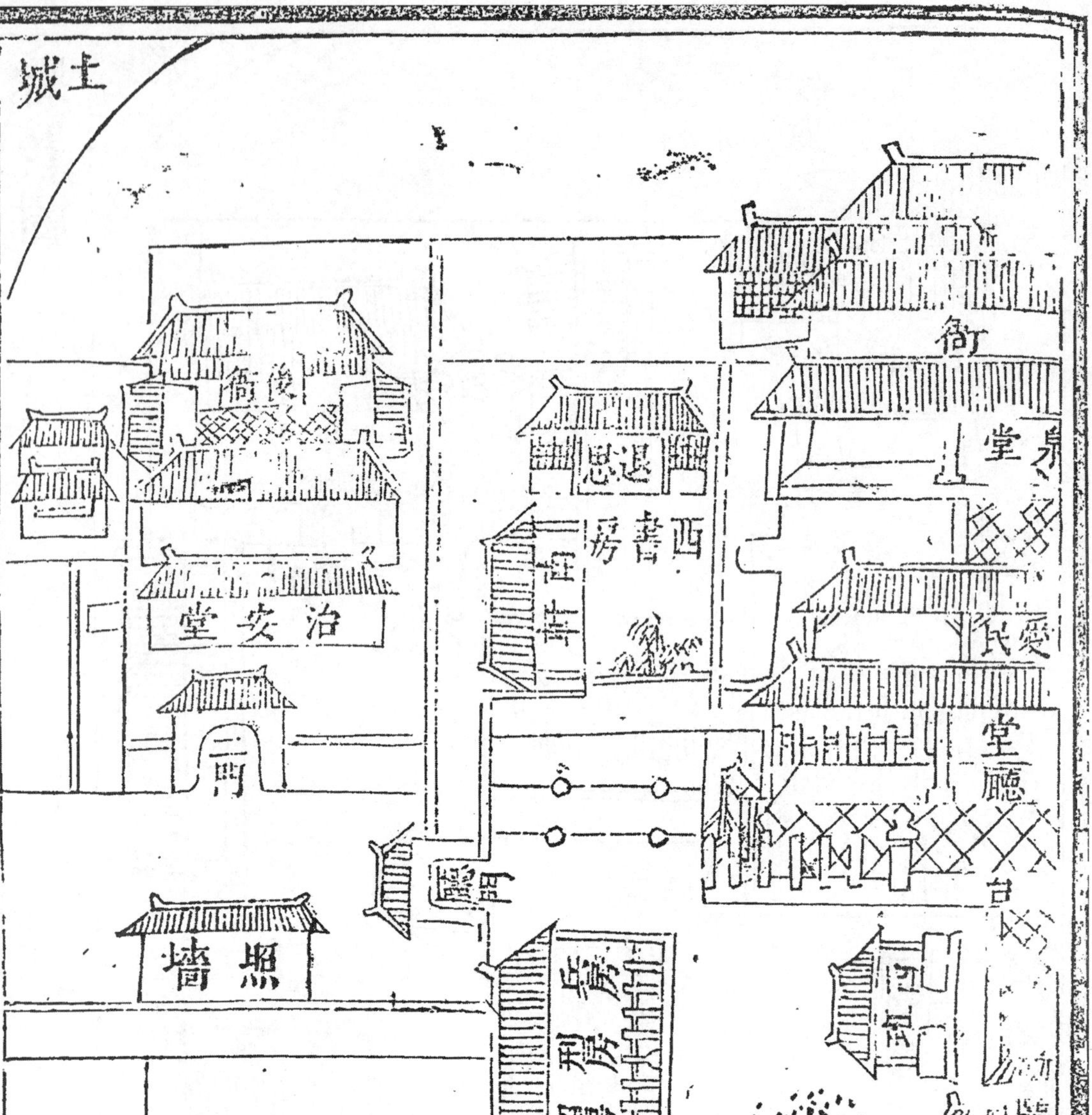

雜廨

憲司在縣治東之南明隆慶四年建中堂三楹東西有序後堂五楹東有廂前有儀門三楹知縣蕭公恒重修建巡察鈌裁地僻不衝按節者少序與廂俱久圮知縣張公國柱置常平倉於內時爲修葺之以防滲漏亦以重民天慎典守也

分司在縣治東明萬曆元年建地僻不衝上官按節者甚簡不念年門垣舍頹敗鞠爲荒草前令蕭

請於當事者廢之至西蜀李令文芳以其價爲築
城之費此初乘所載周公隆之之言也查公廨簿
書中竟有萬曆二十五年李令給王臣周書官印
弓丈之契上銀一十五兩是實
演武廳三楹在城西南隅里許明萬曆三年建亭
亭獨峙易於傾圮廳左畔有臺臺曰將臺封而不
壇今將次第而修葺之承敎曰古者寓軍政於四
時之田訓民禦暴以鼓則王執路鼓諸侯執賁鼓

以旂則王載太常諸侯載旂以殺則王下大綏諸
侯下小綏其儀豫其禮嚴其時暇矣自列國變爲
郡縣古制蕩然無有行者惟我
朝定鼎著爲令甲每當隕霜之節猶得令守土者以
兵法部勒其民間之子弟而簡閱其技擊焉抑何
豫之備而獨詳於一時且不遺於一地也哉噫其
爲未雨綢繆亦已至矣
接官廳在城東三里久廢康熙三十六年僧海淨

募衆重建三楹
教諭署載學校志
訓導署載學校志
主簿廨大堂左明季簿裁廨廢基存屬縣治
典史廨大堂右前後三重後一重典史盧元吉建
二門一楹廳門一楹在縣治西曹上典史陳銓建
雙城司廨在縣東北三十里太仙鄉當南北之衝
要害地也

中和司廨在縣東南五十里中和鄉當大河之北
要津地也
醫學舍在本宅
僧會司舍載寺觀
道會司舍在本宅
書院
域中有四大書院而楚之濂溪則爲理學之宗楚
中有四大書院而黃之問津則爲人文之萃還顧

吾□□□□也亦黃屬邑也其間人文蔚起理學聯翩文章出於道德道德發爲經綸非居肆以成其事則維嶽以降其靈厲歟院歟一歟二歟可異視歟故余附書院於公署之後而爲之紀其地並紀其人云

天窩書院距城十五里在五雲山之巔衆山環拱成窩窩之陰矗起一突爲儒學文星峯以塔秀削似天際峯承啟將修而葺之閱初乘知爲理學耿公恭簡仲子子庸講學處也當時海內宗工如此部郎盱眙羅汝芳泰和胡直安福鄒善皆至其地而一時朝夕相從講習不倦者則彭公東莪台焦公弱侯兹黃公守拙彥士耿公子健定力吳公徵菴國寧盧公心齋廷篪周公柳塘思九盧公欽父堯臣耿公季通應衡非公及門桃李則公公族子姓也有何心隱者不知何許人與其徒吕四峰六以問學來安從恭簡游□□□□痛哭於山□

人莫知其所謂温陵李贄僑寓於窩所著焚書藏書續藏書半脫稿於其間至今墨瀋淋漓宛然在壁焉後邑人鍾公青巖琇讀書於此成進士去

洞龍書院距城十二里在似馬山之麓上有蝦蟆石生氣勃勃可躍而躍之又有虎蹲石矯顧怒步森然欲搏人□□□有一線天其於馬也爲破脊處士吳公□處□□講學於此進士吳公曲蘿□讀書發解處温□李贄在天窩所著諸書亦半成於此今圯□□□焉

釣臺書屋耿公□臺子庸講學處海內諸儒所稱八先生者是也距城七里許有石如盤踞溪上水清而亦駛遊魚鱗鬣皆可指數焉公以布衣自老慕嚴子陵之爲人因以名其齋四方之士多歸之羅念菴陸五台何心隱吕四峰李卓吾諸前輩先與先生遊郎寓於此朝夕商究相切劘大言平平小言窅窅微言的的正□□淵淵高之類懸邈之□

禪變幻其機滑稽遊説雷霆之震警風露之和
川至謎語諧譚杜機棒喝靡非至理妙道顯示密
證無不必折子庸北面事之呼爲八先生而府志
以爲叔臺公誤矣
予㮣別業在南城外取莊周南郭子綦之意明進
士盧公欽父書院也其相與從遊者光祿吳公季
舒士伸孝廉樹公永濟之楨進士吳公西灝之珍
文學姚子德升應魏姚子又次觀劉子克濟之亮

江子顧昌淑清公子刺史盧爾惇別駕盧爾恒孝
廉盧爾慥明經盧爾惕盧爾懌公姪司訓盧之懔
文學盧爾恂皆其選也公所著三不朽先進遺風
敷藻華風幹濟英風詹詹言遊鄴草諸詩文皆成
於此末一公所著蘿曲邨稿舉業秘書體格文犀
守學譌謬重修安邑志童子集盧子新詩塞上吟
南遊草捉刀篇歸途百韻諸詩文俱皆訂於此後
燬於寇基尚存水澂泬循環鳴面有玉帶砂植桃

成蹊
石林山房距城二十里耿公子健讀書講學處有
里門十八子小傳序其畧曰鐸振萬古魯國之儒
偏多景附三千砥行之士匪少魯論家語記載弟
子答問僅僅幾手指數其他言論行事不少槪見
何以稱焉惟茲黃安夫子指恭簡公公兄師也篤生凡我同
聲千里響應土壤細流亦助高深濱水近山尤知
海嶽魯有君子咸取於斯吾非斯人徒其誰與其

自致青雲足垂竹帛者不具論巖穴之士有質無
文習俗之常貴耳賤目及今不載後此何徵爰取
里門十八子述其言論行事各爲小傳識大識小
道莫不存誰毀誰譽吾非無試
桃花書院王氏所建今易爲福田地
尋芳小酌州刺史賢良方正盧公爾惇與艾千子
王子雲陳臥子羅文止諸名宿論詩文處千子爲
惇撰有詩文序行於世距城三里許又有漂麥軒

在城內孝友名家里第前內鑿池池作雨可以[illegible]
麥矣右臨濠令人作濠濮間想
鰲山書院距城西二里許山峙如鰲郡守王公輔
顏爲名書並題由引龍岡陟其巔渡小溪折而西
與文昌閣相輔車閣垣盡圯東有序盡傾承啟爲
文募修載藝文志其地背臨通衢襟帶大河上三
楹顏爲知縣張公國柱書院前三楹顏爲知府王
公輔書院邑進士何通孝廉秦至吳弘礽太學鍾

應遜盧績王巒盧綬盧諶文學耿宗坤耿與行盧
紘蕊盧紞蕊盧緄蕊耿湞鍾應迨盧紀蕊等讀書
處相國余公佺廬國柱侍御周公偉臣士皇太史
張公石虹希艮司訓周公我席國購鑴有詩序跋
置壁間以咏嘆二公作人之美與遺愛之在人心
者置莊十畝以叅會爲供具
雲臺書院[illegible]識考安邑天臺聳秀台
昔號多英才紫[illegible]豈乏理學逢

[illegible]右文之治碩多士奮德之光[illegible]山城[illegible]
院執掌小暇相與論文儒者之掞藻摛奇貴此倡
而彼和學士之雲蒸霞蔚必廣益而集思詩取攻
玉於他山原資陶淑易謂講習於朋友亦戒比匪
不事面從總務敦倫守法相期忠告共成蹈義履
仁淺之完庸行之常精之透性命之本將見論孟
四子僉知泗水微言許看忠孝五經同窺杏壇奧
旨識高而采自異學到則理自深鳳札飛揚瑞奪

五雲之色龍文掩映天開七曜之輝雖靈樸殊姿
不妨各抒所見或正變異局只要各成一家文不
徒文腌腌體認會不空會實實躬行前此觀風已
窺見其一斑今茲會課欲盡悉其全豹丁丑仲春
爲始朔二望六定期凡屆斯辰務踐是約爾徵[illegible]
業致至專心吾課吾程置社[illegible]勿作輟勿二三
勿浮而欺勿囂而訴此訂
義學承啟建詳載學校社學文後

論曰公署之設上以肅尊嚴之體下以通愚賤之情也有咨有所軫念不能遽及里巷唯親民者得而代宣之億兆有所呼籲不能遽邸九閽唯親民者得而代陳之則當身坐堂上而一邑之疴癢疾痛無一不入其念慮而深其圖維故家人父子之真情皆得詣堂下而直陳無隱惟規模不立無以飭官方制度不整無以靜紛擾庭事增新而稍爲措置出入觀聽之際君子於此亦以觀政教矣

黃安縣志卷之二

知黃安縣事九河劉承啟纂輯

疆域

國家熙洽既久化被遐陬有分土無分民然自畿藩以暨州邑必爲之畛劃井井界於外以爲疆圉於內以爲域非曰侈流峙之奐麗而誇風土之錯繡也蓋貢賦於是乎辨沿循於是乎課要害於是乎防而審勢規方因時售治統於此專責成焉黃安分土固黃岡麻城黃陂三邑之裔疆也聯三以爲一華滇以從同務使權一則政令不分勢專則機牙易制所爲度地居民而綢繆深未雨之防保障示苞桑之固者皆係於此作疆域志第二

黃安合三邑分界週遭萬山綿亘如塹山外溪澗絡之如隍形勢巧若天造而東南峙三角五雲之奇觀西北連天臺僊居之勝槩又其中之最盛者

東至麻城界四十里至麻城縣一百一十里

西至黃陂界四十里至黃陂縣一百二十里
南至黃岡界八十里至黃岡縣二百四十里
北至河南光山界八十里至光山縣二百六十里
西北至河南羅山界九十里至羅山縣二百七十
里

先是有司承委分里草率應塞止計里析之不按
疆址里甲棼錯官民胥稱不便
隆慶三年黃州府同知王可大率黃岡知縣賈應

璧麻城知縣穆煒黃陂知縣熊煒眼同畫疆臨境
會勘定議從黃陂知縣熊煒之申請也
一由老君山自北而西逾黃陂站仙居山乳山冲
口老山官倉河蜂子山橋沉河兩河口循鄉壇廟
柏林港巴林石周登山馬吼山牛岡路口槐皮坳
夏十一山紅麻山頂家坳道明山以西迤南界於
黃陂界內析灄源鄉之里八屬黃安
一由馬鞍山紅甃山上官山碎石嶺界牌逾紫潭
河循道人山高家林香山寺黃岡嶺馬埠頭以南
界於黃岡界內析中和鄉之里十二屬黃安
一由馬埠頭逾黃重九卜河循霍家橋折而東由
萬明岡至松溪河沂謝家店河循賀受山同打石
山古城山觀音巖土門山王龔山雙峰尖紫雲寨
鷄兒巖石牌槐樹凸楊眞山石丈山廟峰山雙峰
疊東以北界於麻城
一由羚羊山道士山清風嶺黃石巖逾西界河至

天臺山北以西界於光山內析麻城太平鄉仙居
鄉之里二十屬黃安
初共編戶四十里萬曆壬午麻城知縣文德承委
審編縮太仙鄉之里三編戶三十有七里
論曰自昔分茅錫圭區別山谷各有定屬靜則按
圖而治動則畫疆而守法至善也安割三邑之隅
以成一邑亦既條分縷析金湯帶礪永奠不易矣
乃說者猶謂東宜自松溪河南下直割岐亭以西

西宜從蜂子河直劃兩河口以東方爲完域不知事後易爲智事前難爲功追維創始之人其深思遠慮豈後人所得增減哉

附初秉疆場綺分提封有界俾之守令有分土矣惟祖宗畫野離疆犬牙交錯豈眞守禦哉凡此域中一夫不獲責有攸歸

城池

易曰王公設險以守其國險者何城池之謂也雖

衆志可以成城然勇夫尙且重閉重門擊柝豫之時義大矣哉安邑四圍皆山巒因萑苻弗靖非崇墉深溝無所恃以爲固所謂歲役不過三日而庶民子來願執宮功者惟此事宜然夫豈妄興土木輕用民力者可同日論乎故附於疆域而曰城池

黄安縣城成於故明嘉靖四十二年經始者黄州府同知袁福徵也

費銀六千五百九十四兩

内石工値五千四百五十四兩

磚値七百二十兩

灰値二百四十兩

約每丈費銀十兩八錢五分七釐

城作四門門上各有樓

每門樓費銀一百兩嘉靖四十三年里甲之役每戸一丁徵銀二兩五錢每糧一石徵銀五錢

隆慶二年雨城半圮黄州府同知王可大重葺完

裁卑四尺

費銀一百一十四兩六錢八分其費查追先時免役逋負並括城中地價

萬曆二年知縣應存初增埤高五尺

費銀四百六十兩四錢取之稅契銀

萬曆二十四年知縣西蜀李文芳縮南城而内之起東南隅暨城隍廟側共若干丈請公帑若干金及巡司基價而佐以贖鍰禮召耆老十四人經紀

其事其門基比舊稍西數丈改水門之在廟側者從旁竇焉遂使城如彈丸市居日蹙則惑於形家之説所致也

是年五月五日城告竣勒石榜以禁曰新舊城工勞費甚鉅自今週垣内外距三丈許毋許縱人畜踐穢毋盜取一坏土犯者有常刑更紀其名責以修葺邏卒以下能覺捕者追所犯值賞之永遵此禁

崇禎八年寇警知縣趙利珍浚城濠建敵樓設重門於四城

崇禎十一年知縣李元玉改遷南門稍東數武建延秀樓於其上

皇清順治十六年知縣蕭恒重建西城樓

康熙二十二年知縣張國柱因城傾圮興工修葺勒石南城之西以紀其事

康熙三十六年城墻坍塌城樓倒壞知縣劉承啟捐貲經理坍塌者增加之倒壞者裝砌之雖云修舊頓覺更新門鬮未有題額今特題

正東曰三山門　取三峰並聳爲東郭正向也

正西曰迴瀾門　取一水横流在西關環繞也

正南曰載陽門　取春日載陽思南風薰被也

正北曰天臺門　取天臺在望與北斗同方也

城樓四座

敵樓九座

更樓二十一座

城週五百九十九丈一寸三分

垜子九百一十一座

垜口九百九十七空

磚城高一丈九尺

培城寬五尺

水關一道

城濠四週

論曰此爲麻城金陽姜畈舊地也當修建伊始詳
者以爲地連荆豫山繞岡陵風氣完聚今且安壓
市而耳弦歌也有年矣君是位者苟追念創始之
艱難從事其間不以爲客舍郵亭而以爲國寄民
生之攸託即一石一木且有所不敢忽者况於保
固疆圉可不顧厥位而思之乎余故用是凛凛也
附初乘春秋凡用民力必書蓋重之也惟黄安自
嘉靖癸亥經始斯民勞費十餘年始覩厥成乃邑

大夫相繼綜理茲役者几幾更矣顧瞻寧宇能不
永思

山川

境内之山川惟治境内者得而走望之謂其雲氣
所蒸靈秀所萃其功用足以阜百物而産異材爲
生民利賴司牧者所當知也夫泰山雨徧天下
河海澤潤百里險易高下之勢惟覩其利者爲有
德安邑之山高水長不猶是乎故附於疆域而曰

山川

山

杏村山　距縣二里許下有寒泉爲邑之冠

三角山　距縣三十里三峰嵒峙儼如筆架蓋邑治左翼也北峰下一石洞深邃莫測天欲風則轟轟有聲土人名曰風洞

桐子山　距縣二里昔有桐陰甚濃故名

豹子山　相傳曾出一豹故名

土門山

大楓山　距縣四十里

王冀山　距縣三十里

雙峰尖　二峰並起勢若挿天

張家山

長竹山　距縣四十里曾産修竹節幹冲霄

大塘山　距縣二十五里山下有塘曲而且長

尾斗山　距縣四十里尾斗皆星也以名山象之

也夫尾宿居寅斗宿居未似不相及而以斗木
生尾火實有相生之理宜其萬木呈秀百卉向
榮乎
錦屏山　在大塘山南春夏之交野花爭放燦爛
如錦
長龜山
鷄兒巖　距縣四十里
輔弼嶺　山中幽靜人跡罕至士子讀書其上者

率多騫舉
鄂家山　距縣二十里
高犖山　距縣六十里
光祿山　距縣七十里
妙洪山　距縣七十里
以上諸山俱縣東
打磨山　距縣三十五里
紫雲寨山　距縣四十里崇巒萬仞上多雲霧其

色若紫
楊眞山　距縣六十里
道士山　距縣七十里
酒醉山　距縣五十里山勢欹斜儼如醉狀或曰
飲於上者亦醉
賀壽山
觀音巖　洞壑幽深一塵不染
古城山

向打石山
遊仙山　距縣三十里孤標秀異仙靈閒集傳有
黃鶴乘空而下至今仙跡尚存
晤仙山　相傳有野叟晤仙如此
大坳口山　距縣三十里
小坳口山　距縣二十五里
以上諸山俱縣東北
似馬山　距縣八里亦爲四馬山上有塊石狀猶

馬名曰似馬峰巒爲八景之一其一線天諸峽
境詳古蹟志
寨基山　距縣七十里外險内平昔人曾築寨避
亂故名
百壓山　距縣七十里
浮雲巖　巖懸於山若雲浮於天然
風水山　距縣四十里勢雖不甚陡峻實爲一方
來龍凡祖墓扞此脉者多顯達焉

鐵山　距縣十二里山多産黑石其色如鐵故
以鐵名
虎踏山　距縣三十里相傳神人騎虎於此至今
虎跡尚存
尖山　距縣三十五里四圍平坦此峰獨峻且
鋭有凌空穿雲之勢
鮑家寨山
龍王山　距縣七十里秀峰高聳頂上遍湧清泉

怪獸佳禽奇花靈草不可勝紀而形勢蜿蜒之
狀若遊龍盤旋云
岐鳳山　距縣五十里山出靈鳥秀異尤絶
星朝山　衆山羅列於前若羣星之拱向
響山　有聲鏗然隨叩隨應人爭擊之以戲
大成山
小成山
以上諸山俱縣西南

王母山　距縣二十五里昔忠如禪僧創奉母寺
於此山中人稱方外孝子以王名從俗姓也
七個山　距縣十二里七山並峙爲縣右翼
陽和山
夾山　距縣十六里在七個山之首
羊角山
周登山
馬吼山

横北山

夏十一山

紅麻山

道明山

小老山

乳　山　山上有石雨時點滴如乳抱樸子修道
處

以上諸山俱縣西

鄒　山　距縣里許本邑來龍

楓　山　多產楓樹邑治樂山

點兵山　距縣二十五里相傳鄒普勝點兵於上

燈籠山　距縣三十里

姚公山　距縣三十里

大佛山　距縣五十五里有丈六金身像故名

雞公山　距縣六十里以形似名

鷄子山　距縣三十里山多圓石形如鷄子

峩　山　相傳以山形嵯峨名

黃石巖　相傳黃石公曾坐巖上

清風嶺　雖值盛夏嶺上清風徐來耳得之而成
聲者不獨江上然也

石丈山　峻峰插天巖洞奇秀有大石高丈餘立
巔左故名

廟峰山

羚羊山　距縣七十里

雙山壟　距縣七十里兩山夾峙若峨眉鳫蕩潼

闢劍嶺

天鵝山　懸崖峭壁止一線路可上若鵝頸然

平頭嶺

黃楊寨山　距縣七十里南屬楚北屬豫兩省分
界地週環如壁多產黃楊上平衍有寨宋元之
季士人避兵其中活者億萬計事饒天臺石壁

清香寨山　距縣六十里山產蘭故名

青　山　草木蓊鬱遠望如黛

東高山

西高山　淅有南北二高峰安有東西二高山安之山何不可與淅之山同觀哉

暮雲山　煙霞飄緲至晚更佳

白石山　有石皎潔光潤不枯

天臺山　距縣八十里在楚豫之交其巔四週峭壁百餘仞惟一徑石磴可躡屬而升上約廣數

畝勢若接天每值秋夜氣爽無塵其月色溶溶與山色相掩映當斯時也如在廣寒宮中不作人間境界觀矣故曰天臺秋月爲八景之一有了心關坐忘臺留月巖賓陽壁撫松巖披雲峰作霖池卧龍洞抱奇窩告天爐諸勝境詳古蹟志耿恭簡有天臺勝紀天臺遊紀與偕仲弟子庸重遊天臺紀及諸公題跋詩載藝文志

老君山　距縣六十里脉接天臺奇峰聳翠盛夏寒氣凜然不遜五夷仙境相傳李老君煉丹於上至今丹竈尚存

木城寨山　距縣六十五里抵河南界

以上諸山俱縣北

金牛山　距縣五十里頂有空阱無水相傳金牛卧其上爲神人持金竹引去

陽臺山　距縣四十里其脉亦自天臺來疊起層巒翠岫環列南望可千餘里

蜂子山

灰　山　距縣三十五里山無寸土布列皆石遠望山色如堊

聚英峰　俗名打英尖初乘易今名下有茭筍堂載寺觀志

仙居山　距縣六十里亦接天臺脉崎嶇險峻巖岫盤曲夏不知暑涼氣逼人乃洞天福地也相傳李老君採藥於此

老　山　距縣八十里與羅山接壤綿亘北方六
　出泉山之上爲本邑祖山
七寶山　相傳昔人得七寶像今失
佛塔山　昔有佛塔今廢
　以上諸山俱縣西北
金斧山　距縣里許山勢盤紆松竹叢萃下有一
　井清且冽不減惠泉佳味
向　山　距縣十里縣治正向山峰畧低知縣劉

　承啟造塔於上以高其峰名曰向山層塔爲八
　景之一
雲臺山　距縣十里峯巒秀拔巖石崚層巔際有
　臺雲時覆之土人毎以驗晴晦亦奇觀也
五雲山　距縣二十五里初名五名山明太守周
　思久易今名錦峰繡嶺蒼翠如畫霽爽躡頂上
　南望大江若線蓋學宫文筆也由巔而北即天
　窩勝境詳古蹟志少宗伯淮海孫公應鰲天窩

　願耿恭簡天窩勝概記天窩行載藝文志
玉屏山　平頂巉巖下有潭水皎潔如鏡
月　山　距縣二十五里山上有寨西臨大澗以
　月名肖形也
香爐山　在五雲山前
淨瓶山　距縣二十里皆以其形名
障　山　羣峰疊嶂屹然如屏
上獨山

下獨山　二山聳峙列岫皆低
白馬山
龜　山
丫頭山
王子山
天峰山　距縣五十里突起浮空出乎雲表上有
　寨可容萬人時捍大寇爲東南屏障
蹬馬山

煙墩山　古烽燧處

仙女岩　相傳麻姑修煉處

棋盤山　相傳仙人圍棋處上有棋枰舊蹟

清泉寨山　東連尾斗頂有清泉元季孟維忠爲重慶守建寨於上遂以孟清泉名

横　山　距縣四十五里横亘里許故名

歸元山　四圍峭壁惟内平坦中有泉水時出不竭人以爲元氣所歸

小楓山　在桃花店東南

蓮花山　距縣五十里峰巒疊秀青氣插天名曰蓮花形相似也

大金山　距縣五十里

小金山　距縣五十五里二山形體皆似金星故以金爲名宗形家言也

大壁山　在小金山南上有石方正如壁其色紫潤名家世族嘗結廬於下

孟嘗山　距縣六十里詳古蹟志

道人山　相傳有人修道於此

卓旺山　距縣六十里其巔極高一望百里在目乃遊覽勝地也明太祖追陳友諒至此山僧詢問姓名郎答以詩曰殺盡江南百萬兵腰間寶劍血猶腥老僧不識英雄漢何苦嘵嘵問姓名題罷而去

五頭山　距縣六十里五山叢聚高下相等與卓旺山對峙東抱溪流

磨盤山　在中和司北亦以其形名

鷹爪山　距縣四十五里詳古蹟志

牧驢山　距縣五十五里詳古蹟志

磨石山　距縣五十五里在中和司西北詳古蹟志

虎　山　距縣六十五里山臨河岈勢雄猛類虎俗名猛虎跳澗形

錫杖山　距縣七十五里相傳有高僧得道於此擲錫杖西去

高峰山　距縣八十五里山勢峭拔松竹繁茂與黄岡黄陂相繡錯

碎石嶺　距縣八十里山產石作磨甚佳遠近咸賴以用

興龍山　距縣七十里其山勃勃有興旺勢

弹弓山　距縣八十里

聯登山　俗名野火墩

祈雨山　距縣七十里歲旱士人咸禱於此每多響應

香　山　時產奇花異果人多不識其名而香氣撲鼻無異

馬鞍山　距縣五十五里山凹似馬鞍故名

鐵爐山　距縣八十里

寶印山　距縣九十里與謝家寨對峙爲安邑水口印星故以寶印名

鞋　山　形類女鞋俗名老堡海

七丈山　峯高七丈

仙人山　相傳有人飛昇去

上宮山　距縣七十里北聯木蘭南接洪界

洪界山　距縣八十里羣山並峙上插雲霄外雖陡峻內實寬平鄰邑避亂者多集於上

以上諸山皆縣南

川　河潭港磯附塘井

界　河　距縣七十里邑無大河因山成也其名曰界限南北也首以志之亦猶黄河來天上爲天塹之意焉

雙山壟河　距縣七十里

响水堰河　距縣七十里

周八家河　距縣七十里

墩上河　距縣六十五里

湖田口河　距縣六十里

程方河　距縣五十五里

陴樓河　距縣四十五里

貢吳灣河　由界河至七里坪西受天臺山腰磨冲方陂冲上莊畈諸溪之水南下

袁英河　距縣四十里一出雙山疊東合廟峰石尖打磨山之水西合暮雲黃石巇諸溪之水

華家河　距縣四十里

三河口　由袁英河至雙城與貢吳河合流稍下土門西溪之水經長與店入於河

椰林河　距縣三十五里

白馬蜥河　距縣三十里

姚家河　距縣十五里

皂角樹河　距縣十里

祈家河　距縣三里

北門河　距縣二里

以上諸河皆縣北

紫潭河　源出白沙關東受蔴花港臨湖港又西受行祠橋港至太平橋港之水由感化孫蕢埠滙張大湖汪之江夏秋雨水漲溢可運百斛之舟苦不可以恒里戶之輸將所以維艱也至於煙雲四起陰雨凄凄迷離深處儼若畫圖名曰紫潭煙雨爲八景之一

陡埠河　距縣八里由金場河十里至龍灣其支

東北出峨山冲又東合土門冲王龔山三角山五雲山諸溪之水

沙　河　距縣二十里在陡埠河下五里

中河官渡河　西受童家港楊惪橋港二溪之水東受蓮花港銀錠橋港五里橋港三溪之水西受楊二港徐家港之水

八里灣河　距縣七十里官渡河下受胃家港水

王祥家河　距縣八里

胡家河　距縣三里

南門河　距縣一里

冬青河　源出馬鞍山洪界山過行祠橋太平橋

交紫潭入於河

以上諸河皆縣南

松溪河　源出紫雲山鹿庚冲南達宋家埠

葉紙河　在松溪河南

謝家店河　松溪與葉紙合流而下

板門冲河　由謝家店河南至孟家坊松溪河亦

來合流達岐亭柳子港新洲東壩注之江

以上諸河皆縣東

黃重九小河

尹家河

以上二河縣東南

東流河　距縣四十里田三河口南下三十里至

縣西

金場河　由東流河西合陽臺佛塔浮雲三溪之

水

灄河

雙河口　距縣三十里由灄河一出金局關一出

黃陂站合流南下

橋流河　由雙河西出乳山

官倉河　由雙河西出老山

西河　由橋流官倉兩河合流而下

兩河口　由西河下與雙河合流益灄河之上遊

也由黃陂團潭河注之江

蜂子河

西門河　距縣一里繞西城

以上諸河皆縣西

潭

批巖衝壅潴而成淵在河之中者也故名潭

仙女潭

鷹嘴潭　在蓮花港

天井潭　在楊二港

清風潭　在八里灣

龍潭

紫潭

玉屏潭　在龍灣北

文潭　在龍灣東

周潭　在龍灣西

以上縣南之潭

葫蘆潭

李子潭

牛石潭

以上縣北之潭

金龜潭

仙女潭　在雙河口

石灰潭

烏峰潭

以上縣西之潭

港

受山谷水交流於河以河爲歸者也故名港

藤花港　源出龍潭口

臨湖港

行祠橋港

太平橋港

楊悳橋港

童家港

蓮花港　源出桃花五雲山

銀錠橋港

五里橋港

楊二港　源出高橋河

徐家港　源出大小二金山

曾家港

苦竹港　源出西張圍

周孝子港　源出大峰山獅子口孝子名曰昂

余家港

以上縣南之港

喻家港

縣北之港

响水港

榆木港

縣西北之港

柏林港

縣西之港

玉川磯　八里灣下

環安皆山也觀水者每俟雨集山澗溪谷爭流見其盤繞曲折會合衆水以注無復阻遏在境內則曰河曰潭曰港既以分例悉載及詢里人所採有名玉川磯者又似在河與潭與港之外若果有石巉巉壁立水內以砥中流或激湍怒號而波濤頓生或形若瀑布而聲如伐鼓咫尺奔騰即具千丈之勢何不可作勝概觀哉夫黃鵠赤壁皆磯也一經文人品題便成千古佳境玉川以一磯上下映帶憾不令崔司勳蘇學士相聚一時掀髯共賞耳姑存之以備采覽

裴家塘

以塘而附於川從水類也塘概不志此何獨志

以余曾從里人言出北關就此塘觀之大可數十畝所灌溉田甚多亦利及同井之一端也於是乎志

井

水不必川利濟則貴井利濟蒼生者也夫水之積不厚其凅遂可立待若取不禁用不竭往來井井爲養道之不窮者何嘗不與川同不置之功耶余雖不敏敢不法井以盡勸相之責與

[illegible]井　郎官閣雙泉爲八景之一　詳公署志

[illegible]

[illegible]街井

[illegible]街井

[illegible]街井

[illegible]正街井

[illegible]口井

[illegible]隍廟井

[illegible]禮祠井

[illegible]婦坊井

[illegible]井　在三官殿後

金井山井

杏花村井

龍井冲井

三公井　詳古蹟志

天臺山井

五雲山井

仙居山井

桃花井

老山井

凉水井

馬家井

天窩井

論曰山不在高水不在深古人情之所鍾有居戀

峨眉飲井建業舍此不足快適者爲選勝也安邑天臺五雲嶺樹嵐煙秀聳蒼翠素爲探奇者所托跡而松溪灄河襟帶左右每雨集山澗流因於山更有紫潭河經絡於其間高下原隰資爲灌溉陰膏所託利賴無窮詩瓢文筆之點染特餘事耳

附初乘黃安環山而邑原無千畝崇岡複嶺所在而是未可殫志志其著者

三鄉分壤

書稱則壤成賦不獨九州之大有辨也即一邑之中按地分鄉按鄉分畝高下原隰既殊而肥瘠亦因以異雖曰瘠土之人莫不嚮義然而勞矣安爲三邑之四鄉所分割旋以麻之泰仙二鄉合爲一鄉故云三鄉其間田畝分上中下不等凡邑類然乃攄本邑圖細查僅有上中中中中下下下之別而稱上上者無一焉豈三鄉之壤果盡然歟抑創始者慮周萬全不憚爲瘠土之民區畫盡善歟夫

瘠之不可爲肥猶肥之不可爲瘠無容強也而何疑於安故附於疆域而曰三鄉分壤

沙瓶會

霍家冲下下

龍灣下下

祈家畈下下

曲家畈下下

揚二港下

王祥畈下

沙河下下

蕭舉人畈

松溪河會

桃花鎮下下

松溪河下下

孟家坊下

大峰山

清泉砦

緊龍會

燈籠山

汪家坪

皮家廟

石家堂

龍潭畈

高廟

蕭家巷

繫馬冲下下

清水塘

鄒墩

劉家砦

𧺆王山

包家衆

傅左南北會

富家橋中下

羅家畈

長冲

張家堰

尹家河

徙義會

曾陞畈下下

金塲畈下下

烏石坡下

陡墩會

易家冲中下

葉𥿄冲中下

紅花冲下

板門冲下

長沙灘下下

謝家店下下

長冲下

剳茅冲會

剳茅冲下下

解家冲

團畈

周家冲

蘇家河下下

响水堰會

殷家畈
吳家冲
邢家畈
鄒家冲
柏林寺會
四方冲下
黃義冲
袁英河

新家畈
塔兒崗會
陳漢畈下
王穀畈下
雙城會
七里坪下
張子畈
豹子冲

合家冲
譚家畈
劉老畈
鄒家崗
破窰冲
貢吳灣
白馬嘶河
花園畈

蔡桂冲
以上俱上太仙鄉
盧劉會
程方河
劉家園
碎石嶺
龍王山
大佛山

上庄畈會
上庄畈下下
桐子冲
秦家冲
牛車畈
西門河
楊寺冲
方陂冲下下

楊家冲
羅家畈
腰磨冲下下
長山會
鷄子山下
大聖寺
吉塔一座
遊仙山

望家畈
打鼓嶺下
點兵山
峨山冲下
可憐畈
古墳林
道安會
許家邊

漸安畈
中家冲
周舉人畈
彭　畈
王典八
黎家店
沈家林
姚家河

河漢會
宋米畈
許家畈
新橋
祖師砦
西黄祖
百籮垴
漢津下下

羅家砦
耿家大堰
湖水龍潭會
湖水冲下下
白石嘴
石門
七里崗
喻家樓

龍井冲中上
東壢會
遇仙橋下下
古松菴
駝背樹
天馬寺
似馬山下下
龔家冲

雲臺山
七角山
令牌石
長嶺崗會
張家畈
雙山疊
苦竹岔
烏家畈

詹家畈
葉油河會
貞節菴
尚家廟下下
大王崗下下
九官店下下
盧子冲
山夾寺

嚴家冲
秦家冲
三角山
鹿皮冲下下
石佛洞
東北蘆子
橫坡寨
壘壢冲下下

鄢昌畈
新安店下下
蔡家廟
明角會
土門冲下下
王龔冲中下
打磨冲中下
以上俱下太仙鄉

高橋河會
象坡嶺下中
萬緣橋
王得寺會
王子山下
楊惠橋下下
天井寺會
石頭灣

鷹爪山

喳口石

土墩頭會

土墩頭下下

桂家畈下下

東嶽廟會

閔家畈

六家畈

康九娘冲

崔家邊

馬埠頭中下

蓮花山

程家灣

馬鞍山

方家廟會

童家港中

龍潭口

壽母橋畈

牛草堰

監生灣

以上俱上中和鄉

東卓旺會

曾家畈下下

卓望砦

夏家寺

孔家嘴

阮家冲

石壁冲下下

巴茅崗

鐵石坡

徽州畈

西卓旺會

小金山下
灩泥冲
八里灣中
五頭山
張家店會
馬家井
烏龍山
老堡海

藤花港
平安坫
三師廟會
戴家冲
王厰崗
棺木塘
付家砦
孔謨山

獅子山
馬鞍山
金山會
大金山下
小金山
新安寺
朱勝塘
田家寺

分水嶺
東行祠會
行祠橋下
松泉菴
天心畈
田大塘
雨淋崗
王家畈

王朝灣
葉家畈
盧家砦
凃家橋
西行祠會
竹林寺
龍綱畈
吳家冲

袁家畈
夏家砦
神墩山
紫潭河會
龍田冲
下頭畈
四畝冲
林家大冲

鐵龍山
紫潭下下
太平橋
水蠔寺會
百年山
滴水岩
七丈山
覔兒寺會

王貢士店
王家堂
白雲寺
蔡祠嶺會
萬壽橋
青橋
冢長冲

高峰山
細石嶺下
汪家橋
許家大塘
艾家店
以上俱下中和鄉
西林寺會
鮑家岩

周家橋
西岩基會
九龍冲
土門冲
大成山會
祈家畈下
朱家畈
响水港

老虎冲
榆木港
栢林港
黄陂站會
雲盤畈中
桂家畈
孟家冲
尹興寺會

太廟
龍井冲
洪菴寺
繫馬樁
五龍廟
上下新集
吕王城會
吕王城中

老馬坵
易家冲中上
石灰潭會
茶陂畈
七里冲
丑菜園
鷄冠石
保嗣橋

萬福橋
王家冲
華家河會
金局闗中下
濫泥冲中
雙河口中
楊家冲中
金牛山

棗林畈會
棗林畈中下
茅家冲下
牟角寺會
易家畈
橫坡岔
鋸鍼石
師古墩

楠木港
石灌冲
老山堡會
乳山冲下
黑龍池
余家冲
卓家冲
張家冲

阮家崗

以上灄源鄉

論曰安之地圉楚而近豫層巒叠巘勢多崩岁迴出天表田畝出山谿間自稻麥外無他產周制圍廛二十稅一漆林之稅二十而五壤別沃磽賦分輕重夫非一成之則乎說者謂一邑之中三鄉徵異中和山遠壤稍腴灄源近山次之泰僊夾山中又次之余不謂然凡地之利資天時雨露者半資

人事勤力者半古不云乎譬如農夫是穮是蔉雖有饑饉必有豐年矧人事所至天必因其材而篤焉何獨十畝問不然乎爲告三鄉田畯愼勿爲分壤所限

附初乘域中厥土磽确厥山多童即山崗之間俗名曰冲附山之麓俗名曰塝山陂溪曲稍衍而平者俗名曰畈壤之原隰可田者不盈十一厥田類下下即稱中者百一耳

坊里邨落

周制一夫受田百畝五畝之宅寓焉其中二畝半在邑二畝半在田即坊里邨落之所由始也至於表宅里樹風聲旌善錄賢以爲閭黨之榮邦家之慶不獨在城有之即在鄉亦莫不然環觀安邑繡錯綺連日新月異於焉驅車里巷而室廬如故井句依然遡厥已往而望其將來不有當屢變而愈上者乎故附於疆域而曰坊里邨落

坊里 附街巷

慈孝里　譙樓東周思敬書

仁讓里　譙樓西王國任書

開萬世太平　譙樓南胡　直題

寄百里民命　譙樓北孫光祖題

天啟斯文　學宫坊外額

昭代名世　學宫坊內額在欞星門外泮池上爲吳琳詹同鄒來學耿定向耿定力五人建

學易精廬　在學宮右尙書府前周梛塘題

督學京畿　在南街上爲御史周家楝建

天寵三錫　在南街下爲封君耿大振耿金建

世沐天恩　在憲司街爲節婦王惠妻黃氏建

都御史第　在後西街巡撫陳瑞爲耿定向建

恩封坊　在泮池角街爲封君周孔建今廢

恩榮坊　在縣治前爲封君耿金建今廢

解愠阜財　在南城樓外御史周家楝書

延秀樓　在南城樓內邑人吳光龍書

三山門　東城顏

迴瀾門　西城顏

載陽門　南城顏

天臺門　北城顏以上四門俱知縣劉承敬題

開國天官里　在中和司耿定向爲吳琳建

諭葬坊　在牌樓河爲耿定向賜

義民坊　在八里灣河東牌樓凹正統六年奉勅

爲丘文建文本姓盧

節婦坊　在桃花店南亦爲王惠妻黃氏建

節婦坊　在墳山衆爲耿大賓妻彭氏建

節孝坊　在八里灣望河墩康熙十一年七月初

四日奉

勅爲盧尭臣妻匡氏建

街巷

編戶而居鱗次櫛比有無貿易各得其所故曰街

巷

東街　自譙樓直抵東門

西街　自譙樓直抵西門

南街　自譙樓直抵南門

北街　自北門南下直抵東街

憲司街　由南正街東折

分司街　由縣治東跨北街復折南

後街　循城而北達西街橫繞縣後

小後街　有二由後街內北折西抵耿氏家廟
後西街　在縣治西
小北街　由後街南折直達縣治
三義廟街　由憲司街東復北折達東街與分司
街口正對
泮池角街　湖南街上與憲司街口斜對跨街而
西以達儒學
雲路街　在學宮照牆外直下

周家塘街　由雲路街折西至城隍廟
陶家巷　亦名布巷由縣治直抵西城循城而南
以達西街
倉家巷　由憲司街南下復折西以達南街
盧家巷　由周家塘折東以達南街
儒學小巷　一由陶巷口上街而東數武南向以達
學宮
黃家墩　由尚書府南下上有黃氏祖塋

東關外街　與城闉對
上崗　由土主廟折而北抵東嶽府
下崗　自嶽府南下里許抵關聖廟
南關外街　與城闉對
南關廂街　直達南鄉
西關外街　與城闉對
北關外街　由北門上折迴繞西城
邨落　附鋪店關

杏花村
郭家崗
雨樵居
周家畬
分水嶺
祝家畬
柳林張家
龔家林

羅家坡
馬賢砦
蔡地灣
梅村坊
大田雷家
揆岍李家
吊橋方家
揆岍耿家

大路余家
以上俱太仙鄉
萬槿園
曲蘿吳公所剏也距城止八里許依山臨水草木叢葺水漲之際騷人墨士携尊酒駕扁舟遊泳其間者不可勝數酒後耳熱擱管成章迄今讀蘿村如在輞川遊之句想見當日唱酬不僅金谷園中韻事郎謂選勝於西湖褉情於桃源深處又何不可耶
鍾石頭灣
山之來也不具論觀其渡峽處有石磷磷形如玉字業曾楊者每謂此間可卜佳城證之山左果有名族祖塋在焉徘徊久之益信地靈人傑非虛語云
三個曹門
驛丞壩

周家岔
毛張五
界牌
江家箭樓
板倉吳家
李家崗
傅橋程家
尨盞墻

髀樓凹
九個天井
一步三縣崗
車埠村
以上中和鄉
江　排
新　集
韭菜園

上徐家
中徐家
姚馬家
碾子張家
蔡胡家
鄒家集
西黄祖
大屋灣
以上灄源鄉
舖
郵傳飛檄按期而行一紙星馳可致千里故曰舖
急遞舖　在縣治大門東申明亭左
僊盤舖　距縣十五里
桃花舖　距縣三十里
柿林舖　距縣四十里
五里橋舖　距縣五十里

八里灣舖　距縣七十里
高家林舖　距縣八十里
以上縣南之舖
店
渴者待飲饑者待食投宿息肩行旅稱便故曰店
九官店　距縣十里達麻城宋元郵傳北五里至
杏花村店宋乾道中學士王元之出守黄州適
清明經過其地猶有童遥指杏花村之句

謝家店

以上縣東之店

吳家店　距縣五十里

董家店　距縣五十里達黃州

馬埠頭店　距縣六十里

以上縣東南之店

十里舖店　距縣十二里

明教堂店　距縣十五里

桃花店　距縣三十里即桃花舊鎮也東南有古刹鐘聲清越每晨擊之山谷皆鳴故曰桃塢晨鐘爲八景之一

汪家店　距縣四十里

柹林舖店　距縣四十里

桂家畈店　距縣四十里

五里橋店　距縣五十里

中和司店　距縣六十里

八里灣店　距縣七十里

馬家井店　距縣八十里達會城

以上縣南之店

崔家店　距縣十里似馬山下

沙河店　距縣十五里

吳汶店　距縣二十里

楊二港店　距縣三十里

拖婆店　距縣七十里

艾家店　距縣八十里

詹家店　距縣六十里達黃陂

張家店　距縣六十里達黃陂

以上縣西南之店

打鼓嶺店　距縣二十里達光山

七里坪店　距縣四十里達光山

喻家樓店　距縣五十里達光山

以上縣東北之店

長興店　距縣十里
阮家店　距縣十里
黎家店　距縣二十里達光山
白馬蜥河店　距縣三十里
雙城司店　距縣二十五里達光山
碗米巖店　距縣六十里
以上縣北之店
石嘴舖店　距縣三十里達羅山

呂王城店　距縣四十里達羅山
鄢老店　距縣五十里達羅山
漢津站店　距縣五十里宋元郵傳今廢
王家店　距縣四十里
黃陂站店　距縣七十里
雙山壘店　距縣九十里
以上縣西北之店

關

匪類稽之奸宄詰之察其往來辨其出入故曰關
金局關　縣西北四十里詳古蹟志
大成關　今廢宋時為羅山界元世祖乙未二月入此關宋戍軍皆遁尋遣廉希憲招諸軍破之悉縱淮民之被掠者後屬麻城今分屬黃安出麻城志

論曰役取於近常在城賦出於田常在野然而有田者强半居城內用力者多出於鄉珉內外固相

須並用也今城中閭巷固一望可知而四野郊原亦足跡易徧然其所以必欲歷覽而無遺者豈獨為賦役哉迹其雞犬相聞煙火相接絃誦之聲不絕於耳水耕火耨時入於目而豐牌古碣時從衡岡叠巘幽奇瓌瑋蜿蜒萃嵂間得之於以景先哲之典型而鼓舞後起於未艾也不亦世道之幸與夫豈獨為賦役哉

橋梁

月令杠梁各以時成蓋利濟亦王政之一事也安
邑雖小不乏往者來者肩擔負販者行商坐賈操
奇贏而出入四方者駟馬高車若茂陵之適如所
稹者凡有溪澗必賴橋梁以渡稍或阻輒躑躅莫
前烏得舉公孫僑溱洧之惠而少之哉故附於疆
域而曰橋梁

橋梁

誾有橋　距縣一里天啟甲子年清明日邑人耿

汝念建於杏花村口取王元之詩以命名

省耕橋　距縣一里

龍頭橋　距縣四十里在西張園

以上縣東之橋

壽萱橋　距縣十里許生員盧復先建

三多橋　距縣二十里

利涉橋　距縣十里

萬綠橋　距縣三十里在楊二港舉人鍾玗建

銀錠橋　距縣五十里達會城

五里橋　距縣六十里在周孝子港口達會城

太平橋　距縣八十里達會城以上三橋元吳應
澍建

孝子橋　距縣五十里在周孝子港

迎春橋　距縣四十里在苦竹港

四余橋　距縣五十里在余家港

曲尺橋　距縣六十里

以上縣南之橋

老實橋　距縣三十里

冨家橋　距縣五十里

霍家橋　距縣六十里

滙源橋　距縣七十里邑進士盧堯臣建

冬青橋　距縣七十里邑孝廉盧爾慥募衆仝建

以上縣東南之橋

小藍橋　距縣七里邑人耿汝念建

遇仙橋　距縣廿五里

通濟橋　距縣二十里縣丞王國任建

楊惪橋　距縣二十里一名苦修橋邑民鄭君昭

吳公紹全建達黃陂

行祠橋　距縣八十里達黃陂

以上縣西南之橋

黃石橋　距縣五里

皂角樹橋　距縣十里

姚家河橋　距縣十二里

新橋　距縣四十里達羅山

楊李寨橋　距縣五十里

以上縣北之橋

高橋　距縣二十里

周傳士橋　距縣二十里

烏峰橋　距縣三十五里

以上縣西之橋

火石橋　距縣四十里達光羅二縣

高柳橋　距縣六十里高柳塘名達光羅二縣

以上縣西北之橋

論曰世之治水者但能疏導壅滯即不難修禹之蹟夫疏導之易爲力者莫如橋橋之設兩高而中下左右水道往來多屬田間溝洫田夫與水爭尺寸之利不在高而在下橋居高視下循源鑒流喜疏而惡滯矧安邑多峻嶺危岡盤繞三溪奉符乘

軺者且絡繹相望於道惟有橋而恩膏易流於下民情不壅於上焉凡井牧溝渠之利極橋流之所至當無往不見其通達而無阻也則橋之設亦烏可已哉

物產

物必有資於食貨者其產乃足珍焉若海物惟錯生各有方怪石浮磬出各有所遷其地而弗能爲良君子弗貴也雖然材不擇地物土之宜而布之

利故山林墳衍有分壤穀枲蔬菓有異數竹木花草有殊名禽魚介倮有各類安邑鄉僅三里僅三十有七物即各爭效其能亦未免限於其地茲隨地之所産而志之初非借材於他邑也故附於疆域而曰物産

穀之類

稻取有遲早色有紅白其名甚多總粘糯秔三種　麥大曰牟小曰來　蕎麥

菽豆之總名　芝蔴　蜀秫　黍

粱　稷　粟　蘆粟

黃豆其種五　菉豆其種四　黑豆其種二　稗野小一種

家豌豆　赤豆　蠶豆　刀豆

藊豆　豇豆

枲之類

木綿　麻　綠麻俗作泅麻　葛

苧

蔬之類

白菜　芥菜　芹菜　萵苣

茼蒿　菠菜　蘿蔔　胡蘿蔔

莧菜　馬齒莧　葫蘆　瓠子

蔓青　蒜野小蒜　葱　芫荽

韭　菘　薤　芋二種

茄　木耳　茶　茭

筍　百花菜　薺菜俗作地菜　荊芥

蕨根可爲粉救荒　椒　池藕　土卵

炎人薑　苦麻　天茄　君薘

軟曲　剪刀菜　鋸兒草　鵞兒腸

王瓜菜　筆管菜　棠子菜　蕺即魚腥草

果之類

栗　柿　桃　櫻桃

山櫻桃　樓柮　羊桃　棗

杏　李　秧李　核桃

蓮蓬　藕　無花果　菱

芡實 石榴 山葡萄 梅
梨 沙果 苹果 銀杏（白果小者）
菱 橙 榛 荸薺
茨菰 鵝花（一名茶花） 山查 橘
枇杷 丁香柿 八月㴩 癩葡萄
毛栗

瓜之類

西瓜 南瓜 冬瓜 菰瓜

王瓜 蘭苦瓜 菜瓜 甜瓜
木瓜

木之類

松 栢 檜（俗作莿栢） 椿
槐 栗 柘 栁
桑 梓 杞 桐
楊 棗 樟 桂
棠梨 椰 棠棣 黃楊

梧桐 楓 杉 檀（紅白二種）
苦楝 烏桕 冬青 水瓜
蠟樹 牛筋 皂角 楓杉
榆 漆 黃荆 櫟
三春柳 椴木 石楠 楮
構（皮作紙） 鳳尾杉 櫰香（郎兕婁香） 獏草樹
壞皮 泡桐 纓絡松

竹之類

三月竹 五月竹 班竹 紫竹
慈孝竹（俗作叢竹） 苦竹 瀟湘竹 鳳尾竹
水竹 篠竹（竹小葉大） 筀竹 石竹

花之類

牡丹 芍藥 辛夷 玉蘭
玉簪 蜀葵 黃葵 桂
萱（一名忘憂詩云焉得諼草） 並頭蓮 蓮
菊（品類甚繁名甚多） 茨梅（紅黃白紫） 十姊妹 蕙

槿舜華詩云顔如舜華 薔薇本紅白紫色芳香可愛 臘梅
地棠 酴醿 海棠 千葉梅
千葉榴華而不實色時濃艷 杏 千葉杏
絳桃 緋桃 碧桃 紅梅
綠萼梅 罌粟 剪紅羅 山茶
夜合一名合歡古稱蠲忿花細如絲朝開暮合 金盞花小而圓色黃如金
金錢 鷄冠 老少年 迎春柳
木香 木樨 杜鵑俗作映山紅 羊躑躅

紫薇 紫荆 石蘭 瑞香
天竺 玫瑰 薝蔔俗作梔子 金鳳
秋海棠 龍鬚草紅黃二種 火焰草 芙蓉
凌霄 山蘭 月季 水仙
丁香 百合 款冬 一丈紅
虞美人 鳳仙花

草之類

芭蕉 菖蒲 薜蘿 荇一名鳧葵

白芨 青竹香 石菖蒲 麥門冬
土人參郎沙參〻 玄參 苦參 百部
蒿藍 沙參 大藍又名水藍 丹參
紫蘇 蒼朮 桔梗 小藍又名蓼藍
馬勃 薄荷 荆芥 白茯苓
扁蓄 牽牛 山楂 大蘹香
三七 百合 苜蓿張騫使西域得種始生
包皮根 黃藥 黃精 瞿麥

石葦 舌干 葛花根 商陸
大黄根 半夏 貫仲 草烏
木瓜 白芷 草黄連 破銅錢
南星 赤芍 軟硬 柴胡
茵陳 細辛 槐花 貝母
香薷 山當歸 山木通 白蘝
金精石 山藥 大薊 淫羊藿
王不留行 金毛狗脊 旋覆花 小薊

蒲公英　劉寄奴　風乳　菊花
山厚朴　海金沙　薏苡仁　蒲黄
松香　山杜仲　蓮蓬　山黄蘗
羊躑躅　山茨姑　桃仁　草决明
天丁（俗作皂角針）　青箱子　栢子仁　杏仁
白頭翁　白扁豆　大戟　冬葵子
地膚子　辛夷　排風藤　江板龜
自然桐　山开麻　半邊蓮　獨活

芎藭　青藤　赤蓼　蒔蘿
吳茱萸

禽之類

鷄（易云翰音莊子云時夜）　鵝　鴨
鴿　鳩　燕（胡燕斑襟聲小越燕紅襟聲大白者非常
不數見）　布穀（又名杜宇杜鵑謝豹與鵯鵊相似但於頭上少一點白）
子規（又名鴽黎伯勞趨鳩）　雉　黄鸝（郎鶯）
啄木　鴝鵒　鵲（列子云乾鵲噪而行人至）

雀　鷹　鶻（郎鷂）　白項烏
烏鴉（能反哺者曰慈烏）　地鷄（似雉）　鴈
鳧　鷺　鴛鴦　鸛
鷺鷥　鸜鵒（俗作八哥）　百舌　翡翠
提公鳥　鴽（三月田鼠所化）　苦雀　紅鵝
鷗　青鶄（音莊）　鸕鷀　謎魚子
水鴨鵲　頓鷄　秧鷄　叫天
黄豆眼　鳶　銅嘴雀　鴟梟

鵬（郎鵂鶹）　鵂鶹　鸂鷘　畫眉
羊雀　鷦鷯　鵪鶉　鷓鴣
鶻鳴　孝尾　竹鷄　鵬鵬（似鵝而大）
蒿雀

獸之類

牛　馬　羊　羝羊
水牛　驢　騾　豕
犬　猫　鼠（有白者）　松鼠

狐兎 貍 虎 彪

狼 鹿 麞 麃

麝俗名香麞却不同 豺狗 猴 貛猪狗二種

獺 蝟 黄鼠狼 野彘

野猫 果子貍

魚之類

龍 蛟 鯉 鰱

鯽 鮎 鱖蘇子云巨口細鱗狀似松江之鱸

金鯉 草魚 烏魚 鰑鱎俗作鯵兒

沙口 黄鮎 赤眼 玄丁

鱣 鰻鱺俗作白鱣鰍 蝦 火燒鯿

黄鴨丁 石貶頭一名杉木片 鯖

魛 仆沙溝 屎鋼鮋 田骨嫩

黄爽 鯮 鰄 鯿

鰌

介之類

龜 鱉 黿 蚌

蟛蜞 螺 蜃 蜆子

倮之類

蜜蜂 蜂 蝴蝶其種甚多 蜻蜓種亦不一

燈蛾 螢 蚊 蠅

雞婆子 蝗 螳螂 蚱蜢

蝙蝠一名伏翼 黄奶蟲 蜘蛛列子云蜘蛛集而百事喜

蟢 蠶 螟蛉又蠕 烏梢

蛇其種大小不一甚繁 蝎 虺 蜈蚣

蝘蜓 蝸牛 蟻 蟋蟀一名促織

蟞 蛤蟻 蜉蚰 地虱婁

虼蚤 蟣蝨 螽 蛙郎蝦蟆

蝌蚪 螮蝀 螻蟈 蚯蚓

蜣螂 蟾蜍 蠹魚 蛋

蠅虎 巴手蟲 壁虎 牛蠅

蠓蛆 螞蝗 蠖 蟬

蜩　虫

論曰物之無者不可謂有猶物之有者不可謂無觀初乘自田壤外所載品物頗繁及核其實未必盡然或者値三邑方割之始恐聞風者以此爲棄地不樂受廛故稍爲增拓寓鼓舞激勸於不言之實利當年締造苦心豈沿襲因循者所能揣合其萬一哉茲故仍其舊而存之

黄安縣志卷之三

知黄安縣事九河劉承啟纂輯

田賦戶口

賦役之供非自今日昉也民財供賦民力供役自禹貢則壤以來代有損益洵莫如一條鞭之簡而易行矣但賦與役雖皆出於民而輸財輸力亦自有辨惟丁隨糧轉之議定而賦與役悉歸於一若安邑三鄉各則不等每鄉分上中下山鄉四項每

項泒有秋糧全官夾官夏稅桑絲之不同地塘所泒亦復如是戶口三鄉多寡亦有原額加增實在不同其支用各例在裁克兵餉以後亦有全裁半裁起運撥運不等而祭祀供應皆得從同雖減租寬賦體國者固所難言而量盈劑虛以斟酌於用一緩二之間使上不誤國而下不朘民亦仁人君子之所惻然軫念者也作田賦戶口志第三

按禹貢荊州厥土惟塗泥厥田惟下中厥賦上下

安荆域也南東其畝不菑菑猶禹跡歟

按秦舍地而税人故地數未盈其税必備是以貧者避賦而逃逸富者兼幷而自若秦政之苛也今安邑舍人而税地寧非三代地著爲本之遺意哉

按漢興高祖約法省禁輕田租十五而税一量吏祿度官用以賦於民似矣然晁錯猶云地不著則有離鄉輕家之憂安賦於地而不賦於民斯爲地著歟

按魏武初令收田租畝出粟戶出絹綿是分税算而二之至晉武帝置戶調之式丁男之戶輸絹輸綿似又合二賦爲一矣今閱安邑全書米麥絲絹等名目具存其未經條編之先亦猶行古之道也

按唐武德七年定均田賦税計口授田徵以租庸調之法田出粟稻爲租身與戶出絹布綾綿爲庸調其始雖先戶口而後田賦實則三者之徵皆此受田一項之人所出也安制近之論者謂賦税必視田畝乃古今不易之法信哉

按趙宋租税有穀帛金鐵物産四類穀之品七布帛絲綿之品十金鐵之品四物産之品六其類亦有五有公田之賦有民田之賦有城郭之賦有雜變之賦有丁口之賦其輸有常處而以有餘補不足則移此輸彼移近輸遠謂之支移其入有常物而一時所須則變而取之使其直輕重相當謂之折變安之田賦不越於類而折變爲多惟南米一項猶存支移之名焉得改而爲折變也幸矣

按明初取民之制諸名目不一全書所載不下十餘項闔諸故老民之困於支移者奔走道路日不暇給慶曆間始允大學士張居正請行條編法宇內便之然他邑尚有漕糧一項未入安則並入條編至丁隨糧轉則又判然與他邑異矣

國朝因之年來復廢里甲聽民各自輸納且又官徵官解不以累民不幾軼有明駕漢唐比隆三代哉

田賦戶口則例

黄安縣原額田地山塘肆千捌百壹拾貳項玖拾肆畝伍分貳釐內撥歸更名田地山塘貳百貳項伍拾捌畝伍釐

泰僊中和灊源叁鄉各則不等田共肆千貳百玖拾叁項貳拾壹畝陸分叁釐陸毫除撥歸更名田壹百陸拾伍項伍拾玖畝壹分壹釐實在田肆千壹百貳拾柒項陸拾貳畝伍分貳釐陸毫內

上田玖百陸拾捌項陸拾捌畝玖分壹釐捌毫

中田壹千伍百柒拾捌項貳拾貳畝肆分玖釐陸毫

下田壹千肆百玖拾貳項貳畝玖分肆釐玖毫

山鄉田捌拾捌項陸拾捌畝壹分陸釐叁毫

地共貳百陸拾肆項叁拾叁畝肆分伍釐肆毫除撥歸更名地壹拾貳項肆拾玖畝貳分捌釐實在地貳百伍拾壹項捌拾肆畝壹分柒釐肆毫

塘共貳百伍拾伍項叁拾玖畝肆分叁釐除撥歸更名塘貳拾肆項肆拾玖畝陸分陸釐實在塘貳百叁拾項捌拾玖畝柒分柒釐

泰僊鄉

上田叁百伍拾伍項柒拾叁畝玖分玖厘陸毫

每畝科秋糧民米叁升肆勺捌抄肆撮壹圭肆粒肆粟共科米壹千捌拾肆石肆斗肆升貳合捌勺叁抄捌撮每米壹石併新加顏料北絹等項泒銀

壹兩貳錢貳分伍釐柒毫陸絲伍忽叁塵貳纖壹渺貳漠該銀壹千叁百貳拾玖兩貳錢柒分貳厘壹毫壹絲壹微伍塵捌纖

每畝科全官米叁升柒合伍勺貳抄肆圭柒粒捌粟共科米壹千叁百叁拾肆石柒斗伍升叁合叁勺肆抄柒撮入秋糧內帶泒

每畝科夾官米壹合捌勺壹撮柒粒伍粟共科米陸拾肆石柒升壹合肆勺伍抄入秋糧內帶泒

每畝科夏稅小麥陸抄捌撮叁粒壹粟共科小麥
貳石肆斗貳升壹勺叁抄伍撮陸圭入秋糧帶泒
每畝科夏稅絲貳分貳毫柒絲壹忽柒微貳塵叁
纖伍渺共科絲肆拾伍觔壹兩壹錢伍分陸釐貳
毫壹絲壹忽入秋糧內帶泒
每畝科桑絲柒毫肆絲伍忽柒微捌塵貳渺共科
桑絲壹觔壹拾兩伍錢叁分肆毫陸絲陸忽入秋
糧內帶泒

中田陸百柒拾貳項伍拾捌畝柒釐捌毫
每畝科秋糧民米貳升叁勺共科米壹千叁百陸
拾伍石叁斗叁升捌合玖勺捌抄每米壹石照前
則例泒徵該銀壹千陸百柒拾叁兩伍錢捌分肆
釐柒毫柒絲捌忽玖微
每畝科全官米貳升陸合共科米壹千柒百肆拾
捌石柒斗壹升入秋糧內帶泒
每畝科夾官米壹合貳勺共科米捌拾石柒斗玖
合柒勺入秋糧內帶泒
每畝科夏稅小麥肆抄共科小麥貳石陸斗玖升
叁勺貳抄叁撮入秋糧內帶泒
每畝科夏稅絲壹分肆釐共科絲伍拾捌觔壹拾
叁兩陸錢壹分叁釐壹毫入秋糧內帶泒
每畝科桑絲陸毫共科桑絲貳觔捌兩叁錢伍分
肆釐捌毫肆絲柒忽入秋糧內帶泒
下田陸百肆拾伍項柒畝叁分玖釐

每畝秋糧民米壹升伍合貳勺共科米玖百捌拾
石伍斗壹升貳合叁勺叁抄每石照前則例泒徵
該銀壹千貳百壹兩捌錢柒分柒釐柒毫貳絲柒
忽捌微肆塵捌纖陸渺
每畝科全官米壹升玖合壹勺共科米壹千貳百
叁拾貳石玖升壹合壹勺肆抄玖撮入秋糧內帶
泒
每畝科夾官米玖勺共科米伍拾捌石伍升陸合

陸勺伍抄入秋糧內帶派
每畝科夏稅小麥叁抄叁撮共科小麥貳石壹斗
貳升捌合柒勺肆抄肆撮入秋糧內帶派
每畝科夏稅絲壹分叁毫共科絲肆拾壹觔捌兩
肆錢貳分陸釐壹毫壹絲壹忽入秋糧內帶派
每畝科桑絲伍毫共科桑絲貳觔貳錢伍分叁釐
柒毫入秋糧內帶派
山鄉田肆拾貳頃貳拾玖畝柒分叁釐
每畝科秋糧民米壹升貳勺共科米肆拾叁石壹
斗肆升叁合貳勺肆抄陸撮每石照前則例派徵
該銀伍拾貳兩捌錢捌分叁釐肆毫捌絲貳忽柒
微陸塵叁纖叁渺
每畝科全官米壹升貳合捌勺共科米伍拾肆石
壹斗肆升伍勺肆抄肆撮入秋糧內帶派
每畝科夾官米陸勺共科米貳石伍斗叁升柒合
捌勺叁抄捌撮入秋糧內帶派

每畝科夏稅小麥貳抄共科小麥捌升肆合陸勺
入秋糧內帶派
每畝科夏稅絲柒釐共科絲壹觔壹拾叁兩陸錢
捌釐壹毫貳絲入秋糧內帶派
每畝科桑絲叁毫柒微肆纖共科桑絲壹兩貳錢
柒分壹釐玖毫貳絲入秋糧內帶派
地壹百貳拾柒頃叁拾叁畝叁分柒釐
每畝科秋糧民米壹升貳勺共科米壹百貳拾玖
石捌斗捌升叁勺柒抄肆撮每石照前則例派徵
該銀壹百伍拾玖兩貳錢貳釐捌毫壹絲壹忽伍
微陸塵壹纖
每畝科全官米壹升貳合捌勺共科米壹百陸拾
貳石玖斗捌升柒合壹勺叁抄陸撮入秋糧內帶
派
每畝科夾官米陸勺共科米柒石[illegible]斗肆升貳抄
貳撮入秋糧內帶派

每畝科夏稅小麥貳抄共科小麥貳斗伍升肆合
陸勺陸抄柒撮肆圭入秋糧內帶派
每畝科夏稅絲柒釐貳毫壹絲肆忽壹微叁塵肆
纖貳渺共科絲伍觔壹拾壹兩捌錢陸分貳毫伍
絲叁忽入秋糧內帶派
每畝科桑絲叁毫共科絲叁兩捌錢貳分壹絲壹
忽入秋糧內帶派
塘壹百貳頃陸拾壹畝肆分玖釐

每畝科秋糧民米壹升伍合叁勺柒圭共科米壹
百伍拾柒石柒合玖勺柒抄每石照前則例派徵
該銀壹百玖拾貳兩肆錢伍分肆釐捌毫柒絲柒
忽玖微玖塵叁纖叁渺
每畝科全官米壹升玖合壹勺共科米壹百玖拾
伍石玖斗玖升肆合肆勺陸抄入秋糧內帶派
每畝科夾官米玖勺共科米玖石貳斗叁升伍合
叁勺肆抄入秋糧內帶派

每畝科夏稅小麥叁抄叁撮共科小麥叁斗叁升
捌合陸勺叁抄入秋糧內帶派
每畝科夏稅絲壹分叁毫叁絲捌渺共科絲陸觔
壹拾兩壹釐貳毫入秋糧內帶派
每畝科桑絲肆毫肆絲共科桑絲肆兩伍錢壹分
伍釐伍絲陸忽入秋糧內帶派

中和鄉

上田肆百叁拾玖頃壹拾壹畝叁分捌釐貳毫

每畝科秋糧民米肆升陸合柒勺叁抄柒圭伍粒
共科米貳千伍拾貳石壹升壹合捌勺貳抄捌撮
每米壹石僉新加顏料北絹等項共派銀捌錢肆
分捌釐陸毫肆絲伍忽叁微叁塵伍纖肆渺貳漠
該銀壹千柒百肆拾壹兩肆錢叁分貳毫陸絲陸
忽陸塵柒纖
每畝科全官米捌勺叁抄壹撮伍圭共科米叁拾
陸石伍斗壹升肆合壹勺壹抄叁圭入秋糧內帶

泒
每畝科夾官米壹合捌勺玖抄陸撮捌圭壹粒貳
粟共科米捌拾叁石貳斗玖升壹合陸勺叁抄捌
撮捌圭入秋糧內帶泒
每畝科小稅小麥陸勺壹抄伍撮壹圭伍粒壹粟
共科小麥貳拾柒石壹升貳合壹勺肆抄玖撮叁
圭入秋糧內帶泒
每畝科夏稅絲貳分捌釐捌絲肆忽柒微貳塵貳
纖貳渺共科絲柒拾柒觔壹兩貳錢貳分捌釐玖

毫陸絲捌忽入秋糧內帶泒
每畝科桑絲陸毫貳絲柒忽伍微捌塵四纖叁渺
共科桑絲壹觔壹拾壹兩伍錢伍分捌釐玖絲柒
忽入秋糧內帶泒
中田伍百伍拾頃玖拾伍畝捌分壹釐肆毫
每畝科秋糧民米叁升壹合貳勺共科米壹千柒
百貳拾伍石貳斗貳升玖合肆勺每石照前則例

泒微該銀壹千肆百陸拾肆兩壹錢柒釐柒毫玖
絲叁微貳塵伍纖
每畝科全官米伍勺伍抄共科米叁拾石肆斗壹
升貳合陸勺玖抄柒撮柒圭入秋糧內帶泒
每畝科夾官米壹合貳勺陸抄共科米陸拾玖石
陸斗柒升貳合柒勺叁抄入秋糧內帶泒
每畝科夏稅小麥叁勺玖抄伍粟共科小麥貳拾
壹石伍斗陸升伍合叁勺陸抄柒撮伍圭入秋糧

內帶泒
每畝科夏稅絲壹分捌釐捌毫共科絲陸拾肆觔
壹拾伍兩伍錢陸分壹釐叁毫入秋糧內帶泒
每畝科桑絲肆毫貳絲共科絲壹觔柒兩貳錢貳
分肆釐貳毫肆絲貳忽入秋糧內帶泒
下田伍百伍頃玖拾玖畝貳分柒釐貳毫
每畝科秋糧民米貳升叁合肆勺共科米壹千壹
百捌拾肆石貳升叁合每石照前則例泒微該銀

壹千肆兩捌錢壹分伍厘伍毫玖絲柒忽叁塵陸
纖肆渺
每畝科全官米肆勺玖撮玖圭玖粒共科米貳拾
石柒斗肆升伍合叁勺入秋糧內帶派
每畝科夾官米玖勺肆抄共科米肆拾柒石伍斗
陸升叁合叁勺壹抄陸撮入秋糧內帶派
每畝科夏稅小麥貳勺叁抄共科小麥壹拾壹石
陸斗叁升柒合捌勺叁抄貳撮伍圭入秋糧內帶

派
每畝科夏稅絲壹分肆厘壹毫共科絲肆拾肆觔
玖兩肆錢肆分玖厘叁毫入秋糧內帶派
每畝科桑絲叁毫共科桑絲壹拾伍兩壹錢柒分
玖厘捌毫捌絲貳忽入秋糧內帶派
山鄉田壹拾玖頃柒拾貳畝陸分壹厘伍毫
每畝科秋糧民米壹升伍合陸勺共科米叁拾石
柒斗柒升貳合捌勺[illegible]石照前則例派徵該銀貳

拾陸兩壹錢壹分伍厘貳毫肆絲肆忽伍微柒塵
肆纖
每畝科全官米貳勺柒抄共科米伍斗叁升貳合
陸勺陸撮入秋糧內帶派
每畝科夾官米陸勺叁抄共科米壹石貳斗肆升
壹合柒勺伍抄入秋糧內帶派
每畝科夏稅小麥壹勺柒抄肆撮玖圭叁粒共科
小麥叁斗肆升伍合柒抄入秋糧內帶派

每畝科夏稅絲玖厘肆毫共科絲壹觔貳兩伍錢
肆分貳厘陸毫入秋糧內帶派
每畝科桑絲貳毫共科桑絲叁錢玖分肆厘伍毫
貳絲叁忽入秋糧內帶派
地伍拾柒頃壹拾捌分玖厘
每畝科秋糧民米壹升伍合陸勺共科米捌拾玖
石貳斗壹升肆合貳勺貳抄每石照前則例派徵
該銀柒拾伍兩柒錢壹分壹厘貳毫陸絲貳忽叁

微陸塵伍織捌渺
每畝科全官米貳勺柒抄共科米壹石伍斗肆升
肆合壹勺入秋糧內帶派
每畝科夾官米陸勺叁抄共科米叁石陸斗貳合
捌勺捌抄貳撮入秋糧內帶派
每畝科夏稅小麥壹勺玖抄共科小麥壹石捌升
陸合伍勺捌抄入秋糧內帶派
每畝科夏稅絲壹分玖絲玖忽肆微肆塵共科絲

叁觔玖兩柒錢伍分柒厘貳毫捌絲肆忽入秋糧
內帶派
每畝科桑絲貳毫共科絲壹兩壹錢肆分叁厘柒
毫柒絲貳忽入秋糧內帶派
塘壹百貳拾捌項貳拾捌畝貳分捌厘
每畝科秋糧民米貳升叁合肆勺共科米叁百石
壹斗捌升壹合柒勺伍抄貳撮每石照前則例派
徵該銀貳百伍拾肆兩柒錢肆分柒厘捌毫伍絲

叁忽捌微玖塵陸纖
每畝科全官米叁勺叁抄貳撮伍圭玖粒貳粟共
科米肆石貳斗陸升陸合伍勺玖抄伍撮入秋糧
內帶派
每畝科夾官米玖勺叁抄玖撮玖圭玖粒貳粟共
科米壹拾貳石伍升捌合肆勺捌抄叁撮貳圭入
秋糧內帶派
每畝科夏稅小麥貳勺叁抄共科小麥貳石玖斗
伍升伍勺入秋糧內帶派

每畝科夏稅絲壹分肆釐壹毫共科絲壹拾壹觔
肆兩捌錢柒分捌釐柒毫肆絲捌忽入秋糧內帶
派
每畝科桑絲叁毫共科桑絲叁兩捌錢肆分捌釐
肆毫捌絲肆忽入秋糧內帶派
灄源鄉
上田貳百貳拾叁項貳拾肆畝叁分肆釐內撥時

更名田肆拾玖項肆拾畝捌分
每畝科秋糧民米肆升叁合肆勺陸抄叁撮叁圭
捌粒陸粟共科米玖百柒拾石貳斗玖升壹合肆
勺貳抄肆撮內除更名租糧米貳百壹拾肆石柒
斗肆升肆合實派民米柒百伍拾伍石伍斗肆升
柒合肆勺貳撮肆撮每米壹石併新加顏料北絹
等項共派銀捌錢捌分柒釐陸毫伍絲柒忽叁纖
柒渺陸漠該銀陸百柒拾兩陸錢陸分陸釐玖毫

陸絲貳忽伍微捌塵柒纖
每畝科全官米壹合貳勺柒抄伍撮陸圭柒粒玖
粟共科米貳拾捌石肆斗柒升捌合柒勺捌撮肆
圭入秋糧內帶派
每畝科夾官米玖抄伍撮肆圭壹粒陸粟共科米
貳石壹斗叁升壹勺壹抄壹撮入秋糧內帶派
每畝科夏稅小麥壹勺伍抄陸撮柒圭柒粒陸粟
共科小麥叁石肆斗玖升玖合玖勺叁抄壹撮陸
圭柒粒入秋糧內帶派
每畝科夏稅絲貳分柒釐陸毫伍絲捌忽伍微陸
塵叁纖叁渺共科絲叁拾捌觔玖兩肆錢伍分玖
釐壹毫柒絲肆忽入秋糧內帶派
每畝科桑絲陸毫壹忽肆微肆塵肆渺共科桑絲
壹拾叁兩肆錢貳分陸釐柒毫陸絲壹忽入秋糧
內帶派
中田肆百玖項玖拾柒畝伍分捌釐貳毫內撥歸

更名田伍拾柒項貳拾捌畝玖分柒釐捌毫
每畝科秋糧民米貳升玖合共科米壹千壹百捌
拾捌石玖斗叁升內除更名租糧米壹百陸拾陸
石壹斗肆升實派民米壹千貳拾貳石柒斗玖升
每石照前則例派徵該銀玖百柒兩捌錢捌分陸
釐柒毫壹絲叁忽伍微塵捌纖
每畝科全官米捌勺伍抄共科米叁拾肆石捌斗
肆升柒合玖勺肆抄伍撮入秋糧內帶派

每畝科夾官米陸抄共科米貳石肆斗伍升玖合捌勺伍抄伍撮入秋糧內帶沠

每畝科夏稅小麥玖抄壹撮共科小麥叁石柒斗叁升柒勺捌抄入秋糧內帶沠

每畝科夏稅絲壹分伍釐陸毫共科絲叁拾玖觔壹拾伍兩伍錢陸分玖毫肆絲捌忽入秋糧內帶沠

每畝科桑絲叁毫叁絲共科桑絲壹拾叁兩伍錢

貳分玖釐貳毫貳忽入秋糧內帶沠

下田叁百玖拾頃柒拾叁畝伍分壹釐柒毫內撥歸更名田肆拾玖頃柒拾柒畝貳分叁釐

每畝科秋糧民米貳升壹合玖勺柒抄壹撮捌圭伍粒共科米捌百伍拾捌石伍斗壹升柒合肆勺內除更名租糧米壹百壹拾柒石柒斗肆升伍合實徵民米柒百肆拾石柒斗柒升貳合肆勺每石照前則例沠徵共沠銀陸百伍拾柒兩伍錢伍分壹釐捌毫玖忽柒微捌塵壹纖貳渺

每畝科全官米陸勺叁抄共科米貳拾肆石陸斗壹升陸合叁勺壹抄壹撮入秋糧內帶沠

每畝科夾官米伍抄共科米壹石玖斗伍升叁合陸勺柒抄陸撮入秋糧內帶沠

每畝科夏稅小麥柒抄共科小麥貳石柒斗叁升伍合壹勺伍抄入秋糧內帶徵

每畝科夏稅絲壹分壹釐柒毫共科絲貳拾捌觔

玖兩壹錢陸分壹毫伍絲入秋糧內帶沠

每畝科桑絲貳毫伍絲共科桑絲玖兩柒錢陸分捌釐叁毫捌絲入秋糧內帶沠

山鄉田叁拾伍頃柒拾柒畝玖分貳釐內撥歸更名田玖頃壹拾貳畝壹分貳毫

每畝科秋糧民米壹升肆合伍勺共科米伍拾壹石捌斗柒升玖合捌勺肆抄內除更名租糧米壹拾叁石叁斗貳升肆合實沠民米叁拾捌石伍斗

伍升伍合捌勺肆抄每石照前則例派徵該銀叁拾肆兩貳錢貳分肆釐叁毫捌絲壹忽玖微陸塵玖纖

每畝科全官米肆勺貳抄共科米壹石伍斗貳合柒勺叁抄入秋糧內帶派

每畝科夾官米叁抄貳撮共科米壹斗壹升肆合肆勺玖抄叁撮伍圭入秋糧內帶派

每畝科夏稅小麥肆抄伍撮共科小麥壹斗陸升

壹合陸撮肆圭入秋糧內帶派

每畝科夏稅絲柒釐捌毫共科絲壹觔壹拾壹兩玖錢柒釐柒毫柒絲陸忽入秋糧內帶派

每畝科桑絲壹毫陸絲玖忽壹微陸塵叁纖共科桑絲陸錢伍釐貳毫肆絲陸忽肆微入秋糧內帶派

地柒拾玖項捌拾壹畝貳分貳釐肆毫內撥歸更名壹拾貳項肆拾玖畝貳分捌釐

每畝科秋糧民米壹升肆合伍勺共科米壹百壹拾伍石柒斗貳升柒合柒勺肆抄捌撮內除租糧米壹拾捌石壹斗壹升肆合肆勺壹抄貳撮實派民米玖拾柒石陸斗壹升叁合叁勺叁抄陸撮每石照前則例派徵該銀捌拾陸兩陸錢肆分柒釐壹毫叁絲肆忽陸微肆塵伍纖肆渺

每畝科全官米肆勺貳抄共科米叁石叁斗伍升貳合壹勺壹抄肆撮捌圭入秋糧內帶派

每畝科夾官米叁抄貳撮共科米貳斗伍升伍合肆勺入秋糧帶派

每畝科小麥肆抄伍撮共科小麥叁斗伍升玖合壹勺伍抄伍撮壹圭入秋糧內帶派

每畝科夏稅絲捌釐叁毫捌微貳塵叁纖貳渺共科絲肆觔貳兩貳錢伍分柒毫叁絲入秋糧內帶派

每畝科桑絲壹毫陸絲共科桑絲壹兩貳錢柒分

陸釐玖毫玖絲伍忽捌微入秋糧內帶派
塘貳拾肆頃肆拾玖畝陸分陸釐俱撥歸更名
每畝科秋糧民米貳升壹合捌勺共科米伍拾叁
石肆斗貳合伍勺捌抄捌撮入租米內派徵
每畝科全官米陸勺叁抄共科米壹石伍斗肆升
叁合貳勺捌抄伍撮捌圭入秋糧內帶派
每畝科夾官米肆抄肆撮捌圭壹粒陸粟共科米
壹斗壹升柒合壹勺叁抄肆撮入秋糧內帶派
每畝科小麥陸抄捌撮共科小麥壹斗陸升陸合

伍勺柒抄陸撮捌圭捌粒入秋糧內帶派
每畝科夏稅絲壹分壹釐柒毫共科絲壹觔壹拾
貳兩陸錢陸分壹釐貳絲貳忽入秋糧內帶派
每畝科桑絲貳毫伍絲共科桑絲陸錢壹分貳釐
肆毫伍絲入秋糧內帶派
闔縣田地山塘共肆千捌百壹拾貳頃玖拾肆畝
伍分貳釐原額秋糧民米壹萬貳千叁百玖拾捌
石貳斗柒升捌合捌勺叁抄捌撮全官米肆千捌
百玖拾玖石捌斗柒升柒合壹勺肆抄夾官米肆
百肆拾伍石壹斗肆合叁勺陸抄玖撮伍圭夏稅
小麥玖拾柒石肆斗叁升叁合肆勺夏稅絲肆伯
柒拾柒觔叁兩柒分捌釐伍毫桑絲壹拾叁觔壹
拾壹兩叁錢捌分內除撥歸更名田地山塘貳伯
貳頃伍拾捌畝伍釐撥歸秋糧民米伍伯捌拾叁
石肆斗柒升又黃岡縣収回夏稅小麥壹拾肆石
貳斗陸升叁合伍勺又収回黃岡縣切割全官米

壹拾柒石壹斗伍升陸合夾官米壹石陸斗捌合
壹勺又民米內撥出抵還黃岡縣全官米壹拾柒
石柒斗柒升壹合
實在田地山塘共肆千陸伯壹拾頃叁拾陸畝肆
分柒釐實徵
秋糧民米壹萬壹千柒伯玖拾柒石叁升柒合柒
勺叁抄捌撮（撥抵黃岡縣全官米壹拾柒石柒斗柒升壹合壹勺扣除在外）

全官米肆千玖百壹拾柒石叁升叁合壹勺肆抄此米止納京庫壹項免泒差徭扠同黃岡縣切割米壹拾柒石柒斗伍升陸合在內

夾官米肆伯肆拾陸石柒斗壹升貳合肆勺陸抄玖撮伍圭此米折半與民米一體編差扠同黃岡縣切割米壹石陸斗捌合壹勺在內

夏稅小麥捌拾叁石壹斗陸升玖合玖勺黃岡縣扠同小麥壹拾肆石貳斗陸升叁合伍勺扣除在外

夏稅絲肆伯柒拾柒觔叁兩柒分捌釐伍毫

桑絲壹拾叁觔壹拾壹兩叁錢捌分

泰僊鄉

民米叁千柒伯陸拾石叁斗貳升伍合柒勺叁抄捌撮

全官米肆千柒伯貳拾捌石陸斗柒升陸合陸勺叁抄陸撮

夾官米貳百貳拾貳石貳斗伍升壹合

夏稅小麥柒石玖斗壹升玖合捌勺

夏稅絲壹百伍拾玖觔拾兩陸錢陸分伍毫

桑絲陸觔壹拾貳兩柒錢陸分捌釐

中和鄉

民米伍千叁百捌拾壹石肆斗叁升叁合

全官米玖拾肆石壹升伍合肆勺玖撮

夾官米貳百壹拾柒石肆斗叁升捌勺

夏稅小麥陸拾肆石伍斗玖升柒合伍勺

夏稅絲貳百貳觔壹拾壹兩肆錢壹分捌釐貳毫

桑絲肆觔柒兩叁錢柒分壹釐

潏源鄉

民米貳千陸百伍拾伍石貳斗柒升玖合

全官米玖拾肆石叁斗肆升壹合玖抄伍撮

夾官米柒石叁升陸勺陸抄玖撮伍圭

夏稅絲壹百壹拾肆觔壹拾貳兩玖錢玖分玖釐捌毫

夏桑絲貳觔柒兩貳錢肆分壹釐

三鄉不等科則原額併新加及夏稅小麥桑絲但

入秋糧內派徵共銀壹萬壹千伍百叁拾叁兩壹
錢捌分捌毫伍忽伍微貳塵伍纖肆渺
萬曆肆拾陸柒捌叁年每畝加徵玖釐餉銀共貳
千柒百柒拾貳兩叁分叁釐陸毫捌絲叁微貳塵
貳纖貳渺
南糧正耗米共肆千壹百壹拾捌石伍斗
船驢脚米肆百玖拾肆石貳斗貳升奉文每石折
銀壹兩該銀肆百玖拾肆兩貳錢貳分以貳錢給
解役該銀玖拾捌兩捌錢肆分肆釐奉文裁解餘

捌錢該銀叁百玖拾伍兩叁錢柒分陸釐
新增麂皮京掮銀陸錢陸分肆釐貳毫

戶口

原額人丁共陸千貳百貳拾肆丁三鄉各則不等
每年除優免外并新加顏料等項共額徵銀壹千
柒百貳拾柒兩陸錢貳分伍釐貳絲伍忽內於康
熙肆年奉　文豁免西山運米故夫人丁陸拾丁
豁除丁銀壹拾捌兩肆錢肆分柒釐捌毫捌絲伍
忽肆塵捌纖
康熙貳拾伍年新增人丁貳丁增銀陸錢伍分肆
釐壹毫柒絲玖忽捌微壹塵玖纖伍渺
康熙叁拾年新增人丁叁丁增銀捌錢伍分壹釐
貳毫陸絲捌忽玖微壹塵捌纖壹渺
實在人丁陸千壹百陸拾玖丁實徵丁銀壹千柒
百壹拾兩陸錢捌分貳釐伍毫捌絲捌忽陸微捌

塵玖纖陸渺內
泰僊鄉人丁貳千貳百柒拾丁每丁派銀叁錢柒
釐肆毫陸絲肆忽柒微伍塵捌渺
中和鄉人丁壹千陸百貳拾玖丁每丁派丁銀叁
錢肆分陸釐柒毫壹絲伍忽陸塵捌纖柒渺
灄源鄉人丁貳千貳百柒拾丁每丁徵銀壹錢玖
分柒釐壹毫捌絲玖忽玖塵捌纖陸渺
更名

原額灄源鄉撥歸田地山塘貳百貳項伍拾捌畝伍釐共利米伍百捌拾叁石肆斗柒升
額徵銀伍百柒拾捌兩玖錢壹分伍釐柒毫叁絲玖忽貳微
加增玖釐遼餉銀壹百貳拾壹兩玖錢捌分捌釐叁毫柒絲貳忽陸微柒塵

班匠

原額納班匠人捌拾貳名肆年壹班該班者納銀每名

壹兩捌錢遇閏加銀陸錢除逃亡故絕外
實在納班匠叁拾柒名每年共徵銀貳拾貳兩貳錢同地丁解司充餉
裁充兵餉
生員優免充餉銀伍百兩肆錢貳分伍毫陸絲

優免則例

順治五年叁月貳拾柒日戶部尚書巴哈納等題准

一品免糧叁拾石人叁拾丁
二品免糧貳拾肆石人貳拾肆丁
三品免糧貳拾石人貳拾丁
四品免糧拾陸石人拾陸丁
五品免糧拾肆石人拾肆丁
六品免糧拾貳石人拾貳丁
七品免糧拾石人拾丁
八品免糧捌石人捌丁

九品免糧陸石人陸丁
以上在京官員照例優免在外官員各減一半其餘教官舉貢監生生員各免糧貳石人貳丁雜職省祭承差知印吏典各免糧壹石人壹丁以禮致仕者免拾分之柒閑住者壹半犯贓革職者不在優免之例如戶內丁糧不及數者止免實在之數丁多糧少者不許以丁准糧丁少糧多者不許以糧准丁俱以本官自己糧丁照數優免但有分門

各戶踈遠房族不得一槩混免

康熙貳拾玖年東撫佛題爲陳東省等事奉

旨紳衿止免本身丁徭一丁田糧與民例當差不許

族戶子弟詭寄名下

戶部項下

夏稅折色起運

觧南農桑絹壹拾疋貳丈玖尺柒分每疋正銀伍

錢伍分損銀壹錢伍分共銀柒兩陸錢柒分捌釐

伍毫新議京損銀每兩伍分該銀叁錢捌分叁釐

玖毫貳絲伍忽觧司

秋糧折色起運

京庫米折銀伍千柒拾肆石貳斗柒升貳合壹勺

陸抄並收回黃岡縣原割米壹拾捌石柒斗陸升

肆合壹勺共米伍千玖拾叁石叁升陸合貳勺陸

抄叁撮每石折銀貳錢伍分該銀壹千貳百柒拾

叁兩貳錢伍分玖釐陸絲伍忽柒微伍塵每兩京

損銀叁分滴珠銀壹分該銀伍拾兩玖錢叁分叁

毫陸絲貳忽陸微叁塵觧官盤費每兩玖釐該銀

壹拾壹兩玖錢壹分柒釐柒毫觧司

泒剩太倉米伍百柒石玖升每石折銀陸錢該銀

叁百肆兩貳錢伍分肆釐每百兩京損銀壹兩貳

錢該銀叁兩陸錢伍分壹釐肆絲捌忽觧費每兩

玖釐該銀貳兩柒錢柒分壹釐貳毫

兊軍折色正米貳千玖百壹拾陸石肆斗肆升奉

文永折每石連耗折銀柒錢共銀貳千肆拾壹兩

伍錢捌釐每百兩京損銀壹兩貳錢該銀貳拾肆

兩肆錢玖分捌釐玖絲陸忽觧官盤費每兩玖釐

該銀壹拾捌兩伍錢玖分肆釐壹毫觧司

鹽鈔折色起運

觧江南戶口鈔正損銀陸拾兩叁錢柒分肆釐壹

毫伍絲陸忽伍微伍塵柒纖伍渺帶閏銀貳兩壹

分貳釐肆毫柒絲壹忽捌微捌塵伍纖叁渺觧費

每兩玖釐該銀伍錢肆分叁釐肆毫解司

夏稅本色起運

解北京黃絹叁百捌拾壹疋貳丈貳尺陸寸壹分柒釐捌毫每疋正銀柒錢織費銀貳錢損銀貳錢共銀肆百壹拾玖兩玖錢貳分玖釐叁毫貳絲肆忽當官買絲成造責令經手人役解司委官搭解遇覲年分縣官帶解不許僉累糧里新加北絹銀壹百叁拾叁兩陸錢壹分叁釐捌毫柒絲

解南本色正米叁千貳百玖拾肆石捌斗每石泒耗米貳斗伍升共米肆千壹百壹拾捌石伍斗另正米壹石泒里納船驢脚米壹斗伍升該米肆百玖拾肆石貳斗貳升每石折銀壹兩共折銀肆百玖拾肆兩貳錢貳分內以貳錢給解役該銀玖拾捌兩捌錢肆分肆釐餘捌錢充餉該銀叁百玖拾伍兩叁錢柒分陸釐

蔴竹圈頭等銀柒拾壹兩壹錢陸分柒釐陸毫捌絲

部解南糧運官盤纏銀玖兩伍錢

宗祿軍校本折等項

宗祿折色銀壹千肆百伍拾貳兩陸錢玖分壹厘叁毫壹忽伍微解費銀玖兩叁錢貳分柒厘壹毫

茶價正銀叁拾兩叁錢肆分肆厘伍毫解費銀貳錢柒分叁厘貳毫

民校等銀捌拾肆兩

賦役舊編冗款銀陸百壹拾兩伍分貳厘壹毫柒絲玖忽玖微貳塵

加增玖厘正損共銀貳千柒百柒拾貳兩叁分叁厘陸毫捌絲叁微貳塵貳纖貳渺

生員優免充餉銀伍百兩肆錢貳分伍毫陸絲

禮部項下

秋糧折色起運

北京藥味正價銀壹拾陸兩捌錢肆分貳厘壹毫

捌絲柒忽伍微每兩京損銀肆分該銀陸錢柒分叁厘陸毫捌絲柒忽伍微盤費銀壹錢伍分柒厘陸毫

觧南藥味價銀肆錢壹分貳厘伍毫肆絲柒忽原無損觧

兵部項下

秋糧折色起運

觧江南濟水夫柒拾叁名每名銀肆兩玖分伍厘共銀貳百玖拾捌兩玖錢叁分伍厘京損銀貳兩陸錢玖分肆毫壹絲伍忽

工部項下

秋糧折色起運

緞疋正銀捌拾壹兩陸錢叁厘損銀壹拾貳兩貳錢壹分陸厘陸毫帶閏銀伍兩肆錢陸分玖厘貳毫京損銀捌錢肆分肆厘叁毫柒絲陸忽肆微觧費銀捌錢伍分貳厘

翎毛正銀肆兩玖錢壹分壹厘貳毫每兩脚價玖厘該銀肆分肆厘貳毫觧費每兩玖厘該銀肆分肆厘陸毫

營膳司料銀貳百壹拾捌兩肆錢玖分陸厘柒毫叁絲壹忽肆微每兩京損銀玖厘該銀壹兩玖錢陸分陸厘肆毫柒絲伍微捌塵貳纖陸渺觧費每兩玖厘該銀壹兩玖錢捌分肆厘貳毫

派剩辰州軍餉改抵辰溪縣屯田司料銀肆拾叁兩玖錢肆分壹厘肆毫每兩京損銀玖厘該銀叁錢玖分伍厘肆毫柒絲盤費銀玖厘該銀叁錢玖分玖厘叁絲

胖襖褲鞋壹拾陸副半每副正銀壹兩貳錢水脚銀叁錢共銀貳拾肆兩柒錢伍分原議官觧領銀製造觧司另給夫馬不必加派損銀

偏橋倉米改抵辰溪縣屯田司料銀貳拾捌兩柒錢肆分壹厘陸毫每兩京損銀玖厘該銀貳錢伍

分捌厘陸毫柒絲肆忽肆微解費銀玖厘該銀貳錢陸分壹厘

泒剩辰州軍餉米改抵辰溪縣班鳩銀叁錢陸分柒厘伍毫每錢京搥銀玖毫該銀叁厘叁毫該解費銀叁厘叁毫肆絲

本色起運

白硝麂皮壹百貳拾叁張每張價銀肆錢京搥銀貳錢共銀柒拾叁兩捌錢解官盤費銀每兩玖厘

該銀陸錢陸分肆厘貳毫如遇折色之年每兩另泒京搥銀玖厘

活鴈鵝鳩鴛鴦價銀除捕戶出辦銀壹兩外實徵銀貳錢貳分陸厘每錢京搥銀玖毫該銀貳厘叁絲肆忽解費每錢玖毫該銀貳厘壹毫

軍器銀陸拾兩肆分貳厘貳毫叁絲貳忽伍微原泒偏橋倉米改抵辰溪縣坐泒軍器銀肆拾陸兩陸錢陸分解費銀玖錢陸分叁毫貳絲

泒剩辰州軍餉改抵辰溪縣白硝麂皮共銀叁拾壹兩陸錢貳分壹厘壹毫每兩解費銀玖厘該銀貳錢捌分肆厘伍毫玖絲

綾紗紙價銀壹百叁拾陸兩伍錢陸分捌厘肆毫伍絲壹忽叁微候部文到之年方泒不必每年帶泒

光禄寺項下

甲丁供應等銀貳百伍拾伍兩每兩京搥銀貳分

該銀伍兩壹錢解費每兩玖厘該銀貳兩叁錢肆分玖毫

新加顏料等銀貳百伍拾伍兩伍錢柒分柒厘伍毫

偏橋倉米改抵辰溪縣坐泒光禄寺供應等銀貳拾陸兩柒錢陸分肆厘肆毫每兩京搥銀貳分該銀伍錢叁分伍厘貳毫捌絲捌忽解費每兩玖厘該銀貳錢肆分伍厘柒毫

隨漕項下

運糧官行月貳糧米共柒百柒拾貳石叁斗伍升捌合柒勺陸抄每石折銀肆錢該銀叁百捌兩玖錢肆分叁厘伍毫肆忽觧水次交納

江西運糧官月米叁百壹拾伍石叁斗每石折銀肆錢該銀壹百貳拾陸兩壹錢貳分觧糧儲道發江夏縣轉給

淺船銀肆拾兩捌分捌厘

原泒偏橋倉改抵辰溪縣坐泒淺船銀壹拾叁兩叁錢叁分伍厘貳項觧費每兩玖厘該銀肆錢捌分捌毫柒絲

存留經費

俸薪 各衙門工食附

按察司

心紅銀壹百貳拾兩全裁

修宅銀肆拾捌兩順治拾貳年全裁

伙手壹拾貳名歲支工食銀柒兩貳錢共銀捌拾陸兩肆錢順治拾肆年每名裁銀壹兩貳錢計裁銀壹拾肆兩肆錢存銀柒拾貳兩

同知

俸銀每年肆拾貳兩伍錢伍分陸釐

薪銀每年肆拾捌兩順治拾肆年裁銀壹拾兩伍錢伍分陸釐存銀捌拾兩

心紅紙張銀貳拾兩全裁

修宅家伙銀壹拾兩順治拾貳年全裁

棹圍傘扇銀壹拾兩順治拾肆年全裁

皂隷壹拾貳名每名歲支工食柒兩貳錢共銀捌拾陸兩肆錢順治玖年每名裁銀壹兩貳錢計裁銀壹拾肆兩肆錢存銀柒拾貳兩

推官

俸銀每年貳拾柒兩肆錢玖分

薪銀每年叁拾陸兩順治拾肆年裁銀壹拾捌兩

肆錢玖分存銀肆拾伍兩康熙陸年全裁

後湖河泊所

皂隸貳名每名歲支工食銀柒兩貳錢共銀壹拾肆兩肆錢順治玖年每名裁銀壹兩貳錢計裁銀貳兩肆錢存銀拾貳兩

知縣

俸銀每年貳拾柒兩肆錢玖分

薪銀每年叁拾陸兩順治拾肆年裁銀壹拾捌兩肆錢玖分存銀肆拾伍兩

心紅紙張油燭銀叁拾兩順治拾肆年裁銀拾兩存銀貳拾兩復奉全裁

修宅家伙銀貳拾兩順治玖年全裁

迎送上司傘扇銀壹拾兩順治拾肆年全裁

吏書壹拾貳名每名歲支工食壹拾兩捌錢共銀壹百貳拾玖兩陸錢順治玖年每名裁銀肆兩捌錢計裁銀伍拾柒兩陸錢康熙元年全裁

門子貳名每名歲支工食銀柒兩貳錢共銀壹拾肆兩肆錢順治玖年每名裁銀壹兩貳錢計裁銀貳兩肆錢存銀壹拾貳兩

皂隸壹拾陸名每名歲支工食銀柒兩貳錢共銀壹百壹拾伍兩貳錢順治玖年每名裁銀壹兩貳錢計裁銀壹拾玖兩貳錢存銀玖拾陸兩

馬快捌名每名歲支工食柒兩貳錢喂馬草料銀壹拾兩捌錢共銀壹百肆拾肆兩順治玖年每名裁工食銀壹兩貳錢計裁銀玖兩陸錢復奉裁草料銀捌拾陸兩肆錢存銀肆拾捌兩

步快伍拾名每名歲支工食銀柒兩貳錢共銀叁百陸拾兩順治玖年每名裁銀壹兩貳錢計裁銀陸拾兩存銀叁百兩

燈籠夫肆名每名歲支工食銀柒兩貳錢共銀貳拾捌兩捌錢順治玖年每名裁銀壹兩貳錢計裁銀肆兩捌錢存銀貳拾肆兩

看監禁卒捌名每名歲支工食銀柒兩貳錢共銀伍拾柒兩陸錢順治玖年每名裁銀壹兩貳錢計裁銀玖兩陸錢存銀肆拾捌兩

修理監倉銀貳拾兩全裁

轎傘扇夫柒名每名歲支工食銀柒兩貳錢共銀伍拾兩肆錢順治玖年每名裁銀壹兩貳錢計裁銀捌兩肆錢存銀肆拾貳兩

庫書壹名歲支工食銀壹拾貳兩順治玖年裁銀

陸兩康熙元年全裁

倉書壹名歲支工食銀壹拾貳兩順治玖年裁銀陸兩康熙元年全裁

庫子肆名每名歲支工食銀柒兩貳錢共銀貳拾捌兩捌錢順治玖年每名裁銀壹兩貳錢計裁銀肆兩捌錢存銀貳拾肆兩

斗級肆名每名歲支工食銀柒兩貳錢共銀貳拾捌兩捌錢順治玖年每名裁銀壹兩貳錢計裁銀肆兩捌錢存銀貳拾肆兩

典史

俸銀叁拾壹兩伍錢貳分

書辦壹名歲支工食銀柒兩貳錢順治玖年裁銀壹兩貳錢康熙元年全裁

門子壹名歲支工食銀柒兩貳錢順治玖年裁銀壹兩貳錢存銀陸兩

皂隸肆名每名歲支工食柒兩貳錢共銀貳拾捌

兩捌錢順治玖年每名裁銀壹兩貳錢計裁銀肆兩捌錢存銀貳拾肆兩

馬夫壹名歲支銀柒兩貳錢順治玖年裁銀壹兩貳錢存銀陸兩

巡檢貳員

俸薪每員每年銀叁拾壹兩伍錢貳分共銀陸拾叁兩肆分

書手貳名每名歲支工食銀柒兩貳錢共銀壹拾

肆兩肆錢順治玖年每名裁銀壹兩貳錢計裁銀
貳兩肆錢康熙元年全裁
皂隸肆名每名歲支工食銀柒兩貳錢共銀貳拾
捌兩捌錢順治玖年每名裁銀壹兩貳錢計裁銀
肆兩捌錢存銀貳拾肆兩
中和雙城貳司巡檢弓兵共肆拾叁名每名歲支
工食銀伍兩捌分叁厘捌毫共銀貳百壹拾捌兩
伍錢捌分貳厘永克壹拾捌名每名歲支衣鞋銀

伍錢肆分玖厘共銀玖兩捌錢捌分貳厘貳毫共
該銀貳百貳拾捌兩肆錢陸分肆厘順治拾肆年
裁半實存銀壹百壹拾肆兩貳錢叁分貳厘
教官貳員
俸薪每員每年銀叁拾壹兩伍錢貳分共該銀陸
拾叁兩肆分康熙肆年裁半
門斗伍名每名歲支工食銀柒兩貳錢共銀叁拾
陸兩康熙肆年裁銀壹拾肆兩肆錢存銀貳拾壹

兩陸錢
書手壹名歲支工食銀柒兩貳錢康熙元年全裁
喂馬草料銀貳拾肆兩康熙肆年裁銀壹拾貳兩
存銀壹拾貳兩復奉全裁
膳夫貳名每名歲支工食銀貳拾兩順治拾肆年
裁叁分之貳銀貳拾陸兩陸錢陸分陸厘陸毫柒
絲存銀壹拾叁兩叁錢叁分叁厘叁毫叁絲
齋夫陸名每名歲支工食銀壹拾貳兩共銀柒拾

貳兩康熙肆年裁半存銀叁拾陸兩
撥運
曆日銀壹拾壹兩伍錢伍分貳厘叁毫玖絲玖忽
原編偏橋倉改抵辰溪縣曆日銀貳兩伍錢叁分
玖厘伍毫二項共銀壹拾肆兩玖分壹厘捌毫玖
絲玖忽解費壹錢貳分陸厘叁毫柒絲
科舉銀貳拾玖兩玖錢柒分壹毫柒絲伍忽原編
橋倉改抵辰溪縣科舉銀玖兩玖錢陸分貳項共

銀叁拾玖兩玖錢叁分壹毫柒絲伍忽觧費銀叁
錢伍分玖厘肆毫裁半
按察司表夫銀壹拾兩貳錢順治拾肆年裁半存
銀伍兩壹錢
驛站
蘄州遞運所紅船貳隻水夫各拾名工食帶閏修
船共銀壹百柒拾兩貳錢
李坪驛站船水夫拾名工食帶閏共銀陸拾壹兩
陽邏驛馬加零銀壹百柒拾壹兩捌錢壹分柒厘

李坪驛馬新加零銀壹百貳拾捌兩壹錢
編協襄陽府屬鄖城驛馬價帶閏零銀叁拾捌兩
壹錢貳分伍厘觧費銀壹錢玖分陸毫
李坪驛馬支應銀貳百壹拾兩
陽邏驛館夫叁名銀貳拾貳兩玖錢陸分
各舖司兵徑編壹拾叁名每名工食帶閏銀叁兩
陸錢陸分共銀肆拾柒兩伍錢捌分

縣前舖徑編肆名　十里舖徑編壹名　桃花舖
徑編貳名　柿林舖五里橋舖八里灣舖馬家井
舖太平橋舖高林舖各徑編壹名
中和東流貳渡各渡夫壹名工食共銀肆兩陸分
陸厘陸毫各渡修船銀共貳兩貳年壹脩每年該
銀壹兩貳項共銀伍兩陸分陸厘陸毫順治拾肆
年裁銀貳兩伍錢叁分叁釐叁毫復裁銀伍錢叁
分叁釐叁毫存銀貳兩

走遞夫馬
排夫肆拾名除抵經制陸名外實存叁拾肆名每
名帶閏銀柒兩叁錢貳分共銀貳百肆拾捌兩捌
錢捌分
原額脚馬壹拾柒匹每匹帶閏草料該銀貳拾貳
兩叁錢叁分叁厘叁毫叁絲共銀叁百柒拾玖兩
陸錢陸分陸厘陸毫
祭祀

文廟貳祭共銀肆拾兩
名宦鄉賢貳祭銀柒兩
香燭米銀壹兩貳錢陸分
啟聖祠貳祭共銀柒兩
山川社稷壇各貳祭共銀貳拾貳兩
邑厲壇叁祭共銀壹拾叁兩伍分
科貢諸費
廪生貳拾名每名銀柒兩貳錢共銀壹百肆拾肆

兩順治拾肆年裁銀玖拾陸兩康熙貳年裁銀肆
拾捌兩康熙貳拾肆年復肆拾捌兩
本府學倉米折銀伍拾柒兩柒錢捌厘内找給府
學廪生糧銀肆拾伍兩柒錢捌分捌厘康熙貳年
全裁康熙貳拾肆年新復府學廪銀壹拾伍兩肆
錢壹分陸厘肆毫叁絲壹忽陸微
歲科考銀肆拾兩順治拾肆年裁銀貳拾兩存貳
拾兩全裁

歲貢盤費銀壹拾伍兩康熙叁年全裁
歲貢生員正陪脚力作興銀陸兩康熙叁年全裁
康熙貳拾壹年全復
科舉生員以貳拾名爲率每名盤纏銀貳兩花紅
銀玖錢酒席銀壹錢共銀陸拾兩叁年壹次每年
該銀貳拾兩康熙柒年全裁
科塲對讀謄録銀壹拾陸兩伍錢叁年壹次每年
該銀伍兩伍錢裁半存銀貳兩柒錢伍分

新舊會試舉人盤纏銀以陸名爲率每名長夫銀
貳拾肆兩共銀壹百肆拾肆兩叁年壹次每年該
銀肆拾捌兩會試時赴司領
供應備用等項
供應銀捌拾兩順治拾肆年全裁
備用銀捌拾柒兩肆錢全裁
本府應　朝盤纏銀壹拾肆兩壹錢叁年壹次每
年該銀肆兩柒錢順治拾肆年裁叁分之貳存銀

壹兩伍錢陸分陸厘陸毫柒絲復奉全裁
本縣應　朝盤纒銀正佐肆拾兩首領官貳拾伍
兩該吏壹拾兩造冊紙張工食銀陸兩共銀捌拾
壹兩叁年壹次每年該銀貳拾柒兩順治拾肆年
裁叁分之貳存銀玖兩復奉全裁
龍亭修理儀仗銀貳兩全裁
鄉飲酒席貳次共銀壹拾兩順治拾肆年裁半存
銀伍兩

門神桃符春牛芒神花鞭酒席開印封印牲醴香
燭等銀共肆兩順治拾肆年全裁
迎送上司吹手捌名每名歲支工食柒兩叁錢貳
分共銀伍拾捌兩伍錢陸分
孤貧貳拾捌名口每名口歲給花布銀叁錢倉米
叁石陸斗每石折銀伍錢貳共給銀伍拾捌兩捌
錢
以上闔縣起存銀兩按欵扣除故夫丁銀觧支

論曰安邑之以戶口合田賦也乃舍人而任地之
意以矯秦之舍地而任人則大不侔矣葢富强者
多狡脫貧弱者易逃亡以丁隨糧自無二者之弊
即曰三鄉分稟有多寡輕重之不同既不照各鄉
里甲只照上庫銀數當差亦何不均平畫一之有
惟是兊糧已入條編而南糧山僻水遠難于搬運
雖每歲幸蒙上憲憐山邑窮民槩許改色然而未
邀永定之規終非一成之例顧安得以此僻遠廹
切之情動上憲軫恤之念慨允具題爲民請命所

造于安邑誠非淺也
附闢切利弊數則於後
國家設官分職不一任而親民事者惟有司爲最近
有司興利除害不一事而關民瘼者惟田賦爲尤
重然居是官者率循故事遇一胥吏積弊曰是固
行之已久吾何紛更爲因循其弊而弊滋大遇一
地方積困曰是非吾之所得爲吾無責焉爾坐視

其困而困莫支宜其出入於阽危躋俗於仁壽之風杳無聞也丞啟丞乏茲土凡有關於國計民生者敢不夙興夜寐以求無忝厥職而于田賦一項尤三致意焉其縣令所當行而可以竟行者毅然行之雖豪猾側目不顧也其縣令所當行而不敢竟行而又必欲終行者姑委曲俟之雖哀籲詳請不惜也謹錄所當行而不敢竟行而又必欲終行者數則於後

一本縣額載南米肆千壹百壹拾捌石伍斗因僻在萬山不通舟楫每歲秋收時紳衿里民具呈到縣詳請　上憲唆折吏胥因緣爲奸往往所費不貲安民坐是大困頃歲雖蒙　各憲永定晙折屆期請價困亦少蘇然亦不無周折且有鮮終之慮倘得

題請上聞將此項永入條編與夏稅秋糧一體徵觧此眞前萬世未破之荒後萬世無窮之利矣

一本縣田賦户口與他邑不同他邑率分爲二安邑則合而爲一所謂丁隨糧轉者是也葢家富則田多田多則米多米多故丁多此前人立制之意且無逃亡之慮編審之擾其法善矣但未經

題請每遇審丁之年間加一二丁不等間加徵銀二三錢不等似非永久之計且涉上下相蒙之嫌所當斟酌詳行者也

一本縣三十七里每里十甲向未散里時每歲用

三十七里輪流當差十年一轉謂之熱欠凡軍國之供給雜泛之支應皆於是乎取之由是猾吏豪強得籍端苛派魚肉鄉愚一遇熱欠破家蕩產者不可勝數幸於康熙貳拾伍年奉前總督徐　革除里甲俯從民便聽其推收上納凡前此種種積弊俱消弭矣安邑窮簷黍谷年來稍有起色者散里之賜也誠恐不肖之徒惡其害已變更良法將勒碑公署以埀永久

一本縣原係三縣割置故三鄉之田科米不一則三鄉之米泒銀亦不一則從前每有大繇大役集議公所太仙八士曰當照秋糧均泒中灊八士曰當照里甲均泒往往爭論不决聞有因而致訟者二說皆各爲其鄉總非公論頃歲士民公議僉曰後有軍國重務俱照上庫銀均泒此至當不易之規誠恐復生異議故並著之亦未雨綢繆之意

附本縣鄉官耿應衡均役條議於後自散里來

此法不行然亦前人救弊良規故附著之

陞任分巡寧紹二府兼台州兵備道浙江按察司副使湖廣黃州府黃安縣鄉官耿應衡呈爲

奉

國恩追先訓矢公剔弊仰懇

憲批俯准實行永甦窮困事

國祚者首救窮黎而救窮黎者惟均賦役黃安彈丸新縣原係先恭簡因巨寇梗化

題請創建者割麻城爲泰仙鄉割黃岡爲中和鄉割黃陂爲灊源鄉合成一邑所以土田之規則各異錢糧之起科各異影射者得以舍重趨輕且里甲之丁糧無額推收之程限無額豪猾者得以賣富差貧遂至中產代上產應役下產代中產應役等而下之窮民秖有一命今且莫必其命其害有不忍言者計惟均丁米禁推收以救目前之極病以開萬世之常平應衡在先人

廕庇下三鄉俱有薄產均米殊非自便甦困實以回圉鄉貧既諒其克已之心慈念切于恤民之隱特富豪銜蠹欲遂其私必阻其成夙仰祖臺之仁明民懷吏畏專仗祖臺之威德利興弊除爲此具呈併卿鄉公議另具書冊齎上伏

侯憲裁批行須至呈者

一均各里甲丁糧

夫既合縣各里甲之民以當一萬二千三百八

十餘石民米之差十年一轉則每年該有一千二百三十餘石之米應役矣以一千二百三十餘石之米照三鄉原額規則均派之則泰仙每甲該有二十二石一斗有零中和每甲該有四十四石八斗四升有零灊源每甲該有四十石零四斗有零此均平之正數也今則不然上無定額下任私情多者至一甲百數十餘石次者亦不下數十石少者不過數石耳以數石之米

與數十百石之米對股當差凡夫馬官錢及一切不經之費但照甲欠而不照丁米小戸之家有正米一石費至七八十兩者大戸則不過一石費數金耳相去倍蓰千萬斯時房科受賂者力爲主持官府秪循舊例積保照本宣科貧民四不㧞六無處伸寃惟有忍氣吞聲傾家蕩產而已又不足則惟有逃竄爲盜而已今一切均之定爲永例則其利有五奸猾不得乘機飛洒一也大戸不得通同房科放富差貧二也差役輕重苦樂均沾不致偏枯向隅三也厯經一定逐年倣例而行凡遇徵收不必總書發數使得任意懸吊四也成案現存即一欠可以知十欠即一里可以知百里官府至便稽查凡有弊即覺五也夫不均之害如彼旣均之利若此則柰何不破格均平爲一勞永逸之計哉昔人有言井田之制旣廢其次莫如限田今限田之法旣不可行則惟有均平各里各甲之丁糧而已此

均平之法豈非井田限田之遺意哉

一禁穿鄉過米

別縣丁米一則起科賦無輕重參差凡民間輸納應役在彼者無異于在此故可通同無弊惟黃安不然蓋以三鄉之田地起科不同三鄉之錢糧輕重不同三鄉之優免多寡不同民間置業有一戸而兼二鄉者必須照二鄉定數有一

戶而兼三鄉者必須照三鄉定數門路既多查
覈極苦故吏胥乘機受賄任意那移以多作少
化重為輕即有仁明綜覈之官加意磨勘而簿
書繁雜勢難遍稽彼又指東畫西一傳衆咻終
不覺為彼所搪塞積年深遠如中膏肓丁米之
虧原額貧民之受大害皆由此耳惟一切禁斷
各鄉仍還各鄉務足原目丁米老額無得增損
合勺如泰仙民而置田中瀰者則就中瀰立戶

當差其中瀰之民置田泰仙者亦然不許仍前
混淆欺上瞞下則一鄉有一鄉之丁米一鄉有
一鄉之規則毫無夾雜凡比較時即一石可以
槩數十百石即一丁可以槩數十百丁不須推
算而開卷了然矣彼作奸懸吊者又何所容其
弊乎如曰一人之丁糧必須歸之一鄉當差設
有外縣置田者亦可收外縣之丁米以歸本縣
乎即此可例推矣

一辨明官米之有無

明朝初年有麻城縣民秦克家者得罪詔沒其
田產入官其全入官者號曰全官其半入官者
號曰夾官入官之後荒廢十餘年然後募人開
墾其納糧也照民間租稞之例故派米獨重但
米雖重而折色甚輕正統以前每米一石止納
紅邊布三丈而已以後改折每石止納京庫銀
二錢五分而已別無差派此載在節次全書可
覆覈也及至萬曆八九年丈量後一槩均作民

田起科別無官田矣所以猶存其名者以簿籍
尚存不敢擅廢且此米原屬泰仙一鄉而中瀰
二鄉不過百分之一耳二鄉亦欲存其名以
延及之患故全官夾官之虛名猶在也其實不
過民米中之一京庫折銀倉口耳天下豈有無
田之虛米乎後人不知其故妄謂民米外別有
官米則民田外胡不別有官田耶是何異一人

之身有名有字而不知者遂指爲兩人乎且此
項已經天啟年間均派遼餉泰仙泰養元申辨
甚明蒙前布政司查准　題奏奉　旨通例除
免矣有案有卷無可疑慮猶恐後人不知特爲
揭明以曉來者

一禁逐年私自推收

凡錢糧之弊莫大于推收使三鄉同一則規而
推收零碎其弊且不勝言况三鄉之丁米派攤

輕重各自不同尤易躲閃者乎故有泰仙之米
推入中灄而即作中灄派攤者就輕避重也有
此鄉此戶已作除數而彼戶彼鄉不作收數者
漸爲隱匿也有此戶此鄉除數雖多而彼戶彼
鄉收數作少者漸爲撒派也有常時丁米尚多
一臨大差而丁米驟然減少者重賄飛詭也有
本戶實無優免而妄扯別免假爲寄米當差求
欲脫大差也更有應優免之人已死應優免[illegible]
名已除而優免仍存者種種情弊任意欺瞞小
民何堪重困而免糧在何處侵肥能無罪問乎
又况年年推收官無禁限尤煩瑣莫可窮詰者
乎故今黃安之米撒不對總虧原額之數聞有
二十餘石總小二書互爲容隱莫肯清查惟有
節年額外多派花戶以足實徵之數而已失今
不查世遠人亡則終無可奈何矣今惟各里各
甲均平之後嚴禁推收凡民間置買田地必俟

十年大造方准收割而官爲平正焉其餘則雖
豪家大族一切禁斷違者究罪如律彼爲里書
者縱能神輸鬼運亦安所投其隙乎大抵總小
書互相容隱小書不攻總書派攤之弊總書不
攻小書飛詭之弊今欲除弊救民則不得不均
里甲欲均里甲則不得不嚴禁推收欲禁推收
則不得不責備里書一責備里書而通縣之弊
孔思過半矣民將頌清靜而戴寧謐誰復肯爲

盜哉巡撫湖廣都察院副都御史運批衙蠹富豪專害小民本院痛恨久矣玆查閱欵冊備悉情弊適獲我心扎公而無私可以行之無斁者若不及早嚴絶弊孔而仍任衙蠹作奸富豪踩閃則安邑凋疲之子姓寧有再甦之日乎仰黃安縣查照各欵加意舉行倘有豪蠹從中阻撓該縣不時馳報以憑究處速具遵行報查總督部院羅批仰分守道轉行黃州府專差到縣取冊

黃安縣志卷之四

知黃安縣事九河劉承啟纂輯

蠲賑

國以民爲本民以食爲天至於食不足而議蠲議賑亦持籌者之所大不得已也推其顛連困苦之狀能禁其不呼天呼父母乎古者三年耕餘一年之食九年耕餘三年之食惟藏富於民民皆豫爲之備故雖不逢年而民免阽危若乃積逋之追呼方亟於上而俯仰之凍餒又追於下歛扑徒煩而無益勢不得不議蠲疾苦日深而莫救勢不得不議賑但使蠲賑不涉虛名而積貯自有餘裕矣作蠲賑志第四

蠲租

按周禮大司徒以荒政十二聚萬民首曰散利次曰薄征然則薄征固救荒之急策歟第遇凶而議蠲如負千鈞而行一旦釋去免於僵仆始未嘗不

爲大幸而舉首奮臂以求一飽則猶難之故聖人之於民不恃有既荒之救而恃有未荒之備我皇上如天好生軫念疾苦蠲租之詔屢下或殘瘠櫚於地方或辟澤出於曠典不待水旱之牘而所以周卹者豫矣星用月戸孰非與造之恩哉故一曰

蠲租

漢文帝二年詔曰農天下之本也民所恃以生也今親率群臣農以勸之其賜天下今年田租之半

十二年詔曰朕親率天下農而野不加辟歲一不登民有饑色是吏奉詔不勤而勸民不明也其賜民今年田租之半

六月詔曰今勤身從事而有租稅之賦是爲本末者無以異也於勸農之道未備其除田之租稅

十三年除民之田租

武帝元朔元年諸逋貸在孝景後三年以前皆勿收

昭帝始元二年詔所賑貸種食勿收責

和帝永元九年夏六月旱蝗除田租及山澤稅

殤帝延平元年秋七月詔實覈傷害除其田租詔曰間有水災害稼朝廷憂懼而郡國欲獲虛譽遂多張墾田競增戸口掩匿盜賊貪苛慘毒延及平民刺史垂頭塞耳阿私下比自今以往其各覈實所傷害爲除田租

順帝永建元年詔以疫癘水旱令人半輸今年田租

唐高祖武德元年即位詔義師所過給復三年其餘給復二年

太宗即位免民逋租宿負

中宗復位免民一年租賦

睿宗即位免天下歲租之半

元帝開元十七年免今歲租之半

二十七年免今年租

天寶十四年免今年租庸半
憲宗元和四年免山南東道淮南江西浙東湖南
荆南今歲稅
武宗會昌六年以旱免今年夏稅
宣宗大中九年以旱遣使廵撫淮南減上供饋運
蠲逋租
宋真宗咸平元年夏四月遣使案諸路逋負悉除
之是時除天下逋負欠一千餘萬
仁宗天聖四年六月大水京東西及河北江淮以
南皆大水帝避殿減膳肆赦蠲民租撫流民方水
之作也宰執晨朝未入有旨放朝王曽附中使奏
日天變甚異臣等爕理無狀豈可退安私室亟請
入見陳所以偹禦之道
天聖六年有司言是年所蠲二百三十六萬
嘉祐四年蠲三千二百一十六萬其餘或千萬或
數百萬推是以知四十餘年之間以恩釋者多矣

神宗熙寧元年釋逋負貸糧一百六十二萬八千
五百石有奇錢十一萬七千四百緡有奇
高宗建炎二年詔元年夏秋稅租及一應欠負官
物並除放
明洪武九年二月詔免湖廣等處今年稅糧
十三年詔本年天下秋糧盡行蠲免
正統三年免稅糧子粒以元年二月災故
十三年四月免旱災無徵秋糧屯糧
景泰二年秋免稅糧子粒以正統十四年及景泰
元年災故
成化四年春免戸口監鈔二年以給事中劉昊奏
災傷故也
六年三月免去年秋糧以夏大水故
十一年五月免秋糧子粒以水災故
十五年二月以去歲旱災免秋糧米麻豆廵撫劉
敷奏湖廣水災請免所派南京貴州廣西廬州安

慶京庫本色折色糧以甦民困戶部議從其言
十六年二月以旱災免去年秋糧子粒豆
二十二年免秋糧
弘治元年夏以災傷免本年夏稅
十年十二月停徵上供藥材從巡按姜洪請也
十二年三月巡按梁璟奏免徵歲運兩京安慶廬州貴州等處折色糧並免漕運糧以紓民困從之
十四年正月以水旱災免徵十三年稅糧子粒有

差七月暫免歲辦牛皮銀硃竹木等物料以鎮巡等官奏地方水患工役浩繁故也
十七年正月免弘治十六年糧草子粒有差
正德六年三月詔去年分歲辦雜泒軍需諸物料拖欠未完者悉行蠲免其用兵殘落地方並正額糧草通免一年以甦民困
十一年以災傷免稅糧
十五年正月以災傷免稅糧

嘉靖九年以水災免所泒內府巾帽局物料
十二月大水免秋糧有差
十一年以旱災免稅糧有差
十三年九月以湖廣災傷詔停徵是年物料及南京折布之半免南京倉米五分
三十三年九月旱免田租及改折屯田子粒有差
三十九年十月以災傷准改漕糧之半
十一月免追三十二年至三十六年積欠兵壯銀

仍蠲本年存留銀有差
隆慶四年秋旱免稅糧令起運南糧改折其半
萬曆十七年秋以災傷蠲秋糧
天啟四年免災傷田租
崇禎十一年湖廣兵荒兵部郎中鄧謙奏之詔蠲舊欠秋糧本年夏稅俟麥熟時開徵
十三年五月詔減田稅
十五年詔蠲去年秋糧

皇清順治元年十月
登極恩詔一欵地畝錢糧俱照前朝會計録原額自
順治元年五月初一日起按畝徵解凡加派遼餉
練餉召買等項悉行蠲免其大兵經過地方仍免
正糧一半歸順地方不係大兵經過者免三分之
一各省直起存拖欠本折錢糧如金花夏稅秋
糧馬草人丁鹽鈔民屯牧地竈課富戶門攤商稅
魚課馬價柴直棗株鈔貫果品及內供顏料蠟茶

芝蔴棉花絹布絲綿等項念小民困苦已極順治
元年五月初一日以前凡未經徵收者盡行蠲免
十一年六月
恩詔一欵順治六七兩年地畝人丁本折錢糧果係
拖欠在民者悉與豁免其已徵在官者不得借口
民欠
十七年七月奉文查蠲順治十二年至十五年錢
糧之實在民欠者

康熙十年歲大旱督撫彙題奉文免徵本年地畝
人丁錢糧十分之三
十三年旱災奉文照各地方受災輕重分數蠲免
又奉文停徵於後三年補完
十八年旱災奉文照分數蠲免其驢脚南糧亦照
分數蠲免
二十五年旱災欽奉
上諭各項錢糧蠲免一半惟隨漕驢脚未免

二十八年奉二十七年十月二十三日
恩詔除隨漕驢脚不免外餘項錢糧槩行蠲免
二十九年旱災欽奉
上諭蠲免田租之半
以上蠲租考之歷朝浩繁不能悉載今於漢唐宋
元明各舉數條以例其餘惟
本朝聖澤汪洋大書特書不敢掛漏以見
當宁軫念民生至厚也後倣此

賑貸

蠲也者寬其責於下也而非散其利於上也遭非常之變者必有非常之恩然後可以振之為糜於道發粟開倉不至今猶傳乎然非奉行之善則民之被其澤者幾何也考之安邑如前太守于公諱成龍之賑行郊野計口授糧民無轉徙之勞粟無冒領之弊至今貴賤口碑陳文恵之全活無算富鄭公之薪水三州何多讓焉尚有典型與言企之

癸故二日賑貸

漢文帝六年大旱蝗發倉庾以賑貧民

漢武時河內貧民傷水旱萬餘家汲黯以便宜持節發河內倉粟以賑貧民請歸節伏矯制罪上賢而釋之

昭帝元鳳三年詔虛倉廩使使者振困乏

宣帝本始四年歲不登詔遣使者賑貸困乏

元帝初元元年詔振業貧民

章帝建初十六年詔貧民有田業而匱乏者貸種種勿收責

唐元宗開元二十八年春正月立賑饑法制曰承前饑饉皆待奏報然後開倉道路悠遠何救倒懸自今委州縣及採訪使給訖奏聞

周顯德六年淮南饑上命以米貸之或曰民貧恐不能償上曰民猶子也安有子倒懸而父不為解者安責其必償也

宋仁宗慶曆八年河北京東西大水大饑人相食詔出三司錢帛賑之

河北饑知青州富弼擇所部豐稔者五州勸農出粟得十五萬斛益以官廩隨所在貯之擇公私廬舍十餘萬區散處其人以便薪水

嘉祐元年六月大水諸路言江河決溢至是雨壞太社太稷壇詔群臣實封言闕失而分遣使賑恤被傷者

神宗六年詔自今災傷用司農常法賑救不足並
預且當修農田水利工役募夫數及其直上聞乃
發常平錢斛募饑民興修不如法賑救者委司農
劾之
七年賜環慶路安撫司度僧牒千以備賑濟漢番
饑民
哲宗紹聖元年帝以京東河北之民乏食流移未
歸詔給空名假承務郎敕十太廟齋郎補牒十州
助教不理選限敕三十度牒五百付河北東西路

提舉司召人入錢粟充賑濟
高宗建炎元年詔勸誘富豪出粟米濟糶饑民賞
各有差
紹興二十八年浙東西田苗損於風水詔出常平
米賑糶更令以義倉賑濟
元世祖二十八年大水發粟五十八萬賑之
武宗至大元年八月諸路水旱蝗江淮民採草根

樹皮為食而河南山東有父食其子者詔凡遣使
賑貸之處差稅並蠲除之又詔有司贖饑民所鬻
子女
明洪武十三年諭戶部曰歲荒民饑必俟奏請道
路往返動經歲月民之饑死者多矣自今歲饑先
貸後奏著為令
永樂二年七月命監察御史郭林等往賑湖廣水
災
正統六年五月巡按張鏞奏武昌黃州等郡連年

旱澇人民缺食已散預備倉並官倉糧驗口賑貸
俟秋取還官從之
景泰六年戶部奏湖廣欠運南京糧數多宜治官
吏罪上曰累歲旱傷民饑俱從寬宥之令續完納
天順四年巡撫白圭奏地方災傷公私匱乏願將
金沙洲現收舡鈔改收米賑饑每鈔五貫折收米
三升從之

成化四年十二月以湖廣官庫所貯銀一萬一千兩糴賑從廵撫楊璿請也

六年春詔撥淮鹽五萬引運至湖廣賑

弘治十年發浙江銀十萬兩賑濟湖廣

十一月命發九江鈔關銀五萬兩並明年應収者俱送湖廣賑濟仍以免軍糧米六萬石留本處支用

十六年十月發預備倉糧並在庫官錢及贓罰紙

贖鹽引等項銀自今冬至來年麥熟止按月驗口給賑仍停止遠年逋欠不急物料以甦民困以戶部奏災傷故也

正德三年十一月湖廣災傷於各項納銀內留一十萬兩賑濟又本年漕運糧儲已准留濟但恐歲荒不能徵完另借以賑其一應不急工程雜泒差徭盡行停止從侍郎畢亨議也

五年三月詔留湖廣起運米十萬石取貴州銀十萬兩及侍郎畢亨奏留餘銀八萬四千餘兩易穀賑濟其拖欠舊糧並運京物俱暫停徵

十二年八月遣御史吳廷舉賑濟從廵撫秦金請也

嘉靖三年春發太和山香銀賑濟湖廣饑民從廵撫馬紀請也

五年八月湖廣災傷漕米俱徵折色發太和山香銀賑濟並補俸祿之鈌

十三年九月湖廣災傷以軍折銀及山香銀與各倉庫無碍贓贖錢穀悉出之以賑貧民兼補祿俸之鈌

十五年二月以災傷詔發事例銀兩及預備倉銀穀賑濟

二十三年旱留雲南支剩及本省贓罰鈌官柴薪吏農事例銀太和山香銀又預備倉穀賑濟之

隆慶四年秋旱發贓贖銀及倉糧賑之從撫臣請

也

萬曆十七年秋災發預備倉糧賑濟

皇清康熙十四年旱災奉文動支節年積穀賑濟郡守于公諱成龍復勸諭蠲輸單騎按臨鄉鄙據冊計口公同給發雖窮陬僻壤皆至人沾實惠全活者奚啻萬餘

二十八年欽奉

恩詔養老軍民七十以上者許一丁侍養免其雜泒

差役八十以上者給與絹一疋綿一斤肉十斤米一石九十以上者倍之

二十八年奉文爲天災之流行已極人事之補救宜先等事勸諭蠲穀爲粥賑饑

二十九年奉文爲災免巳奉

恩綸等事動支常平倉存穀若干賑濟饑民沾被甚衆

倉貯

不足而議賑權宜之計也而用之於一時必備之於平日故周禮遺人掌邦之委積以待施惠鄉里之委積以恤民之囏阨縣都之委積以待凶荒委積云者倉貯之謂矣漢耿壽昌有常平之制宋朱紫陽有社倉之舉後代多因之我

國家深仁厚澤累洽重熙而我

皇上尤念積貯爲民命所關旣開例入粟又勸諭蠲輸致每邑倉廪陳陳相因即偶有水旱而長孺可

以矯制河北不仰他州求芻求牧之下吏不重有賴乎故三曰倉貯

齊管子曰民有餘則輕之故人君斂之以輕民不足則重之故人君散之以重凡輕重斂散之以時即準平

魏文侯相李悝曰糶甚貴傷人甚賤傷農人傷則離散農傷則國貧故甚貴與甚賤其傷一也善爲國者使人無傷而農益勸故大熟則上糴三而舍

一中熟則糴二下熟則糴一使人適足價平則止
小饑則發小熟之所斂中饑則發中熟之所斂大
饑則發大熟之所斂而糶之故雖遇饑饉水旱糶
不貴而人不散取有餘以補不足也
漢武鳳中歲數豐穰穀至石五錢農人少利大司
農中丞耿壽昌奏令邊郡皆築倉以穀賤時增其
價而糴以利農穀貴時減價而糶名曰常平倉民
便之

漢明帝永平五年作常平倉
隋文帝開皇三年工部尚書長孫平奏請令諸州
百姓及軍人勸課當社共立義倉收穫之日隨其
所得勸課出粟及麥於當社造倉窖貯之即委社
司執帳檢校每年收積勿使損敗若時或不熟當
社有饑饉者即以此穀賑給下其法著為令
唐制凶荒則有社倉賑給不足則徙民就食諸州
開元七年敕荆揚襄夔等州並置常平倉

憲宗元和六年制京畿舊穀已盡粟麥未登宜以
常平義倉粟二十四萬石貸借百姓
十三年戶部侍郎孟簡奏天下州府常平義倉等
斗斛請準舊例減估出糶
開成元年戶部奏應諸州府所置常平義倉伏請
今後通公私田畝別納粟一升逐年添貯義倉斂
之至輕事必通濟歲月稍久自致盈充縱逢水旱
之災永絶流亡之慮從之

宋太祖乾德元年詔曰多事之後義倉廢寢歲或
小歉失于豫備宜令諸州於所屬縣各置義倉自
今官所收二稅石別稅一斗貯之以備凶歉給與
民
太宗淳化三年京畿大穰物價甚賤分遣使臣增
價以糴令有司虛近倉以貯之俟歲饑即減價糶
與貧民
五年令諸州置惠民倉如穀稍貴即減價糶與貧

民不過一斛
眞宗天禧四年詔荆湖川陝廣南並置常平倉
仁宗嘉祐二年八月詔諸州置廣惠倉初天下沒入戸絶田官自鬻之至是韓琦請募人耕收其租別爲倉貯之以給州縣之老貧疾不能自存者謂之廣惠倉以提刑領其事歲終具出納之數上三司每千戸留田租百石以是爲差戸寡而用有餘則鬻如舊

七年冬十月詔天下常平倉多所移用而不足以支凶年其令內藏庫三司共出緡錢一百萬下諸路助糴之
乾道間朱熹作社倉法使貧民歲以中夏受粟於倉冬則加息什二以償歲小不收則弛其息之半大祲則盡弛之期以數年子什其母則惠足以廣而息遂捐以予民行之累年人以爲便
明宣德八年巡撫南直隸工部侍郎周忱奏定濟農倉之法令諸縣各設倉擇縣官之廉公有威與民之賢者司其籍每歲種蒔之際量給之秋成還官
弘治三年四月定預備倉
皇清順治元年欽奉
詔諭令天下置常平義社等倉
康熙二十八年部覆河南道御史周士皇爲積貯天下本計等事條奏疏稱采前古募民納粟之意

或入太學或給頂帶鼓舞誘勸以開其端等語應如所請文武官員捐加紀録生俊捐作監生富民捐給頂帶各若干石此所糴米穀仍交與州縣官員將常平等倉修理收貯其官員陞遷離任者同正項錢糧交代侵蝕短少者督撫指名題參穀足停例
康熙三十一年欽奉
上諭諭大學士等積貯米穀最爲要務倘能實有裨

藏則雖遘凶荒不至於饑餒但小民不知儲蓄每
於豐稔之年恣意糜費一遇歉歲即坐困不支今
正值麥石收穫之時應行各該地方官勸諭百姓
令各戶量力捐輸積貯該州縣官以輸納之人姓
名數目詳記冊籍其秋禾收穫以後亦依此例舉
行如春月轉貸於乏穀之人俟秋月即照此數償
還備用每歲當收穫時遵行此捐輸之法不數年
間米穀克裕縱使歲偶不登何至閭閻艱於粒食

爾等與九卿詹事科道會議具奏欽此會議應行
各該督撫令州縣衛所官員勸諭鄉紳士民人等
令各量力所能不論幾石幾斗聽便捐輸該州縣
衛所官員將輸納之人麥石數目造報該撫秋收
後亦照此捐輸積貯若將米麥貸於乏穀之民俟
收穫時即照原領米麥之數交納如有不肖官員
混行抑勒多收情弊事發即照私派錢糧例處分
每歲收穫時俱照此遵行至於收納米麥該州縣
衛所官員於所屬地方城市鄉村適中之處酌量
設倉幾所於本地方紳衿耆老內令公舉誠實可
任者幾人交付管理敬謹收貯毋致浥爛一切借
貸償還該管之人俱造冊呈明地方官用印存案
凡此捐輸乃為小民代謀積貯如有竟不捐輸者
將姓名另記一冊設遇蠲免錢糧此戶錢糧不准
豁免其地方官員將蠲輸米麥應不時稽察交代
收受時俱照正項錢糧交代收管該知府於歲終

察看詳明該撫該撫將蠲輸總數造報戶部遇有
司薦舉時於事蹟內註明勸諭有法字樣方准薦
舉若有官吏侵蝕即照虧空正項錢糧例處分可
也康熙三十一年五月初八日奉
旨依議

本縣倉廒

一在縣堂右側係六曹空基順治元年冬月建造
一在縣前左側係陰陽學舊址康熙二十九年王

月知縣張公國柱建造

一在東城隅原係憲司後因上司無持節按部者年久傾頹康熙三十年三月知縣張公國柱建倉貯穀

養濟院 一名卑田院

振貧民之業曰賑而逮無告之民則曰養濟居有屋餼有糧衣有花布詳哉其慮之周也西銘有之曰天下疲癃殘疾者有養非爲民父母之責乎爰

稽其制附於蠲賑焉

按文獻通考賑貧始於嘉祐中罷鬻諸路戶絶田以夏秋所輸之課給老幼貧疾不能自存者神宗以來其法不廢自蔡京置居養院安濟院給常平米厚至數倍差官卒充使令置火頭具飲膳給以衲衣絮被州縣奉行過當費用既多不免率斂貧者樂而富者擾矣孰若今制之盡善乎

明洪武二年令天下置養濟院以處孤貧癃疾者

一在邑北門外萬曆三年建順治十[illegible]年知縣蕭公恒重修後壞康熙三十五年知縣劉承啟重修計屋一十四間孤貧二十八名每名歲給米三石銀折每名歲給布花若干銀折 見全書

漏澤園

生爲聖世之民歿無尺土之瘞則澤漏矣西伯仁恩及於枯骨掩骼埋胔見於月令謂非此無以補天地之缺也維兹蒿里不與賑饑蠲賦並垂不朽哉故以漏澤終焉

園在東郊外萬曆三年知縣應公存初蠲俸買民地爲之

義塚一在南關南極菴前方廣九十六丈五尺知縣張公國柱捐置一在東門北岡十方院後長四十二丈寛十丈周圍一百二十丈康熙三十六年知縣劉承啟捐俸拾兩買胡立皇地增置

論曰讀歷代賢君蠲租減稅之詔自漢以下史不

絶書但美意常發於朝廷而實惠難遍於草野每思或蠲或賑當有一定之數若民之有糧者照數扣蠲則蠲自無有不實民之貧困者按數領賑則賑亦何由得虚爲民父母方無時不念切民依養生送死且俱欲使其無憾而忍令及民之惠壅於中飽乎惟冀歲常大有群樂輸將無復有所不足不給以徵曠典則幸已然當堯有九年之水湯有七年之旱而國無捐瘠者君子處此不可以思其故乎

黃安縣志卷之五

知黃安縣事九河劉承啟纂輯

學校

聖人之道如日月經天江河行地原不隨時地爲顯晦也然自建學立師以興文教而聖人之道乃益尊賢才之出乃益盛宋范希文請立州縣學其時名臣輩出推慶曆爲獨盛豈非其明驗歟安邑黌宫圮而復修修而復圮者屢矣其中殿廡門垣湫隘未改泮池臺級汚塞未滌每朔望徘徊左右輿郎略爲葺治恐無補於高深茲經畫踰時高者務期崇巖而深者更加廣擴乃得丹雘甃砌規模氣象煥然一新夫且釋菜有禮侑享有樂几杖肅樽俎之規決拾稟揖讓之節一時彬彬大雅咸歸德造行見深以洙泗濂閩之理而崇以皐夔伊呂之業余於邑之英英蔚起者有厚望焉作學校志第五

殿廡

明隆慶二年建督學慈谿顏公鯨記在縣治西稍南背乾面巽黃岡術士陶仲文以道術事明世宗建陶宮於黃岡邑世宗薨穆宗詔墮其宮知縣李公講請於上憲取其材以爲學宮隆慶五年知縣常公正紀藉其餘材建尊經閣歲久圯知縣趙公利珍復以其材改建啟聖祠崇禎壬午賊陷邑城傾毀近半順治癸巳署諭林公瑾重修齋衙康熙壬寅知縣蕭公恒重修戟門康熙四年教諭盧公

如參重修齋衙康熙六年知縣張公一躍重修正殿並修兩廡建庫房濬泮池及龕座神主俎豆之屬粗備有碑立戟門左學士漢陽熊公伯龍紀其事邑孝廉盧公爾愷書鐫石文載藝文志近又傾圯過半康熙三十六年知縣劉承啟捐貲重修建勷其事者教諭宋希若訓導周國購也鳩厥工者典史盧元吉庠生耿宗坤約講王公祥蕭我先丁一倩馬純伯也

有碑立戟門右承啟書並題文載藝文志

正殿三楹承啟重修簷爲啄輔有翼遵殿制也扁額日月中天仍其舊增以餙塗丹雘新加額顏曰

先師殿從定稱也

路臺承啟重修甃以石臺植柏丁丁者柏子也翳翳者栢蔭也

兩廡東西各七楹承啟重修新其額

戟門三楹承啟重修塗丹雘扁額文廟直其額王者之門左右列戟故次曰戟門宋建隆三年詔孔

廟門列戟十六大觀四年詔孔廟列戟二十四

櫺星門石門三楹承啟重修塗丹雘正其位靈星天田星也龍左角爲天田星主穀王者以教養爲職故曰靈星俗作櫺非

石坊一座內顏昭代名世外顏天啟斯文吳琳詹同鄉來學耿定向耿定力五人捐新其額

頖池在坊前承啟重濬如月可二畝新植蓮從先

儒濂溪所好也甃以磚鎮以石寬一尺四寸長
十七丈石弦出如䂓可三寸許
照牆一座承啟重修並建二横牆與頰牆接高及
肩寬如屏防參越也
明倫堂在殿後五楹承啟重建高一丈九尺寬六
丈內置卧碑焉扁額明倫堂仍舊額也每月初二
十六聚生童會課於內可容士六百人棹櫈之數
稱是左建進德齋右建修業齋俱重新各三楹題

其額可容童子千二百有奇棹櫈之數稱是
尊經閣在堂後萬曆十四年知縣余公相置五經
性理通鑑各二部於內閣與書俱災於寇基存承
啟重建
啟聖祠三楹殿左承啟重修
名宦祠三楹戟門左承啟重建入諸祀明有專也
紀其地近聖居也
禮門牆一座承啟重修廬其門塗丹䕶

學門三楹戟門左承啟重建附土地祠於門右
社學在啟聖祠左稍上基存
教諭署內樓三楹外堂三楹明倫堂左承啟重建
爲堂左掖若脣齒焉
德惠祠即應公祠名宦也三楹啟聖祠左稍下邑
紳耿恭簡建在學宮外
訓導署內堂七楹外堂五楹明倫堂右己卯秋訓
導龔啟正損貲重建成堂右掖額曰近居

義路牆一座承啟重修廬其門塗丹䕶
鄉賢祠三楹戟門右承啟重建八諸祀明有專也
專祠即耿公祠理學也鄉賢祠右明特祀知縣李
紀其地近聖居也
公文芳建在學宮外
周垣圍　丈高有仞承啟遍修塗其墳苑畚築焉
大成殿內龕奉
至聖先師孔子神位正中龕一座承啟重新彫開翡

翠柱繞龍螭增其飾丹其楹與桷扁額萬世師表

遵

製也殿以主重主以殿安可勿麗歟

四配神位二龕四座承啟重新增其飾殿中楹

十哲神位二龕十座承啟重新增其飾殿兩壁

兩廡內龕奉

先賢神位二龕六十二座承啟重新增其飾廡正

壁

先儒神位在先賢二龕後三十五座承啟重新增
其飾廡正壁
啟聖祠內龕奉
啟聖公神位正中龕一座承啟重新增其飾
四配神位二龕四座承啟重新增其飾祠中楹
四從神位二龕四座承啟重新增其飾祠兩壁
名宦祠內龕奉
名宦神位一龕四座承啟重新增其飾祠正壁八

諸祀
鄉賢祠内龕奉
鄉賢神位一龕二十座承敬重新增其飾祠正壁
入諸祀

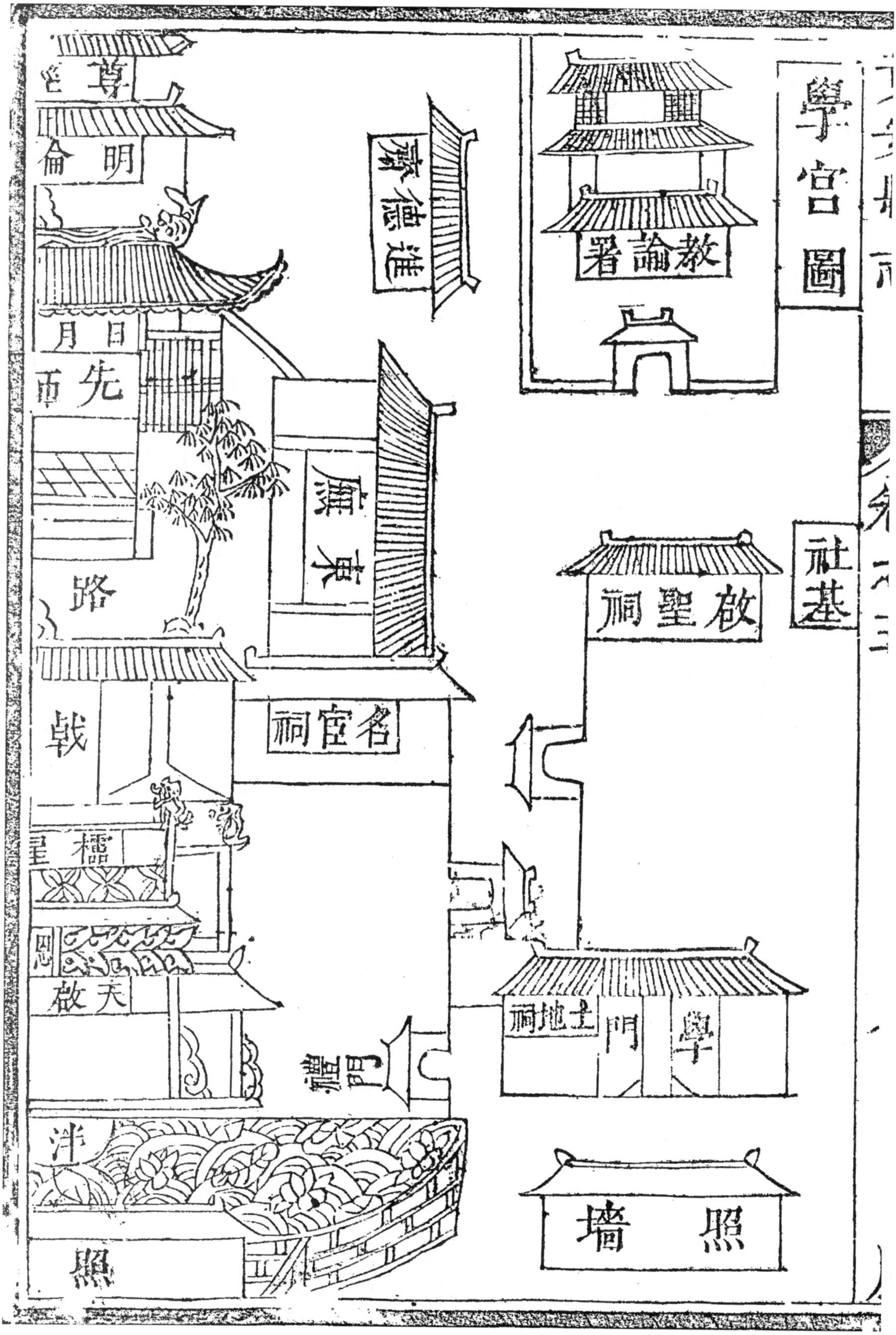
學宮圖
教諭署
進德齋
明倫
日
月
先
東廡
名宦祠
啓聖祠
社基
路
戟
櫺星
泮
照
土地祠
學門
照牆

黃安縣志　卷之四　學校

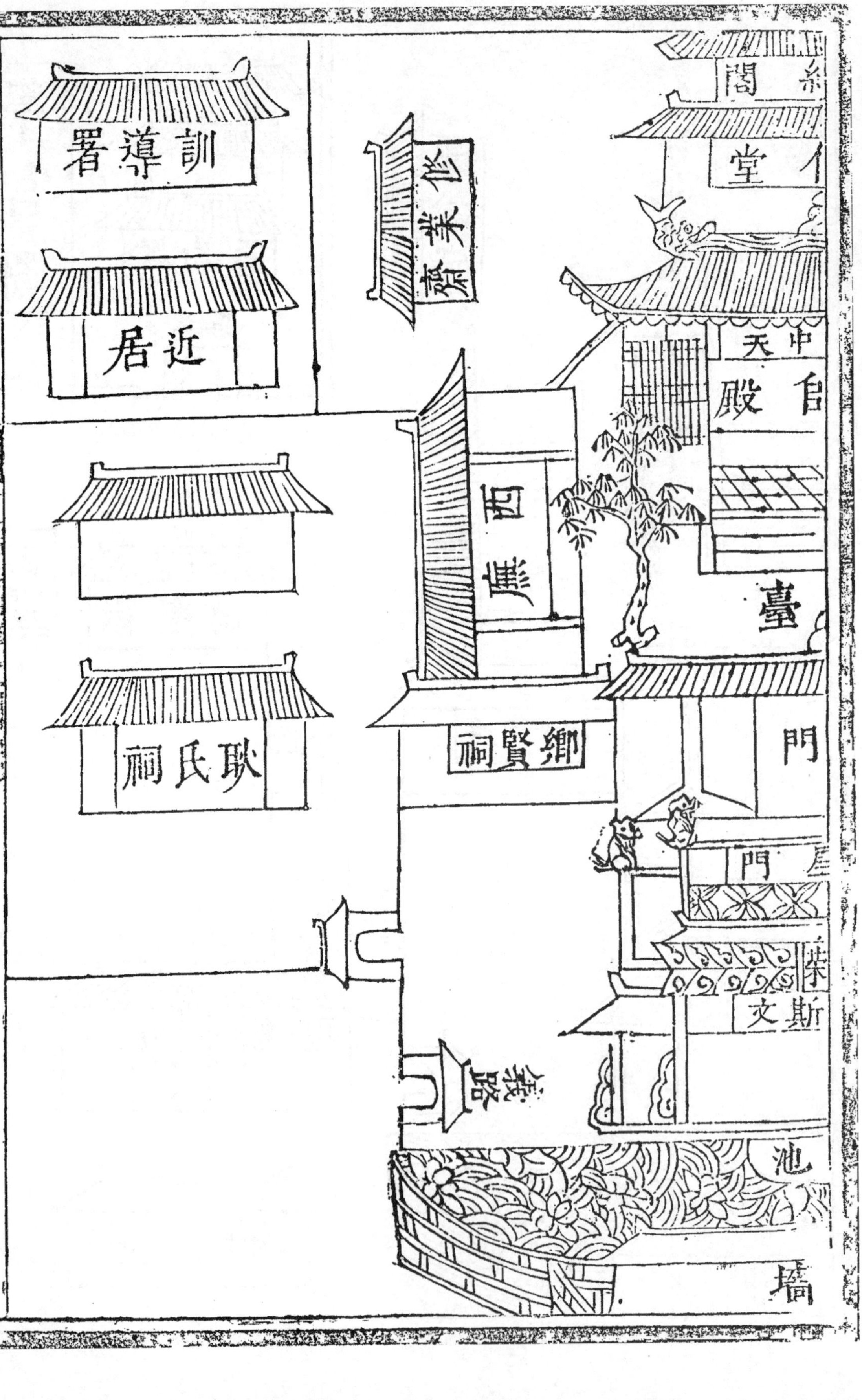

木主

按木主改稱定於明世宗而異數有加至我
朝而極甚矣聖人之德宏也可勿詳歟

繪像始自漢靈帝光和元年畫先聖及七十二弟子像唐元宗開元八年塑曾參像坐於十哲之次圖七十弟子及二十二賢於廟壁出王者袞冕服衣孔子宋大中祥符間加冕九旒服九章桓圭一令以玉易木崇寧四年加冕十二旒服九章金大

定十四年用冕十二旒加服十二章繅斿九就乃唐制先聖與門弟子同服袞冕元塑孔子章服丘濬云北史有造銅人泥人之律則泥人固非禮法所許況以祀聖人耶又況後世郡邑豐瘠異貌老少殊狀無當於聖容耶李之藻云公侯王者之號既不可加於聖人則冕服無從而定況服制自相矛盾如冕用天子而服用上公或冕服用天子而繅斿用上公尤爲背戾明洪武十五年命宋訥譔

勑撤南京太學及天下郡縣學像至嘉靖九年下
比雍古像盡撤易以木主

明嘉靖九年定先師主高二尺三寸七分濶四寸厚七分座高四寸長七寸厚三寸四分朱地金書四配主高一尺五寸濶三寸二分赤地墨書啟聖公主同之十哲兩廡高一尺四寸濶二寸六分厚五分座高二寸六分長四寸厚二寸赤地墨書凡從事賢儒書姓名位次於主以防混亂

主位定稱

漢高帝過魯以太牢祀孔子平帝追謚爲褒成宣尼父和帝封褒尊侯北魏文帝改謚爲文聖尼父後周宣帝封鄒國公隋文帝增爲先師尼父唐高宗贈太師太宗贈爲先聖宣父武后封道隆公中宗追贈爲文宣王宋真宗謚元聖又改至聖元武帝加封爲大成至聖文宣王明太祖郎位親學釋菜詔天下司府縣衛學通祀孔子封如故世宗釐

正祀典改稱至聖先師孔子

御製改碑䟽

康熙二十四年正月內監察御史任玥題爲闕里

旣蒙臨幸萬壽咸仰文明懇乞

御製碑記改正頭珉以昭典冊以垂不朽事竊惟孔

子道德參乎覆載學問貫乎古今蓋自春秋以來

固已共知爲生民所未有洎乎漢唐而下莫不心

服爲百世之一人緬稽歷代帝王或祀典有詔或

封號有謚或追崇而上遡其先人或推恩而下逮

於後裔煌煌盛典踵事增華至於躬親臨幸之隆

儀又有不可與尋常之遣官捧勅一例論者粵自

眞宗祥符元年闕里一幸更歷春秋六百餘載迄

今照耀史冊赫赫若昨日事我

皇上神明天縱文德武功俱已高出百王之上普天

率土莫不沐浴歌咏鼓舞向風矣乃當海晏河清

之時常深已治已安之慮邇者車駕東巡惟一一

以洞悉民隱爲念因思二帝三王治民之道至孔

子而益彰爰詣尼山毓粹之區特隆尊師重道之

典入廟而躬親九拜禮固崇矣當祭而勑頒御繖

寵更渥焉此雖一時異數即係萬載同風旣蒙御

書扁額賜懸廟庭必賴宸翰立碑光昭宇宙伏懇

御筆撰立碑記則鉅典鴻儀日星同耀而顯懿盛烈

奕禩常新抑臣更有請者孔子封號自唐開元時

追謚爲文宣王宋眞宗加封爲至聖文宣王元武

宗加封爲大成至聖文宣王尊尚不可謂不盛矣

但文宣僅一節之謚法而大成亦借樂之偶稱且

孔子以尼山一布衣爲萬世帝王師原不以位而

以德又豈以王爵爲重乎明世宗嘉靖八年允輔

臣張璁䟽釐正祀典定厥稱號爲至聖先師孔子

斯誠名正言順萬世不可移易之稱號也故我

國家定鼎以來自國學以及天下郡州縣衛學宮所

立牌位皆仍至聖先師孔子稱號豈非理至不可

移易故無容斟酌損益乎乃牌位既稱至聖先師
孔子而至聖墓前所立之石猶稱文宣王墓度非
所以妥神靈昭畫一也臣思其故或因立石以後
未蒙鑾輅親臨郎偶駐蹕而習焉未察遂無有擅
為改易者既賴躬親臨幸正至聖先師一安永安
之盛會也臣懇
敕諭所司將文宣王墓改正為至聖先師孔子墓並
懇於

御製碑內詳載改正緣由斯萬代瞻仰與天地同其
無疆矣奉
旨孔子聖集大成道隆德備參兩天地卓冠古今歷
代帝王咸所師法朕研精經籍志切欽崇應勒廟
碑朕俱親行撰文書寫以昭景行尊奉至意
御製扁額
萬世師表康熙甲子孟冬敬書有
御璽

御製扁額之圖

重新扁額詳大成殿內置

至聖先師神位前

御製贊

孔子贊並序

蓋自三才建而天地不居其功一中傳而聖人代宣其蘊有行道之聖得位以綏猷有明道之聖立言以垂憲此正學所以常明人心所以不泯也粵稽往緒仰遡前徽堯舜禹湯文武達而在上兼君

師之寄行道之聖人也孔子不得位窮而在下秉删述之權明道之聖人也行道者勳業炳於一朝明道者教思周於百世堯舜文武之後不有孔子則學術紛淆仁義湮塞斯道之失傳也久矣後之人而欲探二帝三王之心法以爲治國平天下之準其奚所取衷焉然則孔子之爲萬古一人也審矣朕巡省東國謁祀闕里景企滋深敬摛筆而爲之賛曰

清濁有氣剛柔有質聖人參之人極以立行著習察舍道莫由惟皇建極惟后綏猷作君作師垂統萬古曰惟堯舜禹湯文武五百餘歲至聖挺生聲金振玉集厥大成序書删詩定禮正樂既窮象繫亦嚴筆削上紹往緒下示來型道不終晦秩然大經百家紛紜殊途異趣日月無踰羹牆可晤孔子之道惟中與庸此心此理千聖所同孔子之德仁義中正秉彛之好根本天性庶幾夙夜勗哉令圖遡源洙泗景躅唐虞載歷庭除式觀禮器摛毫仰賛心焉遐企百世而上以聖爲歸百世而下以聖爲師非師夫子惟師於道統天御世惟道爲寶泰山巖巖東海泱泱牆高萬仞夫子之堂孰窺其藩孰窺其奧道不遠人克念作聖

康熙二十五年七月初四日

户部尚書文華殿大學士臣張玉書奉

勑敬書

顔子賛

聖道早聞天資獨粹約禮博文不遷不貳一善服膺萬德來萃能化而齊其樂一致禮樂四代治法兼備用行舍藏王佐之器

曾子賛

洙泗之傳魯以得之一貫曰唯聖學在茲明德新民止善爲期格致誠正均平以推至德要道百行所基纂承統緒修明訓辭

子思子贊

於穆天命道之大原靜養動察庸德庸言以育萬物以贊乾坤九經三重大法是存篤恭慎獨成德之門卷之藏密擴之無痕

孟子贊

哲人既萎楊墨昌熾子輿闢之曰仁曰義性善獨闡知言養氣道稱堯舜學屏功利煨燼七篇並垂六藝孔學微傳禹功作配

康熙二十八年閏三月廿六日

戶部尚書文華殿大學士管張玉書奉

敕敬書

聖廟位次之圖

至聖先師孔子

復聖顏子回子淵

述聖子思子伋

宗聖曾子參子輿

亞聖孟子軻子輿

先賢閔子損子騫

先賢冉子雍仲弓

先賢端木子賜子貢

先賢仲子由子路

先賢卜子商子夏

先賢冉子耕伯牛

先賢宰子予子我

先賢冉子求子有

先賢言子偃子游

先賢顓孫子師子張

至聖先師考

按諸賢皆有考而先師獨無考闕有間矣故予論次諸賢姓氏而以史記世家冠其端夫濮之去周猶未遠也太史公歷覽名山大川以廣見聞而於孔子之生年卒歲猶有未確所謂存十一於千百者尤不可不攷紀之也

史記世家曰孔子名丘字仲尼其先宋人父叔梁紇母顔氏以魯襄公二十二年庚戌之歲十一月

庚子生孔子（承啟曰即今之八月二十七日也史記譌爲周十一月）於魯昌平鄉陬邑爲兒嬉戲常陳俎豆設禮容及長爲委吏料量平爲司職吏畜蕃息適周問禮於老子既反而弟子益進昭公二十五年甲申孔子年三十五而昭公奔齊魯亂於是適齊爲高昭子家臣以通乎景公公欲封以尼谿之田晏嬰不可公惑之孔子遂行反乎魯定公元年壬辰孔子年四十三而季氏強僭其臣陽虎作亂專政故孔子不仕而

退修詩書禮樂弟子彌衆九年庚子孔子年五十一公山不狃以費畔季氏召孔子欲往而卒不行定公以孔子爲中都宰一年四方則之遂爲司空又爲大司寇十年辛丑相定公會齊侯於夾谷齊人歸魯侵地十二年癸卯使仲由爲季氏宰墮三都收其甲兵孟氏不肯墮成圍之不克十四年乙巳孔子年五十六攝行相事誅少正卯與聞政三月魯國大治齊人歸女樂以沮之季桓子受之郊又不致膰胙於大夫孔子行適衛主於子路妻兄顏濁鄒家適陳過匡匡人以爲陽虎而拘之既解還衛主蘧伯玉家見南子去適宋司馬桓魋欲殺之又去適陳主司城貞子家居三歲而反乎衛靈公不能用晉趙氏家臣佛肸以中牟畔召孔子孔子欲往亦不果將西見趙簡子至河而反又主蘧伯玉家靈公問陣不對而行復如陳季桓子卒遺言謂康子必召孔子其臣止之康子乃召冉求孔

子如蔡及葉楚昭王將以書社地封孔子令尹子西不可乃止又反乎衛時靈公已卒衛君輒欲得孔子爲政而冉求爲季氏將與齊戰有功康子乃召孔子而孔子歸魯實哀公之十一年丁巳而孔子年六十八矣然魯終不能用孔子孔子亦不求仕乃叙書傳禮記删詩正樂序易彖繫象說卦文言弟子蓋三千焉身通六藝者七十二人十四年庚申魯西狩獲麟孔子作春秋明年辛酉子路死

於衛十六年壬戌四月己丑承敘日是乙丑四月無己丑郎今二月十八日也又訛孔子卒年七十三葬魯城北泗上弟子皆服心喪三年而去惟子貢廬於冢上凡六年孔子生鯉字伯魚先卒伯魚生伋字子思作中庸

配享從祀位次

四子俱配自元豐咸淳始也坐廟堂中兩楹閒十哲升配自開元閒始也坐廟堂中兩壁閒兩廡從祀自開元閒始也諸書所列位次參差不一後儀

嘉靖祀典所定

四配十哲姓字

顔回字子淵魯人

曾參字子輿魯人

子思子名伋孔子子鯉之子

孟軻字子輿漢書子車鄒人是爲四配

閔損字子騫魯人

冉耕字伯牛魯人

冉雍字仲弓魯人

宰予字子我魯人

端木賜字子貢衛人

冉求字子有魯人

仲由字子路又字季路卞人

言偃字子游吳人

卜商字子夏衛人

顓孫師字子張陽城人 是爲十哲

西廡先賢位次

宓子不齊
公冶子長
公析子哀
高子柴
司馬子耕
有子若
巫馬子施
顏子幸
曹子卹
公孫子龍
秦子商
顏子高
壤駟子赤
石作子蜀
公夏子首
后子處
公肩子定
鄡子單
罕父子黑
公祖子句茲
縣子成
燕子伋
顏子之僕
樂子欬
叔仲子會
邦子選
公西子輿如
施子之常
陳子亢
琴子張
步叔子乘

東廡先賢位次

[illegible]子噌
申子棖
秦子非
公西子蔵
子蔑子忠
狄子黑
廉子潔
原子亢
薛子邦
左人子郢
榮子旂
秦子祖
句井子疆
顏子祖
奚容子蔵
公良子孺
任子不齊
商子澤
漆雕子徒父
漆雕子哆
冉子季
伯子虔
冉子孺
梁子鱣
公西子赤
樊子須
漆雕子開
商子瞿
南宮子适
原子憲
澹臺子滅明

東廡先賢姓字
澹臺滅明字子羽武城人
原憲字子思檀弓作仲憲宋人
南宮适史記作南宮括家語作南宮縚字子容魯
人
商瞿字子木魯人
漆雕開家語字子若蔡人史記字子開魯人
樊須字子遲家語魯人鄭云齊人

公西赤字子華魯人
梁鱣史記注作鯉字叔魚齊人
冉孺史記字子魯一作曾家語作冉儒字子魚魯
人
伯虔家語字楷一作子析史記字子折魯人
冉季字子産魯人
漆雕侈字子斂史記作漆雕哆魯人
漆雕徒父家語作從字一作子期魯人

商澤字子秀史記作子季魯人
任不齊家語字子選史記字選楚人
公良孺史記作儒字子正一作子幼陳人
奚容蒧家語字子偕史記子晳文翁圖魯人正儀
衛人
顔祖字子襄家語作相魯人
句井疆字子疆史記作句井正義作句井闕里志
字子野山東志字子孟衛人

秦祖字子南魯人鄭云秦人
榮旂史記字子祺家語作蘄字子旂魯人
左人郢史記字行家語作左郢字子行魯人
薛邦鄭國家語作薛邦史記諱薛爲鄭又避漢高
帝諱以邦爲國字子徒魯人
原亢字子抗家語作元亢字子籍史語作原亢籍
正義亢作冗魯人
廉潔史記字庸家語字子庸衛人

狄黑家語字晳之一作子晳衛人
孔忠字子蔑史記作孔子兄孟皮之子家語作孔
弗
公西葴字子尚史記作子上魯人
秦非字子之魯人
申棖史記作申黨字周家語作續字子周文翁圖
作堂後漢碑作棠鄭作續
顔噲字子聲魯人

東廡舊有曾點孔鯉皆改入敬聖祠又有顔何孔
顔逹以字畫相似黜
西廡先賢姓字
宓不齊字子賤魯人
公冶長字子長家語作萇魯人史記齊人范甯云
字子芝
公析哀字季沉史記作公晳哀字季次索隱作公
晳齊人

高柴字子羔史記衛人家語齊人
司馬耕字伯牛家語作司馬黎耕與史記俱字子
牛宋人
有若史記字子若家語作子有魯人
巫馬期字子期史記作巫馬施字子旗陳人
顔辛史記作幸字子柳魯人
曹䘏字子循蔡人
公孫龍家語作寵衛人鄭云楚人孟云趙人字子

石
秦商史記字子丕家語字丕茲魯人鄭云楚人
嚴高字子驕家語作顔刻魯人
穰駟赤家語字子從史記穰作壤字子徒秦人
石作蜀字子明家語作石子蜀秦人
公夏守史記作首字子乘魯人
后處史記后處字子里家語作石處子字里之齊
人

公肩定家語字子定史記作公堅定字予中魯人

或曰晉人

鄡單字子家家語作縣亶字子象徐廣作鄔單

罕父黑史記字子索家語作宰父黑字索一字子

黑魯人

公祖句茲家語作公祖茲字子之魯人

縣成字子祺家語作懸成字子横魯人

燕伋字子思史記作伋秦人

顔之僕家語字子叔史記字叔魯人

樂欬史記字子聲正義魯人家語作樂欣秦人

叔仲會字子期文翁圖作噲家語魯人鄭云晉人

邽巽字子歛家語作邦選史記諱邦爲邽文翁圖

避漢諱以邦爲國魯人

公西輿如字子上魯人

施之常字子常史記作子恒魯人

陳亢字子禽陳人

瑟牢家語字子開文翁圖字子張衛人

步叔乘字子車齊人

西廡舊有蘧瑗林放非弟子改祀於其鄉又顔無

繇改入啟聖祠申黨鄭申棖以重出削又公伯寮

以讒仲由黜秦冉孔讀達以字畫相似黜

東廡先儒位次

左丘氏明
穀梁氏赤
高堂氏生
子國氏安國
后氏蒼
王氏通
胡氏瑗
邵氏雍
司馬氏光
程氏顥
楊氏時
羅氏從彥
朱氏熹
呂氏祖謙
蔡氏沈
許氏衡
陳氏獻章
王氏守仁

西廡先儒位次

公羊氏高
伏氏勝
董氏仲舒
毛氏萇
杜氏子春
韓氏愈
歐陽氏修
周氏敦頤
張氏載
程氏頤
胡氏安國
李氏侗
張氏栻
陸氏九淵
眞氏德秀
薛氏瑄
胡氏居仁

兩廡先儒姓字

左丘明魯人誤中都人楚倚相後

公羊高齊人生周末子夏門人

穀梁赤尸子作俶顔師古作喜字元始魯人生周末子夏門人

伏勝字子賤鄒平人生秦漢間

高堂生索隱字伯魯人生秦漢間齊公族

董仲舒廣川人生漢景帝時

孔安國字子國孔子十一世孫生漢武帝時

毛萇趙人大毛公享之子生漢武帝時

后蒼字近君東海郯人生漢宣帝時

杜子春河南人生漢哀平間至明帝時

王通字仲淹隋龍門人

韓愈字退之修武人生唐憲宗時

胡瑗字翼之海陵人生宋太宗癸巳

歐陽修字永叔廬陵人生宋真宗丁未

邵雍字堯夫范陽人徙河南生真宗辛亥

周敦頤字茂叔營道人生宋真宗丁巳

司馬光字君實夏縣人生宋真宗己未

張載字子厚郿人生宋真宗庚辰

程顥字伯淳洛陽人生宋仁宗壬申

程頤字正叔稱伊川顥弟生仁宗癸酉

楊時字正立將樂人生仁宗癸巳

胡安國字康侯崇安人生宋神宗甲寅

羅從彦字仲素南劍州人生宋神宗元豐

李侗字愿中劍浦人生宋哲宗癸巳

朱熹字元晦一字仲晦婺源人生宋高宗庚戌

張栻字敬夫號南賢綿竹人生宋高宗乙卯

呂祖謙字伯恭號東萊婺州人生宋高宗丁巳

陸九淵字子靜金谿人生宋高宗己未

蔡沈字仲默建陽人生宋孝宗丁亥

真德秀字景元一字希元稱西山宋浦城人

許衡字仲平元河內人生宋寧宗時

薛瑄字德温稱敬軒河津人生明太祖己巳

陳獻章字公甫新會人生明宣宗戊申

胡居仁字叔心餘干人生明宣宗甲寅

王守仁字伯安餘姚人生明憲宗壬辰

兩廡舊有荀況劉向王肅杜預鄭元鄭象盧植服

虔戴聖賈逵馬融何休王弼范甯吳澄後荀況以

言性惡黜劉向以喜神仙黜王肅以黨司馬氏黜

杜預以黨貴要建短喪黜賈逵以附會讖緯黜馬融以貪鄙附勢黜何休以黜周王魯黜王弼以旨宗老莊黜鄭象盧植服虔鄭元范甯吳澄改祀於其鄉

啟聖公

進公而王自宋大中祥符始也稱啟聖公自元始也宋時顏曾子思配享堂上顏路曾晳伯魚從祀兩廡洪邁姚燧以爲崇子抑父熊禾謂宜別設一

室祀啓聖公紇而以三子配程敏政主其說嘉靖九年遂專祠徧天下尋以激公宜與三子爲四配又以周輔成與程珦朱松蔡元定爲四從萬曆中以孔氏子孫世嫡襲封衍聖公不絕曲阜縣令及儒學教授並以孔氏子孫爲之著爲令

啟聖宮位次圖

啟聖公孔氏

先賢顏氏 無繇字路 回之父

先賢孔氏 鯉伯魚 伋之父

先儒周氏 輔成 敦頤之父

先儒朱氏 松喬年 熹之父

先賢曾氏 點字子晳 參之父

先賢孟孫氏 激公宜 軻之父

先儒程氏 珦伯溫 顥頤之父

先儒蔡氏 元定字季通 沈之父

啟聖祠四配四從姓字

顔無繇字路家語顔繇字季路回之父

曾點字晳家語字子晳史記作曾蒧參之父

孔鯉字伯魚子思之父

孟孫激公宜輈之父

周輔成敦頤之父

程珦字伯温顥頤之父

朱松字喬年熹之父

蔡元定字季通沈之父

祀典

安固理學名區也予初任安事攬其形勝三台聳秀於西北兩河夾遶於東南而三角七角𠂇應箕範圖疇之位置意必有異敏殊材珪璋特達之選以鍾靈於後故當下車之歲即有觀風一課暗中摸索得士若干人有奇甫踰年復刊公啟一通着門役遍傳三鄉捐微糈以爲供具每月朔二望六聚闔邑生童會藝於學宫見其殿廡四圮頹壁成丘心焉傷之及至春秋二祀秖謁

先師不但佾舞缺如而拜跪無儀祇憑二三鳴贊任意唱呼不覺喟然嘆與曰淫祠艷祀殿宇宫懸猶且備極精巧況先聖先賢之所憑依聖帝明王之所崇祀而可令其有不醇不備之憾乎爰先舉其重者首新　文廟與廣文宋周兩君共相從事閱二月而工告竣因揀所藏闕里誌内祀典按其圖

式習其儀文舉凡俎豆籩鉶磬管笙鏞陳設歌舞之節次第而修明之適逢安邑久闕邑乘詳請纂輯敢將所訂祀典附入邑乘以備一斑雖未必盡合太常而於闕里所誌庶不致大相刺謬云

釋奠儀注

按釋置也謂無尸無飲食酬酢等事但置牲幣設饌奏樂以奠之以其全於行禮非報功也

第一齋戒

丁前三日致齋不飲酒不茹葱蒜韭薤不問病不弔喪不聽樂不理刑名不與妻妾同處丁前一日沐浴更衣丁日四鼓致祭

啟聖祠五鼓致祭 文廟

第二省牲

牛一 羊五 豕十四 鹿一 兔一

按會典乃國學祀典闕里志乃曲阜 聖廟祀典省牲俱有太牢其各省布政司府州縣祀典俱不

用太牢云

省牲儀注

丁前一日衆官詣

聖廟丹墀排班朝上立賛禮者唱曰告白省牲畢衆官三揖而退

啟聖祠儀注

丁日四鼓諭訓兩員詣祠前丹墀内東立西向賛禮者唱曰起鼓漸次起鼓三次畢通賛唱曰執事者各司其事唱獻官各就位唱瘞毛血執事捧毛血瘞之於坎通賛唱曰迎神引賛唱曰鞠躬步位興步位興步位興步位興揖平身通賛唱曰奠帛捧帛者各捧帛詣各神位前旁立通賛唱曰行初獻禮引賛唱曰詣盥洗所盥洗引兩員至盥洗所盥手帨手畢引賛唱曰詣酒尊所引兩員至酒尊所引賛唱曰司尊者舉羃酌酒引賛唱曰詣

聖公神位前唱跪唱獻帛執事者跪接帛於神前案上唱獻爵唱曰俯伏興平身引賛唱曰詣讀祝位兩員同至位前引賛

唱曰跪兩員暨讀祝者皆跪引賛唱曰讀祝文讀畢通引賛同唱曰俯伏興揖平身引賛唱曰詣

先賢顔氏神位前唱跪唱獻帛唱獻爵唱俯伏興揖平身引賛唱曰詣

先賢曾氏神位前同前儀引賛唱曰詣

先賢孔氏神位前同前儀引賛唱曰詣

先賢孟孫氏神位前同前儀引賛唱曰復位通賛唱曰行亞獻禮引賛唱曰詣酒尊所唱曰司尊者舉

冪酌酒唱詣
啟聖公神位前唱跪唱獻爵唱俯伏興揖平身唱詣
先賢顏氏神位前儀同前唱詣
先賢曾氏神位前儀同前唱詣
先賢孔氏神位前儀同前唱詣
先賢孟孫氏神位前儀同前引贊唱曰復位通贊唱
曰行終獻禮引贊唱曰詣酒尊所唱曰司尊者衆

冪酌酒唱詣
啟聖公神位前詣
先賢顏氏神位前詣
先賢曾氏神位前詣
先賢孔氏神位前詣
先賢孟孫氏神位前儀節俱同亞獻引贊唱曰復位通贊
唱曰飲福受胙引贊唱曰詣飲福受胙位兩員同至位前
引贊唱曰跪唱飲福酒兩員同飲福酒唱俯伏興揖平身
復位引贊唱謝胙通贊唱鞠躬步位興步位興步
位興步位興揖平身通贊唱徹饌通贊唱送神唱
鞠躬步位興步位興步位興步位興揖平身通贊
唱讀祝者捧祝司帛者捧帛各詣瘞所引贊唱望
詣唱焚祝帛焚畢唱揖引贊唱復位通贊引贊同
唱禮畢獻官朝上一揖退班
啟聖公儀節與
先師廟同惟用鼓吹無樂舞

先師廟儀注

丁日五鼓衆官至大成門外便服序座着一吏禀
起鐘鼓初起鐘鼓徐徐一連四擊取成四時之義復緊擊
一陣末擊一下吏禀初鼓畢每鼓畢後鼓吹一會然後吏禀某鼓畢
各官更衣吏禀再起鐘鼓徐徐一連五擊如此一
次取明五行之義復緊擊二陣末擊二下吏禀再鼓畢正
獻官領衆遍省祭品畢復原坐吏禀三起鐘鼓徐
徐一連四擊如此三次取周一歲之義復緊擊三陣末擊
三下吏禀三鼓畢贊禮樂生舞生及執事者各序

立於丹墀兩旁各官亦至丹墀內東立西向立迎
贊唱曰贊禮樂生舞生就位唱執事者各司其事
唱陪祭官就位分獻官就位正獻官就位唱瘞毛
血執事者捧毛血正祀由中門出東西哲由左右門出兩廡隨門出瘞之於坎通贊唱
曰迎神麾生舉麾唱曰樂奏咸和之曲遂擊柷一下樂
生橫執其籥無舞而歌曰大哉宣聖云云每歌一句擊應鼓三
聲歌畢麾生偃麾櫟敔一下樂止通贊唱曰鞠躬步位興步位
興步位興步位興揖平身通贊唱曰奠帛捧帛者正祀由

中門入四配十哲俱由左門入兩廡由左右入詣各神位前之左朝上立麾生舉麾唱
曰樂奏寧和之曲遂擊柷一下樂生按節而舞歌曰自
生民來云云每歌一句擊應鼓三聲歌畢麾生偃麾櫟敔一下樂止通贊
唱曰行初獻禮凡行獻禮及受胙時俱於殿中奏細樂引贊唱曰詣
盥洗所導獻官至盥洗所盥手帨手畢引贊唱曰詣酒尊所導至酒尊
所引贊唱曰司尊者舉冪酌酒執事者以勺盛酒一勺傾於爵內捧
爵者在獻官前行正祀由中門入餘俱左門入詣各神位前之左朝上立引贊導獻官從角門
入唱詣

聖先師孔子神位前唱跪唱獻帛捧帛者轉身向西跪進帛於獻
官右獻官接帛獻帛兩旁執事者跪接帛進於神前案上引贊唱獻爵司爵者轉身向
西跪進爵於獻官右獻官接爵獻爵西旁執事者跪接爵進於神前案上引贊唱俯伏
獻官俯首至地唱興平身引贊唱曰詣讀祝位位在廟中香案前讀
祝者跪取祝文立祝位西旁引贊唱曰讀祝文讀畢跪置祝文於案上退堂西
立引贊唱曰俯伏興揖平身引贊唱曰詣
復聖顏子神位前唱跪唱獻帛唱獻爵唱俯伏興
揖平身唱詣

宗聖曾子神位前唱跪唱獻帛唱獻爵唱俯伏興
揖平身唱詣
述聖子思子神位前唱跪唱獻帛唱獻爵唱俯伏
興揖平身唱詣
亞聖孟子神位前唱跪唱獻帛唱獻爵唱俯伏興
揖平身俱如正祀儀引贊唱曰復位通贊唱曰行分獻
禮引贊引分獻官各至十哲兩廡行禮俱如正祀儀引贊唱曰復位麾生
舉麾唱曰樂奏安和之曲遂擊柷一下樂生按節而舞

歌曰大哉聖師云云每歌一句擧應鼓三聲歌畢麾生偃麾櫟敔一下
樂止通贊唱曰行亞獻禮引贊唱曰詣酒尊所唱司
尊者舉冪酌酒如前儀引贊唱曰詣
至聖先師孔子神位前唱跪唱獻爵唱俯伏唱興揖
平身引贊唱曰詣
復聖顏子神位前唱跪唱獻爵唱俯伏唱興揖平
身引贊唱曰詣
宗聖曾子神位前唱跪唱獻爵唱俯伏唱興揖平

身引贊唱曰詣
述聖子思子神位前唱跪唱獻爵唱俯伏唱興揖
平身引贊唱曰詣
亞聖孟子神位前唱跪唱獻爵唱俯伏唱興揖平
身引贊唱曰復位通贊唱曰行分獻禮引贊引分獻官至十
哲兩廡行禮俱如正祀儀引贊唱曰復位麾生舉麾唱曰樂奏
景和之曲遂擧柷一下樂生按節而舞歌曰百王宗師
云云每歌一句擧應鼓三聲歌畢麾生偃麾櫟敔一下樂止通贊唱曰行

終獻禮引贊曰詣酒尊所唱司尊者舉冪酌酒如前
儀引贊唱曰詣
至聖先師孔子神位前如亞獻儀詣
復聖顏子神位前如亞獻儀詣
宗聖曾子神位前如亞獻儀詣
述聖子思子神位前如亞獻儀詣
亞聖孟子神位前如亞獻儀引贊唱曰復位通贊唱曰
行分獻禮引贊引分獻官各至十哲兩廡行禮俱如正祀儀引贊唱曰復

位麾生舉麾唱曰樂奏景和之曲遂擧柷一下樂生按
節而舞歌曰百王宗師云云每歌一句擧應鼓三聲歌畢麾生
舉麾櫟敔一下樂止通贊唱曰飲福受胙引贊唱曰詣飲福
受胙位位在讀祝所進福酒者捧爵進胙者捧盤立於讀祝案之東又一執事立於案西
引贊唱曰飲福酒東執事取牟肩胙置於盤跪進於獻官獻官接胙訖西向執事
者跪接胙由中門捧出唱俯伏興揖平身復位通贊唱曰謝胙
唱鞠躬步位興步位興步位興步位興揖平身衆官
俱四拜訖通贊唱曰徹饌麾生舉麾唱曰樂奏咸和之

曲遂擊柷一下樂生橫執其籥無舞而歌曰犧象在
云云每歌一句擊應鼓三聲歌畢麾生偃麾櫟敔一下樂止通贊唱曰送
神麾生舉麾唱曰樂奏咸和之曲遂擊柷一下樂生橫
執其籥無舞而歌曰有嚴學宮云云歌畢麾生偃麾櫟敔
一下樂止通贊唱曰鞠躬拜興拜興拜興拜
興揖平身衆官俱四拜訖各散班退列於東階立通贊唱曰讀祝者
捧祝司帛者捧帛各詣瘞所讀祝者先跪取祝文司帛者跪取帛轉身
向外立正祀由中門捧出左配左哲由左門出右配右哲由右門出兩廡如前儀通贊唱

詣望瘞位衆官同捧祝帛者俱往瘞位麾生舉麾唱曰樂奏咸
和之曲遂擊柷一下樂生橫執其籥無舞而歌曰有嚴
學宮云云歌詩之時引贊唱曰焚祝帛帛一端唱至九端待焚畢叫
贊唱曰揖隨唱曰復位麾生偃麾櫟敔一下樂止通贊引贊同唱上
曰禮畢各官朝上一揖

祝文

先師廟祝文

維

某年某甲子二八月某甲子朔越某日某甲子某銜
門某官等敢昭告於
至聖先師孔子惟
德配
天地道冠古今刪述六經垂憲萬世惟茲仲春秋謹以
牲帛醴齊粢盛庶品祗奉舊章式陳明薦以
復聖顏子
宗聖曾子

述聖子思子
亞聖孟子配尚
饗

啓聖祠祝文

維
某年某甲子二八月某甲子朔越某日某甲子某銜
門某官等敢昭告於
啓聖公孔氏惟

公誕生至聖爲萬世王者之師功德懋著茲用仲秋
謹以牲帛醴齊粢盛庶品祗奉舊章式陳明薦以
先賢顏氏
先賢曾氏
先賢孔氏
先賢孟孫氏配尚
饗

樂章並譜

迎神　咸和之曲無舞

大太四哉南工宣林尺聖仲上道太四德仲上尊林尺崇仲上維南工持
林尺王仲上化太四斯林尺民仲上是黃合宗太四典黃合祀太四有仲上
常林尺精南工純林尺並太四隆仲上神黃六其南工來林尺格仲上於
林尺昭仲上聖黃合容太四

奠帛　寧和之曲有舞

自太四生仲上民林尺來仲上誰太四底黃合其仲上盛太四惟南工王
林尺神仲上明太四度黃合越太四前仲上聖太四粢仲上帛太四具仲上
成林尺禮黃合容太四斯林尺稱仲上黍太四稷南工非黃六馨林尺
南工神林尺之仲上聽太四

按王字宜易師字從定稱也

初獻　安和之曲有舞

大太四哉仲上聖黃合師太四實南工天林尺生仲上德太四作仲上樂
太四以仲上崇林尺時仲上祀太四無林尺斁仲上清黃合醞南工惟林尺
馨仲上嘉林尺牲仲上孔黃合碩太四薦太四羞南工神黃合明林尺庶
南工幾林尺昭仲上格太四

亞獻　景和之曲有舞

百仲上王南工宗林尺師仲上生林尺民仲上物太四軌黃合瞻黃六之
南工洋林尺洋仲上神林尺其仲上寧太四止黃合酌太四彼黃合金林尺
罍仲上惟南工清林尺且太四旨仲上登仲上獻太四惟林尺三仲上於
黃六嘻南工成林尺禮仲上

終獻　曲同亞獻有舞

徹饌　宜和之曲無舞

犧仲上象太四在仲上前林尺豆太四籩仲上在黃合列太四以太四享
南一以林尺薦仲上既仲上芬林尺既太四潔仲上禮黃合成太四樂仲上

倫太四人南工和林尺神仲上悅太四祭黃合則太四受仲上福林尺

黃六遷南工無林尺越仲上

送神咸和之曲無舞

有太四嚴南工學林尺宮仲上四黃合方太四來仲上崇太四恪黃六恭

南工祀林尺事仲上威南工儀林尺雝仲上雝太四歆仲上茲林尺惟南工

馨林尺神仲上馭太四還林尺復仲上明黃六禋南工斯林尺畢仲上咸

南工膺林尺百仲上福太四

望瘞曲同送神無舞

主祭

每春秋仲月二祭以知縣爲獻官教諭訓導爲分獻

教官祭 啟聖後在府者轉請府在州縣者轉請

州縣在省之府則由府轉請各憲

贊禮

今制用生員四名以爲引贊通贊有部文

康熙二十五年七月二十四日報禮部覆江南學

院李 題嗣後地方官凡學宮贊禮不許濫用應

照國子監例選擇在學肄業生員文行兼優儀表

端莊聲音宏亮者充補大學不得過六名小學不

得過四名考試時准爲優等仍行報部現在冒濫

衣頂者盡行黜革其古聖賢嫡裔向有奉祀生仍

留衣頂奉祀將名數報部至社學一條載在學政

全書是古黨庠遺意但今社學多廢該學臣旣稱

敢頻實繁應將冒濫名色者一併嚴行查革等因

奉

旨依議

康熙三十三年閏五月二十七日禮部覆江南學

院許 地方大小各官到任落學祭壇講約以至

朔望行香皆以生員爲鳴贊情面旣熟奔競遂滋

或私相徵錄或公行請託請裁額限期等語應如

所請大中小學均不得過四名過

萬壽令節元旦冬至春秋二丁仍用生員其餘地方

大小各官到任等事一槩不許用生員其贊禮生

員既已裁額限期考試時仍准爲優等恐文理荒疎之人愈致求謀亦未可定應於考試時一體論文其准爲優等之處令其停止可也奉旨依議

陳設圖

先師位

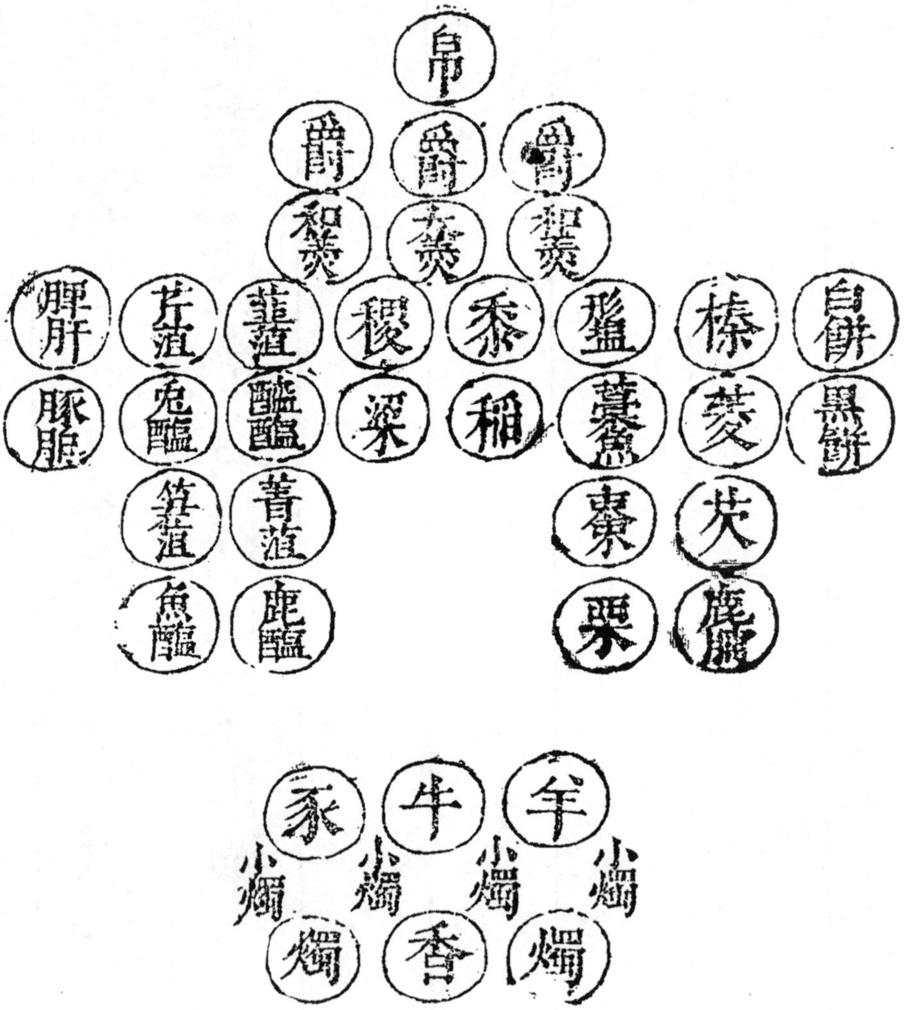
帛
爵
爵
爵
和羹
和羹
和羹
脾析
芹菹
韭菹
稷
黍
形鹽
榛
白餅
豚胉
兔醢
醓醢
粱
稻
藁魚
菱
黑餅
筍菹
菁菹
棗
芡
魚醢
鹿醢
栗
鹿脯
豕
牛
羊
小燭
燭
小燭
小燭
燭
香
燭

至聖前

四配位

每位一壇

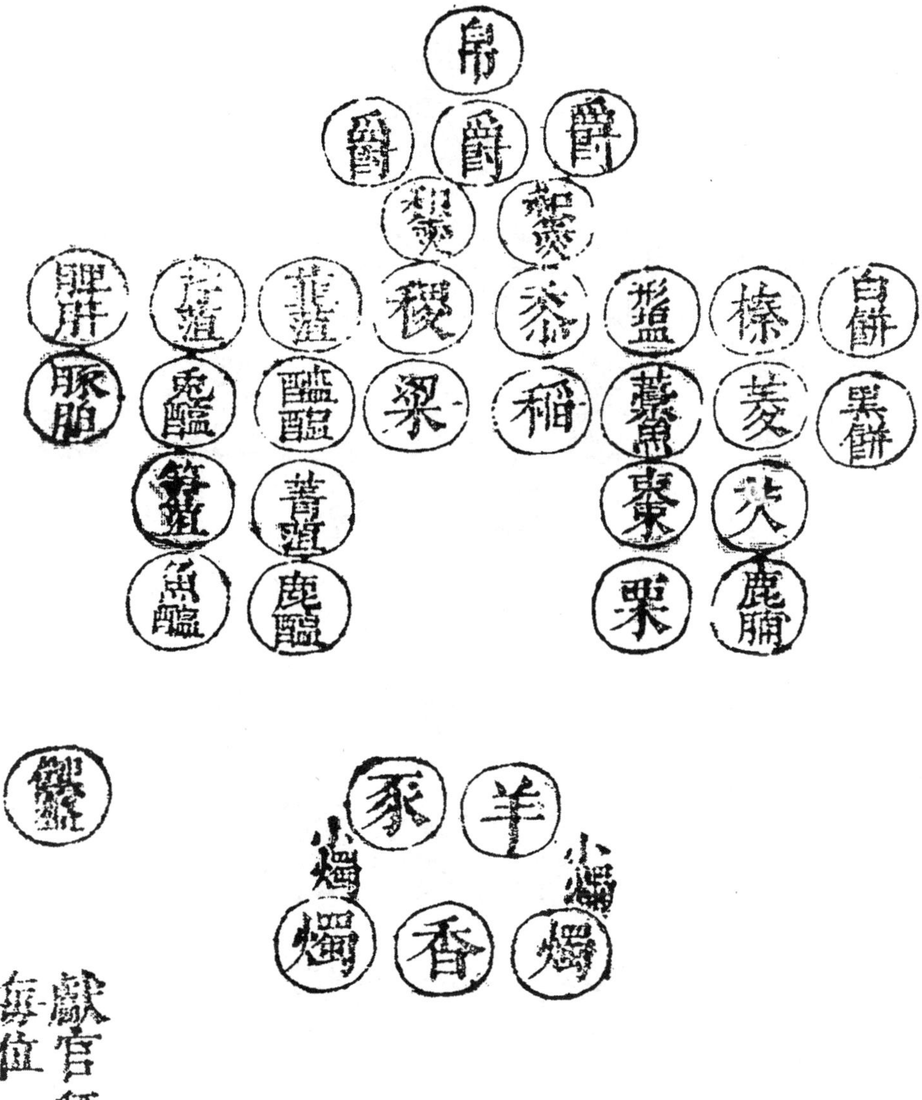

獻官拜位

每位一壇

十哲位每位一壇

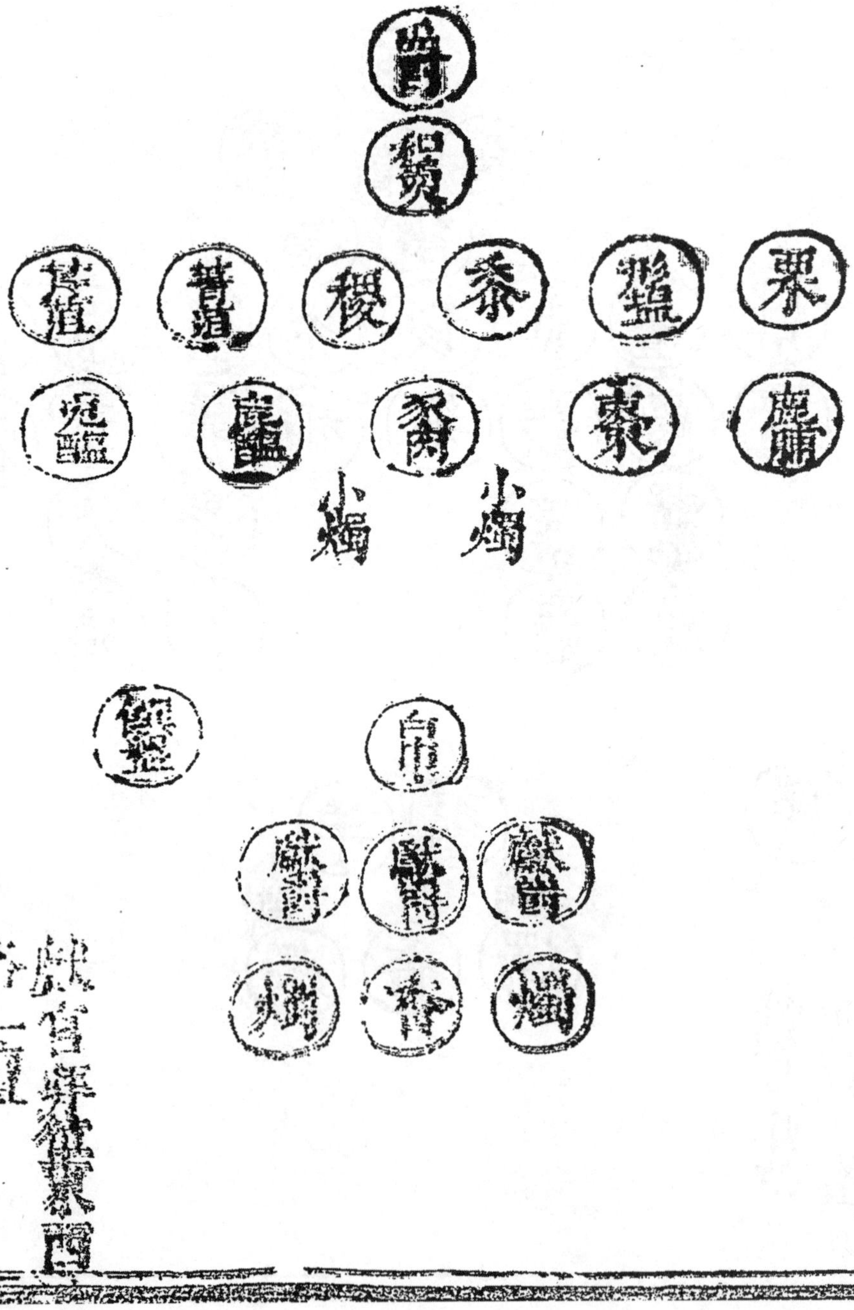

獻官[illegible]
各一罇

兩廡位

四位

一壇

神位　神位　神位　神位

獻官拜位

每廡三壇

啟聖位

帛
爵
爵
爵
白餅
黑餅
榛
菱
芡
鹿脯
鹽
藁魚
棗
栗
黍
稻
稷
粱
韭菹
醓醢
菁菹
鹿醢
芹菹
兔醢
筍菹
魚醢
豚胉
豕
羊
小燭
小燭
小燭
小燭
燭
香
燭

啟聖
四配位
每位一壇

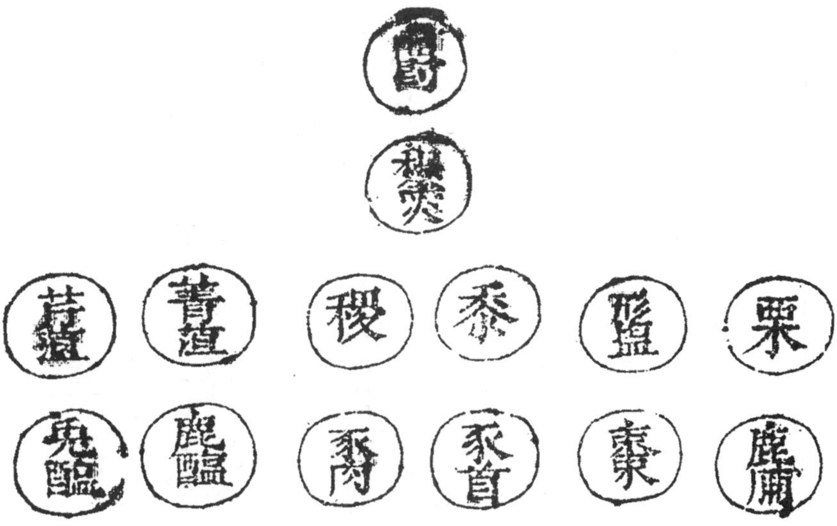

獻官拜位
每位一壇

啟聖位祭品視

先師位惟減太羹一太牢一

四配位（指啟聖之四配也）視十哲位惟添豕首一

從祀位（指啟聖前之從祀）與四配同（亦指啟聖之四配）惟減豕肉

一

奏樂位次圖

此明成化時八佾舞圖，嘉靖時改為六佾

麾　　鐘　　鼓　　麾

工歌琴　拊
工歌琴　搏
工歌琴　瑟
工歌琴
工歌琴
工歌琴　瑟
工歌琴　搏
工歌琴　拊

笙　笙　篪
洞簫　塤
鳳簫　管
柷　龍笛
編鐘
敔　龍笛
鳳簫　管
編磬
洞簫　塤
笙　笙　篪

應鼓　節
丹陛
節　鼗鼓

舞舞舞舞舞舞舞舞
舞舞舞舞舞舞舞舞
舞舞舞舞舞舞舞舞
舞舞舞舞舞舞舞舞
舞舞舞舞舞舞舞舞
舞舞舞舞舞舞舞舞
舞舞舞舞舞舞舞舞
舞舞舞舞舞舞舞舞

按明朝會典嘉靖九年令南京國子監用十籩十
豆天下府州縣學八籩八豆樂舞各止六佾從大
學士張孚敬之議也
國朝康熙二十二年國子監祭酒王士禎康熙二十
四年御史劉　俱題請增加舞佾籩豆　禮部
議覆仍依明朝嘉靖九年舊制云至舊圖內其陳
設遺大鐘鼓編鐘鼗鼓管五器今補入

禮器

簠形方高七寸濶八寸一分徑長一尺一分

簋形圓高六寸七分深二寸八分濶五寸徑七寸九分簠簋皆盛黍稷之器有虞曰敦夏曰瑚商曰璉周曰簠簋刻木為之數合一百一十

籩竹制爾雅及鄭氏說以木口徑四寸九分通足高五寸九分足徑濶五寸一分上深一寸四分

豆高廣同籩夏楬豆殷玉豆周獻豆爾雅及鄭氏

說以木周禮旄人說以瓦呂氏考古圖及政和近制以銅如特牲曰兩俎奇而偶陰陽之義也籩豆之實水土之品也

登數六木為之高一尺四寸俎長一尺八寸濶八寸高八寸五分兩端赤漆中央黑數奇明堂位曰周以房俎鄭注云房謂足下拊也

篚數二十竹為之用以承幣高五寸長二寸八分濶五寸二分深四寸蓋深二寸八分

鉶範金為之三足口有兩耳上有蓋施三紐用薦和羹尊祀　先聖備四代禮記曰泰有虞氏之尊也貴本尚質高八寸一分口徑五尺七分腹徑六寸足徑三寸八分深六寸五分山尊夏氏之尊也形如壺刻畫山雲狀著尊明堂位曰商尊曰著著地而無足也周曰犧象犧牛形取犧牲享食之義橡取形如象以明夏德夏者假也萬物之所由化也皆範金為之用以貯酒

爵明堂位曰夏以琖商以斝周以爵洪氏曰太常爵制兩柱三足隻耳侈口坫以置爵亦承尊陸氏曰古者爵有承盤坫與豊是也施於燕射曰幽鄭注云豊似豆而卑木製縱廣九寸中畫雲

籩巾以絳帛為圓幅用以覆籩豆龍幕以絳帛方幅為之中畫雲龍兩旁畫彩四角綴以金錢用以覆尊若兩廡則不可畫龍止用青

祝版以木為之高九寸濶一尺二寸用白紙寫祝

文貼之祭畢揭而焚之

烹飪

太羹煑肉汁不用鹽醬

和羹以豬腰羊臂肉造

形鹽用自鹽印虎形

菹用本物切去本末取四寸

醓醢碎豬肉用鹽酒料調造

禮器圖

簠

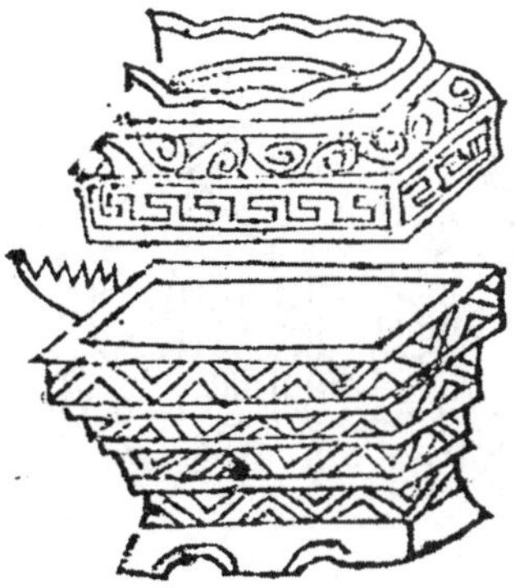

簋

有虞氏曰敦夏曰瑚商曰璉周曰簠簋方刻木爲之古用陶器今仍用木刻高七寸深二寸濶八寸一分腹徑長一尺一分用以盛黍稷

簋圓高六寸七分深二寸八分濶五寸腹徑長七寸九分餘同前用以盛黍稷

犧尊

通足高六寸一分徑二寸四分頭去足高八寸二分耳高二寸一分五厘濶八分五厘深二寸七分腹穴受酒背上覆以蓋用貯終獻酒

象尊

通足高六寸八分口徑二寸八分耳濶一寸二分長一寸九分深四寸九分腹穴受酒背上覆以蓋用貯亞獻酒

大尊

[illegible]有虞氏之泰尊瓦尊也今以木成之高八寸一分口徑五寸七分腹徑六寸一分足徑三寸八分[illegible]五分用無爻

山尊

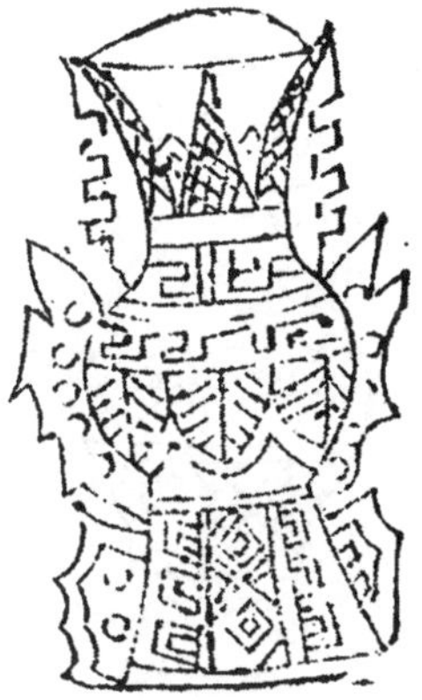

夏后氏之尊也形似壺刻畫爲山雲狀銅器也今以木成之高九寸八分五厘口徑六寸七分五厘深七寸五分用無爻

壺尊

腹飾饕餮腹著風雲不獨示有節止而又明其施澤之及時也高八寸四分口徑四寸五分腹徑六寸深七寸用無攷

著尊

按明堂位商尊曰著著地而無足也高八寸四分五厘口徑四寸五分腹徑六寸二分深八寸二分用無攷

罍

先以水盛於罍中臨祭之時將水傾入盥盆之内以致恪恭之意高一尺口徑八寸四分深七寸二分底徑七寸九分

爵

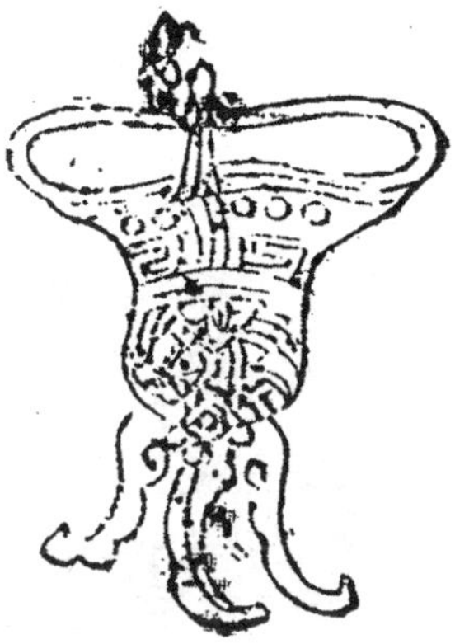

夏以琖商以斝周以爵酒器也以銅爲之兩耳三足

洗

盥畢將盥盆之水傾入洗中惡穢地也通高五寸七分口徑一尺三寸六分深二寸九分

雲雷尊

罇以盛酒其腹刻雲雷回旋之狀尺寸無攷用貯初獻酒

籩

籩舊今皆竹製通足高五寸九分足徑闊五寸二分
上深二寸四分用以盛水土之品也

篚

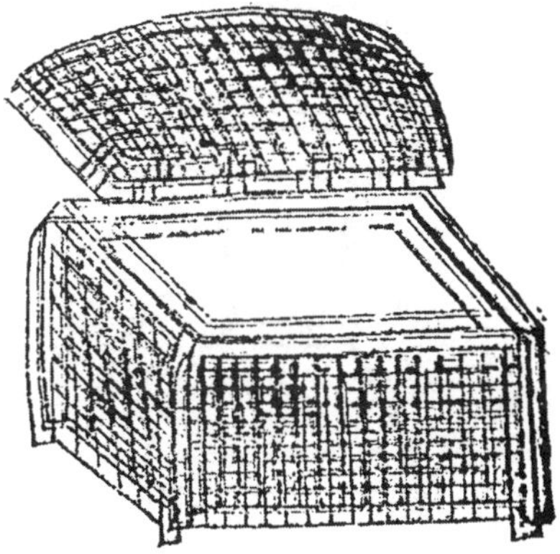

篚以竹為之通足高五寸長二尺八分闊五寸二分深
四寸蓋深三寸八分[illegible]用以奠爵承食膳置玉帛今
無以竹編織箱筐篚之遺意也

登

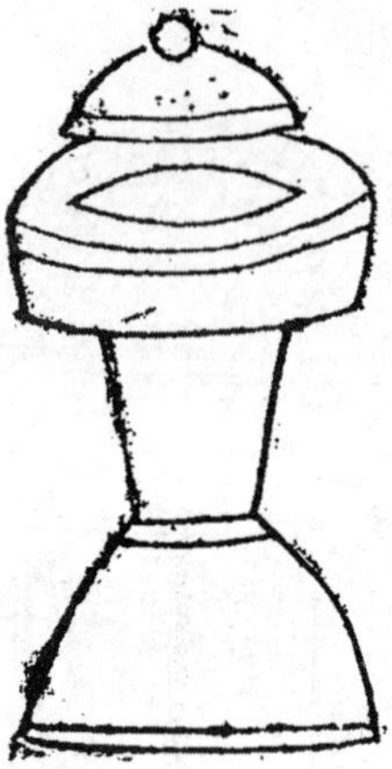

瓦豆曰登高一尺四寸用薦大羹今以木爲之

鉶

尺寸無考三足口有兩耳覆以蓋施三組用薦和羹

[illegible]

兩端朱漆中央黑長一尺八寸闊八寸高八寸五分

豆

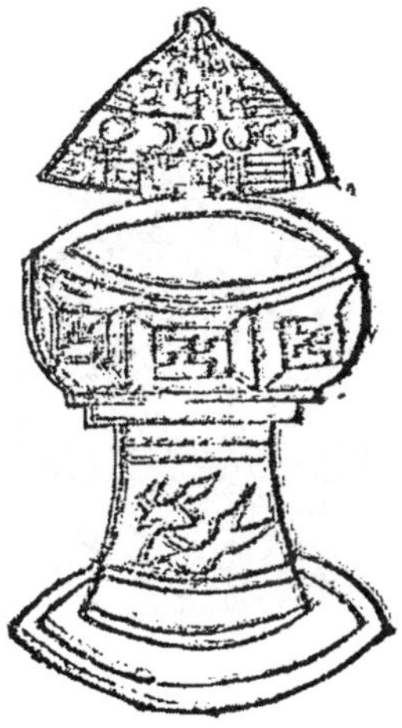

竹籩木豆高廣如〻籩承水土之品也

籩巾

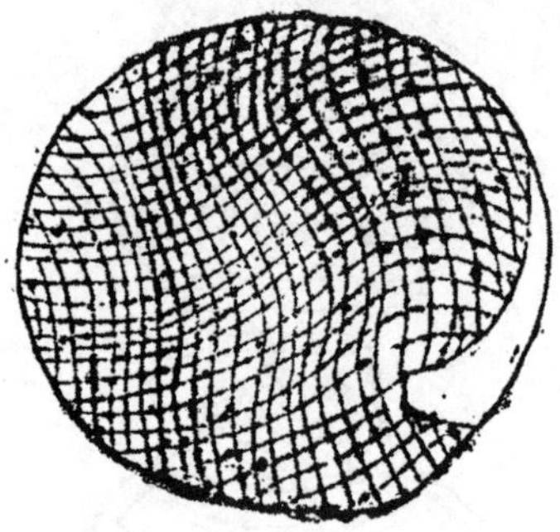

以絺為之圓幅玄被纁裏用以覆尊

龍幕

以絳帛方幅為之中畫雲龍兩旁畫文彩四角各綴以金錢用以覆尊罍兩廡則止可用青

坫

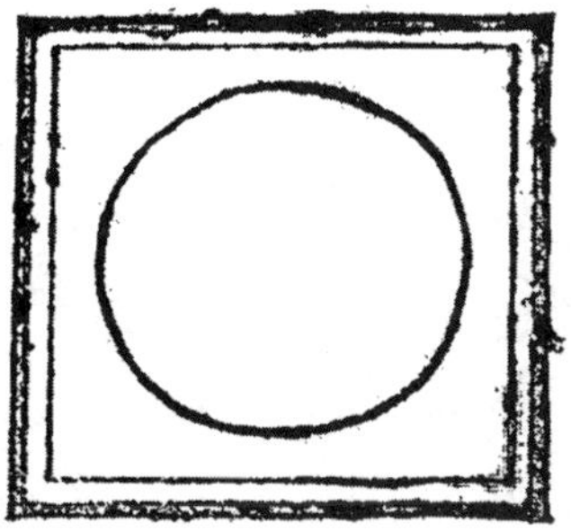

縱廣九寸二分措諸地而平正用以置爵承尊也

盥盤架

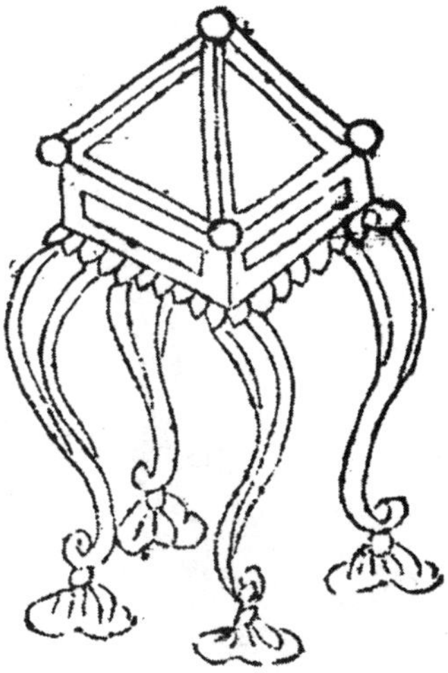

以木為之繪以彩色髹以漆

勺

夏龍勺殷疏勺周蒲勺今刻首爲龍夏制也口濶一寸一分深一寸一分柄長一尺二寸九分

盥盤

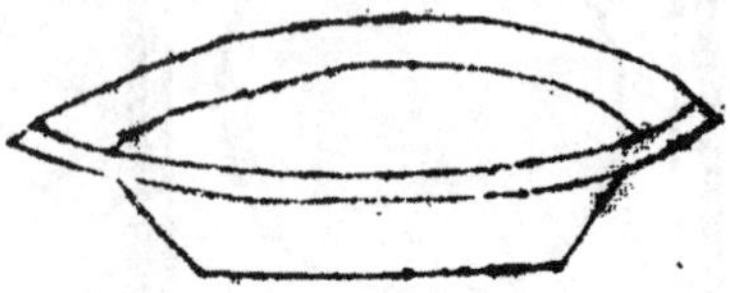

以銅爲之盛水盥手

爵

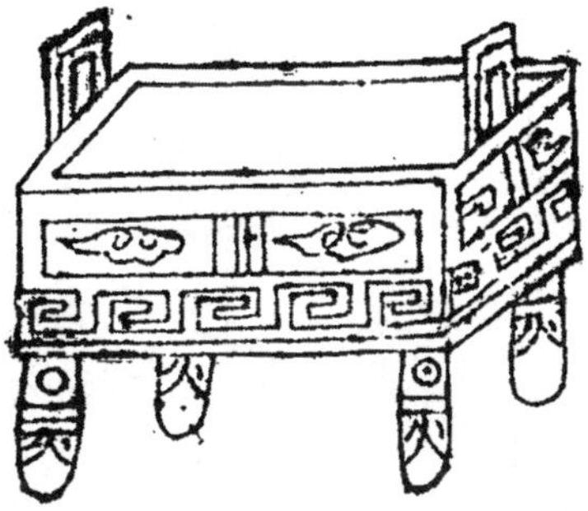

爵盤也高一尺八寸縱一尺六寸橫一尺二寸漆畫

四足用以[illegible]爵

祝板

以木爲之高九寸濶一尺二寸用白紙寫祝文貼板

上祭畢揭而焚之

尊羃

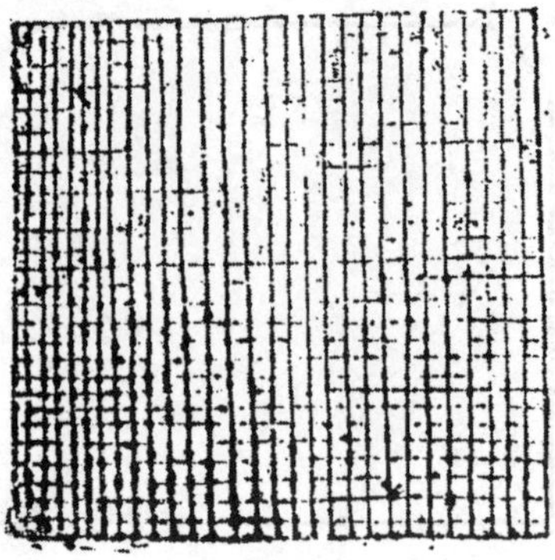

以畫布之縱橫二尺二寸用以覆尊

帨巾

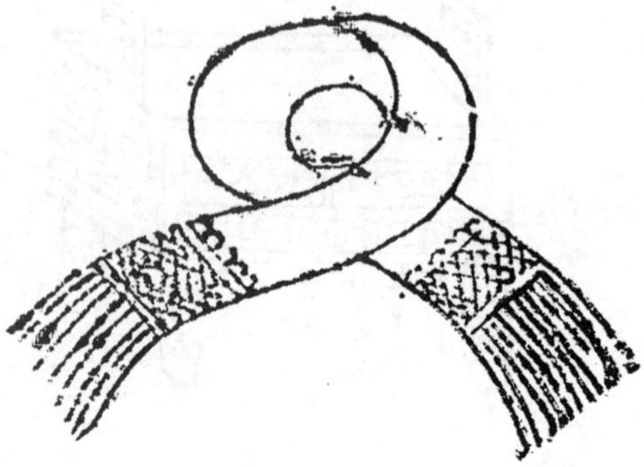

白布為之長短隨宜獻官盥後拭手

燭臺

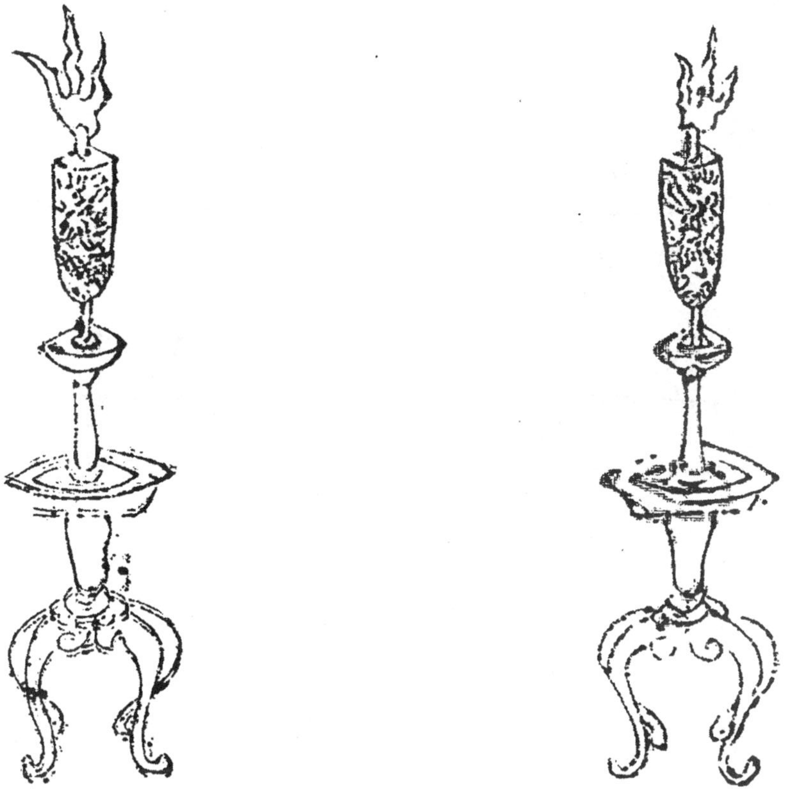

高一尺六[illegible]重盤四足

豆梡

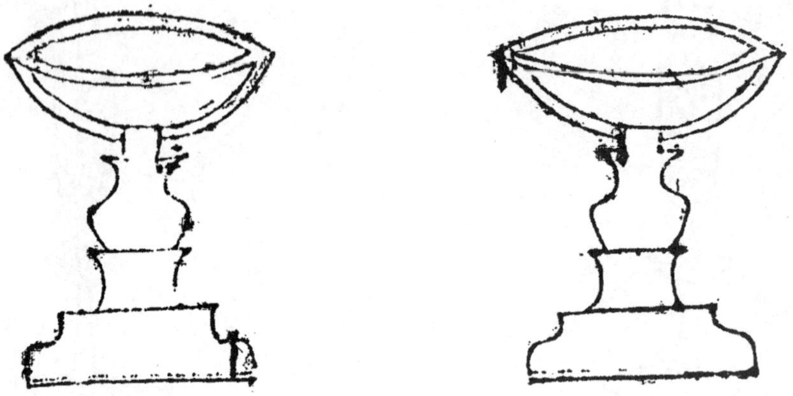

祭祀之時用以盛脯醢籩豆之屬高六寸口徑五寸

底徑四寸數二百器

方桌

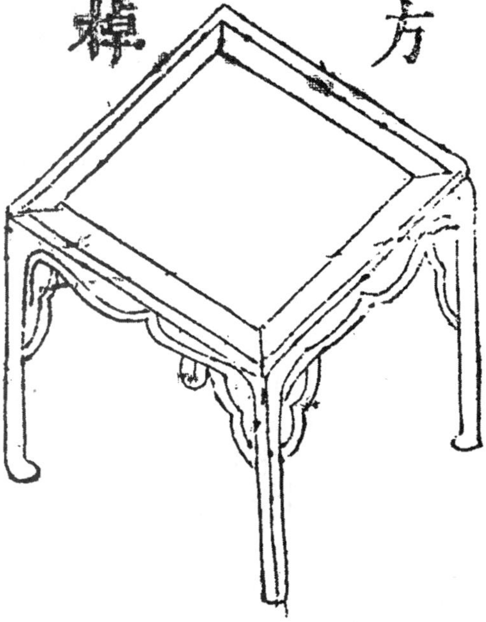

高三尺四方各三尺五寸用以承祭品須造一樣五張

條桌

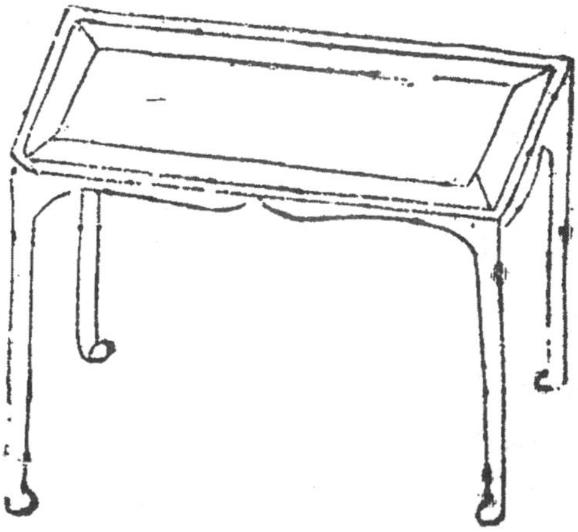

高三尺橫二尺五寸長三尺五寸用以承祭品須造一樣五張

大櫃

高八尺深三尺横長六尺中分四格以

收禮樂二器一樣二張

樂器

一曰金金鐘也世本云垂所造周禮編鐘編磬凡十六枚謂之堵起八音倍而設之鐘一堵磬一堵謂之肆其縣纘者曰簨縱者曰簴八簨凡二層下簨自右而左首黃鐘次姑洗以合字應次大呂次大簇四字應次夾鐘次姑洗一字應次仲呂上字應次蕤賓勾字應次林鐘尺字應上簨自左而右首夷則次南宮工字應次無射次應鐘凡字應其

聲以漸而清至應鐘清之極也又繼之以清黃

六字應清大呂清太簇五字應清夾鐘又清之極

而接乎其間者也製法已厚則石已薄則播後則

柞弁則欝長甬則震其妙惟斟酌於鉛錫而已

二曰石磬也世本云叔所造形似黍錔惟泗濱之

石中律在縣之次與音律悉如編鐘凡奏樂先擊

鐘樂闋則擊磬以收謂金聲而玉振之也

三曰絲即琴瑟也并同今樂

四曰竹鳳簫也簫也篪也簫與篴即笛皆截竹爲之

皆同今樂惟鳳簫世本曰舜造編竹爲之黃鐘之

管長九寸其音宮大呂八寸三分七釐六毫太簇

八寸其音商夾鐘七寸四分三釐七毫三絲姑洗

七寸一分其音角仲呂六寸五分八釐三毫四絲

六忽蕤賓六寸三分八釐其音變徵林鐘六寸其

音徵夷則五寸五分五釐一毫南呂五寸三分其

音羽無射四寸九分八釐四毫八絲應鐘四寸六

分六釐其音變宮此五音六律十二管還相爲宮

之義也加黃大太夾四清聲凡十六管其制以木

爲櫝納管其中齊其上出一寸五分下則自右而

左以次而短其聲長者濁短者以漸而清管中各

開半竅自右吹之第一管爲黃鐘第三太簇第五

爲姑洗第六仲呂第八林鐘第十南呂第十二應

鐘第十三清黃鐘第十四十五俱清太簇其形參

差象鳳之翼其音六律六呂象鳳雌黃之聲故以

鳳簫名也篪爾雅曰大篪謂之沂音銀一名翹長一

尺四寸圍五寸三分橫而左吹前四孔後一孔底

一孔凡六孔俱閉輕吹則爲黃鐘底一孔爲太簇

底上第一孔爲姑洗二孔爲仲呂第三孔爲林鐘

第四孔爲南呂凡吹太簇以下諸律開本孔餘俱

閉後一孔爲應鐘凡吹應鐘開此孔並底上第一

孔與第四孔凡吹清黃鐘六孔皆開吹清太簇六

孔皆閉俱重吹之即是與塤同聲故詩以比兄弟

五曰匏卽今之笙也
六曰土塤也世本云暴新所造爾雅云大者曰嘂
前三竅如列字後二竅並列除吹口前後凡五竅
吹時先以二名指屈蟠塤底而以兩手大中食五
指並閉五竅平氣俯唇輕吹則爲黃鐘微仰爲太
簇又俯仰間微加氣而吹爲姑洗如吹仲吕則啟
右手食指吹林鐘則啟左手中食二指吹南吕則
前三竅俱啟吹應鐘則啟左手大中二指並右手

食指吹清黃鐘則五指皆啟吹清太簇惟左手中
指閉下一竅餘皆啟
七曰革卽楹鼓也搏拊也風俗通曰楹鼓其高尺
六寸設重斗中楹一柱上貫方蓋綠以彩簷壁翣
凡樂之作必先鼓以聲之連擊三通或急或慢每
通十二擊凡三十六擊以當一歲之數三通旣畢
又從容三擊而衆樂翕然作矣自後每奏樂一句
必三擊之以爲節所謂鼓無當於五聲五聲不得
不和也搏拊鼓也形如鼓而長中實以糠以其或
搏或拊故名其用每奏樂一句聽楹鼓一擊而卽
此一拍以尾之故三擊三拍但初拍用左手次拍
用右手三拍則兩手齊作以爲樂之節也
八曰木木柷也敔也並不知誰所造柷以桑木爲
之上二尺四寸下半之深一尺八寸中虛有底以
止擊之柄長一尺有四以梓木爲之止俗呼爲椎
凡奏樂先以止撞底復擊左右共三聲乃舉樂書

曰戛擊禮曰楷擊樂記曰聖人作爲控揭所造亦
遠矣敔狀如伏虎背上有二十七鉏鋙以竹長三
尺曰籈折莖十二每樂闋先擊其首三繼逆櫟鉏
鋙亦三而樂止爾雅曰所以鼓柷謂之止所以鼓
敔謂之籈止者欲戒止於其早也籈者欲修潔於
後也（控音腔櫟音曆 揭音揭籈音甄）
八音之外别有麾協郎執之以令樂歌焉其制高
七尺潤一尺一寸綴繡帛爲之今易以絳綢畫升

龍於前降龍於後朱竿長八尺五寸樂將作司麾
者舉而唱曰迎神奏咸和之曲依樂章次第唱之
舉之則升龍見樂乃奏偃之則降龍見樂乃止所
以指麾樂之起止也

鐘一堵磬一堵琴六瑟三鳳簫箎塤搏拊簫遂各
二笙四鼓一柷一敔一樂生二十二人歌生四人
舞生三十六人執麾一人引節一人凡六十四人
俱堂上之樂其叙則麾生一人立神位左西向次

左柷右敔次左右搏拊各東西對立次琴六人左者以次而東右者以次而西俱北向立次左右瑟各一次左右笙簫笙在內簫在外次左右篪塤鳳簫及篴亦以次而東西北向立於笙簫之後次鐘右磬又次楹鼓居其左焉總之不外八音而已

歌舞

禮記曰歌者上如抗下如隊曲如折止如槀本倨中矩句中鉤纍纍乎端如貫珠形容盡矣舞三獻

樂章有之迎神送神徹饌俱無明嘉靖定用六佾佾各六人左右共三十六人持節二人凡舞有節有籥有翟節制凡七纓纓各一尺竿長八尺五寸執節者分立於東西兩階舞生之前以節其舞籥制長一尺二寸三竅朱飾歷代文武之樂左手執之以舞翟制以木爲之柄一尺八寸每翟用雉尾三著於竿上右手執之以舞歌前樂章一字

樂器圖鐘鼓原載禮器圖今改入從其類也

大鐘

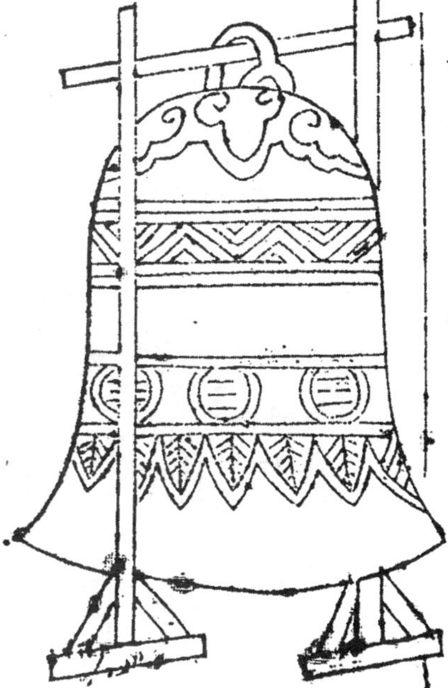

大鼓

此鐘鼓原無定製大小輕重隨意成之列於
聖廟左右廊下祭祀之時以爲三起鐘鼓之用

麾旛

升龍

以絳繒爲之長七尺濶一尺二寸上板繪雲下板繪山前面繪升龍舉之見而樂作後面繪降龍偃之見而樂止朱竿長八尺五寸以木爲架

降龍

應鼓

鼓面濶迴圍二尺二寸樹長二尺七寸木提高三尺五寸每奏樂歌一句擊三聲

鼗鼓

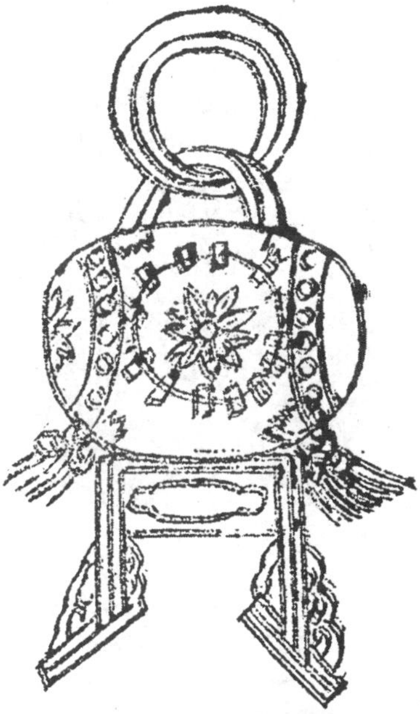

鼗面濶迴圍一尺三寸二分横一尺三寸面繪雲彩身繪花上有二耳繫以紅絨縧以朱漆架架之司此者樹於項上兩手拊之以合鼓節樂

編鐘

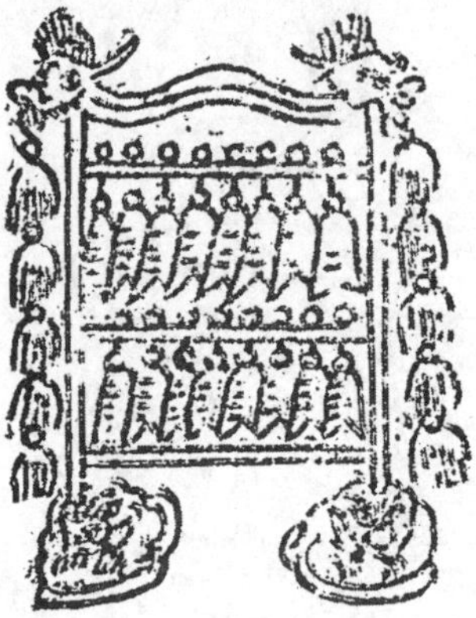

以銅爲之槌以堅木竹柄擊之則有六律六品以應十二月之候

編磬

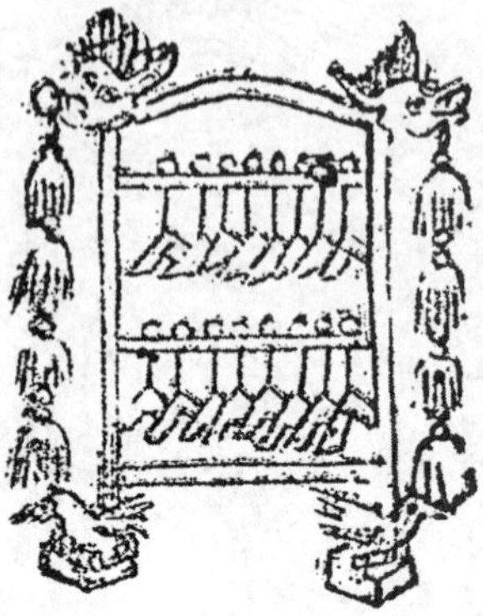

以石爲之所謂泗濱浮磬者是也有聲之石難得或以銅鐵代之槌以堅木竹柄凡擊則先擊鐘以宣一聲之音既闋則擊磬以收之所謂金聲而玉振之也

琴

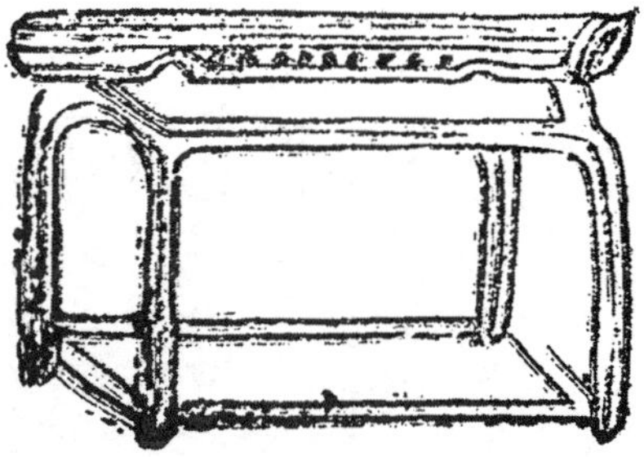

琴者禁也禁止好邪以正人心也長三尺六寸六分
象朞之日廣六寸象六合初五絃象五行文武增二
絃故七

瑟

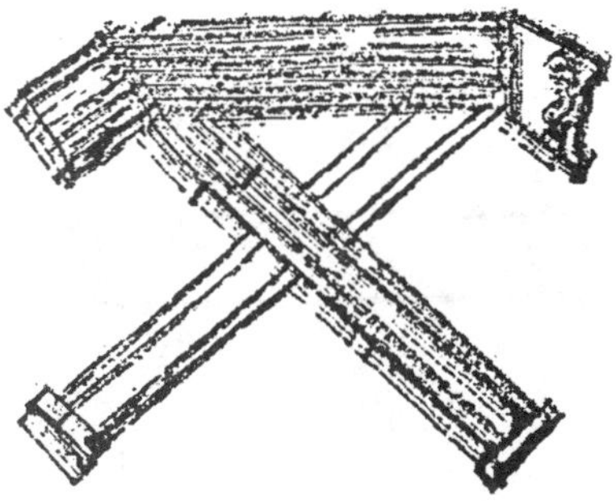

雅瑟二十三絃長八尺一寸廣一尺八寸頌瑟二十
五絃長七尺二寸與無殊

搏拊

舊說以韋爲之中實以糠形如小鼓擊以節樂

敔

木刻如伏虎背刻二十七鉏鋙木戞之戚聲所以止樂

笛

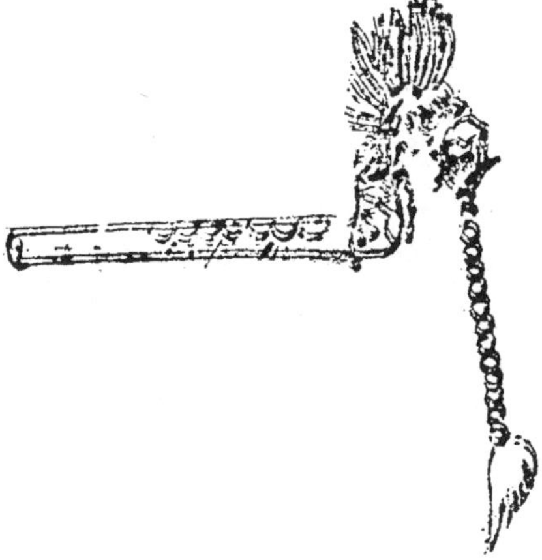

斲竹爲之長一尺四寸七孔上一爲吹孔徑三分吹孔横而吹之下六孔各徑二分以金飾龍首末垂以紅絨條結

簫

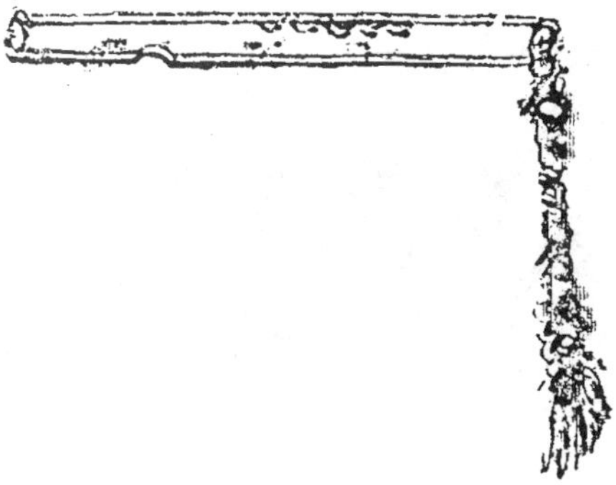

斲竹爲之長一尺九寸五分前五孔後一孔各徑一分中開半竅名山口竪而吹之繫以紅絨條結

柷

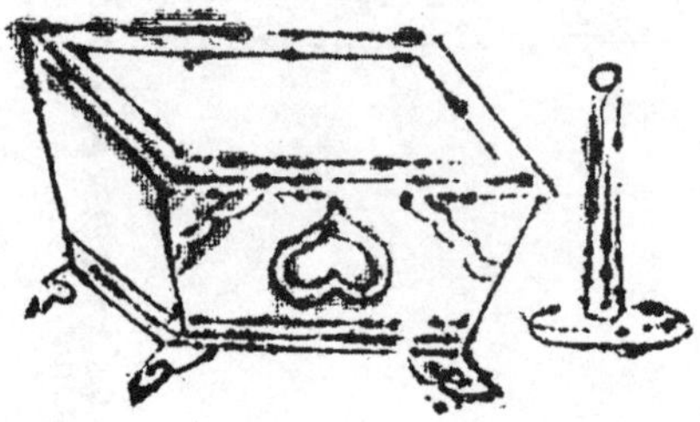

木桶中虛有椎柄動而擊其旁深一尺八寸方二尺四寸每樂起先擊三下

管

截竹為之長尺有一寸六孔併兩而歙之

笙

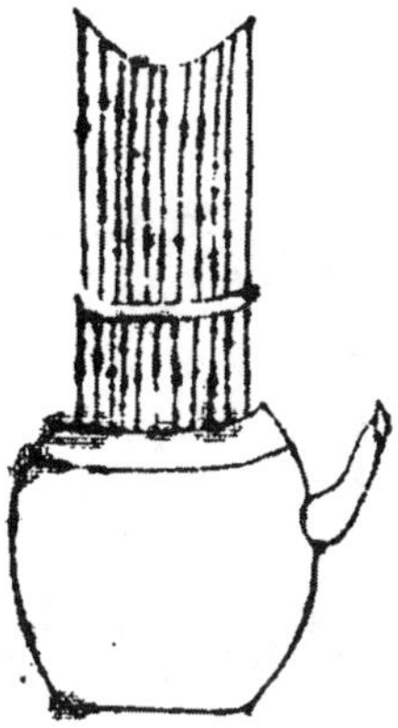

以匏爲母植管其中大者十九簧小者十三簧

鳳笙

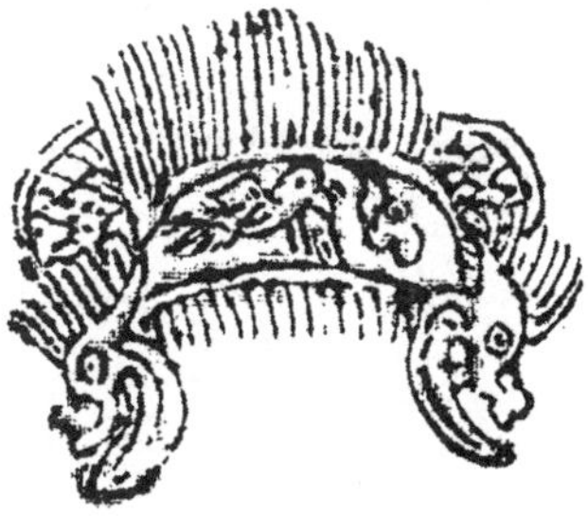

大者二十四管無底小者十六管有底狀如鳳翼其聲鳳聲又名排簫

篪

以竹爲之長一尺四寸圍五寸三分上一大孔徑三分橫而左吹此樂聲大宜輕可氣吹之其聲乃和以合衆樂

塤

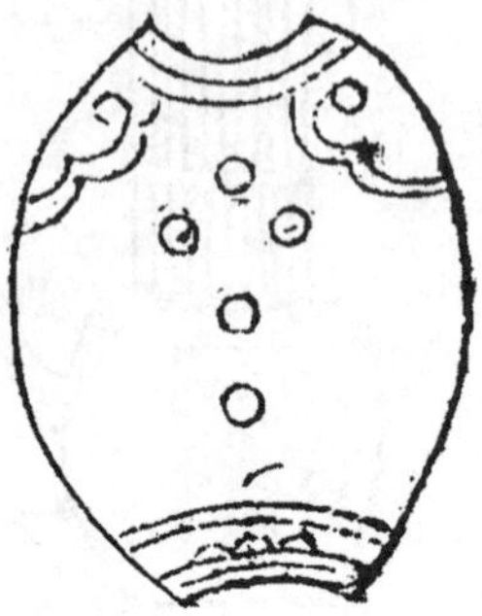

狀如秤錘以土爲質以水火相合而成器中虛上銳火之形也平底水之形也圓體土之形也大成樂書云塤篪皆六孔以五取聲其聲相應

旌

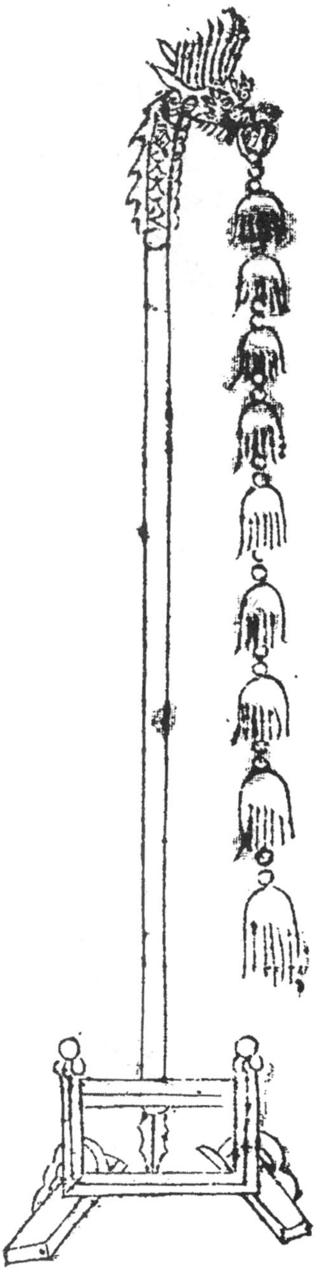

此設於東西兩階舞生執之以導其舞

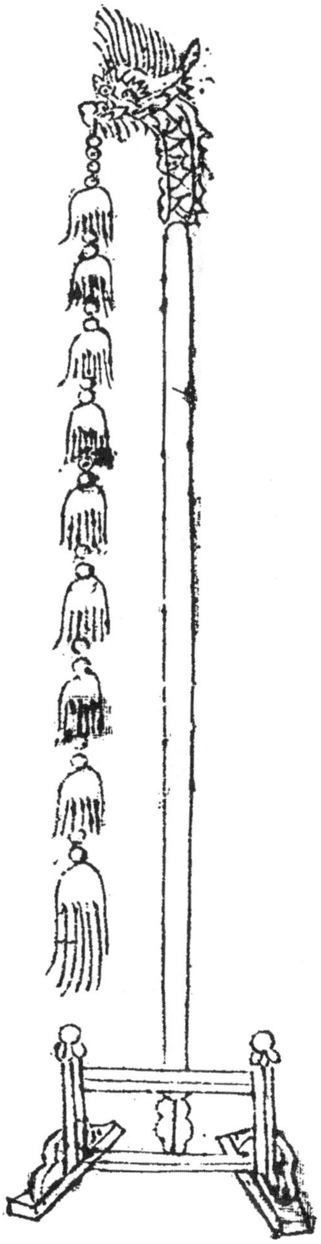

翟 雉尾也

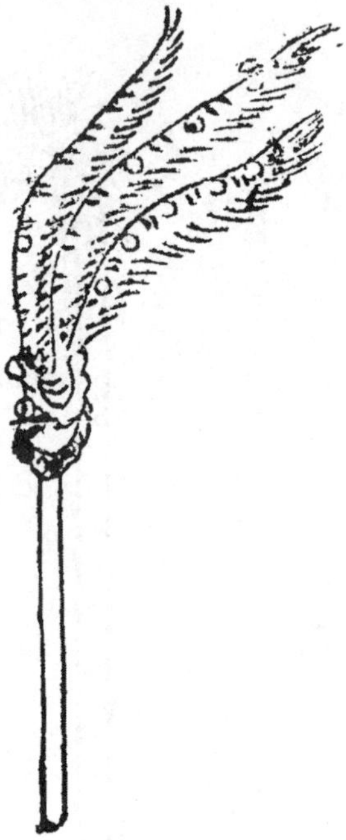

竿用木朱漆長短隨宜

此舞生所執者左手執籥右手秉翟

籥

以竹爲之長短隨宜

舞

生

大明會典成化十二年增樂舞為八佾嘉靖九年從大學士張孚敬之議止用六佾

國朝康熙二十二年國子監祭酒王士禛請八佾 禮部議仍依明朝嘉靖九年舊制今府州縣應用三十六人

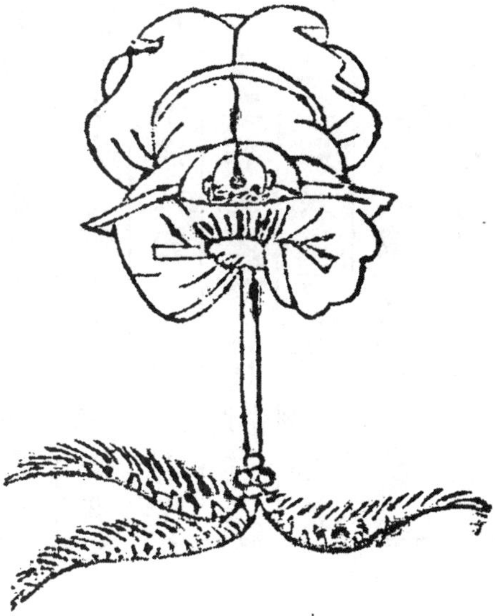

鄉飲酒禮

周制有五禮之目鄉飲酒爲嘉禮之一見於儀禮周官戴記三禮所載鄉大夫飲國中賢者與賓與賢能之禮也三年而一舉鄉大夫以正月之吉受敎法於司徒退而頒於其鄉吏使各敎其所治以考其德行察其道藝三年則大比而考之以與賢者能者鄉老及鄉吏師其吏與衆寡以禮禮賓之厥明始獻賢能之書於王王再拜受之登於天府

其禮賓也主人鄭注諸侯鄉大夫就先生鄭注鄉中致仕者而謀賓介以賢者爲賓鄭注處士之賢者其次爲介又其次爲衆賓至於揖讓登降盥洗獻酬設席坐位之儀最爲詳審葢主人尊賓故坐賓於西北而坐介於西南以輔賓賓接人以義者也故坐於西北主人接人以仁以德厚者也故坐於東南而坐僎於東北以輔主人也戴記亦曰賓主象天地介僎象陰陽衆賓象三光義各有取爾也而儀禮謂僎曰遵鄭注謂公大夫主人所榮而遵法者故曰賓若有遵者諸公大夫則既一人舉觶乃入席於賓東公三重大夫再重夫諸公大夫即天子之三公卿大夫而致政在鄉者或於酬酢之後作樂之前適來觀禮主人迎之與行禮事其日不干主人正禮者謂不與賓主酬獻也故別設位於賓之東周禮黨正飲酒於序以正齒位三命而不齒者亦此意也且賓西北南嚮介西南東嚮所以間乎賓主使賓不下瀆乎主主不上逼乎賓以明尊讓之義也而三禮復有州長以禮

會民序其長幼而飲社於州序以觀德選士黨正大蜡以禮屬民而飲酒於序以順成報本之文葢以見周之盛也

儀注

明制鄉飲州縣每歲正月望日十月朔日於明倫堂行禮以正官爲主位東南以齒德致仕官員爲大賓位西北擇年高有行之人或三人或一二人鄭注

爲僎賓位東北以次長爲介賓位西南以賓之次者爲三賓位於賓主介僎之後以教官爲司正以老成生員贊禮前一日陳設坐次司正率執事習禮次日黎明宰牲具饌其酒筵如古制六十者三豆七十者四豆八十者五豆九十者六豆旣具主人率僚屬司正先至遣人速賓客至出迎於庠門外三讓三揖至明倫堂復三讓唱升階至月臺中執事擊鼓唱升堂各升堂拜訖就位司正至堂中

北面立賓主皆立皆揖執事者酌酒於觶授司正司正舉酒遍贊唱揚觶司正揚觶曰恭惟朝廷率由舊章敦崇禮教舉行鄉飲非爲飲食凡我長幼各相勸勉爲臣盡忠爲子盡孝長幼有序兄友弟恭內睦宗親外和鄉里無或廢墜以忝所生讀畢以觶授執事司正揖賓僎以下皆報揖司正復位賓僎以下皆坐執事者舉律令案於堂中賓主皆拱立讀者詣案北面讀曰大誥鄉飲酒禮序長幼論賢良別姦頑異罪人其坐序間高年有德者居上高年淳篤者並之以次序齒而列其有曾違條犯法之人不許干於善良之席主者若不分別致使貴賤混淆察知或發覺罪以違制姦頑紊亂正席者全家移出化外讀畢主客各一揖執事者唱酙酒舉饌案至客前主人獻賓薦脯醢設折俎賓酬主人如之獻僎介僎介酬皆如之酒三行訖工入升歌鼓瑟歌鹿鳴什一飲酒供湯工歌四牡飲

酒供湯工歌皇皇者華飲酒供湯笙入笙奏南陔又奏白華又奏華黍詩歌魚麗笙奏由庚歌南有嘉魚奏崇丘歌南山有臺奏由儀於是合樂奏關雎鵲巢又奏葛覃釆蘩又奏卷耳釆蘋每詩先歌首章復供湯請僎訖又讀律如前讀畢執事者復按行斟酒或五行或十行供酒供饌其禮如前畢乃徹饌賓主兩拜訖又賓僎介衆賓拜訖遍贊唱謝恩引贊向東北設香案行謝恩禮唱主送賓於

是引禮前導送賓於庠門外主賓東西相向二揖

乃退

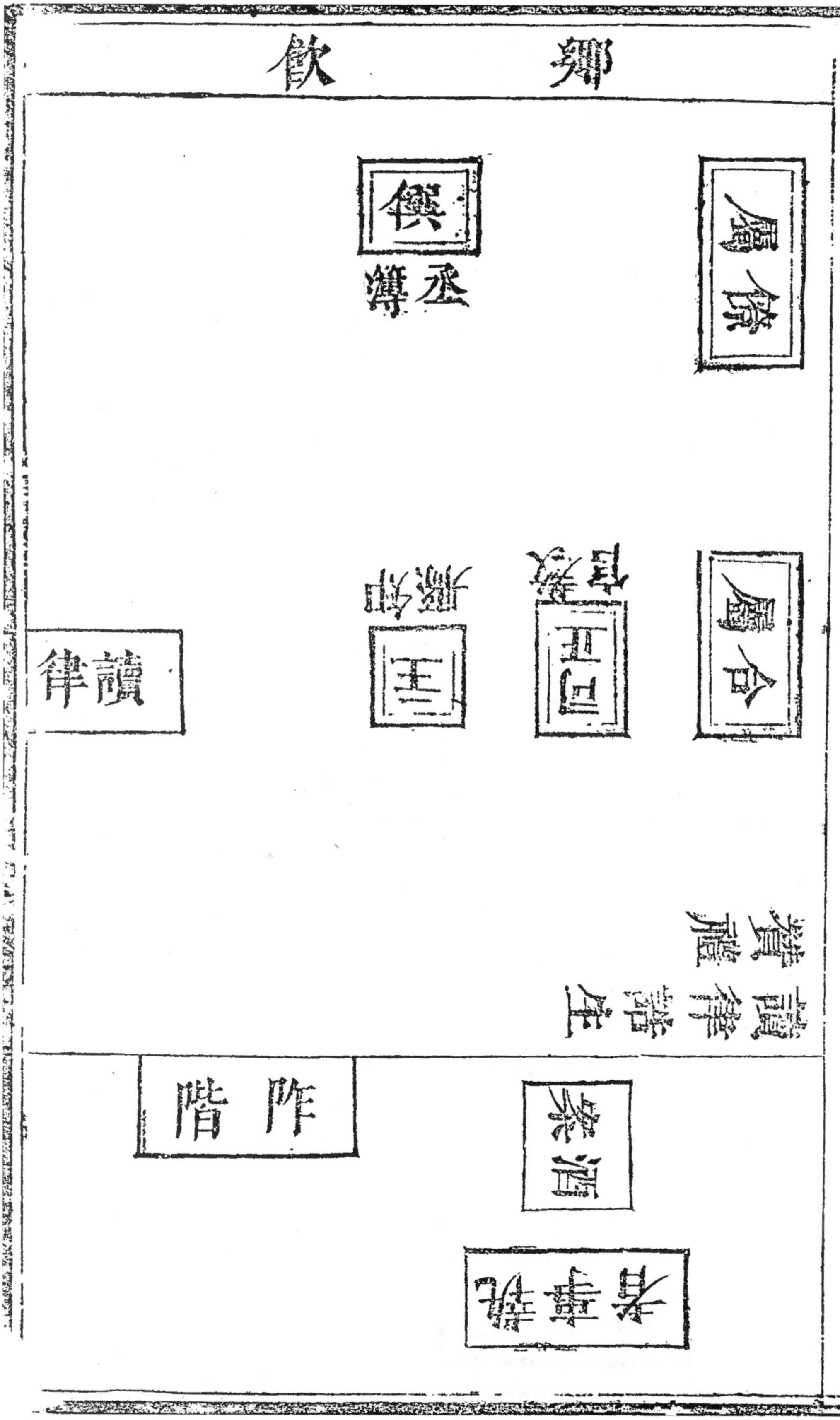
鄉飲
讀律
阼階
司正
主

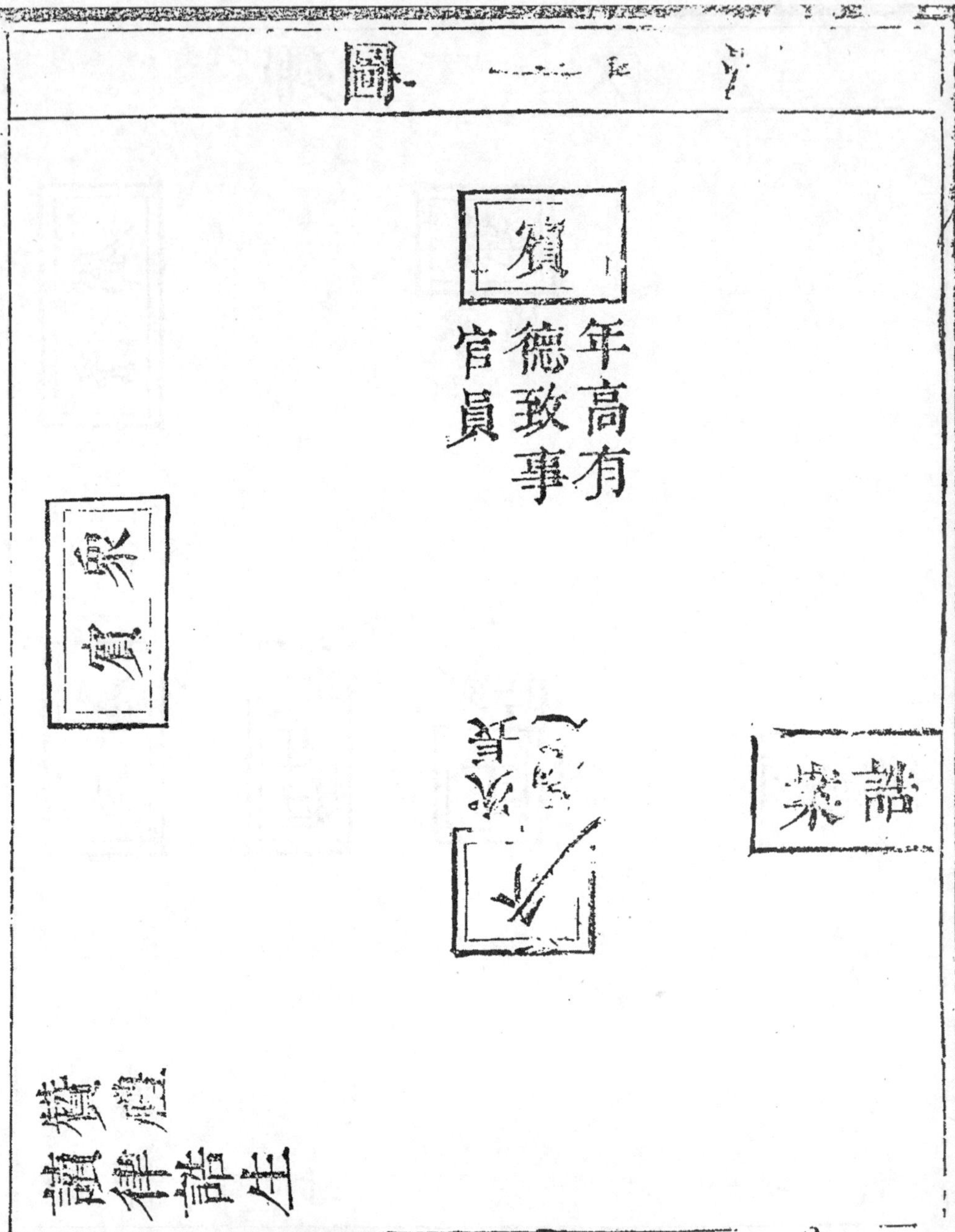
圖
賓
年高有德致事官員
四階

鄉射禮

春秋二仲月之望府縣師諸生習行焉明洪武初奉禮部劄子令生員日講畢習射府及縣官辨事畢與學官亦習射朔望行射禮如式八年四月改令每月上旬習射三日下旬亦如之二十五年重定射式朔望以提調官主射

射器九十有四弓十有四矢六十有一侯一乏一翿旌一楅一決一拾一鹿中一籌一朴一豐一觶一勺一壺一

篚一洗一罍一尊一斯禁一樂器八瑟一几一金笙一
篚冪一鐘一鼙一
射之職賓一遵一主一士一衆賓四司射一司馬
一樂正一耦六釋獲一揚觶一俱以諸生代行之
禮生二十有五司鐘一司鼓一司磬一司簫一司笙一
司琴一司瑟一工歌六

社學

古者合二十五家而爲之塾坐上老庶老於塾以

敎洒掃應對進退之禮六甲五方書計之事明洪
武八年詔有司立社學延師儒以教民間子弟十
六年詔經斷有過之人不許爲師二十年令民間
子弟讀御製大誥兼讀律令正統元年令提學及
司府州縣官嚴督社學不許廢弛其有俊秀向學
者許補儒學生員成化元年令民間子弟願入社
學者聽弘治七年令各州府縣建立社學民間幼
童送入讀書

義學

邑之髫髦既登於黌序矣而復設義學豈無謂哉
葢天地生材日新月盛蘭芽玉茁初非擇地而出
也惟世冑名門家學有素而單寒微族塾訓難言
即蓬蓽偶露窺牖之明而蹊徑誰示指南之路是
用西席公設曉然見大道之無私抑使北面紛擾
羣然樂小子之有造故附於社學下而曰義學
文廟社學久廢其基湫且隘承啟另建舘於邑中以

爲義學捐餼脩資膏火延文學者以教民間子弟
不敢避牛刀之誚也

學規

宋大觀元年詔布周官八行八刑之法於學宮令
所在鐫刻淳祐六年御書白鹿教條頒天下學立
石明洪武二年令學者專治一經以禮樂射御書
數設科分教三年定學校射儀十五年頒禁例於
天下諸學勒石於明倫堂謂之卧碑成化三年令

其學官躬歷各學督率教官化導諸生仍置簿考驗其德行優文藝贍治事長者列上等簿或有德行而劣於經義或有經義而劣於治事者列二等簿經義優治事長而德行缺者列三等簿若平日囑託公事或揑造歌謠起滅詞訟及敗倫傷化過惡彰者不必品其文藝即行革退

卧碑

順治九年禮部　題奉

欽定條約八款須刻學宮卧碑

朝廷建立學校選取生員免其丁糧厚以廩餼設學院學道學官以教之各衙門官以禮相待全要養成賢才以供

朝廷之用諸生皆當上報

國恩下立人品所有條教開列於後

一生員之家父母賢智者子當受教父母愚魯或有非爲者子既讀書明理當再三懇告使父母不陷於危亡

一生員立志當學爲忠臣清官書線所載忠清事蹟務須互相講究凡利國愛民之事更宜留心

一生員居心忠厚正直讀書方有實用出仕必作良吏若心術邪刻讀書必無成就爲官必取禍患行害人之事者往往自殺其身常當思省

一生員不可干求官長交結勢要希圖進身若果心善德全上天知之必加以福

一生員當愛身忍性凡有司衙門不可輕入即有切已之事止許家人代告不許干與他人詞訟他人亦不許牽連生員作証

一爲學當尊敬先生若講說皆須誠心聽受如有未明從容再問毋妄行辯難爲師者亦當盡心教訓毋致怠惰

一軍民一切利病不許生員上書陳言如有一言建白以違制論黜革治罪

一生員不許糾黨多人立盟結社把持官府武斷鄉曲所作文字不許妄行刊刻違者聽提調官治罪

弟子員

廩膳生員二十八

增廣生員二十八

附學生員不置額

賓興

明正統五年定京省鄉試中式額湖廣五十五名景泰元年增二十五名成化三年又增五名萬曆四十六年增至九十五名崇禎十五年增至百有五名

本朝初仍明舊額順治三年湖廣始科鄉試因湖南未盡歸化止中六十三名五年亦如之八年加恩中一百二十一名十一年中一百一十三名十四年中一百四名十七年減額中五十三名十八年五月 恩詔加大省十五名次省十名小省五名康熙三十五年湖廣增額一十七名

生員之就鄉試者有司於七月擇吉開宴鼓樂導送祖餞其額設路費花紅酒席銀兩每年解交藩庫屆期諸生赴司親領

舉子新中坊價并會試長夫銀兩康熙二十七年奉文歸入起運解部如遇鄉會之年舉子親自赴司支領造入該年奏銷冊內報部

貢試

廩生考貢例用正陪二人應給脚力銀兩每年徵銀六兩扣除故夫八丁照數支給其路費等項銀一十五兩奉文裁解司庫

論曰為政莫先於得人得人莫先於學校苟一時之造士有方足以供國家數十年之用亦顧師之所以教與弟子之所以學何如耳然加意斯文未可以虛名目也至享祀之典先聖之靈爽式憑焉

非闕隘敞邃無以壯尊巍非雍莽平陂無以致清潔酬酢非出坦途無以尊年而尚齒升降非由亘道無以舍拔而命中務使入其中恍然如入鄒魯之鄉而登洙泗之堂俎豆鐘鼓燦燦其有節也詩書禮樂彬彬其有文也然後修先王之道以宪當世之務絃誦相仍彝倫攸叙其有關於風教不亦重且大哉獨吉筮事及期告竣庶其免於戾乎

黄安縣志卷之六

知黄安縣事九河劉承啟纂輯

諸祀

祭以禮重禮以敬存形來雒雉縈却鬬龍君子於是乎觀禮焉古者諸侯自祭境内山川外惟崇德報功乃有祭故曰以勞定國則祀之法施於民則祀之捍大患禦大災則祀之他若上安群神下安孤厲則亦有祀今之邑長不猶古之諸侯乎凡淫巫必黜而明德用馨倘齋祓或未虔而奏格不以實非所以馨明德也安邑雖小而壇壝在望覡禪猶存風世其有迹乎庇民其足徵乎望古其奉遙而過墟其生感乎是皆仁之至義之盡而禮之不可闕者矣夫治民事神有司職也作諸祀志第六

壇壝

周禮春官小宗伯掌壇壝所以培國本而重民生也祭享有禮祈報有時風雲雷雨恒於斯山川城

社恒於斯春雩冬蜡恒於斯凡筵灌奠之際罔褻不恪恭以對越焉不然跛倚以應則神所憑依者謂何矣故附於諸祀而日壇壝

壇壝考

壇壝制始於天子之郊社禮曰掃地而祭於其質也長樂陳氏曰先王祀天有文以示外心之勤有質以示內心之敬故因丘掃地以示內心之敬也陳氏禮書又曰祭祀必於自然之丘所以致敬燔瘞必於人爲之壇圻所以盡文然則壇壝之設蓋

質與文並矣周書爲三壇同墠墠郎壝也漢制圜丘八陛中又爲重壇其外爲壝重營營郎壝也壝者謂壇及埒埒也顧郡邑之制與天子不同天子郊天社地其典重其禮繁其侑食配享日月星辰五嶽四鎮四瀆咸在今設於郡邑者惟祭風雲雷雨山川社稷亦不敢過也夫禮莫患於無徵而制必稽其自始壇壝之設由來已久惟歷代詳於郊而略於外今考宋制天子之社稷廣五丈諸侯半之因是以推而壇壝之規建不大概可觀哉

風雲雷雨山川壇

在城南厥廣二十七丈厥寬四丈五尺厥陛三級南向壇東有廳三楹明萬曆二年建今廢址存壇上中風雲雷雨左山川右城隍厥神牌以木高二尺二寸濶四寸五分厚九分座高四寸五分濶八寸五分厚四寸五分祭以春秋二仲上巳日今俱用上戊日厥器爵三鉶一簠簋各二籩四豆四祝

版一厥品帛一羊一豕一

按周禮小宗伯之職風伯雨師從於四類漢郊祀志圓壇外營祀風伯雨師之屬厥典舊矣唐天寶五載詔曰發生震蟄雷爲其始今雨師風伯久列於常祠惟此震雷未登於群望巳後每祀雨師宜以雷師同壇宋元仍爲明洪武六年允禮臣請郡邑之祀毋得越惟祭風雲雷雨及山川之在其

內者並祀城隍神於右爲壇一爲神位三而合祭之博碩告備粢盛告潔俎豆告肅對越告虔上下背有嘉德而無違心民和降福之祥意在是乎

儀注

就位鞠躬俯伏興伏興伏興伏興平身奠帛行初獻禮詣盥洗所盥洗詣酒尊所司尊者舉冪酌酒

詣風雲雷雨之神位前跪奠帛獻爵俯伏興平身

詣本縣山川之神位前跪奠帛獻爵俯伏興平身

詣本縣城隍之神位前跪奠帛獻爵俯伏興平身

詣讀祝位跪讀祝文俯伏興平身復位行亞獻三

獻禮仝上惟不奠帛詣飲福受胙位飲福酒受胙俯伏興

平身復位謝胙鞠躬伏興伏興伏興伏興平身

送神鞠躬伏興伏興伏興伏興平身讀祝者捧祝

司帛者捧帛各詣燎所望燎揖復位禮畢

祝文

維

某年歲次某仲春秋月朔日某越祭日某具官某某等
謹昭告於風雲雷雨之神本縣境内山川之神本
縣城隍之神惟神妙用神機生育萬物奠我民居
足我民食某等欽奉　上命忝職茲土今當仲春秋
謹具牲帛醴齊粢盛庶品式陳明薦尚饗祝板以木爲之
白紙書文其
上祭畢焚之

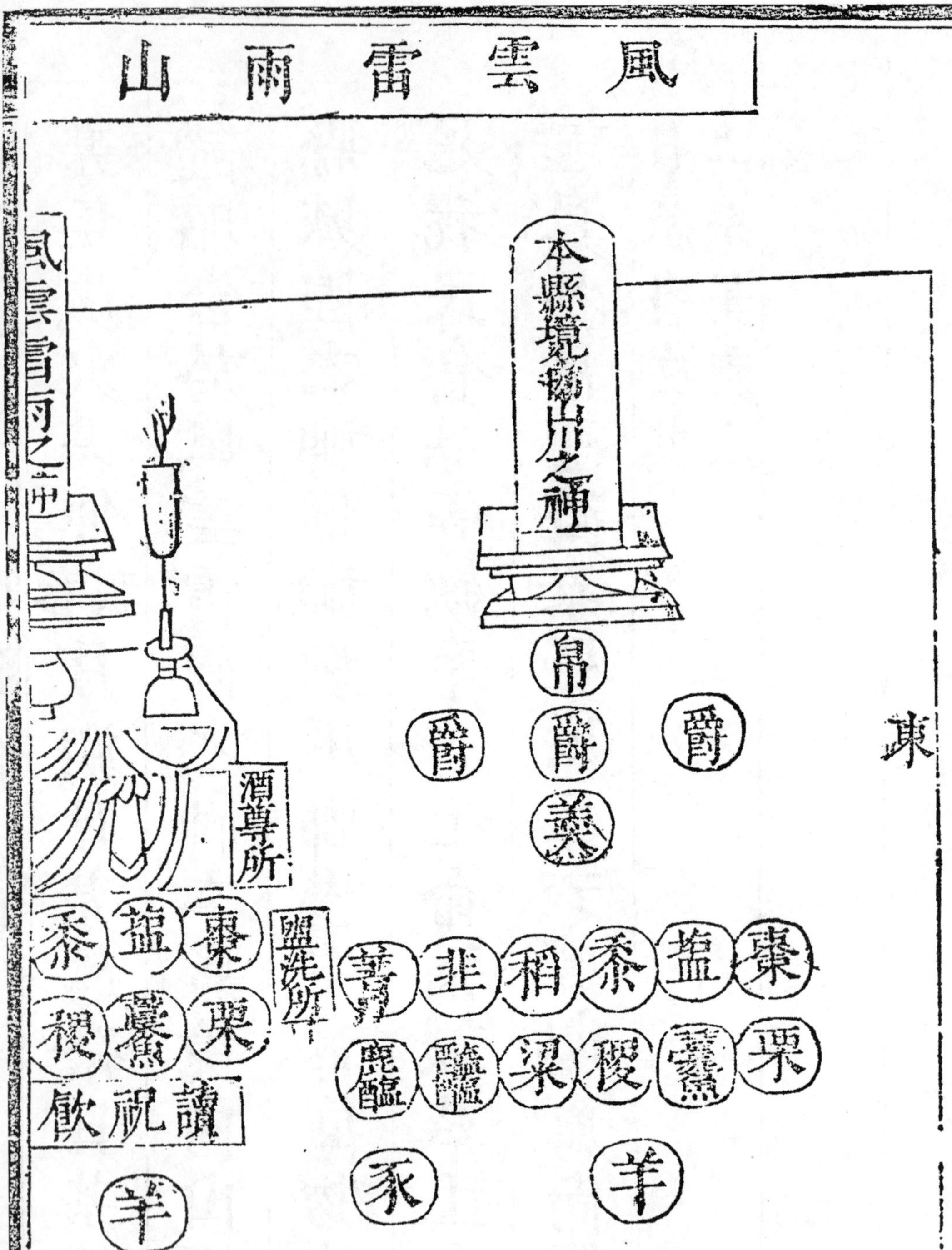
風雲雷雨山
本縣境內山川之神
風雲雷雨之神
帛
爵
爵
爵
羹
酒尊所
盥洗所
棗 鹽 黍
栗 藁 稷
讀祝 飲
羊
棗 鹽 黍 稻 韭 菁
栗 藁 稷 粱 醓醢 鹿醢
羊 豕
東
獻
陪祭官位
燎所

川城隍壇圖

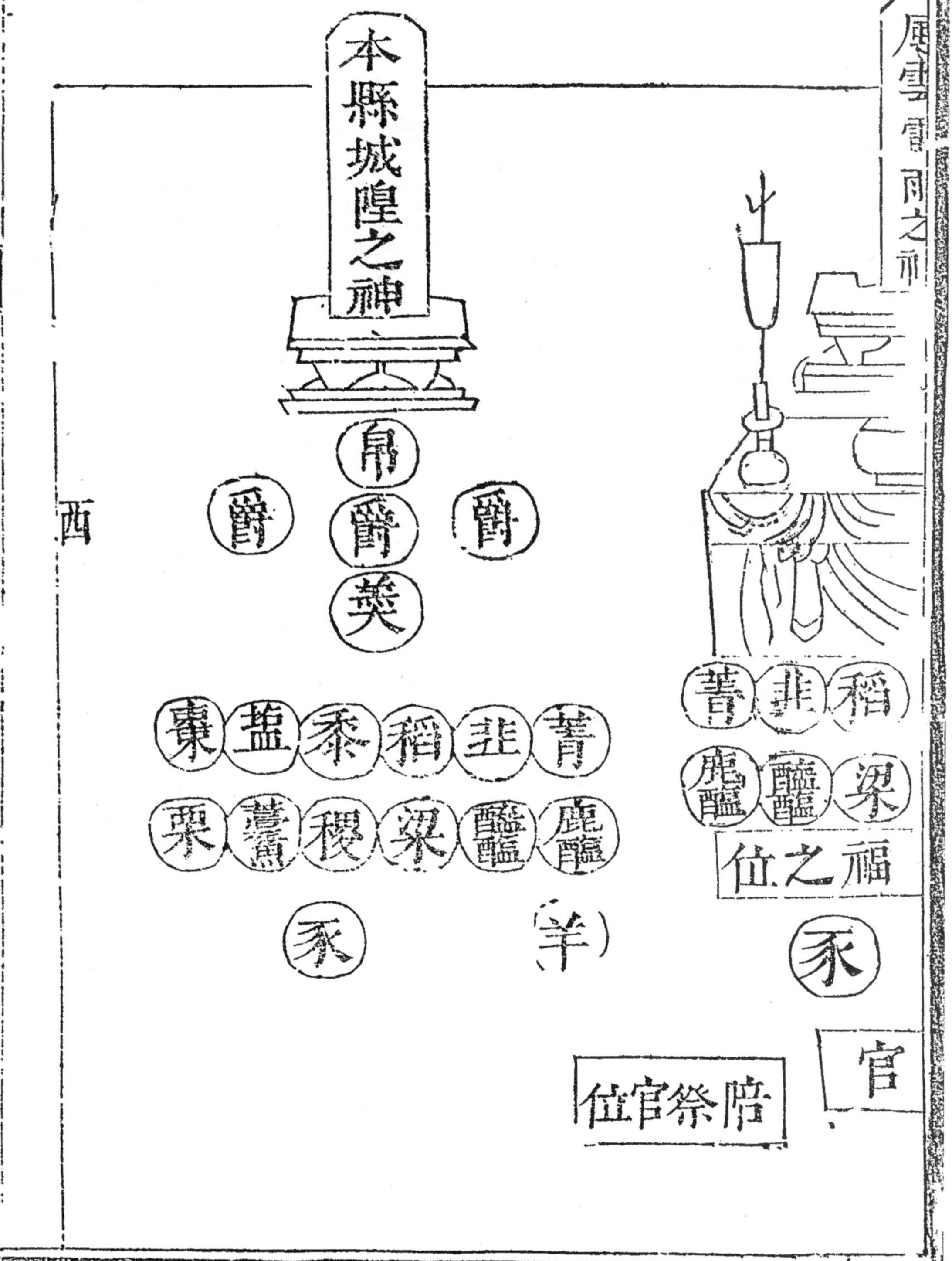
本縣城隍之神
帛
爵
爵
爵
羹
菁 韭 稻 黍 鹽 棗
鹿醢 醓醢 梁 稷 藁 栗
羊
豕
西
風雲雷雨之神
稻 韭 菁
梁 醓醢 鹿醢
福之位
豕
官
陪祭官位

社稷壇康熙三十六年知縣劉承啟建八蜡廟於壇側

在北郭厥廣四十八丈寬五丈五尺長一十九丈厥高二尺五寸厥陛三級北向壇北有廳三楹明萬曆二年建今廢址存壇上左社右稷厥神牌以木高下潤厚俱同風雲雷雨祭以春秋二仲上戊日春日告秋日報器品俱同上

按社土地之主也稷五穀之長也神固無定名也然祭法有之厲山氏之有天下也其子曰農能殖

百穀夏之衰也周棄繼之故祀以爲稷共工氏之覇九州也其子曰后土能平九州故祀以爲社至今傳焉社稷之名昭昭矣乃漢舊儀云勾龍以水土功配社棄以播種功配稷蓋地示而人鬼配耳周禮冬官封人凡封國設其社稷之壝漢以來令天下祠社稷各邑之有社稷壇壝始此唐通典以仲春仲秋二時戊日祭大社大稷則祭用上戊始此周唐社主俱用石剡上方下埋其半於土中宋

初用神牌位明洪武初始合社稷一壇爲木主藏焉祭則設於壇上今因之應國家之祀以爲民也民力普存神據我也享祀豐潔據孰大焉安邑土壤磽确三鄉之氣候不齊令所恃以爲民請命者斯社稷耳故不必問后土勾龍之名號石主木主之異同而奉牲將幣外恪内誠則載芟以歌良耜以詠求德報功之義不亦弘哉

又按禮經考索或問社稷何神曰土穀之神也人非土不立非穀不生祀之所以報本反始也古以周棄后土有功於土穀故配食社稷歷代至今不廢社壇在東稷壇在西俱北向自天子至郡縣下逮庶人莫不通祭而有尊卑上下之等凡社稷壇而不屋以受天地之陽氣也故亡國之社屋之明初罷諸配饗合社稷爲一壇蓋自洪武始也觀此則社稷本爲二神周棄配稷后土配社又爲二神後代九有功地方者亦得配食其側故配享之神遂多今從明制罷一切配享合社稷爲一壇故止設木主二

儀注

迎神　初獻　讀祝　亞獻　三獻　受胙

謝胙　送神以上俱同前惟詣
燎所此則改稱詣瘞所望燎二字
此則改稱

望瘞禮畢

按燎瘞之不同蓋祀天達陽祀地達陰義各有取也

祝文

維

某年歲次某仲春秋朔日某某越祭日某具官某某等敢
昭告於社之神稷之神品物資生蒸民乃粒養育
之功司土是賴維兹仲春秋禮宜告報祀謹以牲帛醴
齊粢盛庶品式陳明薦尚饗

社稷壇

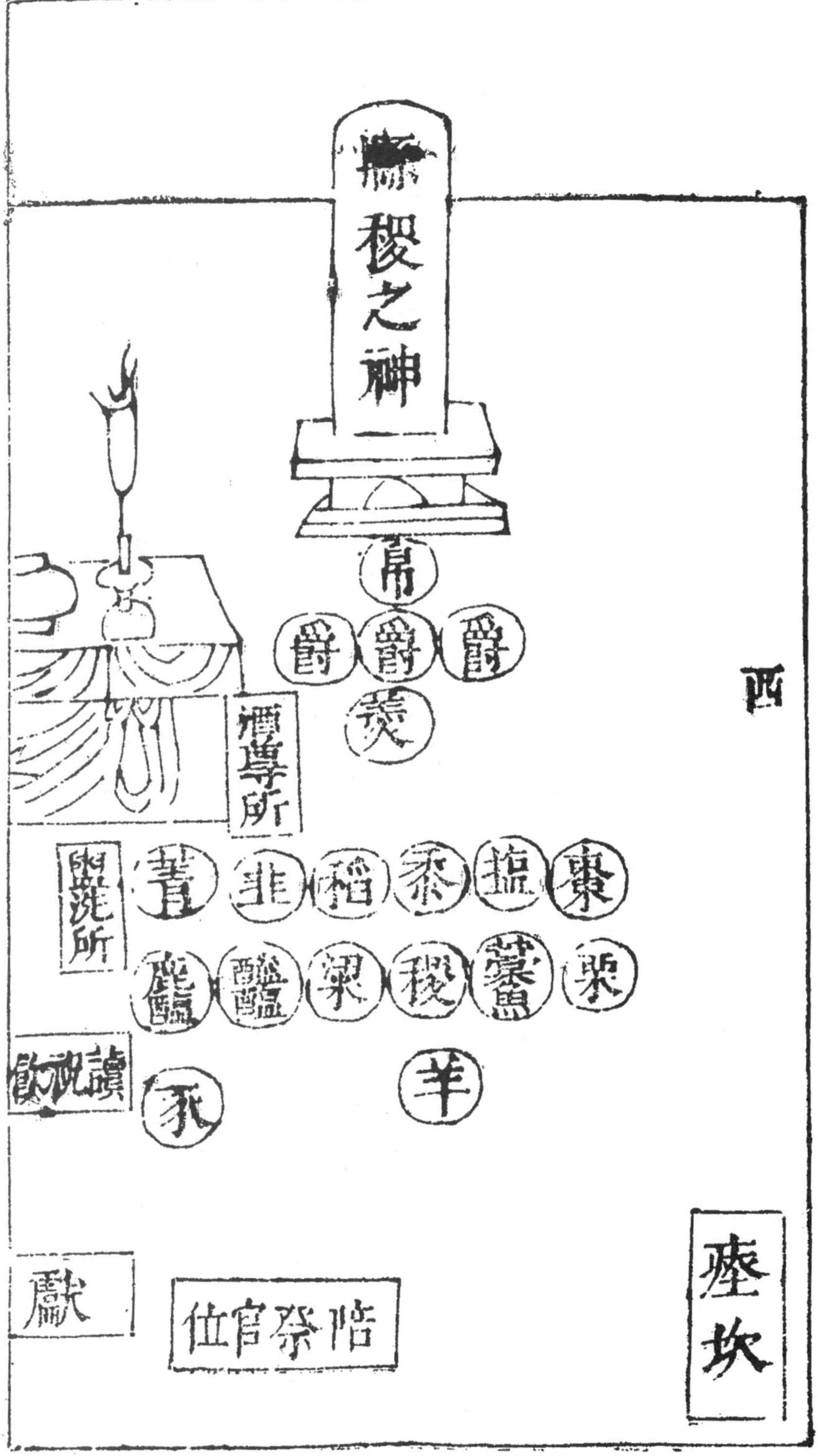

陳設圖

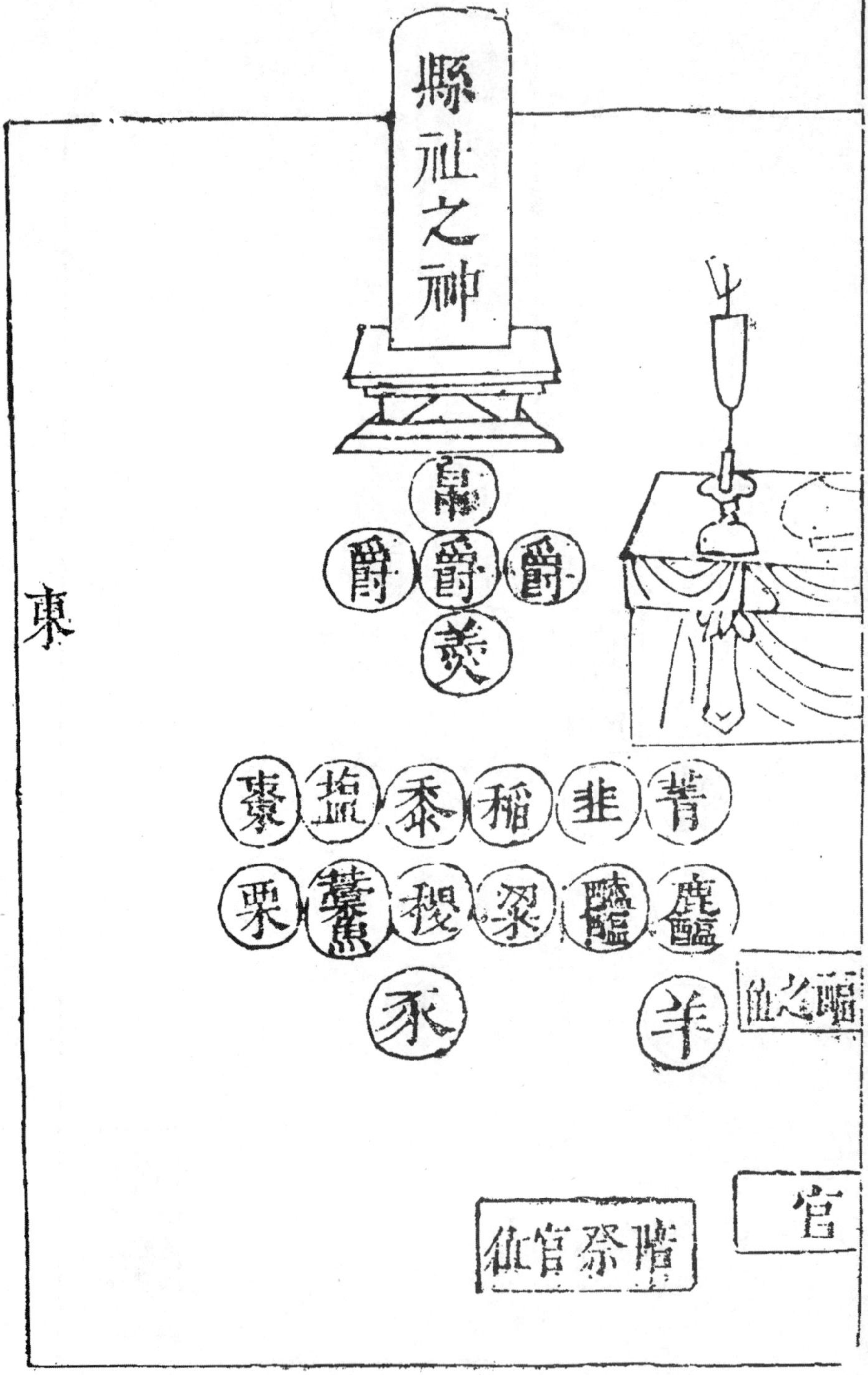

雩　古禮也今廢已久　惟祈晴禱雨附

按春秋左氏傳龍見而雩蓋建巳之月因旱而雩也月令命百縣雩祀百辟卿士有益於民者以祈穀實周禮司巫若國大旱則帥巫而舞雩又久雨則禜祀典雖昭然而有其廢之莫敢舉也第爲民父母旱乾水溢之不時忍膜外視之歟李邕有祈雨之法禜門有告祭之文倘雨暘愆期虔誠請禱以義起之可耳

祈禱

遇水旱縣正齋戒素服率僚屬步詣各壇行香僱刑禁屠沽旱以渥澇以晴始謝神弛禁

蜡廟古禮也今廢康熙三十六年知縣劉承啟建三楹於社稷壇側以祭八蜡之神特創復之

按陳氏禮書曰蜡之爲祭所以報本反始息老送終也周禮春官籥章國祭蜡則龡豳頌擊土鼓以息老物傳伊耆氏始爲蜡蜡也者索也歲十二月

合聚萬物而索饗之也蜡之祭也主先嗇而祭司嗇也祭百種以報嗇也饗農及郵表畷禽獸仁之至義之盡也古之君子使之必報之迎貓謂其食田鼠也迎虎謂其食田豕也迎而祭之也祭坊與水庸事也蓋八蜡之祭一曰先嗇二曰司嗇三曰農四曰郵表畷五曰貓虎六曰坊七曰水庸八曰昆虫考之他郡邑皆特建祠廟於十二月上辰日致祭安邑建置不過百餘年今其禮久湮抑未知經制未遑缺之而有待耶其亦兵燹頻仍舉之而隨廢耶脩明之責是在今日敢多讓歟

厲壇

在城東厥廣二十四丈壇北有廳三楹明萬曆三年建今廢址存祭以三月清明七月望日十月朔日先期主祭官告於城隍廟届期迎城隍神蒞焉壇中設城隍位用羊一豕一羹飯左右列無祀之鬼厲主各二羊三豕三米三石炊飯焚香列炬席

地以奠

按宋岳珂曰古帝王諸侯卿大夫無後者皆致祭焉謂之泰厲公厲族厲春秋傳曰鬼有所歸乃不爲厲以其無所歸或爲人害故祭之夫天子爲天地人鬼之主而令實分厥職守生於我乎依死於我乎祭邑厲之祀又烏可已歟

儀注

就位四拜詣城隍神位前跪獻爵讀祝文俯伏興

復位四拜禮畢奉城隍神主還廟

祝文

維

某年歲次某某月某日具官某等遵承到禮部符
文爲祭祀本縣闔境無祀鬼神等衆事該欽奉
聖旨普天之下后土之上無不有人無不有鬼神人
鬼之道幽明雖殊其理則一故天下之廣兆民之
衆必立君以主之君總其大又設官分職於府州

縣以各長之各府州縣又於一百户内設一里長
以統領之上下之職綱紀不紊此治人之法如此
天子祭　天地神祇及天下山川王國各府州縣
祭境内山川及祀典神祇庶民祭其祖先及里社
土穀之神上下之神各有等第此祀神之道如此
尚念冥冥之中無祀鬼神昔爲生民未知何故而
歿其間有遭兵刃而横傷者有死於水火盜賊者
有被人取財而逼死者有被人强奪妻妾而殺死
者有爲猛獸毒蟲所害者有爲饑寒凍死者有戰
鬭而殞身者有因危急而自縊者有因墻屋傾頹
而壓死者有死後無子孫者此等鬼魂或終於前
代或歿於近世或兵戈擾攘流移於他鄉或人烟
斷絶久缺於祭祀姓名泯沒於一時祀典無聞而
不載此等孤魂死無所依精魄未散結爲陰靈或
倚草附木或作爲妖怪悲號於星月之下呻吟於
風雨之時凡遇人間節令心思陽世魂杳杳以無

歸身墮沉淪意懸懸而望祭興言及此憐其悽慘
故勅天下有司依時享祭在京都有泰厲之祭在
王國有國厲之祭在各府州有郡厲之祭在各縣
有邑厲之祭在一里又有各鄉厲之祭緣於神依
人而血食人敬神而知禮仍命本處城隍以主此
祭欽奉如此今某等不敢有違謹設壇於城東以
三月清明日或七月十五日或十月初一日置備
牲醴羹飯專祭本縣闔境無祀鬼神等衆靈其不

脉來享此祭凡我一縣境內人民倘有忤逆不孝
不敬六親者有姦盗詐僞不畏公法者有拗曲作
直欺壓良善者有躱避差役靠損貧戶者似此頑
惡奸詐不良之徒神必報於城隍發露其事使遭
官府輕則笞決杖斷不得號爲良民重則流徒絞
斬不得生還鄉里若事未發露必遭陰譴使舉家
並染瘟疫六畜田蠶不利如有孝順父母和睦親
族畏懼官府遵守禮法不作非爲良善正直之人

神必達之城隍陰加護祐使其家道安和農事順
遂父母妻子保守鄉里我等闔縣官吏人等如有
上欺　朝廷下枉良善貪財作弊蠹政害民者神
必無私一體昭報如此鬼神有鑒察之明官府非
諂諛之祭尚饗

移城隍牒

黄安縣遵承禮部劄付爲祭祀本縣無祀鬼神事
該奉
聖旨普天之下后土之上（同厲祭文）其理則一今國家治
民事神已有定制尚念冥冥之中無祀鬼神（同厲祭文）
依時享祭仍命本處城隍以主此祭鎮控壇場鑒
察諸鬼等類其中果有生爲良善誤遭刑禍死於
無辜者神當達於所司使之還生中國永享太平
之福如有素爲兇頑身犯刑憲雖獲善終亦出於
僥倖者神當達於所司屏之四裔善惡之報神必
無私欽奉如此今某等不敢有違謹於某年某月

某日於城東設壇置備牲酒羹飯享祭本縣無祀
鬼神衆等然幽明異境人力難爲必資神力庶得
感通今特移文於神先期分遣諸將召集本縣闔
境鬼靈等衆至日悉赴壇所普享一祭神當欽承
勅命鎮控壇場鑒察善惡無私昭報爲此合行移
牒請照驗欽依施行

禮芒神

立春先一日縣正率僚屬迎春於東郊東林寺祭

芒神行兩拜禮迎春自塲入於縣土牛南向置芒
神於賓館西向各官宴而退至日黎明各官朝
服設果酒祭芒神二拜獻爵讀祝文復二拜禮畢
長官擊鼓三聲各官執綵仗環牛鞭者三遂碎牛
鄉人競取其土以爲宜年

祝文

維

某年歲次某某月某日具官某等敢昭告於勾芒
之神維神職司春令德應蒼龍生意誕敷品彙萌
達某等忝牧是邑具禮迎新戴仰神功育我黎庶
尚饗

按月令元日有祈穀之祭上戊有耕耤之典諸侯
九推庶人終畝凡以勸農事也今世郡邑皆於立
春日舉行而安邑向未之講欣值我
皇上加意重農詔繪耕織全圖弁以
御製宣付史館凡職司民牧者曷敢不仰體焉敬用

創舉以爲力田者勸

又按宋景佑間頒土牛經於天下其土牛以歲之
干色爲首支色爲身納音爲腹立春干色爲角耳
尾支色爲頸納音爲蹄至元所頒經式牛色止以
立春日爲法日干爲頭角耳色支爲身色納音爲
蹄尾肚色明初襲用元制正統中始用言者製土
牛色肚用歲之支干納音如宋法
本朝因之

救護日月蝕

設香案於縣堂露臺上向日月所臨方位設金鼓
於儀門內設樂人於露臺下初虧陰陽生以初虧
報各官行禮長官擊鼓三聲衆金鼓齊鳴救護食
甚報行禮如之復圓報行禮如之畢乃退俱用常
服

按夏書乃季秋月朔辰弗集於房瞽奏鼓嗇夫馳
庶人走周官鼓人救日月則詔王鼓春秋左氏傳

日日有食之諸侯用幣於社伐鼓於朝明制欽天監推算時刻秒忽先期奏聞下禮部通行天下至期各官俱朝服行禮舊有陰雲則免

本朝悉沿明制雖陰雨不廢敬天之變誠矣

祭旗纛

歲端陽霜降祭旗纛神於教場設酒奠二拜獻爵讀祝文復二拜乃演武於廳校其技勇而賞罰之

名宦

欒武子之德在人如周人之思召公焉初非特愛其甘棠已也以余觀叔子峴山之碑萊公巴東之竹則亦有足多者書曰民罔常懷懷於有仁畏壘之祝俎豆不衰豈勉強而致之也哉故附於諸祀而曰名宦

名宦祠

在學宫戟門左祠三楹南向明隆慶三年建後廢

國朝康熙八年知縣張一躍重脩未幾復壞三十六年知縣劉承啟闢新之加丹雘焉

牌位

明文林郎應公存初

明承德郎袁公福徵

明佐仕郎周公天告

皇清提督湖廣通省學政按察使司副使前禮科給事中蔣公永修

皇清總督湖廣等處地方軍務兼理糧餉太子太保

兵部尚書兼都察院右副都御史李公蔭祖

儀注

每年春秋二仲上丁日祭從　文廟之後陳設同從祀諸儒四位爲壇四拜而獻帛爵讀祝文讀已又四拜

祝文

功在斯民澤垂後世尊崇祀典永馨勿替

安邑肇造撫摩而興咏者蓋兩易甲子矣其爲桐

鄉之祀何寥寥也余蒞茲以來採之輿論若張公一躍之重脩學校徐公秉仁之居心愷惻張公國桂之平易近人流風餘澤猶有存焉而謳吟懷慕者亦至今不衰庸詎知表章遺績之不以久而愈熾耶夫一節可傳繫思猶永況其甚優者乎故論而出之以志嚮往云

鄉賢 耿公專祠附

古之所謂鄉先生沒而可祭於社者必其立德立

言立功確有三不朽足以深入愛慕者也否則鄉之耳目既近鄉之是非必真至於世遠人湮而思見其人於膠宮泮水之側則其不能忘可知已故附於諸祀而曰鄉賢

鄉賢祠

在學宮戟門右祠三楹南向明隆慶三年建後廢
國朝康熙八年知縣張公一躍重脩未幾復壞三十六年知縣劉承啟買新之加丹雘焉

牌位

元徵君西山吳公應澍

明翰林學士兼吏部尚書詹公同 亦祀於黃岡

明吏部尚書吳公琳

明副都御史鄒公來學

明誥封御史耿公金

明林縣知縣方公民懷

明勅封參政大夫四川按察司僉事陶公丞

明孝廉彭公台

明戶部尚書贈太子少保諡恭簡耿公定向

明兵部侍郎贈戶部尚書耿公定力

明禮部主客司主事吳公化

明御史督學京畿周公家棟

明處士盧公廷篪

明誥封徵士郎進士中書科舍人秦公如容

皇清勅封浙江寧紹台道按察使司副使耿公應衢

皇清修職郎晉階一級吳公國寧

皇清勅封文林郎北直隸永年縣知縣盧公爾悌

皇清勅贈文林郎　日講官起居注翰林院編修張

公百程

明進士北直永平府寧前衛推官盧公堯臣

明處士耿公定理

明文學吳公國宇

皇清勅贈文林郎四川隆昌縣知縣吳公之璜

儀注　同名宦

祝文

品兼學行德重鄉邦奉茲俎豆千載流芳

邑中理學薪傳獨推恭簡耿公然余考諸傳志乃知得於公仲弟世稱八先生者爲多獨薦馨之典未及毋亦公不愛名故亦不以名累公從先生志也堯之直道難泯越百餘年猶膾炙里巷間余特從公論具文上請以補未備云

耿公專祠

在鄉賢祠右明知縣李公文芳請建特祀恭簡耿公

按安故三邑僻壤肇造區邑惟恭簡耿公力主贊畫作既成遂號樂郊公殆所謂以勞定國者歟前令李公以特祠請用得春秋饗於學宮宜世世祀之弗替也迨後時舉時輟爵斝之不光久矣余甫下車即新橋門之制考故府儀章親撰祝文率公

佳齋爰陳牲奠帛告成禮焉今而後報功之典庶不終湮耳豈徒爲脩舉廢墜之末而已哉

祝文

維

康熙三十六年春二月朔七日湖廣黃州府黃安縣知縣劉承啟謹以牲醴香帛之儀告祭於明誥贈資德大夫總督倉塲戶部尚書贈太子少保恭簡公耿老先生之主曰公簡靜忠良之性光明俊

偉之材立朝而領袖羣倫歸里而範圍百世身騎箕尾氣作江河既不朽於千秋宜俎豆於奕葉矧茲安邑嚴封之地實皆公鴈行建治之邦三十七里之手澤猶存百千萬人之口碑如昨恭東陽下士南楚徵員濫竽一方覩民社而滋懼景行先達彝祠宇而興懷敢涓吉日以抒誠敬潔蘋蘩而釋奠伏惟歆鑒曷勝虔將謹告

附舊祝文

天開地闢宮廣墻高經綸草昧禮樂爲昭於惟耿公誕降茲土種德垂鴻後先繼武禮崇國獻邦重典刑用薦俎豆啟我後人

寺觀

紺宮梵宇皆爲民祈福迎禧而設雖二氏之說儒者所弗道而以爲民力之普存在是則三時不害而時和年豐官斯土者其敢不昭事維虔以順民志乎僧有綱道有紀皆於此乎係焉故附於諸祀

而曰寺觀

文昌祠　舊爲閣明初建在邑西南郊外諸水滙流之處後兵燹毀形家言邑文峯係焉

國朝康熙十五年知縣徐公秉仁建樓五楹於邑西郭上塑文昌帝君像右挹大河波流瀠洄翠巘蒸欝滌人塵囂新人眷守每雨餘晚霽返照入樓山光與雲影蕩漾亦一勝槩也

按文昌帝君世本忠孝且典桂籍之司因得列於

學校與他神異今祠在郭外雖未獲與春秋[illegible]例而秩祀有文劍應特書故不從同同云

城隍祠　在城西南隅中爲堂後爲寢明萬曆元年建國朝康熙四年知縣蕭公恒重新之東西有曹前爲𫝀棹楔又前爲儀門每月朔望縣正率其屬行香答壇祭則迎神以祀之近俱圮廢康熙三十六年知縣劉承啟重修建

按城隍之神其名不經見惟周禮有司民之祭無所謂城隍也乃先儒謂既有社矣不應復有城隍然蕪湖城隍建於吳赤烏二年高齊慕容氏梁武陵王祀城隍皆書於史當塗城隍李陽冰有記矣荆州城隍張説祭有文矣其後時時見於傳志趙宋以來血食遍天下或賜廟額或頒封爵或專指一人以爲神之姓名如慶元寧國太平鎮江蕪湖等處之皆以爲紀信龍興贛吉袁臨建昌南康之

皆以爲灌嬰何其謬哉又長樂圖經云漢御史大夫周苛守滎陽爲項羽所烹高帝嘉其忠烈令天下郡國各立城隍廟祀之塑像加封荒誕尤甚夫致和產物助天育人城隍是依民庶是保不可謂非祟祀所秩矣而必求其人以實之抑獨何歟明初改稱城隍祠而去其爵號冝後世因之不易也

關帝廟　在東關明末何副將建邑中賓興餞送舉子於此按明祀典每歲五月十三日勅祀漢前將軍關某萬曆四十二年加帝號今每月朔望縣正率屬行香而祭以五月十三四拜獻帛爵讀祝後仍四拜

福德堂　一名土地祠在儀門外左寅賓館後祭以每歲春秋二仲上戊日品用羊一豕一

儀注

二拜奠帛獻爵復二拜禮畢其餘朔望縣正率屬行香

城內寺觀

自在庵　東北邑紳耿公應昌建窖邇自得園花竹魚鳥之勝他寺莫及僧圓蔭精戒律能文雅

徐家堂

呂祖祠　正東邑紳耿公建城中院宇盡屬浮屠而此祠不佛而仙清風晧月如聞鶴唳笛聲爲獨異云

三義廟　東南

三教堂　東南一名大隱庵有僧半偈禪棲者二十餘年一足不出閾外或過之從牖中作竟日談都無俗諦生平最重交遊雖逃禪猶與邑文士爲性命交年近八十先定逝期至期果示寂

小淨土菴

靈鷲庵　東南順治中毀民居建

丙午庵　東南市民同庚者合建凡以干支名者例此

二官殿　東南順治中建

以上俱在城東隅

羅家堂　西北

巳巳庵　西吳氏寸園後

德惠祠　西南邑紳耿公定向爲前令應公存初建

延壽菴　西南

慈悲庵　西南

蓼莪寺　西南邑紳周世鎮捨宅爲之念蓼莪也迄今過之者愀然興風木之感焉

大士閣　里人捨宅爲之邑士會課其中

以上俱在城西隅

城關寺觀

東嶽廟　明時建

報恩寺　康熙年建

淨土菴　明耿宦建[illegible]心如爲開山鼻祖心如[illegible]

姓王其爲僧也不募緣不參學惟六時唄誦朝
夕一衲一念珠見人無貴賤貧富悉以平等視
苦行數十年頓悟另有傳
白衣菴　明耿宦建門内小橋澄泓一水短垣古
木頗饒林泉之勝
東林寺　明初建每歲迎春於此
土主廟
延壽菴

冷家堂　明末有王氏女其夫死於賊矢節祝髮
爲尼居於此後里中齊氏新寡亦矢節來歸重
新之邑人盧爾慥爲文以志其事入藝文志
以上俱東門外
南極菴　順治初建門内三楹知縣張公國柱建
菴後西壁公石像存焉
青蓮菴　竹木陰翳幽境泠然邑名公多所題詠
鐵佛寺　一名六壬菴

竹影菴
以上俱南門外
十方菴　順治初建菴負城北郭可廣數十畝梵
宇僧寮俱極宏麗整肅昔有僧淡然者古德也
年八十餘工詩字精内典都人士散步出城輙
往過從盡日流連郊外菴韻中僧兩擅之矣
九蓮菴　菴僧旭明俗姓蘇英年棄厥妻室遁迹
空門堅持法戒終其身

準提庵　順治初建
寶藏庵
以上俱北門外
按邑中諸寺無碧瓦朱甍紺宇琳宫之飾也無層
樓傑閣金鋪玉甃之奇也無人天幻像文綵藻繪
之巧也無泰爨漢禺伊蒲苾芻之供也無勅建諭
修帑施額賜之盛也寺則牀容錐立茁荑誅茆僧
則六時鐘鼓五[illegible]雖淫祠法在禁除而

神道設教未可盡廢以此他邑猶有逆楹之判云

三鄉寺觀

鐵爐寺　寺中有鐵爐相傳爲宋元故物

梅家堂　凡寺以姓氏名誌所自創也後例此

大同菴　庵去城不數里幽靜而韻宏敞而肅邑人多讀書其中

永興庵

李太廟

潛龍寺

戴家寺

祖慶寺　在衆山中嵐光樹色交送於門花影鳥聲引人入勝

龍潭寺　寺前三面皆水澄泓深靜四時不竭度非蛟龍窟焉不至此清秋皓魄浸入氷壺空人心境寺極宏麗有藏經厨藏西來文字牙籤貝葉更屬鉅觀

雲巖寺　廟貌巍峩如在雲霄之外故名

仰天窩　邑有數仰天窩此在縣北一名植聖寺四山如郛郭中宛宛如窩舊爲豺狼狐兎之窟明末有僧淡然以楚藩儀賓棄厥家室來奔初結茅居此思搆一佛殿苦地甚狹又逼處巨石砠礐數仞不可以人力卻一夕風雨震雷擊石片片若匠氏意攻之基頓闢因石以甃佛場選焉寺前有池由高水逝築堤留以瀦寺後有泉

僧導以竹涓涓達香積門當谷口彌望瀰曠遠山入戸澗水入厨其始登也路紆迴有兩徑壁間題曰者裏來數折得巨石蹲而倚若人延竚狀又題曰等個人層累乃上又題曰向上處語涉禪機字多遒逸顔而書之者僧熏普也

八角寺

茯皮嶺寺

郭家寺

閔家寺

佘家寺

樊家廟

桃花寺　在桃花鎮北其剏置伊始有老人偕媼廬此居後一小井日産塩可得四兩饔飧賴是給乃募緣構寺其上旣而貪得掘井擴之思一飽壑自是塩不復産矣上有塔傍有洞東坡居士曾訪友三至焉

石廟　桃花鎮口其神靈驗行人往來過必敬謁求籤籤語答一如其所問休咎俱不爽

左家沓寺

香林寺

馬埠頭寺

耿家寺

萬峰庵　庵在萬峯中峰廻路轉不知其爲菴也到門龍象隱然梵聲逌然鐘磬雜然庵矣門左側一石如山屹立甚奇瑰叢篁環植寺致以幽僧樸實力田自食陳修疆畝甃石堅緻種茶數畝紫旗緑槍烹以啜客客過此無異登仙也

碧巖寺　僧碧巖建遂以其名名

曹家寺

孤舟寺　山與水則異矣水舟之宜也山寺之宜也孤舟寺乃如一葉浮蕩漾間登其上四邊空際兩岸遥瀰煙雲水月楓葉蘆花嵩丘歟画舫

歟幾無以辨之

碧雲寺　寺遠塵囂高僧恒駐錫焉

明月寺　境内諸刹下者依山高者翳樹而此寺得月偏多月遂若爲此寺獨明昔人詩曰殘夜水明樓又曰梵宇玉乾坤葢在是界中矣

黄荊寺

南寺

北寺　在小蚼口兩峯對峙構廟其巔奇趣挿雲

方望周畢互相犄角若少長肩隨焉

姚公寺

遊仙寺　寺佛場也而得仙名豈二氏一理歟或曰昔有仙遊此名之以其蹟或曰遊此者即仙名之以其勝皆不可知然而林幽山寂晝靜僧閑固非無所取也

栢林寺　寺多古栢幹直枝横葉掌掌片片耳交鼻引皆栢聲香襲望去更綠不已寺以此增勝

有義倉在内

聶家寺

石尨山寺

石家寺

汪家廟　打鼓嶺北廟特巍煥佛像特莊嚴群刹鉅觀也

閔家寺

砦基山寺　舊有砦基里人多避兵於此

大佛寺

龍王山寺　一名龍旺山

回龍寺　山勢夭矯如龍廻環曲折

方家堂

橋兒冲寺

高峰寺　群山萬壑此峰獨出其上寺因之有寒聲樹杪秋月雲低之致

陀老寺

首如寺

永寧寺

酒醉山寺　山饒佳致遊人携酒看山多憩此寺

東嶽府

大勝寺　大得山水之勝寺遂以此名

赤城寺　夕陽紅岫望之赤城如霞

田泥口寺　田本傘泥寺臨隴畝雲黄烟綠景色天然

煙黑

新寺

茭笋堂　寺前後多望春花郎玉蘭別種每逢開時玉
茈滿山芳香襲人復産茭笋可採食

五峰寺　寺外秀峰五不減炎州勝槩也

天臺寺　寺在天臺山之巔由半山上至頂可五
六里鳥道紆折於危峰削辟開搆數椽殿宇寮
舍悉具孑然一樸野僧棲焉種蔬採藥自給絶

遠塵世每霜雪晨風雨夕人跡罕至望之有飄
飄凌雲之想

觀音寺

上方寺　僧冲然建既落成後有大樹數圍欹斜
墮簷際冲然欲去之衆謂將不利於殿僧志益
堅劚之不盡如綫枝及尾榦及墻人力莫支有
頃而壓耳衆大恐冲然瞻拜佛號俄若有人推
[illegible]仆之右未嘗動隻甓片瓦衆皆驚詫喧傳爲
知爲高僧所感云

龍王山寺

石家堂

高廟

低廟　二廟提携自爲俯仰非寺有高低也因山
得名耳

姚家寺

馬家寺

永安寺

永興寺

點兵寺　元末鄒普勝馮瑄起兵應徐壽輝相傳
此爲點兵處

大山寺

谷峰寺

娘娘殿

陽臺山寺　大山綿亘數十里中有七十二寺邑

凡三臺天臺以奇勝雲臺以峭勝而陽臺則以幽勝遂稱並美云

蘆葉衆 寺近水蘆葦繁焉唐詩云荻花蘆葉滿溪流以名此寺不虛矣

雲臺山寺 近邑惟此山最高登其巔西南諸峰羅列如兒孫可俯而瞰也鐘聲出林際松濤亂之朝旭入臺村遠近歷歷指數之晴雲離岫萬態卷舒眼界不與俱遠哉

天馬寺 似馬山似馬耳此名天馬何居其果爲渥洼神駿之所產歟其果爲天閑上駟之所經歟其山勢之披爲耳而躍爲蹄抑寺形之朱爲鼂而黃爲脊歟不可知也惟前臨空澗左右多稻田林木蓊然微覺有致

楊家堂

回龍寺

如如菴 在鐵山之麓昔有留雲老杉煉日內陰滿院外陰滿巖而最奇右在羅漢十八宋像也神以形殊意緣相具努者怒張瞋者思沉覩者目注聽者耳凝凝有天神助焉

不二庵 密樹交蒙到門始見山空景寂雖近路旁而令人自遠

王家堂

小尖山寺

水口寺

華嚴庵 磨盤山下邑紳吳公捐田飯僧晨夕誦華嚴菴遂以名庵門梅老而禿松老而虬庵側書屋數椽文士多借榻其內題咏甚富

劉家堂

吳家堂

桃花大寺 寺後古塔巍然佛像儼有生氣

水口寺

明教堂 堂以明教名命意深矣故志之

以上太仙鄉

大廟　廟不以輝煌壯麗名而以神之靈感著每歲春秋無論緇素遠近持瓣香瞻禮者絡繹道路禱祠報謝於斯爲盛矣蓋大之名以此

溪峰寺　面峰臨溪四時在山光水光中樹老其寂鳥選其幽僧安其樸矣

千家堂

高山寺

雙臺庵　僧古春建寺踞山巔廣數十畝室數十間崇墉櫛比巍然一古刹

琉璃寺　宏峻出諸寺右而幽僻之致更覺勝之

易家廟

觀王寺

陶佛庵

見天寺　環寺皆山層巒叠巘莫知其爲天也當寺中仰覷得一縷白日天在是矣名見天寺

道滿寺　道虛無耳曷滿爲滿招損道何獨不然寺奚取焉取以名寺蓋僧也舊居故

金牛寺　相傳金牛曾宿處也

圓融寺

水口寺　在邑之新集與陂邑河口鎮接壤先是居民數被火災有形家者言建寺於此可免里之人庀材鳩工共成之迄今數十餘年竟無回祿之患

萬壽寺

觀音寺　古刹也庵中大士最靈人多朝謁

般若寺

乳山寺　山多瀑布奔放如洪鐘衝突處盡石竅空玲瓏種種不一高人達士取作齋頭清玩不減米南宫石丈也

夏家寺

羊角寺

峯子寺

觀音寺

西林寺　宋元以來寇賊蹂躪地方所至皆成灰燼而此寺巋然如魯靈光獨存

龜峰寺

興古寺　一名馨毅寺創自明初里人吳祈陽重建鑄資購香火田勒石焉

保安寺　寺無他奇惟不邇村落老松修竹掩映

於石巖溪水間致幽耳僧無他長惟不至城市梵唄鼓鐘荷鋤舂鋪苦行力耕於荒遠之地致樸耳先是邑紳吳公季舒幼抱病幾不起聞玉帝至始甦乃捐地建閣並置香火田今寺中玉帝最靈感有求輒應形諸夢寐生人齋肅心故寺因此得名

桐栢廟　廟側多樹桐栢間植青柯亭亭虬枝蜿蜒大者數十圍小者數圍明末誅伐悉盡惟廟獨[illegible]

以上灊源鄉

彌陀寺

天井寺　有境接天有泉如淵選勝搜奇此爲最著

下獨山寺　凡山特出無左右翼者皆名曰獨寺其冡四顧燎然殆不以幽勝而以曠勝矣

眞君廟

夾山寺　又曰甲山寺一字也而兩其書或曰謂其在兩山之中故曰夾或曰是山也駕諸山而上之爲科名兆故又曰甲寺中古木濃陰霜皮溜雨歷年寺爲久雅致寺爲多

王姥寺　寺在山砦中所奉關帝最顯應明末賊環攻砦城守陴者懈幾爲所襲及上見一赤面修髯人擐金甲發礮以擊始驚散後十餘年賊有至寺中者熟察之乃知關公也留白鏹數金

新其像而去

橫山寺

清涼寺　在鷹爪山側寺闢崇山峻嶺間古木接天翠鎖逕月盛暑凉生邑先達名儒多就此肄業咕嗶之聲與佛號鐘磬𧪥響相答云

泗楊廟　廟中東嶽最靈顯禱者應如響

王廠岡寺　山麓繡錯林壑甚美白雲翠黛寺殆兼而有之

三司廟

史家寺

東嶽廟　明隆慶年建爲里人講約之所里中居民數百家凡有大事父老率子弟集議其中香火之盛他處莫及

大金寺

覔兒寺　昔有老人失子禱神得之因以名寺

水岩寺　築寺傍水臨水有岩水清而激岩峭而許山花開落野草繡石壁上風颯颯出林間盛夏五六月遊人至此不復知有塵世也

王家堂

卓旺山寺　相傳明太祖伐陳友諒失利徒步至寺中有答山僧詩句見山川志

八里灣寺

王德寺

王子山寺

竹林寺　竹萬箇植寺旁寺前後列竹左右扶若玳瑁簪者始長也若碧琅玕者既籜也其蔽風也蕭蕭其逗雨也淅淅其篩月也朧朧而綠肥筍折白膩粉勻松之蒼梅之古蓋未易絜其韵焉竹之韵寺之韵矣

丁峯寺

方家廟　廟近通衢側有燈僧有寮廟旁之松有數百年者

仙人山廟

大壁寺　在大壁山下

黄岡嶺寺

樂明堂　閒中趣靜者領之悟後禪明者樂之堂以此名非明者不知也非樂者不知也

崇山寺

金鷄寺

八角寺　今改爲松竹庵庵有老桂扶踈翅枝出

雲表每花時香聞數里詞客騷人携壺觴吟咏其下竟日不絕

洪福寺　郎行祠廟東嶽行宫也明洪永間里人王子斌捐地建寺極宏敞有佛殿玉皇閣兩廊闘樓各十餘間前臨孔道四望平蕪坐之令人心空氣爽廟門東西建橋二因名曰行祠橋

以上俱中和

古蹟

古人不可見見其一觴一詠一丘一壑皆得其幽情之所暢遂而光嶽之氣隨地莫掩俯仰今昔感慨係之乃知傷油黍於箕子泣華屋於羊曇非無故也文物風流可使之廢而不存乎故附於諸祀而曰古蹟

杏花村　邑東二里許諺云桃花店上沽好酒杏花村裏産賢人賢人不知何指或曰來誠或曰爲陳季常也然余考亭州界杏花村蓋亦有季

常墓云乃去此二十里桃花洞龍丘居士故里又何以稱焉賢人之處世爭慕則爭傳之不虛耳孰是孰非必有能辨之者村內有泉甚冽甲邑中

盤松樹　邑東五里樹大數圍高不盈咫虬鱗蒼甲團上如蓋陰被可畝餘枝垂垂下與人接獨踞嶺上清籟和樵歌行者休樹下樹終日勞人終日忘疲矣蓋數百年靈氣所鍾云

義倉址　邑東七里地名新安秦氏彬置龍麟洲
先生記見藝文
塔岡　邑東十里其岡高二三丈許有壋歆仄斷
垝硠類若欹翼而斜戢者俗傳一夕風雨岡巔
塔飛至其地故名
樂壽堂　邑東十五里地名九官店秦氏彬置龍
麟洲先生記
石林樵洞　邑東南二十里里中秦真樵及其侶

十七人從耿恭簡著書講學處石壁鐫樵洞二
大字秣陵焦弱侯書按十七人者耿定士子義
劉廷諫國忠王國佐才卿秦思君忠卿耿定聽
子明吳碩學孔張四維懋新秦德修文道甫
楚侗定夫[illegible]鏞來卿秦思過膺卿趙伍[illegible]篤敬
定宇子顯周逢暘仲賜耿定吉子修耿汝愚誠
卿熊鉅克濟也真樵即名儀鳳字應泰耿叔臺
先生有十八子小傳並序

釣臺　邑南七里許危磯踞溪上匯洄而高水[illegible]
濔而瀉灌木喬枝交加掩映耿氏仲臺置羅念
菴陸五台何心隱呂四峰焦弱侯李卓吾嘗寓
其中遺蹟猶有存者
高士軒　元末隱士吳榮一自陂之白龍山徙此
時群雄割據以徵辟名流相傾尚束帛具書使
者接踵公門公立辭不赴明太祖三召之亦不
出勅學士陶安贈號曰高士顏其廬曰高士軒

今廢遺址有巨礎十二歷三百餘年不敢動動
之輒隱隱有雷聲轟乃已
似馬勝槩　邑南八里峰巒聳秀右臨絕壁里人
吳少虞既石鑿磴道攀蘿逶迤而上凡數折有
兩石屹立相距僅尺許中一罅若人操斧斤劈
而分之入者側身拊壁聚足踵乃得移入度數
丈許亭午方見日色仰視惟蔚藍一縷耳李卓
吾題曰一線天下有鬲似泉上則怪石嶙峋[illegible]

仰萬態又有虎巖巖有洞席地容四五人坐洞門一石如虎蹲踞狀故名緑巖上數武草徑蒙茸石峭立斗削壁上鐫天馬行空（周柳塘書）又鐫駕風鞭霆（耿恭簡書）又鐫石吼枕石棲雲等字下則洞龍書屋少虞講學處也（見書院志）

吳汝店　吳汝葢儀部曲蘿公之高祖家饒好施歲饑作粥以賑流亡遠方來者苦露宿因搆茅屋數椽處之遂成店故名之以其人

仙女岩　邑南十里相傳麻姑修道於此後仙去

天窩山房　邑南十五里羣山委宛環峙中如窩東南微凹狀若門焉林木葱翠石泉迸流雖熇溽無暑氣耿恭簡先生讀書講學處明焦弱侯有記

明教堂址　邑南二十里天窩山之麓未詳誰氏作堂名明教義可思也

桃花鎮　邑南二十五里宋元時此爲孔道上有燧臺每舍相望有墩宋　年建鎮東有桃花洞龍丘居士故里居士名慥郎方山子陳季常也蘇子瞻曾三至其地昔歐陽廬陵作豐樂亭記欲求暉鳳就擒之處而不可得葢天下之平久矣余過桃花鎮其民熙熙皞皞雞犬閒閒問所謂燧臺郵舍而皆無在者竊嘆

國家休養生息之深且厚而官斯土之樂撫而有之也乃顧瞻邁軸白馬青葢之高風邈矣莫追

又未嘗不低徊留之弗能去云

鷹爪石　邑南四十里在鷹爪山上相傳有神鷹集於此至今石上爪痕宛然

磨石山跡　邑南五十里山上大石側出丈餘石上有磨刀痕旁多蹲踞坐蹐跡相傳以爲關公磨刀處

三公井　邑南六十里吳公應澍鑿以濟行旅耆吳公好義樂施人德之祝其子孫爲三公因名

施粥坡　吳公廬此爲糜於道給往來擔負之人四十餘年坡由是得名

小桃源洞　邑南六十里稍西在小金山北有數石洞冥深窵窅石壁上鐫有小桃源三字不知始自何代

牧驢石　在牧驢山石突出高丈餘周圍數丈上又有小石方如座四面各六七尺相傳果老牧驢此山石故其坐處也

孟嘗故里　在孟嘗山相傳孟嘗君曾居此又云宿此故至今稱焉

仙居巖　在孔山上相傳抱朴子煉丹處石床石竈至今尚存

果老石　邑西四十里在龍王山側高聳可丈餘上修下削斗峭摩天石巔能容七八人相傳仙人張果曾與客奕此石畔隱隱有仙掌痕痕倍常掌彷彿見字跡皆漫滅不可考右臨灄河大

晀磨盤大小成諸峰好事者當春漲或秋霽時携壺觴陟其冢清流灝淼紅葉滿林恍可人目怡人神長笛一聲劃然而嘯無殊此身之在蘇門猴嶺也或曰石上有孔山下又一石亦有孔爲果老擔至此因以名石殆未之信然

程鄉學址　在邑西灄源鄉鄉故隸於陂爲程鄉里二程夫子實産焉按二程祖開府公諱遹初令陂多惠政常行部至北鄉鄉人德之爲之賦

甘棠隨贈開府儀同三司加冢宰司空卒於陂子大中公諱珦不能還寓居於陂生子二長諱顥次諱頤未幾録用功臣嗣就注珦爲陂尉後封大中大夫遷官移家去陂人爲立雙鳳亭以祠之雙鳳者謂二程也由是程鄉北鄙悉志學乃郎開府公昔所至地立小學里中子弟以時肄業其內邑先達周侍御隆之曰邑之始建尚有程鄉小學程鄉蓋二程所鍾育處也自邑庠

興而小學廢其址殆不可考云

安之濂源創自陂邑而二程夫子之餘澤猶存其太仙析壤亭州龍丘故里在焉東坡曾三過之蓋淑氣萃是矣後起者被其遺風穆然想見其人宜乎理學盛而人文蔚也有以哉

金局關　邑西北四十里前代此中方十里內皆產金立榷金局後金乏披沙無所得金金戶遂亡李氏奏罷之局罷而名存蓋無其實而冒焉

者也或曰今名罷金場云

博士岩　邑西北七十里

由夷洞　邑西北七十里去博士岩不數武麻城梅之炅題其外曰由夷洞口

黃陂站　邑西北九十里宋元時達京郵傳也自桃花至漢津自漢津至此各三舍許有遺碑記各站户姓名

鄒家山塔　邑北里許有僧某剋期自焚焚時白氣如練旋空三五丈繞西而散骨藏塔中

聖人湖　邑北三十里原中可三十餘畝滙水不涸未詳名所自始

釣橋舊址　創制奇古橋側有墊墊內有洞洞內有溪溪上有亭今廢址存

雙城塔　邑北三十里元季徐壽輝倡亂僞相鄒普勝馮瑄佐之據此北打鼓嶺南繫馬冲名悉因也塔即所建焉

羅漢洞　相傳曾有羅漢修行於此

止止洞　城北六十里在牛耳冲昔有僧號止止隱是洞中二虎守其門謁者至從山下遙呼僧驅虎去乃前僧旣示寂土人因名其洞曰止止

天臺石刻　邑北八十里臺上石壁勒文字剝蝕難辨嘉靖耿公恭簡同別駕汪廷美遊焉爰掃苔滌壁辨其十之六七文曰勘會端平初襄漢西淮爲兵擾亂丁酉歲浮光失守民無所歸彼

時奮發忠赤欲立寨安衆而難得地利獨此山
嵈崎形勢險峻四面如壁止通一人往來石竅
泉湧冬夏不絕傳聞古人守之以無虞遂集衆
在上創寨　備器械大勢連月攻打莫敢近傍
由是光信殘破之民擁堡來依屯聚十萬衆果
能全活戊戌丞相史嵩之都督荆湖孟珙制置
差官旌賞請總衆防拓江西授命加職連歲捍
守獲捷淳祐三年義陽李太守知黃州府麻城

民戶復業檢校本職先守茲寨有功遂檄再往
經理九村捍禦五關自入寨宪心措置收拾草
莽間逃難者於江南廼載種分布耕養每年[redacted]
犯境勦殺敗退前後擒大頭目囘囘漢子無數
[redacted]都制楊
將軍芮御帶鄭太社提舉黃州守備申明首賞
陞推委令提督白石黑石三角山木欄洞御
子崖王　峯德勝長興齊安十寨一民無還兇

所都部將士皆是隨衆光信安豐之民數載久
擾誓欲掃除以　閫道聚戰輿　開龍井
造聖殿　凡與同盟頗立勞效曲
求安薦圖立大功亦可爲今日之大義則一時
之盛事也可不勒石以紀其名使後人知之不
沒世哉皇宋淳祐戊申五月旦日
黃州　元義民總黃陂縣尉提督光黃諸山
寨本山駐劄　胡大輿刻石司帳前統制

余
又了心關石壁刻文曰照得　兵自壬辰紹定
侵犯京湖入淮西殺戮生民擄掠牛馬至乙未
丙申荆襄失守連年侵入淮西有彼近光州光
山縣第三都水吉保操正將本部本部民脩開
小臺山石門以防拓老小牲畜　兵數攻不利
退卿而去時歲次丁酉嘉熙元年八月終記
正總轄官潘校尉

天臺勝蹟　其山形類臺巧若天造巔峻而險洞廣而深洞前羅怪石花木韵之春夏之交爛如錦緣溪入夾岸林尨美石尨瑰奇泉涓涓流不息有寺名赤城步赤城而上乃臺臺故峭立高數十仞延袤數畝鳥道躋焉門三曰離垢曰息緣曰達天 耿恭簡題 周柳塘書 離垢門左曰坐忘臺 耿叔臺書 遊至此萬慮俱寂臺右曰卧龍洞 柳塘題 曰作霖池 叔臺書 土人每歲旱挹水洒之輙致甘雨池之

靈也曰抱奇窟奇多應接不暇宜抱之云爾臺西南曰告天爐 柳塘書 有石如爐故又兩山綿亘朱嘉熙間東北避兵來奔無由入鑿石爲門曰了心關 叔臺題書 關右巖曰留月壁曰賔陽 皆柳塘書 蓋兩九東西跳擲強半阨層雲叠嶂間至此清輝曙色朗朗入巖壁始得留而賔矣又有撫松巖虬龍千尺摩娑懷袖外此則浮雲卷舒靉靉靆靆有披而卻之耳曰披雲峰 俱柳塘書 覽勝者綜爲十景競相題咏標奇風雅擷秀山川卧雲倚杖逍遙與懋然憶愚溪因子厚而名天臺得恭簡而著地以人顯不益足徵歟

洗手盆　距縣八里相傳曾有仙人洗手於此今其盆現存

按古蹟者所以志名賢之由處仙佛之奇踪漢碣唐碑之斑駁文人韵士之蹴展星軺其足供憑弔結幽思者今昔不乏也獨安邑錯處萬山夙號僻

陋乃一經建置而程鄉之學洛陽道脉攸傳桃洞之車眉山風雅如在石刻蓮遺於前代名公輻輳於遐方以及仙留鴻爪僧續禪宗樹長乱鱗山傳勝槩雖片羽吉光而規模固已宏遠矣

附祠乘　古蹟匪以侈勝志感也世代遞遷理亂靡常滄海桑田古今喟嘆以有盡觀無盡所恃以不朽者可思矣

陵墓

有德者之藏君子過之必式陵開停馬隧感卧麟先賢雖往其馬鬣豐碑倘存乃苔封蘚積而若識其處能無念乎展禽之壠歲月幾更而樵採之禁其嚴乃爾况其近焉者耶故附於諸祀而曰陵墓

英烈將軍墓　在金埸河側將軍李姓朝代未詳

鐵霖墓　在沙河下

珍珠太子墓　在蔡祠嶺

過墓而哀不問其何氏也樵蘇之禁不討其苗裔

也丘陵墳衍苟見封若堂覆若釜以恤焉其可也矧有傳之者乎安邑舊爲荒陬名賢碩望兆域之歷漢唐以來絕無可考間有一二又不知墓何代代何氏氏何名居今弔古必其人喑嗚嘆嗟功足捍禦者也必其人克家象賢聲稱濯濯者也然而不傳矣不傳而墓傳

元閫南招撫使吳公温墓　公字中和墓在開國天官里牌坊之東

吳西山先生墓　先生名應澍西山乃御賜字尚書朝陽公之父墓在五里橋東事詳本傳

明吏部尚書吳公琳墓　墓在八里灣之東地名楓樹岡其樹大數圍康熙二十年間忽枯歷十年無由蘖至康熙三十年朝東頓秀一枝茂盛葱翠人皆驚傳爲異云

銅頭將軍阮貴卿之墓　將軍明洪武時人墓在行祠橋洪福寺前詳本傳

明戶部尚書贈太子少保謚恭簡耿公定向墓　墓在袁英河諭賜葬祭事詳本傳

盧氏祖塋　在玉州磯上三里許入堪輿書人于須知名猛虎跳澗

吳氏祖塋　在似馬山南堪輿書有鑿玉斧者盛稱之

明戶部侍郎贈工部尚書周公思敬墓　在太仙鄉鴿兒巖諭賜祭葬詳本傳

論曰古之爲祀典也其所崇尚者不一大約中心既之遲之又久相與感慕慨想而愈覺其不容已斯有其舉之莫敢廢耳非若淫祠之設即不必秋粢公人共知其當數也以予典冊所考合之父老傳聞而知春秋粢盛如此其不懈也棠蔭歌思如此其未忘也太丘之望重德門延陵之名留殘碣古昔先賢之風韻曹溪在下之莊嚴如此其深入嚮往也事仍其舊禮可不從其新乎芳規在望余將敬承之其敢忽諸

黃安縣志卷之七

知黃安縣事九河劉承啟纂輯

風俗

王制命太史以觀風又云一道德以同風俗大約取民間風俗以驗政治不然禹貢一書於九州之山川不憚詳載而於九州之風俗概略而不紀豈非風俗之原端自上始哉安邑風俗聚三邑以成之舉其大者莫若士樂絃歌民安作息然而波流漸靡習染甚易所賴草薄從忠挽回化導之機自有不容緩者作風俗志第七

隋志云黃俗尚淳質多儉約

蘇文忠云山水清遠土風厚善其民寡求而不爭其士靜而文朴而不陋尊德樂道異於他邦

張文潛雜志云農惰而田事不脩

朱晦菴云齊安在江淮閒最爲窮僻以王翰林韓忠獻蘇文忠宦遊其地皆謂之辱居此蓋自黃郡

概言之也若就

黃安言之一時有一時之風俗明成弘間民生頗爲殷盛黎譔多老死不入城市不見官府里中田舍翁歲時頻以酒食相徵召主賓俱衣冠腰縧而束之以金鉤往來乘良騾家僮鳴鉦執盾前導歲節或益以鼓吹主人具酒饌於門以待至輒浮巨觥相酬勸俗謂之接路蓋不及座而先已酣然詎浪歡呼不知責苛禮也其一應輪將踐更事悉托

之市猾市猾因之一倍再倍不解計筭大都其淳未澆其朴未散矣

嘉靖中葉此壞鞠爲盜藪刼奪嚚訟閭閻漸空環視細民第身有完服跨蹇道上即已矜於里中矣

嘉隆之際耿恭簡倡明理學里中因之興起聯會講業閭誦巷歌以聚文談道爲高華競厚營爲恥即窮簷側陋之士或岸對持衡而緑林揭竿之魁亦回心向道蓋雖民生凋瘵茲尚未瘳而士類津津猶往庶幾無慚蘇公所稱尊德樂道云

析觀三鄉一鄉有一鄉之風俗雖其燉愿參互不相蓋掩綜其大較亦若不侔

泰仙人多柔善直木又寓縣近地法令易馴或以爲其儉嗇而淪於陋然儉亦美德也

中和人多勁氣即貧窘不偶亦耻作陋靡乞憐狀乃其獘也或過於剛而剛亦近仁之一焉

灄源人類狷謹而率好客雖絕僻之鄉周南江漢

之化豈必大遠乎

合三鄉觀之俱不能無所溺之習喪葬侈於款賓而疎於送終歲時淫於醮祠而緩於追遠愚者以佞佛爲孝謂非是無以報其親黠者以健訟爲能謂非是無所用其智至於歃血結盟呼朋引類如前此毀同麻邑㓕獲恣行悖逆雖即殲除無裨始亂惟理義日淑於人心而醇厚漸被於境內唐虞三代之風雖至今存可也

聲音與官話略同間有一二土語則有音無字人多不解然學士家皆能別之庶民終莫能易三鄉泰傳類麻城中和類黃岡灊源類黃陂郎一邑亦有相殊也

歲時競尚

元旦子夜盥櫛焚香禮天地祀祖先畢幼輩咸拜賀尊長進椒栢酒兒童群聚鼓樂爲嬉出方迎喜神鄰里戚友通名投刺往來交賀設筵宴如此者

三日

立春前一日迎春鞭土牛扮故事飲春酒

元宵比屋張燈放煙火拈詩藏謎裝古人行蹟雜劇歌舞前後左右燈燭輝煌群兒鼓吹徧城遊戲貰串爲歡鄉城士民競往觀焉復有燭龍大小數條亦鼓吹導前笙板擁後巡遊郭巷縉紳之家各辦彩紅以俟其至婦女相率行市中曰消疢厄謂之走百病又迎紫姑仙以卜

二月望日官舉行鄉飲酒禮按此禮當於正月行之茲也歷來舉行於二月今亦仍舊從俗也

社日祀先農作社會聚飲極歡分社胙有古同井親睦遺意秋社如之

三月清明家釀酒上丘墓標楮錢簪柳踏青携遊具盍春溫花媚殊散入懷廣黃緩行文人雅致

四月八日浴佛供烏飯僧寺尤甚兒童放紙鳶

五月朔盛儀仗鼓樂迎神行市上

五日迎神凡受職業者俱乞假名曰放假簪艾採藥包角黍泛菖蒲雄黃酒懸天師像及符塗雄黃於小兒背心耳輪云除不祥又以雄酒灑四壁驅蜈蚣等毒蟲童子婦女佩五色絲線香囊醫家取蟾酥藏之官至演武廳祭旗纛閱操遵舊例也

十八日以木雕五色龍首尾夭矯如活中以絹畫神將像盛鼓樂雜彩色紙標遍迎市上出南關至教場人爭奪之以爲迓瑞

六月六日曬衣書籍

食新擇吉日以新米雜陳米中爲飯奉神薦祖先筵親友飲彼此相慶

七月七日婦女設茶菓於露地乞巧

十五日道家以爲中元聖誕凡寺觀廣設齋醮謂之盂蘭會士民俱追薦祖先鐃鼓笙管之聲不絶於耳楮錢箱籠之火煙續於空

八月中秋夜爲賞月會列瓜菓市糖餅供酒饌其餅形如月鏤人物蒙金彩謂之月餅甘美酥潤頗異尋常戚友以相饋送又以月之明暗卜來歲元宵晴晦

九月九日重陽採菊釀醞邑紳士相約登高飲茱萸酒謂秋雖云暮温凉適中舒襟散步笑詠山川誠佳會也登高落帽豈讓昔賢獨擅風韻哉

霜降官至演武廳祭旗纛閲操

十月朔官舉行鄉飲酒禮

冬至士大夫投刺相賀

十二月八日值釋迦成道以六穀米雜諸菓蔬作粥供佛老少食之俗呼臘八粥

二十四日夜俗呼小年夜掃舍祀竈相傳此夕其神昇天奏一家善惡得失故餞送之冀諱愆錫福焉祀先祖聚親友飲謂之團年

三十日貼門神楮錢春貼吉句祀家神祖宗按初學記臘以祭先祖民俗多於此日或先五六日行之於是家人聚宴秉燭達旦兒童鑼鼓通夕不寐爆竹之聲響徹雲霄

五禮

冠禮古者二十而冠筮日筮賓禮至嚴也若童子不遵禮而遽欲速成豈非所謂僉父乎故禮無分今古必擇日告祖宗拜父母伯叔後乃敢加冠示於成人庶斯禮不至滅裂耳

昏禮有六今存其三問名請期親迎而已親迎者

先奠鴈鴈大夫之贄也今士庶皆用之郎鴈驟難獲必以鵞代鴈以及或冠或服或帶履或乘車皆進一等借用無非倣古攝盛之義若夫聘儀則當隨其力以爲厚薄耳乃有輿臺邨鄙重財輕禮至使女子衍期賦標梅而不惜間有女已許配繼因婿貧輒毁盟者則惡甚矣

喪禮孔子曰喪與其易也寧戚凡家禮所載小斂大斂殯葬虞祭祥禫諸禮發於孝子哀慕無已之

心自有不能已者者乃冉巫覡作佛事名曰爲親援濟實誣辱其親已甚且多惑於堪輿必希富貴數十年不葬其親以至暴棺毁骸而不知悔抑何忍心之甚乎更有無塚葬親之人購買寸地以塋兆域界址中券授受已明及至臨時或墳隣或惡梘或地方左右起而阻撓藉稱斬脉犯殺或賣主躲避另出一班無賴指爲祖山倚強凌弱勒詐不已繼之以訟致人□雖竟隔世而不敢葬其親者

今方欲明禮教當首嚴此禁

祭禮古虞祭以後凡祭皆吉禮故以神道尊之則在廟有祭以人道親之則在寢有薦祭於廟祭於寢由來久矣今之祠堂乃酌廟與寢而設者也每春仲秋仲群諸而祭此外皆於其宅薦歆設酒黍焚楮帛不獨安俗天下皆然亦通俗之禮耳

賓禮易詠金蘭詩歌伐木以及名卿贈答莫不相見有度燕饗有儀蓋朋友居五倫之一而重以

婣婭至戚之賓客之尊而親者但使送迎戴莫彬彬惟康豐儉適中藹藹相洽所謂與人以誠不以僞亦猶行古之道也夫

近俗四則

士子治經毛詩居多春秋次之尚書又其次焉惟戴禮周易則治者寥寥至子史詩文作者向衆迤日較勝亦一道同風之治有以致之也

人有賣產而昆弟宗黨□俱向售主索銀名爲勸賞

又有賣過許久借稱原價短少勒取加補甚至歷隔幾百年産易數十主原主尚出而婪原業銀錢者挨次搜求少不遂纇捏控拖累實繁有徒近奉上憲嚴禁仍未絶跡

習俗輕生常揉一死投環赴水仰藥者時或見聞甚至指屍圖賴鳩衆搶掠不待對簿而敞已破家近遵定例曉諭開導復編成俚歌十六句廣爲告誡此風幸漸衰息

無子立嗣先序昭穆繼由親分方至疎族此不易之例也俗有不計期功而混冒承祧者更有胥於有女不爲絶之諺語竟以女壻而奉妻父之祭女甥而奉外祖之祭者亂姓混宗甚至爭分遺産不使死者至若敖弗止有心世教者惟加意挽正之

論曰舊乘風俗分一邑一鄉一家夫一邑一鄉猶概言之耳一家則實指某家某家矣計此百數十年來生齒日繁氏族日盛非若建邑草剏之初可以指數而盡也且風俗隨時勢爲變遷立乎今日以指嘉隆嘉隆之日遠矣然則因時轉移豈能望之與知與能之愚賤乎舊乘云林宗之墊巾多折角焉效令郢民自高車愛尚相奪與時同變諒哉

附初乘積習成風風漸成俗從來矣綜其大較一時有一時之風一邑有一邑之風一鄉有一鄉之風析歸之郎一家有一家之風也據舊志所述諸謾然耳豈今昔異致耶兹據所覩記者令省方者鑒觀焉

十六條直解

教民之道勸與懲二者而已然勸與懲亦自有辨蓋懲止能行於法之所及而勸則能行於法之所不及此其故何也行於法之所及者法所不及則戒慎恐懼之心弛而無忌憚之念復萌矣所謂民免而無耻者此也惟行於法之所不及者其父兄之所告誡子弟之所率從不必有號令入於其耳

刑罰加於其身也而其所朝乾夕惕不遑寧處者恒不啻若耳之聞號令身之受刑罰焉抑何其不疾而速乃爾乎即今之世雖不古若而民之心則去古未遠所謂以君子長者之道待其民而民慮無不以君子長者之道自待者是即余委曲勸導之微權咨嗟懲戒之隱念也故以附於風俗之後

原批

康熙九年十二月二十五日准禮部咨開爲欽奉

上諭事本年十月初九日奉

上諭諭禮部朕維至治之世不專以法令爲務而以教化爲先其時人心醇良風俗朴厚刑措不用比屋可封長治久安茂登上理蓋法令禁於一時而教化維於可久若徒恃法令而教化不先是舍本而務末也近見風俗日敝人心不古囂陵成習僭濫多端狙詐之術日工獄訟之興靡已或豪富陵轢孤寒或劣紳武斷鄉曲或惡衿出入衙署或蠹棍詐害善良萑苻之刦掠時聞讐忿之殺傷疊見陷罹法網刑所必加誅之則無知可憫宥之則憲典難寬念茲刑辟之日繁良由化導之未善朕今欲法古帝王尚德緩刑化民成俗舉凡敦孝弟以重人倫篤宗族以昭雍睦和鄉黨以息爭訟重農桑以足衣食尚節儉以惜財用隆學校以端士習黜異端以崇正學講法律以儆愚頑明禮讓以厚風俗務本業以定民志訓子弟以禁非爲息誣告

以全良善誡窩逃以免株連完錢糧以省催科聯保甲以弭盜賊解讐忿以重身命等項作何訓迪勸導及作何責成內外文武該管各官督率舉行爾部詳察典制定議具奏特諭欽此欽遵該臣等

議得

皇上欲圖至治以教化爲先特頒

上諭應通行曉諭八旗包衣佐領並直隸各省督撫轉行府州縣鄉村人等切實遵行務使軍民咸知

期上尚德緩刑之至意教化行而風俗自美矣俟
命下之日遵行可也本年十一月二十六日奉
旨依議通行曉諭欽此欽遵
按原批所載郎堯舜時雍風動禹湯泣罪解網成
康刑措不用之至意特以帝典王謨寓義深遠田
夫野叟未易通曉况山城僻處其所習見習聞自
家庭父子兄弟外不過宗戚隣里雞犬桑麻耕食
鑿飲之事郎有良法美意豈盡周知今欲使樸者
安於樸而不爲文覩所移愚者不妨愚而勿爲智
計所動是莫若因其心之所明與其習之所便漸
次開導以推廣之則吾說可行而民情始協矣

第一條敦孝弟以重人倫

人倫就是君臣父子夫婦兄弟朋友這五件人生
在世自少至老自貴至賤人人脫不得這五件所
以叫做人倫但君臣朋友是後來遇合的夫婦也
中間配偶的惟有父[illegible][illegible]弟這兩倫是一出世

有的你們豈不知此身未生以前做娘的有懷胎
之苦既生以後爲父的有教養之恩饑寒何等憐
恤疾病何等憂愁自你生長以來無刻不繫父母
之念是此身與父母何等關切凡爲人子的不念
養育深恩不思盡心孝順便是個禽獸了至於兄
弟與我是父母一體生出來的本無異同豈可自
分爾我事兄自然該敬若是骨肉相殘便是人倫
之變了
上諭謂敦孝弟者不是要强你們做什麼做不來的
事只須就自已力量所能的盡我爲子弟的職分
就是敦了假如極窮的人有碗飯先與父母吃有
件衣先與父母穿朝夕小心伺候不要觸惹父母
的氣惱這就是孝了兄長的事幹須要去幫助他
兄長的意思不要去違拗他凡事必存恭敬錢財
莫分爾我這便是弟了推之疾病死亡患難得失
惟盡我力量做去纔是個孝子弟弟就是個能重

人作的人了願我百姓切須記着

第二條篤宗族以昭雍睦

凡人自父子兄弟一從再從以至六世親服已盡俱爲之宗族然返本還源追溯起始祖來宗族雖是千枝萬葉總是一個根生的或貴賤異等或貧富不同若是彼此漠不相關貴的不看賤的在眼裡富的不放窮的在心上豈不失了一本之誼如何叫得雍睦呢

上諭說個篤字真正是對病的藥假如歲時伏臘嫁女娶媳凡是宗族須要通知請他會會再如宗族中有年老無養的就該送些供給去養他宗族中有子弟失教的就該出些束脩去教他宗族中有孤寡無靠的就該貲助他宗族中有疾病患難的就該扶持他我心可以盡得一分的就盡一分我力可以厚得一分的就厚一分這方纔叫做篤如今世風不好宗族中或有因口舌相爭的或有爲財帛構訟的甚至糾合外人反與宗族中爲難的那有一毫雍睦氣象此輩無論理有曲直多是得罪於名教的願我百姓聽了亟須猛省

第三條和鄉黨以息爭訟

世間的人與我最切近的除了父兄宗族就要算到鄉黨了鄉黨中有年長的就是父輩有相等的即是兄弟有年少的即是子侄一般或因在一個村坊或因在一條街住免不得出入相見早晚相

交的自然是極該和睦的了只是如今的人或有房屋相連或有田地合界或因錢財往來或因酒食酬荅言語易搆嫌隙易生也有富的欺慢窮的也有窮的妒忌富的以致意氣不合雖然同里竟如秦越甚至爭長論短至於成訟獨不想鄉黨中非親即友有何仇憾到這個地位其初只起於一念不和遂至彼此要尚氣彼此要便宜你不肯讓我我不肯讓你以致如此所以

上諭說一個和字但凡人說一句話說得和氣些雖心高氣傲的聽了也不能爭論處一件事處得和平些雖極執拗要便宜的人當此也不敢不服如此居鄉自然無爭自然訟息爲人在世不但語言作事要和第一平日立心更要和平人能心術和平便到處可行何况在鄉黨何事起爭訟你們切須記着

第四條重農桑以足衣食

你們眾百姓裡頭也有讀書的也有種田的也有學手藝的也有做買賣的無非是求衣食充足的念頭若是衣食不足無論沒志氣的人就要做出不顧廉耻的事就是英雄豪傑磨滅得不耐煩也要露出那慷慨激烈的身分來了若是讀書的人衣食足了便可閉戶潛心種田的人衣食足了不怕旱蝗水潦學手藝的飽煖了也好去精工技藝做買賣的飽煖了也好去盡力經營故衣食二事世人所缺不得的獨是天下的人那一個不去求衣食而衣食時常不足者都是爲何亦因不曉得重衣食的根源你們眾百姓曉得農是食的根本桑是衣的根本麼若不從這個上頭去求穿衣吃飯到底是不足恃的所以

上諭要人去重農桑兩事假如自已有田地的男子竭力耕種女人竭力紡織閒事一毫不管一心一力只在田地上做工夫每年完了錢糧衣食自然

充足就是租人的田地若能終歲勤勞還了業主租稅自然也尚有餘剩不至啼饑號寒至於田地多的放租與人尤當念及租戶勤勞粒米寸絲不輕暴殄自然悠久但凡務農桑的人只要費些辛勤吃些勞苦不用離鄉背井衣食自足一家骨肉團圓一處豈不安享受用你們仔細思之不要拋了本業去求分外衣食

第五條尚節儉以惜財用

天地生財原是有限的人家平日不能節省以後定然不能相繼了到沒有的時節追悔那浪費的時節可不是遲了如今世上的人那個不知重的是錢財親戚朋友面上就是一錢五分也要算計何大小交易佔得一分便益也是好的及至一念好勝或裝飾體面起來習俗成風便不顧自己力量遂至不必用的也用起來不當用的也用起來全不惜了那不惜的病根都壞在奢侈好勝上邊

哉

上諭說出節儉兩字來救他只就家常食用會節儉的蔬食菜羹也可以飽粗布短衣也可以暖若要奢起來珍饈羅列日費萬錢也費用去了綾羅珠翠錦繡千箱也穿戴去了總之好尚奢華費用便無盡期任你有千萬貫家私不怕不用盡了況平常小百姓家爲有不立刻窮困到不可收拾的地位麽這節儉二字只是勸你們省事些不是叫你一味慳吝親朋酧酬隻鷄盃酒亦可表情不是叫你廢了往來的禮節嫁女婚娶裙布荆釵也可成禮不是叫你廢了婚姻的大典只把那無益之費不急之務裁減了這就是節儉但是習俗成風有一個人務實些便道他小家氣沒體面連這人自己也覺坐不出了這是爲何只因世俗不尚節儉

上諭說個尚字是要人人節儉家家節儉浪費少自然畜積多豈不成就了朴實豐裕的世界麽

第六條隆學校以端士習

這一條專重在讀書人身上講人家教訓子弟讀書第一要變化氣質爲先及做了秀才身列宫牆不但是做得幾篇文字考得在前中得舉人進士便完了爲士子的本等既爲學校中士子便要顧言顧行修身立品不愧聖賢一脈但能如此不獨鄉黨中尊敬他就是官府也自然敬重他了如今做秀才的愛惜羽毛的不少然有一等不自好的

做了秀才便去看管閒事包攬錢糧出入衙門把持官府甚至串通衙役爲線索交結訟棍爲服心成群逐隊搖擺自得不但鄉黨厭惡他就是官長也都薄他士習不端學校不隆只爲這個緣故如今要隆重學校先要勸你們爲士子的端正習氣有志上進的勸你們閉戶潛修尊敬師長月課會文不缺不可干預一切非分之事就是不與考的衣頂秀才旣絕功名之望更當修身立品做個有

德有行的人也可做後進模楷至於前日捐納的生員

朝廷只爲軍需匱乏一時權宜之計不是任你們有錢的濫厠宮墻反輕了有學問的才子你們旣藉父兄的貲財輕輕便便博了一領青衫須要十分勉勵則考校在前自然與文章進學的一般並重倘或借此爲護身之符干預外事包攬田土全不求那秀才的本領一旦考置劣等豈不可恥奉勸諸生大家把那習氣變化起來在學校中言規行矩說禮敦詩個個做個端人學校自然隆重起來了這個微權雖操在官師然畢竟要士子自己勉力自己愛惜方可使別人尊重就可以替學校增重了

第七條黜異端以崇正學

這正學就是孔孟的心傳修身齊家治國的道理都在裡頭千古以來那正學如日月中天人人共

仰的獨有一班愚夫愚婦惑於因果之說溺於禍福之見被異端邪說騙信了日漸日深迷而不悟反把正學看輕了故此這個界限要立得嚴左道者誅非聖者罰務要把異端黜盡這正學方纔顯著你們百姓尊君親上仰事俯育自有一定不易大中至正的一條路在那裡不要走了邪僻路上去倘走錯了路頭那時悔便遲了就是釋教的菩薩道家的神僊也是個出世的法門無裨於王化

無益於世事不要去親近他妨了父子夫婦的大
倫悞了耕田鑿井的正業但這異端聰明人信的
少愚蠢人信的多愚蠢人惑的淺聰明人惑的深
聰明人見得理明這幾句因果禍福的話動他不
得所以信的少愚蠢的人中無定見聽了這天堂
地獄的話以爲實然所以信的多愚蠢人好惡由
人所以惑得淺惟聰明人自以爲是沉溺不返所
以惑得深這等看來異端在世無論聰明愚蠢俱

要受他的害豈不該亟亟的黜他麼異端既黜天
地間止有這孔孟聖賢之學在上的人以此教人
在下的人以此自學這正學豈不顯著豈不尊重
麼

第八條講法律以儆愚頑

刑罰是人人懼怕的既怕刑罰就不該去犯了獨
是一部大清律明明白白在那裡那無知的人不
肯小心動輒犯了豈是故意要去干這明禁麼只
因下愚的人不曉得那一件是犯法的事以致胡
亂做差了
上諭要把法律講與他聽是可憐這樣人要使他知
儆不致犯法的事益以聰明的人讀書明理就不
去講法律也能修身檢行不作非爲惟有愚頑的
人不知禮義殼人若不去指點他卻似坐在黑暗
裡那裡知道什麼儆不得的事件件有個罪名逃
不過法律的可畏故要講與他聽儆戒他但律條

甚多大至謀反叛逆小至罵詈失錯無不詳備若
要逐條講來講不得這許多如今只就
上諭十六條若是違背了那一條沒有個罪名在律
法上呢如不孝不弟的得罪父兄律上多是凌遲
斬絞的重罪就是得罪宗族論起服制來擬罪要
比凡人加等鄉黨序齒違的律上有個笞罪荒蕪
田地律上也有個罪名如不能節儉就犯了服舍
違式的罪了士習不端就犯了不守學規的罪不

黜異端就犯了左道惑衆的罪不遵禮讓就有罵人的罪不務本業就有不務生理的罪不訓子孫律上就要罪坐家長不息誣告律上就要加等反坐若是窩隱逃人有流徙尚陽堡的例欠了錢糧有罪勾引賭賻有罪律上件件分明聽了這些法律雖至愚至頑有不悚然畏懼的麽總之法律一書

朝廷實原不是要人人的罪只是要人怕他不敢犯

他

上諭說個講字不獨要官長講與你們聽你們自巳也要去講父兄講與子弟聽老成的講與少年的聽人人知法人人不敢犯法就成了刑措不用的世界了

第九條明禮讓以厚風俗

前邊那一條講了法律如今這一條就明禮讓

皇上要你們做個好人故先把法律來禁你們又把禮讓來化你們如今人只因不明禮讓或家庭之間不能親愛宗族之間不能和好乃至處鄉黨交朋友傲慢無禮成了一個澆薄的風俗把古人一段禮讓的大道理忘却了不知一個人若沒有了禮讓兩字便處處行不去了假如父坐子立兄先弟後也是禮讓若沒有了禮讓父立子坐弟先兄後這個使得麽就如親戚鄰里贈答往來也是禮讓若沒有了禮讓親戚贈了不答朋友來了不往

這個使得麽所以

上諭在講法律之後亟亟要你們明禮讓但這禮讓又不單在深恭厚貌煩文縟節上邊必須心上有一片雍雍樂易的念頭發到外邊來自然見了尊長謙讓對了賓客遜謝不敢以才情自逞以之處世每事要在禮上行嫁女兒娶媳婦寧可我在禮節上從厚些不去指望別人推之慶吊往來處處盡禮或遇了財帛交易意氣相交的所在就要退

讓一步不去好勝爭雄這纔是禮讓如是彼此相習大家要在禮讓一邊走我也謙和你也恭敬若有一個自道好自覺大的人在那邊就人人要議論他容不得他自然成了個禮讓的風俗了那裡還有澆薄的去處麼獨是天下的人有一種假爲禮讓的人外面假恭敬虛揖讓心裏邊却十分驕傲無數荆棘這樣人是大壞風俗的你們百姓又不可不辨。

第十條務本業以定民志

這一條是恐怕遊手好閒的人爲四民之害所以專要人務本業什麼叫做本業呢就是士的讀書農的種田工的營作商的買賣叫做本業四民既各有一業專心去做那件事就任他窮通得失是一心在這業上不肯搖動惟有無籍子弟名不成利不就隨波逐流不論是非好歹件件倣做就流入匪類了你道爲什麼只因他胸中無定見聲色貨利隨地就起妄想若是這樣人雜在四民裏頭豈不要害了這好百姓麼若要使他志有定向不胡行亂做畢竟要把一件本業與他做方纔有個拘束假如讀書人處心積慮要先去中舉人進士就是時運不濟青燈黃卷他的志是不移到別處去的種田人處心積慮要想去開阡陌做財主就遇荒年饑寒勞苦他的志氣也不移到別處去的就是營作的人心心念念想遇一個好主顧賺些

錢鈔即使生意淡薄他的志是只在技藝上用工夫的買賣的人心心念念想撞一宗賤貨帶到地頭數倍錢財即使算計不利他的志也只在這經營上着精神的所以做一個人不可不擇一業有了一業他的志自然有定向了若是沒有恒業的就叫做遊惰之民是盛世所不容的了偏是這無所事事的人極聰明伶俐件件知道却也件件不精惶惑無主却不曉得做那一件的好若叫他去

專務一件斷然没有做不得的士農工商不拘那一業肯去專心的就是他的本業了你們百姓不可不知

第十一條訓子弟以禁非爲

人生的事業建立雖在壯大培養却在幼時所以做子弟的時節是一生邪正的關頭最要緊的若做子弟的時節好到底好若做子弟的時節反到底反其間挽回之力全賴父兄的教訓如今的人

見了一個非爲的人無不痛恨他獨到子弟就往往姑息不去約束他不知子弟的性子是任不得他的一任慣了他的性子就改不得了及至長大不改直到非爲的地位悔之無及故亟亟要去訓他蓋子弟的過失看去甚小若養成了爲害甚大假如子弟不聽父母的話後邊便流到忤逆子弟要掄鎗弄棍後邊便流入好勇鬬狠子弟好看戲吃酒後邊便流入浪蕩子弟貪財好色後邊便流入嫖賭子弟若不惜體面不怕羞恥後邊[illegible]下流不肖無所不至了長大來的爲非作反俱是子弟幼時種的根人家爲父兄的豈不該早早教訓他一件一件禁絶他麽但人家父毋溺愛的多子弟本是刻薄他反説是聰明子弟本是愚蠢他反説是忠厚子弟本是慳吝不才偏説他是勤儉作家子弟本是不知稼穡偏説手段開闊甚至得罪於鄉黨還要護短犯了官法還要痛惜入貲他

的子弟好就道是好親戚好朋友一説到他子弟短處便不是他的意思自巳既不思訓誨他的子弟親戚朋友裏頭雖有正經人又何可來取厭麽所以訓子弟的責任全在人家父兄身上須你百姓們速各自去訓自巳的子弟方不負

上諭要你們子弟做好人的至意

第十二條息誣告以全良善

無賴害人的事莫甚於誣告這一端平地風波没

影沒響把個好人輕輕的陷在禍事裏頭其害最
烈所以
上諭特揭出一條來要保全良善你們要仔細聽着
古來設這告狀一法原爲人伸寃理枉有萬不得
已之事方去告狀然只許直書情事果有甚麼痛
切處方肯准理只因官府不肯輕准就有一班慣
弄刀筆的人叫做訟師恐怕這些戶婚田土罵詈
相爭的情節不足聳聽就去裝點描寫起來或借

勢豪或借盜棍妄誣一准害人費錢破鈔更有那
班把告狀作生涯的光棍打聽那有家私忠厚可
欺的人家串通訟師商量起一張無影無形的狀
紙來駕一個大題目或誣他是謀反叛逆或乘上
司訪拿惡人投他是羽翼或因捕役捉獲盜賊指
他是窩家官府因見事情重大不得不准到得騙
准了他就央出個人來通了線索說合起來哄嚇
那被害的人到官要打要夾要監要舖那被害的

是有身家老實的人那曉得去見官分辯只得費
幾兩銀子買靜求安含糊了事就是遇着了神明
的官府問了個反坐的罪名辯白得寃枉出來那
良人已是破家蕩產了所以律上已載了誣告的
條例
上諭又申這息誣告的一條若誣告不息良善終不
得全你們百姓只是大家把天理良心這四個字
存在方寸自然不去做這害人的事此風就息了

然畢竟要官府嚴治那誣告的庶幾無良知做此
又深有望於同心諸君子

第十三條戒窩逃以免株連

本朝最重的莫過於逃人一件所以另設個督捕
衙門定這些則例其緝獲逃人與處分窩逃的例
已極詳盡了犯了的自有應得的罪名爲何
上諭又申飭這戒窩逃的一條呢只恐怕你百姓們
不去時時儆省無知犯法實爲可矜只詳那免株

連三字就有許多惻怛憐憫的念頭在裏而了但是這逃人逃出來千方百計在那裏隱瞞的若是明明白白是個來歷不明的人自然是不肯容留他的獨有一種意外的或係僱工或係乞丐或潛跡在道觀或借宿在僧房不及覺察以致貽累地方真正叫做株連無辜苟非刻刻稽查常常察訪怎能勾免這飛殃所以

上諭說個戒字戒者須要事事謹愼處處隄防或者

親戚裏有什麼留不得的人麼逐個較量一番若有這樣人速速出首就是至親也顧不得或者朋友裏邊有甚麼留不得的人麼逐個推敲一番若有這樣人速速出首就是用着棄着他也瞞不得若是這樣做甾窩的斷然不敢窩逃的斷然沒處逃了還有什麼株連得着你這好百姓呢莫要一時不曾審得來歷輕易容留了以致受他的害窩逃的是流徙十家長地方是徒罪兩鄰是枷責你們百姓切莫要看輕了

第十四條完錢糧以省催科

朝廷設官原是先撫字後催科若百姓肯依期輸課官府也不必把催科見長只爲諸餉緊急民間賦稅不肯依限辦納所以

功令立了個考課的法官府就不得不把催科來上緊了

上諭說個完錢糧省催科正見催科止爲不完錢糧

而設甚非得已的事俗語說得好若要寬先完官甚言官錢糧是欠不得的完了錢糧憑他什麼也容易了且做百姓的一個身子仰事俯育莫不要自已去料理一欠了錢糧這個身子就纏住了做不得別的事只好到州縣前去應卯那得有無拘無束逍遥自在的日子故此好百姓百事未做先去完錢糧出空了這身子縱使極窮極苦還可以同了父母妻子清閒過日况田地有上下高低不

等那納糧也有個輕重多少的分別遇了水旱傷又有那蠲荒的則例苟不是抗頑何至欠這錢糧只因平日不曾算計或有好勝的用度奢侈費去了或有貪小的要圖別的利息壓下來都是自已不是若逐年依限完納身上就逐漸輕了那得有積欠多了難完的事呢故勸你百姓早早完了錢糧免得官府費這一番催科的心事

第十五條聯保甲以弭盜賊

如今的

功令最重的是錢糧盜案官府的考成百姓的身家都在這兩件上前條說了錢糧這條便說盜案總要你百姓先事預防的意思從來弭盜之法弭之於有盜之日不若弭之於無盜之時有了盜算計去拿他不若盜未發算計去消他大約盜賊的竊發必竟有游手游食的人藏匿在地方上賭錢吃酒結黨成群以致生出事來就是外來的賊也必竟有個窩家安頓了窺探得那一家有錢從那一處下手方拐得着斷不是驀地裡闖來可以做得的所以保甲一條極是弭盜的良法那保甲的法十家為甲十家為保十保為鄉就是古人軌里連鄉的遺制這法一行自一甲以至一鄉在家的時節就那一家做甚麼營生那一家習甚麼手藝那一家幾個人口那一家來了甚麼親戚到了甚麼朋友人人共曉出外的時節就那一處去幹甚

事那一方去賺甚錢同了甚麼夥計帶了甚麼東西幾時去幾時回個個共知有一個不明白的人也來不得有甚麼不明白的人也去不得是一甲就如一家一鄉就如一保有休戚相關苦樂同受的情有手足相衛臂指相使的勢所以叫做聯是這樣聯起保甲來不但富家要保身家不敢疎忽就是窮人也想鄉鄰無事加意隄防莫說本地方是家家好人戶戶良善萬無匪類藏潛的事就是

外方的歹人聞了這個保甲法也不敢正眼相窺了那裡還有盜賊的禍患麽你們肯將官府編就的保甲實力奉行細心稽察便個個是個良善百姓了

第十六條解讐忿以重身命

人雖至愚沒有個不重身命的獨到讐忿上邊就把身命看得輕了強的殺人償命弱的自盡輕生最是可憐所以

上諭說個解字要你們百姓把這些沒要緊的閑氣不要認眞了自去討煩惱尋死路你們有一種氣質鹵莽的每每好勇鬬狠常有一言不合怒氣相加就打死了人的細究根由並無宿恨深讐不過是一時之忿以致自蹈抵償也有一等執拗的人或隣里小隙或家庭細故爭辯不出就去投河抹頸服毒懸梁道是拚了一命拖害他人那知這樣自盡的到底不算人命枉自橫死了被人恥笑這兩種人總不免喪身亡命只爲爭這一口閑氣好不無謂自今以後你們百姓遇着了讐怨的人就要想一想他還是殺了我的父母占了我的妻子苟不是這讐更有何讐不可解呢遇着了忿恨的就要想想我不是盜賊人就寃我做盜賊也何妨我不是禽獸人就罵我做禽獸也何害苟除了這個忿更有何忿不可解呢從此只把解寃釋結的念頭推將去別人使氣我只講情理就惡你有

什麽讐也漸漸解了惡你有什麽忿也漸漸平了你看亡命之徒短見輕生都圖害人遂以自害好剛使氣強暴殺人遂以自殺把個天地的生靈父母肩髮輕如草芥一般豈不可惜麽你們把自巳身命看得重的就是個好百姓

這十六條逐條講去

上諭一條自有一條的意思各不相蒙及合看起來總不出那務本業禁非爲的六個字如孝弟宗族

鄉黨是做人的根本農桑節儉是治家的根本隆
學校黜異端是學問的根本講法律明禮讓是處
世的根本只是個務本業就可以該括這幾條誣
告是非爲去害人的窩逃讐忿是非爲去自害的
完錢糧聯保甲是防這非爲的只是個禁非爲、
可以包括這幾件然必分晰細講一遍亦無非要
你百姓們件件經心不可失悞你百姓若能仰遵
這

上諭一一要身體力行家庭之間父兄把那十六條
來教子弟鄉黨之中老成的把那十六條來勸後
生則感格人心變化風俗上不負
朝廷與
上憲望治的意思下亦不虛本縣要你們爲善的
婆心若公之海內使天下之人俱改惡從善成了
個刑措不用的盛世豈不更副
皇上尚德緩刑立這十六條意思麽

論曰聖王之立教非憑虛而強民之必從也嘗因
民之所自有而黙寓誘迪之機如民自有父兄而
敦倫待上示之民自有宗族而雍睦待上宣之鄉
黨相聚也何以息其爭訟農桑自力也何以免於
凍餒以及節儉至而財用豐焉絃歌勤而士氣振
焉由是正學崇異端詘矣法律彰愚頑思矣禮讓
明而風尚厚本業重而心志一矣如其不然則非
爲務禁也良善務安也欲免株連何若先誡窩逃

乎既畏追呼何若早完國稞乎聯保甲以弭盜解
仇怨以自全凡此者孰非民之各保其身各安其
心者雖煌煌至訓非下愚所及知而家諭户曉日
討國人而申儆之是守土者之責也夫是守土者
之責也夫

黃安縣志卷之八

知黃安縣事九河劉承啟纂輯

職官

親民之職養與教其大端也唐令大臣各舉能令者以聞宋命朝臣出爲縣令胡安定教授湖州特設經義治事二齋萃生聚教育皆父母斯民之責而學宮造士又以士爲四民之首復爲之鼓舞誘掖導其賢而樂其善以使民知勸自設官置吏以

來其寓意亦甚深且遠矣凡邑自建邦而後歷代皆能名其官惟官斯土者嘉靖四十二年以前無傳焉然而賢侯之功德在人名師之教澤未泯以及尉幕諸職凡有可表見於百數十年之內者皆歷歷可紀也作職官志第八

職官考

按通典周有縣正春秋時大國嘗兼數圻多以其地爲縣則縣大而郡小故傳曰上大夫受縣下大夫受郡至於戰國則郡大而縣小甘茂曰宜陽大縣其實郡也

漢制列侯所食縣曰國

唐有令有丞有主簿有尉有經學博士有助學

宋有令有簿有尉又有典史寧宗嘉定二年詔州縣立學教諭一人訓導二人度宗咸淳中又設主學一人

元有尹有達魯花赤有丞有簿有尉成宗元貞年

罷主學縣辟直學訓導

明縣有知縣有丞有簿有典史學教諭一員訓導二人教諭由部銓訓導由縣辟乙丑始皆命於朝邑裴侍郎公嘗署巴東學事蓋當時辟之也

國朝知縣典史仍舊主簿裁　儒學教諭一員訓導一員 康熙三年奉裁訓導十七年復設

職官制

知縣一員正七品階初授承事郎陞授文林郎

吏房典吏一人　戶房典吏一人
禮房典吏一人　兵房典吏一人
刑房典吏一人　工房典吏一人
庫房典吏一人　糧房典吏一人
倉房典吏一人　招房典吏一人
承發科典吏一人　舖長司典吏一人
主簿一員正九品階初授將仕郎陞授登仕郎今裁
典吏一員未入流

攢典一人
雙城巡檢司巡檢一員從九品
攢典一人
中和巡檢司巡檢一員從九品
攢典一人
陰陽學訓術一人缺　醫學訓科一人
僧會司僧會一人　道會司道會一人
以上俸祿工食俱見賦役考

慶賀儀制

慶賀

聖壽元旦長至先一日縣正率僚屬執儀仗設龍亭於城隍廟焚香習儀畢即迎至邑治正堂次日五更鼓三嚴各官朝服入行慶賀禮縣正詣香案前跪祝曰某衙門某官臣某等荷　國厚恩叨享祿位賴天生我　君保民致治今茲

聖誕或元旦或長至　聖壽川增臣等下情無任欣

躍感戴之至祝訖復位行三跪九叩頭禮畢各官改位東向跪俯伏候儀仗送龍亭安奉於原所

上任儀制

先一日齋宿城隍廟至日五鼓祭神祝曰維某年某月日某官某敢昭告於風雲雷雨之神山川社稷之神本處城隍之神及應祀神祇曰某奉

命來官務專人事主典神祭今者謁神特與神誓神率幽冥陰陽表裏某有政事未修希神默相使我

政典務舉以安黎庶某倘怠政奸貪陷害僚屬凌虐下民神其降殃謹以牲醴致祭神其鑒之尚饗

祭畢鼓樂導赴縣祭儀門公服從中道入至露臺設香案望

闕謝恩畢坐公座排衙報時押公座畢更服回座各員役參見由卑至尊答禮各有差贊禮代諭僚屬曰朝廷設官置吏欲其敬神恤民親賢遠奸興利除害某不敏忝兹重任尚賴一二僚屬及邑中長者匡其不逮其有利所當興弊所當革者某等當竭力爲之以安黎庶諭畢回衙午刻飲公堂晏次日謁各廟行香

列代紀年	職官				
明	知縣	主簿	典史	雙城巡檢司巡檢	中和巡檢司巡檢
嘉靖四十三年	林葵雲南大理舉人有傳	周天造莆田吏員有傳			
四十四年					
四十五年	李韡貴州清平舉人創建學宮邑治有傳				
隆慶元年					
二年			劉珂		
三年					

四年	常正紀四川冨順舉人	梁雲鴻四川吏員			
五年					
六年		仇勉南直監生	張耀南直人		
萬曆元年	應存初浙江仙居舉人德惠弗諼塑像祠祀有傳				
二年					
三年			袁再思江西新建人		
四年	孫振芳廣西宣化舉人	劉深四川監生			
五年			陳世美江西南昌人		

六年		張諷四川監生			
七年					
八年	章加鈺浙江會稽進士		劉邦卿山東人		
九年	黎來玉廣東順德舉人有傳	盧希賢廣西平南恩貢			
十年			吳從龍浙江人		
十一年	余相浙江會稽舉人置五經性理通鑑各二部於尊經閣內				
十二年					
十三年		沈可珩南直華亭監生			

十四年	十五年	十六年	十七年	十八年	十九年	二十年	二十一年
		劉启南江西廬陵舉人有傳		秦𢃄廣西容縣歲貢有傳		李含錦雲南舉人	
	應橦浙江鄞縣吏員		王弘嗣北直薊州監生		柯之孚南直貴池監生		
傅大賢江西南昌人					吳本成		楊洲浙江歸安人

二十二年	二十三年	二十四年	二十五年	二十六年	二十七年	二十八年	二十九年
	李文芳四川綿州進士有傳			王家泰廣東瓊山舉人			
劉光前河南新鄭監生		鄭宦四川廣安吏員					梁汝奇四川興文選貢
		應可欲浙江鄞縣人					

	三十年	三十一年	三十二年	三十三年	三十四年	三十五年	三十六年	三十七年
			胡尚質南直歙縣選貢					
			李雲鵬南直亳州監生			李拱揚南直溧水監生		
	陳善長廣東四會人	張維翰雲南鶴慶人		徐聘卿南直吳縣人		許應龍江西臨川人		范文明四川内江人

	三十八年	三十九年	四十年	四十一年	四十二年	四十三年	四十四年	四十五年
	錢弘毅江西靖安選貢	李克榮北直玉田恩貢		向胤賢四川通江進士有傳		宣大勳雲南蒙化進士	王世臣江西高安舉人	
	陸遹福建南安吏員					何成林浙江嘉善吏員		
			朱光慶浙江仙居人				韓仲微南直高淳人	

十六年					
四十七年		王三聘浙江孝豐監生	王元樟浙江東陽人		
四十八年泰昌元年					
天啟元年	丁惟謹雲南楚雄舉人				陳畧貴州人
二年	林風翀福建莆田舉人	陳恩隆浙江義烏吏員	謝應選浙江會稽人		
三年					
四年		崔士翰南直太平監生			朱天旭貴州銅仁縣人
五年	陳汝情北直保安歲貢		蔣家棟福建晋江人		

六年		楊士清廣東東莞吏員			
七年	蔣洪先廣西全州舉人		吳光鉉浙江餘姚人		
崇禎元年					
二年		張文芳山東阿縣吏員	陳允明浙江鄞縣人		李孟春北直人
三年	王嘉善山東濰縣舉人				
四年		楊枝茂南直碭山吏員			
五年		馬一元	王鵠浙江人		
六年		宋之彥			

七年	八年	九年	十年	十一年	十二年	十三年	十四年
趙利珍山東[illegible]縣舉人修建啟聖祠			李玄玉貴州新貴貢士				
陳明煜		吳弘					曾良佐江南太平拔貢　後缺裁
	胡起謨南直人			張光緒江南東流人		嚴興法浙江人	
			郭尚學江南宣城縣人		朱應珍江南寧國人		

黄安縣志　卷之八　職官　主　年

十五年	十六年
	陳天祉浙江紹興人
趙國賓四川人	

國朝	順治元年	二年	三年	四年	五年
知縣			任有剛山東平原舉人詩字畫三絕		
典史					
雙城巡檢司巡檢					
中和巡檢司巡檢			皮純臣江南人		

黄安縣志　卷之八　職官　大　年

六年			毛弘冉浙江山陰吏員	
七年	蕭世賛北直大興進士有傳			梁成德福建人
八年				
九年				
十年	楊之琳陝西西安舉人以廉平稱丁艱去有傳			
十一年	居人訓浙江常山貢士有傳			
十二年		張起蛟順天通州人		
十三年				王有抱北直成安人

十四年	汪景勳北直河間舉人暴卒			
十五年	蕭位陝西三原進士有傳			
十六年		李震浙江山陰人		
十七年			夏國政浙江山陰吏員	
十八年				徐應春北直薊州人
康熙元年		陳聖謨字士册浙江東陽人		
二年				
三年	恒遷四川邛州			

四年	張一躍北直欒亭貢士捐修學宮士民立碑稱頌有傳			
五年				朱瑞麟北直籍紹興人
六年				
七年				
八年			李永潤山東臨清州吏員	
九年	一躍遷四川黄平州李同亭江南宜興進士			
十年				
十一年	同亭罷			

十二年	徐秉仁遼東舉人政尚仁和民稱慈父有傳			
十三年		。		
十四年		陳銓字晉卿直隷彭城衛人		
十五年	具詳題請換印			金之彪北直薊州籍紹興人
十六年			陸進朝	
十七年	秉仁丁艱尋卒白良琯遼東人筆帖式			
十八年				
十九年				張大經江南寧人

二十年				
二十一年	王雲明河南西華舉人衜文得士有傳		于萬錫山東德平人	
二十二年	張國柱字石公號可庵遼東監生寬仁慈惠歷久不渝衆建祠祿位祀之有傳			劉建纖山東汶上人
二十三年			張璣浙江仁和吏員	
二十四年				
二十五年			胡岱江南含山籍浙江山陰吏員	
二十六年				
二十七年				

二十八年				濮舉賢直隸青縣人
二十九年				
三十年				
三十一年		盧元吉順天通州人		
三十二年				
三十三年				
三十四年	國柱遷陜西寧羌州			
三十五年	劉承啟字光仲號藜齋直隸故城人貢士弭盜鋤強綏征息訟			

三十六年	廷學官課士子纂修邑志

儒學

教諭一員未入流　攢典一人

訓導一員未入流

廩膳生員二十人　增廣生員二十人

附學生員不置額

以上祿糈詳賦役考

列代紀年	教諭			
明				
嘉靖	周天衢江安歲貢四十四年任			
隆慶	文承誥全州舉人二年任	劉寵長淮衛人歲貢四年任		
萬曆	曹輅天長歲貢元年任有傳	王元弼南昌舉人五年任	劉允祚衡陽舉人十一年任有傳	趙時中潁州歲貢十六年任

何翌太興舉人二十年任
熊輪城安歲貢二十三年任
田文齡恭城歲貢二十七年任
高可升雅州歲貢
李應南衡陽歲貢
董大雅永嘉歲貢
呂時雍江夏舉人
費朝宗鉛山歲貢
武建邦祥符歲貢
黎汝謨羅山舉人四十七年任有傳

天啟
黃圖昇蒲圻舉人元年任

崇禎
胡試江夏歲貢五年任
黃元春新建舉人八年任有傳
張道漢敘浦歲貢
方懋修漢川舉人
吳守中漢陽歲貢

國朝

順治
林瑾大冶舉人九年任

康熙
鄒璧明徐州歲貢四年任
盧如參應城舉人五年任卒於官有傳
劉士臣沔陽舉人十四年任陞蒲臺知縣
王顯奇沔陽舉人十九年任端方廉惠陞平越知縣有傳
龔璋蒲圻舉人二十八年任文行超卓士多愛敬卒於官有傳
宋希若蒲圻舉人三十五年任律已端方課士嚴謹

訓導

歷代紀年

明

嘉靖
饒有仁青城歲貢四十四年任

隆慶
袁伯脩豐城歲貢四年任
高樹高陵歲貢四年任

萬曆
項生奇龍泉歲貢二年任
馬錦成都舉人五年任
趙應麟長沙歲貢十年任
王鑰湘陰歲貢十六年任
阮艮謨邵陽歲貢十八年任
王建極歸州歲貢
鄢艮仕鄰水歲貢
彭洵永州歲貢
郭紹孔澧州歲貢
熊兆漢陽歲貢
徐自新嘉魚歲貢
舒應鵠敘浦歲貢七年任

崇禎
濟應源光山歲貢五年任
傅應元安陸歲貢六年任

國朝

順治
駱中駿蒲圻歲貢
王大猷鄖西歲貢
范起鳳鄖縣歲貢
缺裁

康熙
彭焱孝感歲貢十七年復缺任
周國購江夏歲貢二十四年任
雄才淵博雅度品學兼優克稱
雍容卒於官有師表贊襄邑侯
傳
劉捐修學宮纂
修邑志

醫學訓科
僧會司僧會
眞泰　順治二年受事告退邑令任擇委撫賊化強活人甚衆
方等　順治七年受事十一年告退
性廣　順治十一年受事十六年告退
圓蔭　順治十六年受事康熙三年領受部劄康熙九年赴部請印告退焚香斗室遍閱內典都人士欽之
意聖　康熙九年受事十八年告退巳侯贈緇流[illegible]

道會司道會
秦道先　順治二年受事康熙三年告退
王顯耀　康熙三年領部劄受事九年遵部咨領印十一年告退
蕭鳳翔　康熙十一年受事二十八年告退
王思聖　康熙二十九年受任事克勤厥職

戒權　康熙十八年受事十九年告退
寂意　康熙十九年受事二十年告退性靜重清戒律
圓昇　康熙二十一年受事二十二年告退
通眞　康熙二十二年受事三十年告退遵法勤修
法雲　康熙三十一年受事三十五年告退
隱輝　康熙三十五年受事

論曰君子居是官必思有以盡其職職有未盡忝厥位矣一邑之官師一邑之聽觀係焉而或敢稍自隕越以爲官常玷乎安自建邑以來司牧者不一其人司鐸者不一其人先後久暫都人士類皆能道之若乃政化之所漸被教澤之所涵濡豈功茂烈歷久不忘者芳聲固載名宦而姓字必詳職官也顧厥位而思之胡不凜凜夙夜哉

黃安縣志卷之九

知黃安縣事九河劉承啟纂輯

選舉

儒者明體適用原以備聖君賢相側席虛左之旁求蓋內則股肱心膂外則承流宣化言揚行舉孰非有體有用之士哉但歷代取士不必一途隋唐以後科第相仍類皆感會風雲乘時利見躋位尊顯爲邦家光即明經薦舉以及成均選雋勇畧拔尤亦莫不濟時應變足以衛社稷而庇生民夫有非常之人必有非常之遇要自其後而觀之則以爲勳載旂常名垂竹帛有然耳當其偶然投合時豈遽與其必至是哉安固多君子愼毋以庸人自待也作選舉志第九

選舉考

秦漢以前賢良方正之科孝弟力田之選代不乏人特以舊史闕其州里即迤及晉唐宋元間歷稽

譜牒亦多不可考惟安邑初建則然無足異也明初用人不一始用薦辟洪武三年開科六年暫停十七年始頒成式凡三年一舉仍以八月爲始貢則自洪武十六年奏准天下府州縣學自明年爲始歲貢生員每年各一人又二十一年令縣學每三年貢一人二十五年令歲貢縣學一年一人永樂年歲貢照洪武二年例十九年令歲貢照洪武二十一年例天順六年令廩膳生員四十五歲以上者俱貢若宣德六年照各司府州縣連名保舉賢良方正嘉隆以後有恩選拔貢猶薦辟遺意崇禎末年換授保舉幾失之矣例貢粟監次及椽史廣類也褒封蔭子推恩也此勝國之選舉也我

朝順治二年開鄉試科三年開會試科文武一體武無增減三年秋補行鄉試四年行會試五年行鄉試六年行會試每科各廣額有差以後三歲一行至巳亥再行會試後仍三歲一行因仕途壅滯鄉

各減額有差康熙三年停八股專取策論表判十年復取八股歲貢俱照舊例康熙三年停歲貢八年仍復外此有恩貢副榜貢康熙十一年選拔貢十七年舉博學宏詞又有特用有召試有捐納有椽史有褒封蔭子康熙三十五年永廣各省鄉試有差本省加十七名亦加意斯文之曠典也

進士

明

宣德癸丑科

鄒來學　字時敏太仙里人累官副都御史有傳

成化丙戌科

黄伯垓　中和里人累官苑馬寺少卿府志有傳

嘉靖乙未科

方民悅　太仙里人官廣東副使有傳

辛丑科

董　威　灄源里人累官總督

癸丑科

趙　教　太仙里人官四川僉事

丙辰科

耿定向　字在倫號天臺太仙里人經魁累官戶部尚書贈太子少保謚恭簡有傳

戊辰科

周思敬　字子禮號友山麻城太平里人官戶部侍郎贈工部尚書有傳

隆慶辛未科

耿定力　字子健號叔臺太仙里人二甲傳臚累官兵部侍郎贈戶部尚書有傳

萬曆丙戌科

彭遵古　字旦陽太仙里人會魁官尚寶司卿

己丑科

周家棟　字隆之號鶴陽太仙里人會魁官御史督學京畿有傳

乙未科

吳　化　字敦之號曲蘿中和里人官禮部主客司主事有傳

庚戌科

盧堯臣　字贊勳號欽父中和里人官濟南府寧前[illegible]有傳

己未科

秦　植　字立之太仙里人官桐城縣知縣行取有傳

崇禎甲戌科

秦如容　字能之號五梅官中書舍人有傳

國朝

順治壬辰科

鍾　琇　字秀玉號青巖中和里人官戶部江南司郎中丙午江西正主考陝西漢中府知府有傳

吳之珍　字貞吉號西灊灊源里人官山東諸城縣知縣有傳

戊戌科

盧　經　字叔向號蕙浦中和里人官四川重慶府推官有傳

庚戌科

盧　綖　字昭度號菽浦中和里人官直隸永年江南如皋知縣

癸丑科

韓庚寅　字子白號成山灊源里人官河南宜陽直隸唐縣知縣現行取吏部

己未科

吳應庚 字逵齡號岷瞻灊源里人由四川隆昌知縣行取吏部歷任考功司員外

乙丑科

張希良 字師石號石虹中和里人二甲傳臚授庶吉士改編修庚午科浙江正主考丙子科順天副主考武闈副主考現任翰林院侍講欽差浙江學政

宋如辰 字震懷號魯齋黃岡人官翰林院編修

甲戌科

何 逷 字衢上號燕山太仙里人現吏部候選知縣

舉人

明

洪武庚子科

鄒來學 見進士

永樂癸卯科

鄢 忠 灊源里人官訓導

天順壬午科

羅尚芳 太仙里人官司務

成化乙酉科

黃伯垓 見進士

甲午科

秦 安 太仙里人官終南縣知縣

丁酉科

秦尚賢 太仙里人官綿州判官

丙午科

周 珪 太仙里人以失明不仕

弘治乙卯科

秦尚恭 太仙里人官大名府教諭

辛酉科

耿 光 字謙甫太仙里人官衢州府教諭有傳

正德丁卯科

方 鳳 太仙里人官濟源知縣以子封

癸酉科

秦　鏜　太仙里人官肥鄉縣知縣

己卯科

彭鳳儀　太仙里人未仕

嘉靖戊子科

方民悅　見進士

羅大會　太仙里人未仕

庚子科

方民懷　太仙里人官林縣知縣有傳

董　威　見進士中河南榜

癸卯科

陶　釆　灄源里人官四川僉事有傳

彭　台　字東莪太仙里人未仕有傳

己酉科

趙　教　見進士

壬子科

耿定向　見進士

甲子科

耿定力　見進士

周思敬　見進士

萬曆己卯科

王心正　太仙里人官嘉興府通判有傳

王三極　太仙里人官封丘知縣

壬午科

盧克臣　見進士

耿汝忞　字貞甫太仙里人未仕

乙酉科

彭遵古　見進士

戊子科

吳　化　見進士中式第一名

秦　懋　太仙里人未仕

周家棟　見進士

辛卯科

韓邦哲字顥川潺源里人官四川涪州知州山東東昌同知

庚子科

彭應會太仙里人未仕

癸卯科

秦文化太仙里人未仕

丙午科

秦楨見進士

壬子科

王猷中和里人官四川盧山知縣行取御史

乙卯科

耿汝忞字克勵太仙里人未仕著春秋怒渡有傳

戊午科

耿汝思字九一號臺雲太仙里人中南直榜徵聘未仕有傳

韓邦光潺源里人未仕

胡贊華中和里人未仕

天啓辛酉科

劉之楨太仙里人官陝西石泉知縣有傳

丁卯科

秦如容見進士中式第八名

崇禎癸酉科

盧希儒太仙里人

己卯科

江載清中和里人官江西分宜縣知縣有傳

國朝

順治辛卯科

鍾琇見進士中北闈

吳之珍見進士

蕭湑中和里人中北闈

甲午科

程之澍太仙里人官柳州學正

程一棐太仙里人官國子助教有傳

丁酉科

盧　經　見進士

盧　綖　見進士

康熙癸卯科

盧　緯　中和里人官浙江山陰縣知縣有傳

丙午科

盧爾慥　中和里人辛卯恩選中北闈有傳

秦　至　太仙里人官江南婁縣知縣

己酉科

張希良　見進士

韓庚寅　見進士

壬子科

秦如芃　太仙里人中式第八名官鄖縣教諭

盧　絳　中和里人官孝感教諭

戊午科

吳應庚　見進士

辛酉科

俞士閈　太仙里人

甲子科

宋如辰　見進士中式第一名

何　通　見進士中式第二名

秦如鎬　江夏學中式第三名

丁卯科

王　復　孝感人本姓朱

庚午科

秦琪芳　太仙里人有傳

癸酉科

彭鴻詞　中和里人

丙子科

吳弘初　灄源里人邵陽縣訓導中式

貢士

明

秦鉞 太仙里人官江津縣丞　王國任 太仙里人官鄧城縣丞

成化 秦邦寧 太仙里人官蒼梧教諭　王儉 太仙里人官經歷

秦尚友 太仙里人　秦尚經 太仙里人

嘉靖 秦尚克 太仙里人官長興縣丞　吳純學 中和里人貢元官大同府推官

方傑 中和里人官眉州州判　吳尚壽 中和里人官縣丞

程子鳳 灄源里人官興國州學正　秦尚仁 太仙里人

隆慶 汪廷美 太仙里人　趙文林 太仙里人官豊城縣丞

韓宗德 灄源里人官眉州學正　耿汝愚 字古愚太仙里人有傳

吳謙 中和里人官麟遊知縣　秦思九 太仙里人官壽州訓導

韓宗正 灄源里人　王之模 太仙里人官平涼府通判

韓邦偉 灄源里人未仕　方民昭 太仙里人未仕

毛舜孝 太仙里人未仕　張順 太仙里人官澧州學正

李正紀 太仙里人未仕　耿汝相 太仙里人官荊門州學正

耿汝思 太仙里人中應天戊午鄉試　王偶 中和里人官長寧知縣有傳

吳光龍 中和里人官盧江知縣有傳　胡亂祥 灄源里人未仕

李時芳 太仙里人　余爕 中和里人官瀏陽訓導

韓勳 灄源里人　丁世美 太仙里人

秦棟　程之渾 太仙里人官淮安知府

陶彥　鍾永泰 中和里人

王國寧 中和里人官彭澤知縣　劉廷玉

韓若勉　彭壽雋 太仙里人德安教授

萬曆 陶淳 灄源里人官濟寧州判　王三顧 太仙里人

王之策 太仙里人官通江知縣　汪霑 太仙里人

吳楚儒 灄源里人　方一鯤 灄源里人官夔州府教授

周之禮 太仙里人官東安教諭　吳立儒 灄源里人

黃通 灄源里人官南漳教諭　姚一右 灄源里人官和州學正

趙應奎 太仙里人官漢陽訓導　方之奇 太仙里人官潼關教授

秦思顯 太仙里人官新寧教諭　程自重 太仙里人官辰州府教授

王宗正 太仙里人未仕　王偁 中和里人

熊光楚 太仙里人擢象山知縣未任有傳

王之賞 中和里人官江夏訓導有傳　曾師孔 中和里人官江陵訓導有傳

耿應運 中和里人官石首訓導遷鄞城縣未任

程繼善 太仙里人官安慶府推官　王之猷 太仙里人官蒙縣丞

吳　釆 中和里人官四川成都府叅軍有傳

韓漢文 灊源里人傳　吳光寅 中和里人官范縣知縣靖節有傳

蕭引鳳 中和里人

王之春　劉三台

彭應選 太仙里人官陝西靜寧知州　吳光乾 中和里人官四川金堂訓導晉

瀘山知縣

國朝

順治 鍾　琇 見進士　盧繩慈 中和里人官松楊知縣

耿宗璩 太仙里人官考授推官改任浙江上虞知縣

蕭　滑 見舉人　劉　琰 灊源里人

周　楨 麻城縣人　吳　檕 中和里人官鄖西司訓

趙應璜 太仙里人官松滋訓導　程之潔 太仙里人授知縣未

程之龍 太仙里人官訓導　李映珍 中和里人官知縣改教諭

彭繩祖 中和里人官乾州知府　葉　茲 中和里人

盧之懔 中和里人官新寧訓導有傳　李光炳 太仙里人官攸縣訓導

周啟祚 太仙里人官訓導　程之驥 太仙里人官武岡州學正

吳繼善 字經伯灊源里人漢陽訓導　張德一 太仙里人

江惟清 中和里人竹山訓導未任　王先正 太仙里人官瀘溪縣丞

秦中理 太仙里人考授縣丞　盧爾慥 見舉人

耿起宗 太仙里人官安鄉訓導　姚　觀 中和里人

曾岳年 中和里人官元城知縣　曾禺年 中和里人

蕭來鳳 中和里人　黃漢臣 太仙里人

孟應瑄 太仙里人官德安教授　盧維茲 中和里人官均州訓導

周承玟 中和里人本姓黃

康熙 曹維翰 太仙里人有傳　何　遜 太仙里人有傳

張經錫 中和里人城步訓導未任有傳　盧之驎 太仙里人

彭鴻功 中和里人　黃　瑄 太仙里人

張敦仁中和里人　孫叔嗣黄岡人
吳弘初見舉人　鍾應逐中和里人官嘉魚訓導
程懋根太仙里人　盧緒中和里人官襄陽訓導
吳之雍太仙里人　汪霖中和里人有傳
楊震生太仙里人　胡明亘中和里人
陳志道江夏人　吳尚灄源里人
程應世太仙里人壬子副榜　江宗中和里人
孟之春中和里人

國學

明

嘉靖　吳可學中和里人累官光祿寺署正有傳
耿應衡太仙里人廪監見薦辟有傳
盧永阜中和里人　吳來學
耿汝念太仙里人指揮使有傳　吳稾中和里人考選知縣丁艱未仕
盧永畿中和里人　耿應台太仙里人上林苑丞
吳國寧灄源里人任江西星子縣主簿陞吉水縣縣丞崇祀鄉賢有傳

耿應騶廪監生　盧爾悌中和里人有傳
吳士伸灄源里人任南京光祿寺大官署署正降調後題補河南桐栢縣知縣有傳
耿應衡太仙里人附監有傳　吳戌龍中和里人有傳
盧爾恬中和里人　吳願學中和里人有傳

國朝

順治　耿宗麟太仙里人　耿培宗太仙里人
康熙　彭喆太仙里人附監考授州同　鍾應瑤中和里人廪監考授州同
盧績中和里人附監考授縣丞　耿與待太仙里人附監考授州同

盧綬中和里人附監考授縣丞　盧組中和里人附監考授縣丞
王明岱太仙里人附巒監考授縣丞　盧洽中和里人附監考授州同
盧洛中和里人考授州同　劉同寅太仙里人附監考授州判
張希賢中和里人附監　李國璧太仙里人考授縣丞
鍾應造中和里人廪監　鍾裕訓中和里人附監
張棣中和里人廪監　盧爾懌中和里人增監
王之乾太仙里人附監　耿與勃太仙里人考授縣丞
耿麒宗太仙里人附監有傳　鍾際泰中和里人

張 欒 中和里人附監
張 藻 中和里人考授州同
王以重 太仙里人附監考授縣丞
盧統慈 中和里人增監考授州同
吳遵路 濂源里人廩監
盧 拱 中和里人附監
耿興衜 太仙里人附監考授縣丞
彭念祖 中和里人考授縣丞
吳人鳳 濂源里人附監
盧 紹 中和里人
耿昭晃 太仙里人附監考授縣丞
詹 星 中和里人附監考授縣丞
吳儀鳳 濂源里人考授州同
耿興仁 中和里人
盧 滐 中和里人
盧 澤 中和里人

吳世極 太仙里人
周承杲 太仙里人附監
張 寬 太仙里人附監
盧 清 中和里人
黄 第 太仙里人考授州同
江師沆 中和里人
夏之烈 太仙里人考授縣丞
周國基 中和里人附監
吳司燮 中和里人
張志昇 太仙里人
吳威鳳 濂源里人考授州同
劉茂仁 太仙里人
劉紹堯 太仙里人附監
王顯超 太仙里人
盧 蒿 中和里人
吳 鑾 濂源里人

王一相 太仙里人附監
石 溥 太仙里人
盧 涑 中和里人
金淳仁 太仙里人
張 仁 太仙里人
劉希文 中和里人
李如珺 中和里人
蕭龍見 太仙里人
金 恩 太仙里人
劉光國 濂源里人
王顯群 太仙里人
程懋本 中和里人
阮興芴 中和里人
石 涵 太仙里人
王經世
傅邦榮

楊其英 太仙里人
朱師濂
秦世英 太仙里人
吳世範 濂源里人
秦天申 太仙里人
秦國鈔 太仙里人廩監考授縣丞
吳遵聖 濂源里人附監
戴 曙 中和里人
董 正 中和里人
蔣元春 太仙里人附監
胡必祿
朱錫爵 濂源里人
張國珩 濂源里人
董承舒 太仙里人附監
黄餘韻 濂源里人
熊廷武 濂源里人

張源逢 中都里人　王懋仁 太仙里人本姓程

彭英 太仙里人　李如鄴 灊源里人

彭愈焜 太仙里人候選縣丞　彭愈煜 太仙里人

貤封

明

詹同 誥封吏部尚書諡文憲

吳琳 誥封吏部尚書

鄒來學 誥封右僉都御史提督京東軍務

方鳳 以子民悅封郎中

耿大振 以孫定向誥贈通議大夫刑部右侍郎妻李氏淑人有傳

耿金 以子定向誥封通議大夫監察御史妻秦氏淑人有傳

耿定向 戶部尚書誥贈太子少保諡恭簡妻彭氏淑人有傳

耿定力 都察院右僉都御史兵部侍郎誥贈戶部尚書妻朱氏淑人

周任 以子思敬贈主事

彭遵古 贈禮部儀制司主事妻胡氏安人

周思敬 戶部右侍郎誥贈工部尚書妻王氏淑人

周孔 以子家棟贈監察御史

周家棟 封文林郎廣東道監察御史妻羅氏孺人

耿汝愚 以子應昌封承德郎妻彭氏黃氏安人

耿應昌 封承德郎妻韓氏劉氏安人

秦獻忠 以子如容贈徵仕郎

秦如容 封徵仕郎

國朝

順治 鍾繼鳳 以子琇誥贈中憲大夫妻徐氏袁氏恭人

鍾琇 誥封中憲大夫妻戴氏恭人有傳

彭象賢 以子繩祖誥封中憲大夫妻余氏恭人

彭繩祖 誥封中憲大夫妻張氏吳氏恭人

盧爾悌　以子綖贈文林郎　妻李氏封孺人

盧綖　敕封文林郎　妻彭氏孺人

盧爾恒　以子緯誥贈文林郎　妻梅氏孺人

盧緯　敕封文林郎　妻梅氏孺人

吳之璜　以子應庚贈文林郎　妻杜氏封太孺人

吳應庚　敕封文林郎　妻韓氏孺人

張伯程　以子希良敕贈文林郎日講官起居注翰林院編修　妻姚氏封孺人

張希良　敕封文林郎日講官起居注翰林院編修　妻彭氏贈孺人

韓名世　以子庚寅敕封文林郎　妻熊氏孺人

韓庚寅　敕封文林郎

劉正極　以子茂基誥贈明威將軍

劉茂基　誥封明威將軍

恩蔭

明

崇禎　耿應昌　太仙里人官戶部主事有傳

周世鎮　太仙里人官南京太常典簿有傳

耿應輿　太仙里人官刑部主事有傳

薦辟

元

趙玉峯　太仙里人　官樞密使

明

洪武　吳温　中和里人徵召官閩南招撫使

吳應澍　中和里人徵召不起崇祀鄉賢

詹同　中和里人徵召累官學士承旨崇祀鄉賢有傳

吳琳　中和里人徵召累官吏部尚書崇祀鄉賢有傳

吳榮一　中和里人徵召不仕有傳

趙　洪 太仙里人官知縣

崇禎 耿汝思 太仙里人徵召未仕

盧爾惇 中和里人薦舉官四川巴州知州殉難有傳

陳堯章

國朝

順治 耿應衡 太仙里人薦舉官浙江兵備副使崇祀鄉賢有傳

武進士

國朝

順治壬辰科

秦文光 太仙里人

武舉人

明

萬曆乙卯科

盧舜臣 中和里人文學丙辰副榜鄉飲大賓有傳

甲子科

胡　伯 中和里人

丁卯科

秦在中 太仙里人

庚午科

黃　瑞 中和里人

癸酉科

黃　玠 中和里人

己卯科

盧伯魁 中和里人榜姓李官四川夔州守備殉難

秦文愜 太仙里人官銅鼓衛守備

崇禎壬午科

秦文調 字茂粤太仙里人

秦文光 字茂[illegible]太仙里人見進士

胡　順 中和里人北直千總

夏舞羽中和里人
趙光早太仙里人文學
徐萬憲太仙里人
彭泰齡
張君禾
胡白
趙完朴

國朝

順治辛卯科
黃天錫中和里人本姓庫官汝寧守備
彭岱齡太仙里人龍泉衛守禦

甲午科
趙應禎太仙里人
江之鯨中和里人官直隸眞定守禦
劉茂基中和里人戊戌會試副榜官江南都司僉書管石城衛掌印守備事誥封明威將軍致仕鄉飲大賓有傳

楊國安中和里人官錢塘遊擊

丁酉科
趙琦太仙里人
蔡之茂中和里人
王冑中和里人
吳之寬
劉之英
汪之鯨

庚子科
梅滋字樹德太仙里人官江南廬州衛千總
李如覺太仙里人官江南鳳陽守備

康熙癸卯科
鍾玗字石航中和里人有傳
蕭演華中和里人

辛酉科
鍾其鐸中和里人

庚午科

毌液後 太仙里人

雷鎮邦 濯源里人

論曰一邑之内必有真才實足以備鴻漸雲逵之用者然守貞待字亦各有其時爲昔范文正公做秀才時便以天下爲巳任伊吕事業何必不早具於耕莘釣渭時乎葢在野非餙名欺世之徒在朝必非持禄養交之士處爲名儒出爲名世仕隱原非二致也炳烺史冊夫豈純盜虚聲者所能襲取耶景仰前徽愈殷來哲之慕多士勉乎哉

黄安縣志卷之十上

知黄安縣事九河劉承啟纂輯

人物

道德與勳業相爲表裏者也臯夔伊吕不言道德而勳業自有所本濂洛關閩不言勳業而道德則罔弗該遭時雖不必同易地初無二致若乃重勳業者遺棄道德而勳業等浮雲重道德者遺棄勳業而道德爲虚位皆爲君子所不取溯安邑治聲教澤文章事功炳烺史冊前此固云盛矣若雅化仁聲踵武接軫以講學與行者更不乏人然或蹟茂形廷而疏草剷而不録或學成阿凋而名山秘矣無聞甚者節著千秋在當時先耻自售才超四履於過都偶寄萍踪以及幻傳於未必然之中名存於偶一有之内曠觀天地無所不該不獨安邑爲然也作人物志第十

理學

楚自周濂溪倡道舂陵發千百年不傳之秘二程固濂溪之顔曾也先儒又謂明道如顔子伊川如孟子其皆然歟黃安爲黃陂灊源分邑二程實産黃陂春風鼓舞之近立雪羹慕之親莫安邑若也仰溯前徽俯廸來哲凡優入於其域者不亦有厚幸乎故附於人物而曰理學

明朝大司農恭簡耿定向

恭簡耿先生勲業顯乎朝宁理學範乎儒林固有

不待傳而著者然越鄙聞風尚勤仰止幸親珂里不適慰向往之私乎觀其辨邪正消長之幾廣推賢讓能之路一言而著恭奉之一事而喬嶽尊之亦旣載颺彤管鐫深金石矣茲且在安言安都人士沐浴而咏歌者何以越百數十年如一日耶蓋其創議建邑旣有以安其身倡明正學復有以安其心如荒原曠土悉變爲鷄犬桑麻則凡服先疇者不將曰微恭簡烏能使我耕鑿忘勞乎萑苻奸宄盡化爲詩書禮樂則凡遵舊德者不將曰微恭簡烏能使我絃誦罔斁乎天下爲民生奠衽席上爲國家闢土田内與伯仲悟性情外與同人深道德實心實事推暨何窮盛德大業於斯爲至若逅先生之居而不知其所以異於人者何在但以大司徒贈宫保謚蔭有加推榮遇之極僅與爵崇位顯者同其稱譽亦何足以傳恭簡

講學二十五子

恭簡公之友教多方也世遠不及見然考其專祠左右諸公抑何卓犖不羣奉教恐後耶聞道有先後而師弟郎從此出焉微昌黎言師道大抵然已余故仰而溯之見其列於左者則有若臨桂令焦伯賢端江寧廣文華貞季明經殷德夫王以衡詹孟仁楊道南孝淳左春坊殿撰焦漪園竑僉憲管登之志道少司寇吳伯恒自新侍講鄒汝光德溥杭州太守方思善揚及八先生仲臺公凡十二人

列於右者則有若丁封翁惟寅新野令李士龍登進士李維明王德孺李湜之學録陳桂林應芳明經李瀚峯潘朝言學士殷撰沈君典懋學吏部司務黄守拙奇士尚寶卿潘去華士藻及少司馬叔臺公凡十三人合之爲二十五人聞焦漪園先生於白門清凉山下特奉恭簡所爲景賢名數適與此同吁千里侍側尊所聞而行所知迄今猶凛凛如昨可想當日斯文之盛矣

布衣耿定理

耿仲子諱定理字子庸號楚倥一號仲臺海内稱爲八先生者是也生而孝友孩提時弟定力生父母以貧不能舉將溺之輙泣曰兄有余余柰何無弟或曰柰衣食何曰衣食輙吾半兩無傷也侍兄天臺邸中疾倉皇泣奔道遇風雷不怖長就傅欲事呫嗶曰自砥礪直探聖學久之豁然有悟兄聞與論亦多所啟發封君性甚嚴朝夕侍養靡不得其歡心嘗曰不有出者誰光吾祏不有守者誰任晨昏吾庶幾無憂哉且樂與人爲善賢士多歸之嘉靖初里中盜起朝議叛邑治曠野荒原有司莫措手乃躬自驅虎豹剪荆棘爲小茇招善賈者賂具魚鹽以市賈得利後稍稍有至者輙助之治廛不踰月成集朞年成都矣邑令每初至聞其名必就問仲子曰吾野人何知率退避不見居喪不泥古儀而任情爲禮頗多符合萬曆甲申卒年纔五

十一海内推黄安理學首屈一指不誣也

孝廉彭台

台字公甫究心理學以誠敬爲宗生平無妄語清操雅度英毅端重克養純粹賢愚宗之稱爲東莪先生大父文明以胡氏春秋教授弟子父鳳儀中正德乙卯鄉試台生四歲而孤幼即識趣迥異無童心髫時侍諸薦紳燕退鄙之曰其語齪齪若是世何賴焉聞一善識之不忘稍長讀聖賢書及躬

肯証有必爲聖賢之志嘗爲日履記署其上曰天鑒在茲雖念慮夢寐少遺於道冲冲竟日踰冠舉於鄉益以明道善俗爲已任屢空不事干謁同年友諷之以不解如何是坐忘之句台答以顔子坐忘嘗於簞瓢中求之其友慚而止嘗計偕偕病有爲代取公車費以貽之者恚曰吾既病安敢濫國典還之公移病歸時唁之者多致流涕矣曰殀壽不貳君何恚爲卒年二十九貧不能治殮其友劉

思召輩醵金殯之隆慶間崇祀鄉賢自台後三世单傳至其裔孫州倅彭喆亦漸蕃興矣

鳳陽別駕盧大儒

於邪說橫行時卓然以正學自任者於明嘉靖得一人焉曰盧大儒邑廩生世居中和之河東學者遂以東河先生稱之少穎悟讀書日夕可盈寸過目輒不忘稍長博極群書是時士大夫多浸淫於良知家言公獨取周程張朱之書精究其理詮五經解凡西銘太極多所發明能補宋儒所未及自言曰學聖賢者在身體力行何事沾沾口耳爲一時翕然宗之中明丁酉副車授浮光唐縣兩學廣文負笈相隨者壓縷縷起道上也精胡氏春秋應制舉額滿見遺族弟大化勸其改公曰遇不遇命也改經便郎售乎後由學博陞鳳陽郡倅未至任而卒卒之前一夕猶取所著麟經集署其上曰三更睡五更起不如此不如死切囑兒曹習弗已

去今百有餘年盧氏之業是經而獲捷者指不勝屈或亦有以信之於其後歟

處士吳心學

心學號少虞太仙里人家世業農彼獨一意孔孟之學隱入似馬山初杖履山中登高選勝鑿山闢徑鋤石得記云似馬山中出洞龍已而數椽架室半壁一夜雷雨大作電光如火旦視之則山腹爲空後乃稍稍營建督學胡公廬山顔其門爲洞龍

書屋尋復訪學求友足跡幾遍海內收遺書數百卷栩栩然買舟而歸歸則講會益力庚寅疾且篤謂門人曰吾殆將不起所有諸物悉散去以贍貧士之好學者猶與諸士講論不輟逆卒其學以下學上達爲宗教人以郎事郎心爲本居山中凡二十年晚訂一編名洞龍集學者號爲洞龍先生云

寧前司理盧尭臣

尭臣字賛勳號欽父幼敦敏通五經尤精河洛理

數八歲能文應童子試當事見其少試以聯輒應如響十三補弟子員食餼以聖賢自命長從恭簡遊左餘姚而右紫陽學獨得其宗弱冠登賢書初上春官心動欲還還果父病若感嚙指然父偶不瞶跪而請曰有兒在甘苦當無不與弟共者父乃瞋卒之俾弟舜立科名以已所掂業悉均之服闋十偕計魁庚戌進士初授益都宰有罷好仁貽丐子肙工人殺主而遁其室親猜得之以罷抵罪勢僕奪士居及權吏奪民妻者俱榜以逞咸稱神明父母云壬子應山東同考聘元魁盡出其門後多以忠義著會所忤權貴中以計典降尉臨漳尤能得士號氷鑑焉尋擢寧前節推脫名將冤獄長繫三百十一人用以督戰屢獲捷有古儒將風忽所忤居要樞乃築天山遯退與其徒講學以自老卒年七十有五著有三不朽先進遺風諸文集行於世闔邑公請崇祀予景其道德勳名詳允鄉賢

論曰紫陽金谿之異以分德性問學文莊文成之異以進退一紫陽不知有問學而德性始徵實踐有紫陽而道統始獲攸歸蓋紫陽之循序漸進郎至聖之下學上達彼昏不知舍卑邇而騖高遠所以淪於二氏之虛空而不自覺也雖然文成之功在社稷利在生民若徒以其空虛無據之言並其爛焉之勳業而略之亦持論者之過也嚮使文成不入理學而專尚經濟則文成亦何可少哉

名賢

賢才之生於其地也如祥麟威鳳見者皆知欽而慕之其出也固爲國家柱石其處也亦爲鄉里儀型即或德不必備而一善可師才不必全而一長足採取其大醇而略其小疵皆足以磨厲風俗陶淑人心也故附於人物而曰名賢

明朝

冢宰文憲詹同

文憲詹先生原名書字同文因明高帝數呼同文

字遂名同自婺源遷黃岡高帝平陳詢耆舊召對稱旨以國子博士陞考功郎中爲起居注命求遺書尊孔氏考宗廟時饗禮吳元年論國史當直書洪武元年命畫古孝行及起家戰伐歷試愁苦圖示子孫釐正音樂進所訂釋奠樂章以翰林待制遷直學士尋陞侍讀學士論加禮大臣公但取戴記及賈誼疏以進四年陞吏部尚書六年命以學士承旨兼之典修日曆總裁自起兵臨濠凡征伐次第禮樂沿革刑政設施羣臣功過四譯朝貢一百卷藏金櫃又自敬天分四十類爲五卷名皇明寶訓每侍燕賦詩上笑和之以老乞歸未幾復起著有天衢吟嘯海消諸集宋濂推先生爲開國文臣第一子徽以太宰兼總憲加宮保從子希原普大書官中翰嶽生三子長綬居黃岡次綾居黃陂次綱居黃安有石坊木主余重新之

冢宰吳琳

公字朝陽中和里人有弟琛字天錫官衢州府同知皆西山先生子也純篤力學通毛詩小戴記明太祖平陳徵荆楚名儒用詹同薦召爲國子博士與同並教胄子公才藻不及同而商確經義亹亹不倦似過之每咨時事所進嘉謨必稱旨嗣遷浙江按察司僉事歷試鹺臺皆有能聲入爲起居注吳元年命求遺賢於四方陞太常卿進兵部尚書尋以經學優命與司業宋濂典京闈鄉試洪武三

年改吏部尚書時雖有給事中侯庸署侍郎事公
惟與前尚書詹同迭視事未幾以老致仕得請家
居上徐遣使察之使者至旁舍見一農人拔秧布
田貌甚端問曰吳尚書何在農人斂手對曰琳在
是郎吳尚書也使還白狀上益重之與同並崇祀
鄉賢後並立坊余皆重新之

郡司馬吳琛

吳琛字文錫西山先生子也少好學修父業與兄

琳齊名授衢州府同知盡心奉法政多偉績

副憲鄒來學

鄒公字時敏太平里人宣德癸丑進士授戶部主
事轉員外以從靖遠伯王驥征麓川功陞郎中丁
內艱復改通政司右叅議督備於永平山海正統
巳巳京城驚擾右僉都御史巡視畿甸東北關隘
公請諸帥各據險要斷其歸路內外夾攻尋命趨
紫荊關易州等處偕昌平侯楊洪追躡其後公立

屯堡築城浚池繕倉庾轉芻粟精器械舉將練兵
所賴扞蔽爲多景泰癸酉陞副都御史命兼制居
庸倒馬白羊龍泉等關甲戌東南數郡大旱朝廷
材公改命巡撫蘇松常鎮賑之時小麥將熟忽皆
黃朽公奏土沃民庶之地變爲愁嘆嗟怨之墟請
蠲逋負勸耕鑿發廩興水利執問守令之科斂侵
欺凌虐剝削者仍引咎自陳又請存京儲以備賑
濟復輪運以省勞費皆善其議進以勞瘁道卒嗟

乎公可謂以勞定國以死勤事者矣命遣官致祭
有司歸喪營葬孫騏登進士

少卿黃伯玹

黃伯玹中和里人弘治朝進士累官少卿宦成之
日居不數椽田不百畝分給八子仍若寒素焉少
司馬耿叔臺題其卷曰清白遺風嗚呼人亦最難
清白耳黃之後裔世守勿失則伯玹之遺風未遠
也

贈工部尚書周思敬

周思敬字子禮號友山隆慶戊辰科進士起家水部郎時執政炙手可熱公嶽嶽不爲下公才望傾得補銓諫以忤相出備兵寧州時寧有巨寇嘯集莫敢攖公饒方略甫數月賊魁授首副使廣信叅政涪州雖名晉秩實棄之荒徼也垣臣鄒公元標疏上始得擢光祿卿三遷至少司徒時議援朝鮮公抗陳不可得俞旨報罷朝野震服以疾卒於官

贈大司空公生平學殖得力於耿恭簡爲多恭簡建邑公有助焉今譙樓東向榜曰慈孝里者公手跡也公於麻邑爲著族所居里割入黄安子孫遂爲安人焉

孝廉耿光

耿光字謙甫號筆崖年十九始發憤爲舉子業治胡氏春秋日有所晩則集餘膏夜繼必如刻程乃已弘治辛酉歲試郡邑俱高等入會城作書上代巡亟爲稱賞覆試以文更奇之乃得入試遂與計偕上春官不第初授河陰教諭課諸庠生如課家子弟復晉江陰教諭已晉衢州教授歷聘典試事性篤孝念養不逮親居嘗悲愴有詩曰父母人皆有如何我獨亡茫茫天地裡自覺此身孤至今誦者感焉歲稔常捐俸賑族衆族有寡居嘉其有志操製衣珥貺之耿氏克昌厥後有以夫

贈户部尚書耿定力

公字子健又字叔臺以伯兄沉毅仲兄高明公兼之在伯仲間方誕時秦淑人病且貧不欲舉仲纔七歲哭曰兄有我我奈何無弟乃舉從伯兄恭簡業隨督學南畿得師友力辛未成進士見座師江陵權盛惟尊信房師王文肅以刑部副郎丁内艱歸復兵部出爲台州守丁外艱歸復成都守蜀苦採木豫遣探分夸險布恩信商夸樂趨處收木留難豫請冬曹頒式商木至就程直指被胠篋捕治

庖人伏辜有夫挟其婦死不論抵坐詈姑律奏最賜宴以征播功錫寶鏹晋副使督閩學稱得士轉叅政擢太常晋右通政諭祭襄藩過里僶恭簡裘還朝擢南僉都疏榷使罔利藪奸上新河變疏黨璫晋右副都與冢太宰王内訌晋兵部右侍郎妖人劉天緒騷動擒治厥魁中途乞骸骨尋病歿所司請卹贈南京戸部尚書男孝廉汝忞克世其家

林縣令方民懷

方民懷字懋元少狷謹長志古人之學從道峯毛先生遊中嘉靖庚子鄉試凡二十年絕跡公府嘗寓旅舍有女來奔懷正色叱之女跪曰父爲債窘故不耻獻身以求脱懷惡取橐金賙而遣之有魯男子風焉謁選得林縣令五載多惠政林民德之有監司臨以非禮懷拂衣起曰廿年不出正慮如此遂歸歸之日橐無一錢杜門却掃郎族里徵召不赴家壁立而日以醇醪自娛伯兄憲副歿乏嗣家累鉅萬懷臨其喪曰此禍胎也不顧而去任族黨恣取之晚爲贊以見志曰一箇模樣如痴如拙一箇心腸如石如鐵一箇義字如粟如帛一箇利字如此如蝎人問不知向人不說事到頭來自信自夾里人士傳誦咸謂無愧詞焉

僉事陶釆

公諱釆號左山灄源里人父文明早逝公性至孝讀書山寺時以母病繫念歸省無定期嘉靖癸卯以麟經舉於鄉授河南泌陽令尋陞四川威州刺

史遷叙馬驢兵備僉事時公年五十從事行間聞畫角聲愴然泣下竊動歸養之志屢求兩臺疏不遂值上表至京得允其請欣然就道謂准假之日即養志之日歸安置宅城中爲奉母第因以姓名其巷至今相傳未改焉誥封奉政大夫父贈如公爵母黄封太宜人卒年七十二崇祀鄉賢

副使方民悦

方公字懋德號三河太仙里人父孝廉生子六公居五有異姿就塾時輙一過不忘稍長博通秦漢諸史下筆千言倚馬可待戊子舉於鄉乙未成進士除六安知州歷禮部員外歷本部郎中當分宜之初入相也公聞而歎曰天下自此多事矣人始謂公言太過後咸服其有高識焉俸滿出爲廣東兵備副使惠澤流溢士民樂之先是海南富商以飄洋爲大利時伏莽竊據其間商苦甚公百方巡

緝擒獲者衆商人德公比歿海南之民如喪考妣罷市者三日櫬歸送者數千人衣冠盡白塡滿郊原立祠奉祀至今馨香未替

御史周家棟

公字隆之號鶴陽明萬曆戊子己丑聯捷累官監察御史督學京畿公太平里人也界張家山近麻城金場河近安邑有客醫過妄指地有礦近民費工餼掘之無所獲掘者輙多壓死邑令余閉之萬曆時內監陳奉啣命來楚採礦稅首駐麻城建旐山中奸民藉礦陷命良善桁楊桎梏相望邑簿鄭力爭之不得甚至括富室金珥饜之猶未已因以山爲銀礦歲包賠銀二千一百六十兩河爲金礦歲包賠金二十四兩其銷解秤兌鳩工開鑿之費更不貲附近居民逃竄奸民又藉追負額陷害良善邑令不得已那正賦充數公方出按吳越力爲陳說利害兩礦乃罷邑人德之特以性刻深或偶

肆譏刺中人隱井里之儇薄輕佻者遂相率效法而公實未必然也然則表率井里合厚重亦安所據哉

庠彥盧溉

盧溉字源長邑廩生爲人恬淡寡營與世無求事親以孝聞侍兄長循循有禮重然諾恤孤寡好周人之急濟人之危不以爲功見人有勢利必逃避之惟恐其不遠嘗與族衆靜同下帷飲食衣服俱

二曁靜登鄉薦溉謂其兄濟曰彼已登科名我豈當遠之及靜卒妻方氏苦節溉撫恤如初終身不少間晚年讀書樂道日以教子弟爲事每謂其子曰讀書縱不得利達獨不可淑心性乎古今大聖賢皆從此做出汝曹毋自棄父子談論有相得處輒欣然曰天倫中多樂事此之謂耳彼勢利何足羨教三子俱成通儒年八十始卒

桐城令秦植

公諱植字立之太仙里人登丙午賢書巳未第春官爲文清刻性峭直初筮全椒令後改桐城擢垣中去其實政見兩邑傳志不具論方公家食時偶小集適一遠人挾拍板以侑觴公異之曰君非常人也命坐叩所來乃對曰某本江左書生因令親典學政見黜心頗不甘特訪至此公曰文在乎應曰在郎出之袖中公覽竟擊節曰故知君非常人也遂以其文謁司衡者白其事司衡異之亟發篋覵所落卷乃知以油污燭燬未入目星馳復其初後聯鑣爲海内名士盍李君叔元也又在官時一勢宦因婿家中落欲悔絲蘿速之訟丐囑於公公曰第以白鏹數百金來令女一出質斷之易耳宦家如其言比就鞫公謂曰君所以如此者謂婿貧耳今不貧矣女宜從一余爲伐焉因呼女入署治奩具嫁之時論無不稱快後公殁二人皆不遠千里致生芻之奠焉

貢士耿汝愚

耿汝愚字克明號古愚恭簡冢子也年十七爲吳襄惠拔識入泮屢試冠軍餼於庠兩登副榜三十一爲陳霽岩省選澤宮廷試禮部吏部皆第一例授州牧公不屑辭而歸楚楚闈典試分考皆恭簡門人將有所授公不屑避而之燕燕闈分考雅慕公名密緘達旨公不屑又避而歸楚冢宰陸莊簡以國器期公屬公謁選當破格公傲然不屑語人

曰陸公何金玉其人而糞土其言耶自是不復見公旣不屑詭遇而數復不偶年且強仕遂絕意仕進著書自娛著有耿氏春秋自娛篇自怡篇江汝社集四六草尺牘草魚虫考烏光傳而尤精研於字學著韻會類編恭簡歿家困窮公嘆曰出仕不至上柱國居家不至十萬安可比諸人乎乃屏著述而修討然之術凡二十年竟至十萬公爲人嚴毅狷介不信二氏不蹈時趨卒年七十神完氣足

其善行則載家傳矣

學博盧廷篪

盧廷篪字心齋中和里人少嗜學治胡氏春秋兼習尙書有聲授徒著書與兄廷簡廷籌同食上庠餼屢試高等九入棘闈數奇不售性孝友執母喪昆季皆不克舉元配余氏望族女也悉傾其衣飾床幃得五十金賴以周後事用是家計坐中落篪益力學余氏亦未嘗以貧窶交室人謫焉歲大祲氏躬乞糴姑妯間止氏餉之漏下後適二豎子然炬俟道左童子過而異之詢狀豎曰衛盧太君還也頃之氏果從道上至傳之鄉里爭以爲異且來賀曰吾世種德果爾亦不足異値歲除偷兒潛踰其宅獲焉偷兒紿曰歲將暮無以將母故來竊公几上肉耳曰若果母遺半分卒歲具以與之偷兒慚謝後改行亦不以姓名語人嘗歲薦例得司訓篪曰吾生平教授多所成就均師儒也寧俟秉鐸

乎遂不出越明年子堯臣舉於鄉又明年卒崇祀鄉賢

孝廉耿汝思

耿汝思字九一八先生仲臺季子伯父大司農恭簡育爲己子敭歷中外所至與俱初就塾時恭簡問曰兒何志對曰志爲聖人恭簡深契之口授韻語曰咨爾思式諦聽汝六齡云作聖凡十六言以訓之稍長侍恭簡於宦邸恭簡偶裒上所賜予篚

常俸有缣數端命識之公忽長跪請曰往聞清白吏不以餘物遺子孫顧安所得此恭簡欣然曰兒生有聖骨是吾師也不宜在弟子列會滿考當得廕欲署其名上聞泣辭而罷十五補諸生十八食餼歲乙卯以明經貢於大廷戊午舉於南闈復四上公車不第遂絕意仕進益修明八先生之學矣生平孝友醇至而意致豪爽海內名宿多從之遊閭里有小忿爭不之訟庭而就公爲質成蓋居然

仲弓彥方之在鄉邦也古所稱篤行君子庶幾乎見之矣明崇禎丁丑秋修弓旌之舉民部郎周君之茂以其名聞下詔徵之而公已先赴玉樓召矣然蓋棺而名益彰士論榮之

孝廉耿汝忞

耿汝忞字克勵贈大司農諱定力之子也少穎敏好讀書偶一寓目終身輒不忘喜端坐牙籤玉軸陳設架閣觸手抽觀無不如意爲人清淨寡欲不狎女色慷慨以古人自命與人交溫語霽色至大義所關又森若冰霜不可犯伉摯朴厚無遠近疏戚皆信之乙卯舉於鄉再上公車不第志鬱鬱不伸日與焦弱侯艾千子諸名家論文賦詩五雲天臺間遊屐登臨興復不淺中懷曠達家事瑣屑概置不問有春秋愍渡行世

吉水丞吳國寧

吳國寧字敬庵灝源里人好學篤行母黃氏早逝

事父及後母以至孝聞父病侍疾日夜悲號嘗糞度不起遂觸地痛絕移時方甦父卒廬墓者三年未嘗見齒有幼弟三皆繼出父命分財異居寧曰兒硯田筆耕可自贍無需此也遂推其所分而屬諸弟弟數破產輒復以所自治補缺後稍稍盛築室扃戶教之成立列子衿爲名士性嗜學不爲章句惟究心理道竊聞恭簡耿公講論獨契格致之旨而歸本於主敬學者稱爲敬庵先生善治家人

生産廩粟頗充歲不登境外輦金乞糴者積戶外皆不受悉出以濟鄉里之乏絶諸質劵盡焚於庭曰苟利是圖爲郤賈人金而與若輩也於是散粟至數千賴以存活者無算孝昌貧士鄒其鬻妻以自全寧聞鬻金數十贖還之爲德於鄉多類此以貲郎補星子倅移吉水丞載米之官人稱其潔未幾歸數年而卒

儀部郎吳化

公諱化字敦之號曲蘿生而早慧父少卿諱可學由咸均仕光祿值耿恭簡既建黃安下部議費不問多寡身任不辭輕財好施公年三十五戊子舉第一乙未成進士授鎭江司李平反疑獄民有壓死而訟撲殺者公按以撲人手宜右理宜横若縦而左非撲勢也訟徐解軍吏譏闗有御史客不受譏閧殺之御史欲抵罪公不可遂釋海上盜不知名無從捕公出獄猾鉤距卒就擒司馬征播需兵餉諸郡猝難應公具白暫假漕粟郎督還漕皆稱便歲終録囚會有赦詔未至宜捐猾擬公敏練抗聲氣不待時律竟行刑尋陞禮部主客司出使襄藩餽千金不受明年轉精膳堂司不合遂歸復補河東鹽官擢戶部仍投劾去痛光祿公卒於京徒步扶櫬季父遺孤五齡推誠鞠育其瘠然仕進篤於至性如此卒年七十二有遺集若干卷子光龍克世其家學

行人秦如容

秦如容字介臣號五梅性至孝十三喪母無力延師讀書隨父卧起年二十八痒父爲娶室泣應曰兒伴父七年不忍吾父暮年嘗獨處及父卒承父志以館穀孝養祖母不以累季父丁卯舉於鄉署河南唐邑教諭甲戌成進士官中書值大旱奉旨禁屠宰胥私饌以進公愕然具疏言狀上郎令公按治此中書析楊之說所由始也尋遷行人僉安

邑赴公車與需次京華者乏停驂所倡首捐俸建置會館使入都門者雖居客邸而聚處一堂鄉音相接與在安無異越丁丑𨚗命典松江董宗伯葬過蘇有寒士馬姓者素非相識以嫁女艱窘訴之郎解贈五十金何其輕財好施也巳卯分試北闈得士有十八人皆海內名宿所著雪浪篇問有山坊諸集時多稱之庚辰卒贈徵仕郎父獻中以子貴贈如職子天寵天麟扶櫬歸與周孺人合葬崇

祀鄉賢

刑部郎耿應昌

耿應昌字公府恭簡公冢孫也由恩蔭歷任刑部主司慨厰衛之弊上在刑言刑䟽降上林苑監丞歷任戶部主事復以前䟽降廣西布政司照磨値廣西猺叛全省震動公挺身撫之猺悅服贈遺萬金公不受事聞陞雲南楚雄府通判時崇禎十五年也流寇扳蕩公解組家居居未寧賊襲城屠寨本地復自相殺奪公於是爲保境安民計團鄉爲四十八會寓兵於農而約束之賊至有備無敢凌暴公之力也　本朝定鼎公遺衆居城山賊復發蟻集困城公百計捍禦城賴以保大兵駐剿公招撫陰活之凡數千百人賊平奉　旨原官候用公不赴而隱和光同塵縱酒謝事壽八十無疾終此出處大端也若其懿行則載在家傳大約公魁梧嚴整人畏之渾朴仁厚人愛之大節不奪人敬之

至於施德負怨則天性沉容雖妻子亦不知家傳亦未必能盡載也

光祿寺署正吳士伸

吳士伸字季舒號果石吉水丞國寧第五子父倅星渚時母程氏産伸於官舍星命陳公夢絳衣人入倅署覺而異之遺訊則伸誕生始也髫齡失怙執喪禮如成人十九入邑庠廿二遊成均三十八除南興膳署東城兵馬事時闖逆犯順金陵公上

衛南十三款分守正陽朝陽二門賊不敢近著有
司城紀略父老至今傳之以査忤時謫溉水簿甫
莅任委視鄖篆招叛綏良績載羅志旋擢申州修
城垣集流亡賊攻甚急偉親冒矢石授方略擒斬
甚衆圍解晉秩新昌士民攀留久乃得去越十餘
年申人追思愛戴立碑城南頌德焉既抵浮豫撫
用守申功題補桐栢令未受事而歸教子之珍成
進士就養東武提命尤切暮年恬澹里居寄情物

外合族屬濟饑寒凡有益於宗黨者力行不倦時
復拈弄筆墨著雉山園小吟年七十七夢呂祖呼
梅溪道人授以五月落梅之句已而果卒

廣文曾師孔

曾師孔中和里人少穎異善對客曰雪滚山露骨
對曰風過水生鱗客曰畫動魚龍動對曰棋行車
馬行滿座嘉嘆讀書明大義耻襲章句父殁虞弟
甫十齡撫育訓廸備極友愛以歲薦補巴陵司訓

廉潔自飭太守郭養性甚器重之代巡宋公特院
題薦詎以年六十卒於任子岳年以明經高等爲
元城令有賢聲孫以貫曾孫德懋皆象賢濟美文
名炳蔚天道固久而益驗云

刑部耿應輿

耿應輿字公明以恭簡恩蔭歷任刑部郎中爲人
倜儻好奇多大志官刑部時輪值點監一囚貌聳
神異必奇之舊例典監必朴責壯囚公既奇其人

不復責退而餽之食囚食畢不謝但云寄語耿公
我必不相負公益奇之及公值滿輪他郎中典監
如例朴責是囚被朴夜半逸去向使非公奇之則
失囚之罪公當之矣公嘗痛本縣南糧轉運維艱
謀永遠改折便民方就緒而公殁時年三十有四
子幼公之奇行無爲表述者僅傳其一二深可惜
也

安慶司理程繼善

程繼善字明起號勉公太平里人爲人沉毅有志五中副車以歲薦考居天下第一授安慶府司理其治皖也訟無停滯有悍將驕橫郎日請命逮繫世爵崔某者祖墓木爲健兒竊伐反受誣抵重辟爰書旣成力爲開釋崔德之立祠祀焉自是兵輯民安皖人至今謳思不置解組歸值氛四起立堡大勝山訓練保聚隱然爲一隅金湯邑中利獘無不剖判精確其經濟爲歷任邑大夫所推服甲

辰西山之役軍需旁午與吳公西灝酌量調劑力言於當事徵賦悉均晩年究心理窟於邑中賢士論道講學立義塾訓族子弟叨黌序者五十餘人初爲諸生時嗣父被盜害號泣欲絕詗得渠魁六七人鬻產繭足請討於院臺讞決時論快之六子登仕籍者三食餼廩者三壽八十有一

廬江令吳光龍

居官不爲名利累能以風雅自適者莫吳公若也公諱光龍字荀長十歲能文年十八爲學使董思白所賞識入黌序明年食餼儀部公喜曰弓冶固有在也嘗爲海內宗儒大會有聲藝林以恩拔赴京應試取爲第一文譽日隆與秦中翰五梅共捐貲買地建置會館及令廬江搜革陋規釋無辜羅織者衆有直指以遺牘鍰另勒代償詗得其實置不問僅八閱月忤上官意將掛冠而賊氛且犯境不能守矣解組歸里宦橐蕭然惟葺先人所遺萬

檻園鶴鼈鳩杖輿得休息詎軍旅連年公以一身弭潄變杜株連懲叛僕保全實多性喜遊覽善詩古近體著有金斗吟西山脉支音山紀西湖紀諸集工書法尤長徑寸扁書凡商周彝鼎晉唐書畫官哥窰器賞鑒眞僞不差累黍一時推爲風雅之宗壽終七十有九生子二聯偉象賢繩武蒸蒸未艾焉

淮安太守程之渾

程之渾字內昭號雪門司理繼善長子性端謹善
屬文工眞草書法領於庠累試冠軍以已卯副車
授鎮江别駕尋遷楊州郡司馬晋淮安太守居官
平易近人多惠政時中原板蕩公喟然曰修道者
必度其時今時事如此而猶徘徊顧戀所謂滑泥
揚波同其流矣遂投簪去官槖蕭然里居恂恂退
讓言吶吶不出諸口不立崖岸不雌黃人物不見
喜愠之色事父盡餋志之孝課弟篤友于之誼奩

田數百畝媵僕數十人能高推讓風與羣從共之
不私已有由是鄉里交譽以疾卒乏嗣惜哉

太常典簿周世鎮

周世鎮字元樸太仙里人幼失怙事母以孝聞賦
性頴悟夙負磊落之槩年十六入邑庠恒司空膺
補太常典簿在官刻意勤職秩宗葛公岷瞻雅契
之其考語畧云駿奔宗廟襄禮樂以修明執掌簿
書典犧牲而肥腯少宗伯張公元始亦亟薦其稱

職擬擢計部郎先是南中市猾乘亂報仇殺人利
其家貲一時蜂起鎮密檄掌中臺者榜嚴諭之亂
風立止旋以疾歸里年尚少耕鑿數畝逃情於稼
穡深自韜晦

國朝徵求隱逸賢良當事以鎮應力以疾辭晚年益
精性理諸書微義尤熟資治通鑑博洩古今不屑
屑章句好施予宗族鄉黨多賴之年六十餘終

國朝　副使耿應衡

耿應衡字玉齊世族太仙里聘君九一公伯子也
聘君家居嚴肅而義方之訓尤謹坐必以命語必
以問對巾幘襟帶必以整立必拱竢雖溽暑沍寒
罔褻也且鎮日危坐心有所向以意行不以言喻
左右莫敢近公獨朝夕几杖間委曲將迎鮮不遂
意幼弟應衡析箸時分給産業友愛盡出至性早
歲補弟子員食餼爲諸生領袖祖八先生釣臺書
院開以給餋貧士由徵辟授遵化司李

國初累官鄖州兵備道寧紹台副使初嘗游江浙熟知利弊及官台凡所因革悉中時務先時安邑賦役雖有條鞭之法而里甲不清胥役飛詭民不聊生公倡爲畫一之議始稱平至今公私皆便口碑弗輟子宗塤字篪伯天資亢爽博雅雄辨具倚馬七步才以明經授浙上虞令後寄寓 京華十九年交遍天下英俊書畫詩歌皆名世剩墨餘詞若珙璧㥪副之詒謀有由然焉

石泉令劉之楨

劉之楨字永濟太仙里人也忠厚傳家精經史酷嗜尚書刻意爲文其簡潔處尤得訓詁之遺弟兄師友每屆秋闈歲必結七藝會課忽拈士不可以不弘毅題終日不成一字及應辛酉鄉試闈中恰分是題公領卷搞思仍無一字幾欲投筆而出忽於夜分時信筆瀟洒伸紙疾書七藝俱就遂獲捷初授石首諭兵燹初安士民規避不出公加意招徠單寒者助以貲糧徒步者假以扉履俾其歡欣就試是科中式者惟石首爲最盛尋擢石泉令泉固巖疆城郭闕如公解橐無圮乃輸貲捐俸完堞搆署地逼興安兵民雜處爲之嚴紀律使戍卒不敢騷動代巡王公聞而勘曰以荒僻之地而有修城略地之功可謂勞於王事者將優擢之以乞老解組歸卒於家

分宜令江載清

公諱載清字子厚號雲輿中和里人沉酣經史端愼醇樸絕去矜躁浮夸之習與人交初若落落難合久之無間已卯登賢書癸未徐公九一分校禮闈得公卷深加嘆賞擬首薦以卷末投桃報李四字抑徐太息不已贈以詩有老淚數行悲李廌及門諸子嘆劉蕡之句嗣是霅堂垂暮雅不赴公車終母養服闋授江夏學博辛卯擢分宜令甫下車問民間疾苦罷煩苛革虛冒積弊如報減浮糧其

大較者也在署止一力任炊爨一姪伴寢食無時不以致君澤民爲己任不謂以疾卒於官幾無以殮司理王公厥菴聞於撫軍助其喪乃得扶櫬歸宜民數千人環繞河岸流涕以送依依不忍去爭置主奉名宦迄今猶有甘棠之慕焉

國學耿應衡

耿應衡字季通明徵聘孝廉汝思少子也與伯兄應衢甚友愛早歲補弟子員入成均以足疾不能

遠涉遂決志徜徉泉石羣從兄弟五六人先後早逝遺藐孤僕多悍不能制公撫孤痛悼爲之任家計完婚嫁延名師暑寒衣食疾痛醫藥躬親寓目閱歷十餘年目擊入黌序知其能成家乃計田僕租稅悉臚冊還之視故物有加蓋由生平倜儻慷慨睦族敦倫受人托視若己事傾資罄力不惜也邑里寒士貧窘歲時貽贈不少倦時山賊擾城邑令任公造廬問戰守計公捐揮畀堞間出囊資稟衆鼓舞捍禦里中建山寨亦推公爲之主遠近蔭全甚多戴德者至今稱道且垂涕焉

學博王之賓

王公之賓號延甫太仙里人元勳戚也先不花之後也明初卜居泌河父三衢幼負才名累科不售以形家言學宮所向文峰欹而不嶠匪科甲利三衢捐重貲培五雲最高處聳峭摩天自是文風日盛延甫率父祖教補弟子員食餼膺歲薦授武昌

府司訓既至革修規拔寒畯設館課備飲饌諸生以時肄業論文其中菁莪之化稱極盛迄今白雲黃鵠間猶思念不置也因母老乞歸値流氛不靖蹂躪光黃乃登城設守禦傾資餉衆及城潰躬被數創衆負之以出當此之時無不奮勇爭先救護使公不陷白刃非其德之感人甚深能如是乎後入保五雲山復推公執牛耳凡里中不率子弟輒畏彥方之知固不獨保障之爲造於一鄉已也及

卒年六十有三子以寧以重孫明德繼不愧家學焉

漢中太守鍾琇

漢二千石吳公以治平第一稱當時載其清淨卧理有餘若青巖鍾太守自諸生郎洽里井建堡巢山保障一隅膺選抜文譽日隆卯辰聯捷除袁司理央疑獄有良家子王毛頭山賊脇附被大兵執公中釋之民失盗指彼隣牛公以牛誤入爲解袁

介楚粵流亡結集號蔴蓬急輒走險議用兵公單騎諭之咸納欵尋陞民部督糧通州疏商恤軍轉正郎經畫財賦耻蹈效轍下駒以資深推江右正總裁所得鶚薦多捷南宮洎守漢中一意與民休息時

太和殿燬

詔撤廢宮材棟輦之北公捐俸倩夫浹旬竣事洋川多荒畝肆力招墾浸復舊額很以屬員忤上註誤郎日就道攀遮道左軛其車不得發吁是足以驗公矣彼吳公亦何幸哉歸里與兄龍泓鶴髮連牀族黨無間有心遠堂諸集行世卒年七十三子應遂應遴應追簪纓踵武光大方幟云

學博盧之懔、

盧之懔字敬生號鈍翁幼穎悟善問難塾師不能荅輒辭去從諸父司理盧公堯臣學九歲能屬文補弟子員食餼尤嗜古未弱冠即將經史子集翻

閱數十過赴壬午秋闈聞賊陷邑城母以罵賊死哭奔靈再中兩足成躄嗣後避亂山砦人爭携珍寶公獨輦縹緗以自隨生平著書等身雅擅騷壇有玉梨緣鞦韆會福堂旗仙草婚玉馬墜諸傳奇克配管絃爰滿天下艾千子譚友夏呼爲小友與先達結社赤壁壓倒元白刊有四書偶聯春雪廻文行於世憾切終天不與賓興由明經授光化新學學博童子能文者必爲青其衿錄科有遺珠者

必剡進之至負腹曳白之士遇考校而屬規避者悉却不受嘗以百金贖還書香女有喪不能舉者助其舉鰥不能娶者助其娶其隱行又類如此歸休後年七十有六猶著五倫攸叙録業未竟而卒子綜續俱皆能文章殊有鳳毛云

國子助教程一棐

程一棐字坦之號篤臣甫四齡隨父村塾不與諸童伍蔡離序嬉公獨據案端默竟日後補弟子員

三老豪傑鮮敢少年忽棐者父卒家貧僑寓岐亭鎮被寇焚掠燄光燭天棐以襁褓縋蒙其母肩而突出性嗜學兵燹中手不釋卷爲文日可就三十藐甲午舉於鄉兩偕計吏不售遂嘆曰人苦不知足耳須餘紅綾餅子何爲乞銜任寶川學博課士按吳君宣臣嘗掄解去士民多遺負棐勸署令鎦美耗緩催科公私交利焉尋陞武昌教授值甲寅之變士多遠徙學使者按籍除之棐力爲請復至數百人擢太學助教棐又嘆曰知足不辱知止不殆吾何求乎吾得正而斃焉斯已矣遂致仕棐爲人不立崎行矯節與人以誠忘人之怨褆身儉約非朝祭服不御機絲非賓客食不兼味室廬取蔽風雨田產取供饘粥奴僕取充使令前後歷官二十年壽七十三以疾卒於家

贈君明經盧爾悌

盧爾悌字以申號子孝中和里人也幼卓犖不羣

甫總角補弟子員便延致名宿下帷傳極子史相切劘有聲尋入南太學會前明纂修玉牒告成恩例准貢時冢宰夢白李公亟才悌欲破格用之謝不見時論高之性至孝父𢖍臣晚著書日三不朽卷帙汗漫編摩常夜分不寐悌時侍側父就寢乃敢歸私室暨父病嘗藥糞及卒廬墓六年事母姚孺人色養兼至壬午賊襲城悌棄妻孥不顧獨提刀負母辟易賊營甫手足皆裂又喜俠多緩急人

已卯賊壓城邑人乏食欲潰悉所有以佐守身□矢石傷股不墮有全城功他如敦族睦隣殯師葬友與刼盗贜歸難女卒不告人厚德事甚終生平焉律已以約終身不置姬妾生九子俱一乳經綖兩成進士緯與出繼男緯漸次登賢書維茲纁縮緒纓皆食餼列明經稱最盛卒後以子綖貴 貤贈永年縣知縣崇祀鄉賢

孝廉盧爾慥

盧爾慥字來一號衝霞慟母匡節孝之亡易字仉慕生而夙慧穎抱時能識父筮中字四齡就傳讀孟子至益避禹處輒笑曰看益如何轉來八歲能詩父見背遵母訓文冠童子軍由恩拔充雍著作益富詳書院志中丙午登北闈賢書屢躓春官受蠶命聘典修志歸輯本邑志多所筆削詳兩邑志中扶名分正綱常闔邑僕叛詣兩臺請平之豫民蝸聚隣境遣仲子諭撫之詳祥異志中比客長安

市縉爲母壽奴子持多縑至公曰豈以此累吾母儉德耶立命還之至其刼還人故劍之謝千金活縞紵之友不恤已產爲孤姪孫償負尤稱難及遇童子衰齊必泣瀕斷機不欲覲以母苦節不悼踐淚陳情特舉於朝詳節烈傳志中及母卒五年不釋衰哀毀羅疾瀕彌留猶大呼吾母者三遂逝享年五十有四子六人紀慈統慈紘慈絖慈緄慈紮慈俱有才名吁若盧孝廉乃稱孝廉不愧矣

兖州太守彭繩祖

彭太守字若昭號正圃性至孝幼頴異成童列膠庠屢試冠軍戊子膺選拔壬辰除泉州別駕時大軍集廈門職任轉輸芻茭糗糧得將領歡攝泉永湷晉江三邑篆綬征科決疑獄民有誤食斷腸草斃者疑爲怨家所殺一訊諗其冤釋之以轉餉功陞惠州司馬嶺南巨觀以東坡西湖爲最首捐修之署博羅纘免丁徭羅人塑像建祠入名宦丁酉

長寧山寇猖獗郎指畫方略渠魁授首督撫交章
題叙軍功戊戌擢石阡守値大軍屯黔三閱月軍
需供應咸稱敏給尋以外艱歸復補兖州守脱辟
四百三十四人戊申六月東省地震旋澇陳救災
十策制臺據策疏請
勅下其議通行六郡蒞兖五載兩攝道篆清名惠政
東魯至今猶能道之今觧組歸芒鞋蠟屐踏月衝
泥兩袖清風度越千古有二世中憲大夫及前後

恭人 勅載制誥

諸城令吳之珍

銜品貴得其真論學務綜其大以余觀西灊吳公
之孝自庭闈歴仕宦無間洵足深人嚮慕也公諱
之珍字貞吉岐嶷玉立攻苦下帷比省覦太翁宦
邸金陵名宿以前席推歸侍母太君値賊氛山寨
不守母被執罵賊死公抱屍哀泣幾不欲生服闋
病革念同氣彌篤卯辰聯捷甲午分符東武符與

迎養躬導前驅事無鴻纖必稟而行首興文教葺
學宮天旱齋戒步禱行日中得請乃止邑近海舊
設防衛芻茭糗糧供億不貲公力請罷邑多逋賦
公詳覈亡絶蠲之多荒蕪力爲勸墾之請如華兩
税羨餘禁緝逃株連登臺之葺超然過墓之弔公
治輿頌不一祇以親老堅志歸養觀其撫孤姪中
分家産慰嚴親心詎嚴親七旬有七終公哀毁骨
立踰小祥郎世豈非始終無間乎吁可謂孝矣所

謂真且大者此也長子弘初登賢書次弘荘弘禩
暨孫曾皆知名士孝德必昌諒哉

松陽令盧繩慈

盧繩慈字昭許幼穎悟不羣祖愛之恒抱膝上口
授詩書年十二以異才補弟子員試輒高等父惇
官巴州刺史隨入蜀記室事以應試遄歸會獻賊
踞川父力戰死聞信走夔陵不得入望三峽泣數
日返至今孤兒哭父之什聞者哀之歸事母日奉

甘旨與弟純篤友愛每痛父死王事骨不歸輒枉
對泣戊子選拔入成均久之授樅陽令鋤豪強出
疑獄士民頌之時海氛初靖供給大軍羽檄交下
一概不以煩民皆身辦之以勞瘁卒於官與石虹
封翁樸園公爲死友生平跬步不離時在幕中臨
歿執樸園公手惟以不得迎養老母爲憾餘無一
言及開其笥止薄俸數金旅櫬寄蕭寺逾年樅人
哀其廉始斂金以其喪歸譜治績入名宦子扶亦

博學高才蚤歲以諸生賁志歿孫二能讀父祖之
書

學博盧維茲

盧維茲字持菴美丰姿五歲通尚書八歲能文年
十三補邑弟子員弱冠食餼有弟八人中鄉會科
各二維茲負文名自傷老大乃合刊弟兄麟經藝
稿公之海內執經問義者戶外屨滿以明經司訓
均州值兵燹後士皆廢業爲整飭學規嚴月課均

始知學即襄陽憲副廉其才呼與論文委充武當
山提舉一切稅粿外陋費悉免去惟搜羅隱逸訪
山川勝槩及古昔遊覽篇章如武當一名參上又
仙室而謝羅則出水經注凡傳書有涉茲山者悉
讐訂無遺適奉修山志維茲操觚成書十卷王
中丞目爲良史比之帝京景物畧焉以母喪去官
母常迎養仲叔諸子任獨維官早不能奉母乃服
喪隱憾成疾至補授九溪衛學辭不赴邑令張公

景德望舉鄉飲大賓病不能行令遣輿舁至予弟
悉冠帶扶侍觀者咸以爲榮卒年六十四遠方來
求法書詩稿諸子盡出所藏莫能給

重慶司理盧經

盧經字叔向號慈浦中和里人也父爾愉舉經昆
季九人皆以春秋名經其仲子也初生時多病呱
呱不絕聲其父偶遊麻城遇僧人頫拙忽問曰汝
二郎安否其父曰惟善哭僧曰子友也思心耳往

視之自不哭後果如其言年十五出應童子試累篆梁公大奇之暨順治丁酉科同弟綎舉於鄉戊戌成進士授興化司理時海賊屢寇閩功令附海五十里者限三日遷於內地違者聽防兵盡俘之經力請於王寬期以示居民始得從容徙其未及五十里者多存之治輿一載多所平反凡有疑獄必解其網俾自新活死囚二十有三人與文士朝夕講學著莆陽課士錄與之人迄今謳誦弗衰以

父憂去官補重慶司理未至任卒於家年三十有六著有長安秋興柔鄉艷語並春秋文稿若干集膾炙人口時論多以其有幹材未竟厥志甚惜之

贈君吳之璜

吳公諱之璜字曼英濂源里人爲人美詞貌有俊才夙慧嗜學書一二過輒不忘髫年冠童子軍博涉經史騁於文詞詩歌見者無不竦然異詩宗長洑而語多儁拔書法得率更南宮筆意而獨出匠心諸長老皆嘆莫及也尤慷慨任俠每揮金濟人難傾囊竭橐至於折田宅乏饔飧簞瓢屢空弗之顧曰人苟以急望我我何容坐視焉以故每有所得輒緣手而盡惟以友朋文章爲性命客至則酣吟嘯咏竟日流連不問生產作業性純孝依孀母余氏食飲不離左右寒煖必溫凊及卒廬墓憂思亦以咯血逝人稱死孝焉子應禹能世其業成名進士初令隆昌貴公如其官晉銓部副郎須次待

贈云

山陰令盧緯

盧緯字織圃號芸浦少穎敏九歲應童子試輒冠軍十三補弟子員癸卯舉於鄉事二親以孝聞父死哀毀骨立家益貧不欲仕母以毛生捧檄勉強就檢選官山陰令甫下車歷歷多善政山邑固沃壤民務末冨奸冨往往爲世族所侵緯不畏強禦多所平反猾吏不敢作祟大賈不敢操奇贏一時

構貴欽迹不堿埋輪風首新陽明書院聚邑弟子讀書其中諸如鎮東閣望海亭三江閘禹陵南鎮皆次第維新適

聖駕南幸紹郡會稽乏宰凡進奉行在倘方者一身肩之咄嗟立辦諸上憲頗慰勞焉郡屬餘姚諸暨饑民亂揚捕勦乃单騎往諭輸金粟賑之全活無算他若歸前任旅櫬之喪發京邸兩宦之柩其市義又彰彰者矣歷任三四年賢勞成疾以病乞休

歸年六十有四卒於里生平著述甚富有宜園集梅花吟草蟲吟麟經要義五經精義四書解三場典要行於世子七各專父一經

孝廉秦珙芳

珙芳字玉薇號杏村父景行死忠嫡胡生二女庶王氏生珙襁褓依胡胡珍愛若已出珙亦承歡色笑無間言敬兩姊如伯兄無何母又見背珙孤苦力學慨然以文章自任開館教授有不遠數百里負笈者門墻發軔輒多科名康熙庚午年五十始舉於鄉無前之志多所未竟卒年六十二有子三克繼父志

論曰君子立身進而在朝足以儀型寮寀退而在野足以輯睦親舊位愈隆而德愈備故當時被澤後世聞風猶愛慕不諠焉其有品秩雖崇而行誼一無可述則槪置之不論不議也固宜若乃德實可師而遭逢輒多不偶甚且盤根錯節潦倒莫伸

在有識者自有守已循分隨遇而安之理而衡品者豈得因位而略德乎如范希文之爵列西鄙入參大政望隆朝野遐近咸服此德位俱隆者也如陳仲弓以一太丘長位至卑已乃其德門所積累漸以人心之歡慶上格彼蒼致二難與八龍太史奏德星聚此位不必尊而德足表率者也安固多君子曩哲來英接軫正未有艾余將以宋之文正漢之太丘為曩哲頌因以勸來英焉

宦蹟

自安邑肇建以來凡蒞茲土功績茂著者其爲善於已食報於民固已尸而祝之列在祀典矣然亦有苞苴不行請托不至庭清若雪令行如水官無廢事亦無留獄民心賴以淳田野賴以治剔抉有方團練有法井牧之中杆櫓自具者指不勝屈不必其人遽入名宦而其流風餘韻每深人去後之思何能旦夕忘也故附於人物而曰宦蹟

明朝　郡丞袁福徵

袁公福徵南直華亭進士嘉靖間補黃州郡司馬時寇賊充斥叢篁伏莽間萃若淵藪公率鄉勇數千與格鬬盜軍焉幾遇害廣民李姓者獲免乃大興閭師以攻盡殲之掃除其巢穴境內稍寧會建邑之議起撫按委公勘驗公力以便狀上聞議遂定郎檄公經始相宅爰暨三邑宰割里分糧清查疆域修築城池未逾年而崇墉雉堞鞏若金湯公之有造於新邑非小也後用以勞定民例春秋祀公於邑之名宦祠耿恭簡曰殲寇綏良經費有規袁公之功最矣

邑侯林葵

林公葵雲南大理府舉人嘉靖四十二年任爲政方嚴有體當新造之初庶事草創闢棘剪蕪以新縣治成法可垂歷久莫能異士民德之陞慶陽府判

邑侯李講

李公講貴州清平衛人鄉貢士清標坦衷綜核精敏吏胥多憚之政務寬平常曰愚民非猾吏可比偶犯小過教戒之足矣奚容督責民乃悉化寔耕鑿稱淳朴焉營繕學宫尤多創畫力惜無違志終懈宦情爲當道所抑去官之日謳思懷慕深山窮谷莫不皆然

邑侯應存初

應公存初字復之淛仙居孝廉也初尹羅山楚撫趙公習公治行萬曆元年特疏請改任安公至念民疾苦首剏條鞭法省諸一切經費肅然秉公右家豪族不敢以贄通岩壑清修之士每折節焉尤好崇奬節義窶者優以粟帛或置田贍之諸生中敝衣決履者輒斥俸以資膏火城故堞甚卑公檢餘帑增高六尺又出貲飾學宮前巒卜濶澤地葺諸壇壝公署咸以時役民民忘其勞大約公之遇

紳士也若嚴父嫺於義方而不溺情其事上及同官也若師友無隱犯而不依回其興事建業也若理家計措置經營皆得其宜至其禔躬也則若貞女而其字民也則若保母矣蒞安四載擢南京大理尋晉秩刑部主事耿恭簡建德惠祠以祀之安人士胥懷其德於其卒也公請名宦從祀文廟所剏條鞭法原勒有石今碑亡

邑侯秦煒

秦公諱煒廣西容縣人萬曆二十年由歲貢任黄安令値歲大祲民多死徙公悉心節發百計賑濟窮鄉僻壤必躬履焉所救活甚衆流亡復集每以課殿見責不少顧也安素苦萑苻潛伏山中公廉得盜徒輒籍其名犯必殪之民多安堵去之日送者相接數百里且贈以聯曰可憐赤子離慈母但願皇天啟後人至天啟中子時楙成進士任黄州太守

邑侯李文芳

李公文芳四川綿州人萬曆己丑進士二十三年任彊力嚴明多不敢犯而清賦籍節夫馬尤傳頌不衰邑人士立祠東郊以祀之今祠廢趾亦不可復跡而公德政傳頌不衰者如故也

邑侯向應賢

向公諱應賢四川通江人萬曆四十一年由進士任黄安有才猷遇糾紛立斷剛不懸之征省無名

之費惠政多端民歌咏不置及去邑人立碑志思
建合祠於東關與李公文芳同祀
邑侯劉冠南
劉公冠南江西廬陵人鄉貢士涖事明敏有揮霍
才時歲祲甚僻壤窮廐莩相望也公巡行原野勸
捐借貸以賑所活甚衆每出入貧兒依之如慈母
繞膝後仕至貴州憲副
邑侯黎來王

黎公來王廣東順德人鄉貢士恂雅莊飭以文學
濟吏治敷政平易操履廉潔愛養黎庶有豈弟君
子之風焉時建縣甫二紀方田均賦功在邑人廉
幾無愧良牧矣直指錢公馳檄嘉獎云無飾政有
直操無何司計者以前官積逋課殿改調平樂邑
士民若孩孺離襁抱喁喁皇皇控號無從輓留下
得嘗追念不諼云
邑侯趙利珍

趙公利珍山東滕縣舉人崇禎六年任精敏明決
饒有氣識督兵拒賊親冒矢石屢獲奇功賊不敢
近郊歌相戒曰光山一籠鷄羅山一堆灰莫向黃
安走不破麻城誓不歸公撫循有術士民樂附大
河北倚爲半壁云性戇直不阿中璺解任去公論
惜之
國朝
攝令別駕梁夢卜
梁公夢卜字爾徵號耐公廣東三水人也梁族科

第冠嶺南獨公蹭蹬不遂一夕夢以五莪雋及崇
禎乙亥詔直省用五莪取士衆獲捷越癸未除襄
陽別駕襄爲闖踞來攝安篆安亦新破公勤撫字
殘黎復聚爾時軍興旁午以書諭山砦父老無不
流涕感轉輸旋加監紀銜京師失守邑北草寇蠭
起索公犒師公曰不往速之來殘九邑能抗封豕
乎單騎往按竟莫忍加害明末官兵倍毒於賊肆
居掠啖邑人尸公聞三日哭不食雖當倥偬之時

猶校童試拔太史張石虹爲第一置王紫茹第二皆一時名宿紫茹嘗冠道試軍張亙遺珠焉公長跪於司衙之前務致覆取先時邑治燬於寇公葺之榜曰德風今巋然親民者遺澤也後與屬吏忤被訐去尋卒於漢上吳氏家子渾淵自粤崎嶇兵隙中扶其櫬以歸

邑侯蕭世贊

蕭公世贊北直人己丑進士順治六年任政尚嚴明扶綱常正名分敦崇大體順治辛卯年内奸民

張正中向有惠廖國楨等詐傳詔旨煽惑僕婢結黨叛主揮戈横市迫挾官長印約退身公召紳士耆民盧爾慥吳晉王獻臣等合呈詳討定大辟十八名渠魁先斃於獄冠履復正岡陂麻安四屬皆籍以寧公尤留心積弊申詳平政均米便民事未竣適以計典罷兩袖清風宦槖蕭然士民投櫃贈送以去擁卧攀轅攔阻不得前者經旬載道

邑侯楊之琳

楊公之琳陜西咸寧舉人順治十年來宰安邑清廉坦易明恕精嚴吏怵其威不敢舞文法而政尚寬平愛民如子民又未嘗不懷若慈父母也繼蕭令之後里中多有阻撓平政者公力持其議毅然舉行邑人士至今戴之惜其未久以内艱解任去

邑侯詹人訓

詹公人訓浙江常山人貢士順治十二年任清操

如冰士民樂之如冬日春風惟嚴督胥吏不少借無敢舞文弄法建紫潭大會自爲帖括文教聿興後中繁言免官公論惜之

邑侯蕭恒

蕭公恒字君奇號月菴關西三原進士順治十五年任歷官七載治尚嚴明發奸摘伏人凜凜不敢犯壬寅西山之役軍需旁午衆皆倉皇驚懼公委

曲調劑咄嗟立辦卒以不擾陶鑄人材課藝手自校閱所賞識者錙貲剞劂爲士林模楷修建憲司城隍祠禁止越訴終公之任無敢一牒上聞民賴以安後擢邛州刺史

邑侯張一躍

張公一躍字龍衢北直樂亭人貢士康熙七年任政尚寬平嚴以馭下胥吏不敢縱横時學宫久頹公捐貲五百餘金兼募勸紳士輸助每公退之暇

親督工匠修理凡殿廡祠宇宫墻泮池秩然改觀紳士立碑記其事闔學諸生具呈各憲批准旌奬紀録紳士耆老數百人詩歌稱頌刊刻成帙陞貴州黃平知州

署篆郡丞于成龍

公號北溟山西永寧州人由明季巳卯科副榜貢歷縣尹州牧三遷至黃州郡司馬甫涖岐鎮發奸摘伏羣盜屏息署安邑值荒發賑公自備資糧不

悍馳驅親歷三鄉程其戶口之多寡而按籍分給之雖僻遠村落不致遺漏隣邑有寇警偪近安界公單騎往諭務使解散而後即安有盜聞風畏怯潛匿勢豪家公根究得實不畏強禦立拘殲除而且爲之罷不急之役省浮冒之征扶植善良屏絶猾佻旬月之間頓返淳古從來樽俎代庖未有實心任事凛凛若鑒之在上質之在旁如公者也嘗聞公輔之器不待驗諸事而可決況驗諸聽政觀

民之大端乎余故于公之擢位晉秩其偉烈豐功不暇贅陳而但追述其署篆之梗概至今猶繫人思如此吁其過人固已遠矣

邑侯徐公秉仁

秉仁字子厚遼東人癸卯舉人康熙十二年任時吳逆叛疆場多故凡芻茭餱糧皆輙辦於公不以煩民邑北有羣小竊發公率義勇往平之歲大祲發粟賑饑所至皆貧苦無告者不使豪強冒升斗

邑兩造無贖鍰自公始也然留心民瘼不爲簿書所縛暇則與紳士尊酒論文或徜徉於山皈或擊楫於河畔儼名士流風莫識其爲邑令君官五載丁內艱行有日矣以疾卒官橐蕭然旅櫬莫歸邑人歛金助之泣送境上至今思慕不忘云

邑侯王雲明

王雲明字漢沖號聖能西華孝廉也康熙二十年由檢選任操守端方崇獎正學不畏強禦不諂事上官甫下車凡新任鋪設名色經費一筆勾之邑有李

某者奸民也廉得其實杖以三木榜繫之獄稱神君焉雅不好浮屠梵宇與市民相雜還先曉之曰釋者去也謂捐除一切遁跡空門而與吾民還處可乎譬之瘳疾者急治其標而後徐治其本獨因者先除其莠則佳禾自植姑移之於山寺約三日悉去尤敦文教青衿子弟文行兼優者輒殊禮遇之衡文黜澆薄尚醇古於波流頹靡中得士廿餘人若進士何通廩膳盧紀慈輩皆一時知名士咸推氷鑑云籍公所爲倘得朞月三年其所成就必有可觀者惜乎以直戇忤當路任五閱月兩袖清風而去

邑侯張國柱

張公國柱字石公號可菴遼東人康熙二十二年任公本名家子由國學通籍之任尚寬平征輸不事敲樸往來覲謁解費差徭咸出自官不以厲民

凡所興作悉捐清俸歲戊辰裁兵夏逢龍倡亂會城劣生李宗堋奸民黃公九等素以公事銜公勾連汛兵詐傳僞檄襲城民盡逃散公佯爲懷印請救與衆俱奔屯於打鼓墩收合義勇入城擒勦尸積如阜餘黨悉安事聞上憲咸嘉公功復任九載士民戴之終始不渝儼若依慈父焉詩歌稱誦刊刻輶軒備採成帙隣邑爭授以詩初立石像南極菴嗣建書院文昌閣崇祀一署麻城兩署黃陂皆

有祿位尸祝康熙三十五年陞寧羌州刺史去送
者如堵更立去思碑於南門內以誌不諼

師儒曹輅

曹公輅天長人歲貢萬曆元年任性磊落具人倫
氷鑑以文章課諸生邑中先達多所造焉尤徙義
好施士之貧者咸德之

師儒劉允祚

劉允祚衡陽舉人萬曆十一年秉鐸於安首敦行

誼奬掖多方舁進諸生商確文藝談經論道霏霏
若玉屑紛披令人終日忘倦尤斤斤自好負志絕
群脯脩束贄之具槪置不問惟以名教爲已任焉

師儒黎汝謨

黎汝謨河南羅山舉人萬曆四十七年任教諭剛
方正直以師道自任羅界於安且爲師儒久得悉
吏胥獘竇後署邑篆摘伏發奸取夙所稔廉巨蠹
數人寘之法其未殲者屛之鐫名於榜示不復用

邑中號神君尸祝之陞知縣去稱師道尊嚴者必
曰黎師黎師云

師儒黃元春

黃元春江西新建人崇禎八年由舉人任黃安諭
有才思工古文詩詞馴雅不飾日與生徒論古今
成敗求隱僻事以自娛尋丁內艱歸著有青萊先
生文集行世

師儒盧如參

盧如參字章輿應城人丁酉孝廉康熙五年任性
端方戇直熟精傳註司鐸九載手觚齋署監修文
廟考課生徒居然以斯道爲已任而木訥謹愿不
合時宜以疾終於官蕭條四壁棺外無餘士論惜
之賻助以歸

師儒彭焱

彭焱字然石孝感貢士康熙十七年任工詩草善
屬文多材藝風流儒雅宿擅騷壇牛耳爲海內知

名士教授生徒祗以詩酒往還不計脩脯貧士尤戴其德歲戊午與署諭劉士臣送試臨皐舟覆門役皆遇害二公以舟中橫木挽其手得不溺隨波上下飄泊數十里𡚶猶賦詩不輟其襟懷又如此已未卒於官止存圖書數卷士聘以歸士臣以秩滿陞蒲台知縣去

師儒王顯奇

王顯奇字常伯號括蒼沔陽州孝廉也厚重端凝

方行矩步有泰山巖巖之象酷嗜周易兼通大衍之數占驗獨精家貲豐厚居官不取足於餼脯仁而好施聚散千金以周寒素再任署安尋及秩滿當遷有齮齕者奪其乘馬以去當事追還之絕不生一計校心尚留城府也初擢昌黎令改授乎越府首縣地僻民瘠先重農桑教以樹畜勤於耕鑿越三年乞老致仕歸

師儒龔璋

龔璋字玉特蒲圻人壬子科舉人康熙二十八年任黃安諭賦性温和取予廉潔士多敬愛之博極群書工詩文所得清俸悉付梓人刊有文集十數卷行世膾炙人口善臨池邑人造請無虛日腕幾爲之折終亦不拒具勝情雅致客至對奕供鷄黍聲丁丁竟朝夕不倦然亦寄焉爾殆蘇子瞻所云勝固欣然敗亦可喜者也官七載卒於任貧無以歛紳士爭殯之哭奠甚哀至今念及龔先生猶有垂涕者

尉周天造

天造福建莆田人由吏員爲黃安尉時嘉靖四十三年建縣伊始城池不足以防盜賊公署不足以被風雨造爲邑令襄其事鳩工經理集百姓比屋以居招商賈使通貨財成街成市熙熙攘攘至今享其利而不匱其春秋祀之也宜哉

論曰何武所居無赫赫名去後常見思君子哉

忠義

盛世教養兼隆清淑和厚之氣積於寰區故內足
以備心膂而外足以捍牧圉者所在都有安邑自
創建以來仁義道德之旨講求有素居恒佩服古
忠臣義士之芳躅未嘗不心切嚮往及一旦觸事
感發性情所激慷慨形焉自人見爲可與常山睢
陽比烈者而孰知止自行其中心之不容已乎故
附於人物而曰忠義

元朝　秦斌

自范文正公置義田贍宗族循謂取諸祿俸餘貲
也斌之出處不少概見而九官店離邑十里猶能
捐其地爲先年秦文甫立義田處與所建壽樂堂
並傳焉其如田與堂皆不可問僅存遺址惜哉

明朝　義民丘文

丘文字靜軒號寧安中和里人本姓盧自盧贇於
丘丘之嗣盧代之正統間鄭州大祲去安幾千里
文出穀一千一百石負擔至鄭賑之有司上其狀
奉旨降敕以旌制曰國家施仁養民爲首爾能出
穀一千一百石用助賑濟有司以聞朕用嘉之今
特賜敕獎諭勞以羊酒旌爲義民仍免本戶雜泛
差徭三年爾尚允蹈忠厚表勵鄉俗用副朝廷褒
嘉之意欽哉故敕正統六年四月二十四日事也

葉元

葉元安邑未建之先承命鎮守金廠河父老藹盡

豁元朝夕嚼食以餉如反哺之烏悉公慕義化導
頑梗車牛擔負以完國稅朝廷旌其忠孝

孝廉胡伯

胡伯幼齡能膺義方訓甫弱冠爲名諸生父喪事
母至孝母以桑榆失明凡起居藥餌悉親調護雖
臧獲輩甚衆不使也母終伯年壯其學由同邑諸
理學所講授者爲舉子業尤工聲律之文書法一
倣古大家意氣慷慨有大節不修細行兼喜游俠

有馬癖遂間授騎射不事家人產也天啟甲子中武闈再上秋官不第遂家居爲人排難解紛多拯人倒懸中嘗賊氛擾攘無寧日伯曰吾儕值此不得爲國家戡亂亦思所以保障我鄉鄰也爰授形勝城木柵於險固地一方賴以無虞賊聞伯名遣書招之義不從乙亥秋賊衆突至距闉重圍必欲得而後已時寨衆不忍負伯約爲死戰伯曰寧以吾一人故而使衆臨不測之險耶況丈夫臨難恨

不爲朝臣常山舌侍中血猶以一死爲族里解圍死亦何恨遂詒曰吾將奉命乞解此圍賊許之公單騎赴其圍賊營徹乃自刎

靜寧州刺史彭應選

彭刺史字克符號椿齡生而岐嶷穎敏書過目輒成誦總角試童子冠軍補弟子員不屑尋行數墨作章句儒亦不事家人生產因兄應會中庚子鄉試卒於公車乃折節下帷癸卯中副車旋膺選拔授台州別駕台偪處海濱甫至多方捍禦倭寇不敢犯界兩浙倚爲長城尋丁艱起補揚州淪河築堤以備水災揚人德之立碑建祠還靜寧知州值闖賊擁鐵騎十餘萬圍城公登陴擊柝親冒矢石如是者十閱月內糧旣匱外兵無援攻打益急射書入城云獻刺史則圍解否則城必屠公集士民告之曰余死守孤城上爲封疆下爲生靈與其城破而萬姓玉碎曷若吏死而一州瓦全士民呼曰

甘效死守誰忍殺父母保妻子哭聲震地公姑應之次日早朝衣朝冠北向再拜畢獨縋城直入賊陣大呼曰我靜寧知州也速殺我聊救一城命賊曰壯哉彭知州舍之解圍去公亦掛冠歸士民卧轍扳轅不能留比旋里捐田租給宗族代完賦役遠奔伯兄公車喪弟應熙歿遺腹生姪世振撫育如已生其曾孫士銓追述祖德猶能傳其孝友焉

范縣令吳光寅

吳光寅字念陬高才磊落士也應童子試郎受知於董思白葛屺瞻格外鑒賞接以家人禮舉其須召黃趨皆以臺諫期之後屢入棘闈不第時行保舉法何綱卿素識寅力薦之授范縣令其磊落之概猶往往見於居官時會有銜之者踰年被劾罷方候代而烽烟壓境竟以督戰罵賊死諒哉何昌祚之哭寅也曰夫人死於宼則有六月之霜可飛死於烈則有千秋之墓可表而先生之於范也解

組矣死封疆既非其責死知己又無其人乃隨一邑不知誰何之子魚魚鹿鹿授首於賊死何名乎昌祚者誰綱卿之子也然則寅之死也成之者綱卿而知之者其惟昌祚乎雖然慷慨死義如寅自當特書以志不朽

孝廉盧希儲

盧希儲字又儲號蓮峰性孝友幼頴悟好讀書年十八明崇禎癸酉科舉於鄉是時明祚衰薄盜賊蜂起公奉其父邑庠生昌避難山砦流宼掠而執之見其路引曰此孝廉也盍出金以活汝公罵曰憾不殺汝以報朝廷豈向反賊求活乎遂遇害父見公死罵賊如故亦死兄希聖弟希仝皆相繼罵賊死人多義之其先世有伯溫伯吉者兄弟同居凡歷四世幾百人至尙友尙省尙修食用漸繁始稍稍折爨至於公猶然兒無常父衣無常主有先世遺風豈非節義由孝友而來與

巴州刺史盧爾惇

盧爾惇字以崇號舫天素稱多才久困諸生中與海內知名士讐校古今詩文不居第二流遭明末世亂於邑北郊外築桃園書院延通邑文會後闖宼掠楚北爾惇博學知兵爲邑設方略募義勇賊不敢犯會詔舉賢良方正有司特以爾惇應授巴州牧棄家數百口負所藏寶劍往獻賊入川所向無堅城而巴民皆有效死之志孤城當賊衝不下

踰數日有渠魁偉狀護衛整爾惇心知非凡賊躬引火器中之墮馬復甦果賊帥張獻忠也俘獲千餘賊奔退報捷成都楊閣部嗣昌以便宜擢成都監軍副使始得兵百戰抗賊殺馘無算至兵盡矢窮糧絕而後城陷尙短兵巷戰身中百創自呼賢良方正盧爾惇死于二繩慈松陽宰純慈邑庠生

彭縣令王國寧

王國寧字萬咸由已卯副榜入試北雍列第一授四川彭縣令兼攝石泉縣事値猋賊蜂起屢薄城

下寧率民間義勇躬冒矢石登陴固守極力捍禦外之器糗盡賊益蝟集城陷身死聞者傷之

庠彦熊夢祥同妻張氏

男子不得已而以烈名女子不得已而以節著皆所遭之大不幸也㤙朝菌蟻蠓中得一舍生取義者猶足以維名教振風化若太仙里之熊夢祥慷慨磊落傳極羣書不遺孫吳家言母早逝事父渭明以孝聞無何賊陷會城北渡掠安祥倡義禦賊雖暫引去已識首倡姓蜂擁至三角山寨按姓索之甚急祥與妻張氏訣曰吾固當爲國死汝盍行乎張氏不肯去俱爲賊獲賊服祥勇略欲全而收之祥罵不絕口身經百創死張氏慟夫罵賊與激其怒賊佯不聽縶氏足而馳道經秦氏古堰橫堤氏奮不顧身倒入水中馬逸不得墮賊乃拔刃斷其雙足推溺之堰水盡赤迄今過其地想見其夫若婦先後視死如歸生氣凜凜如昨雖欲勿紀烏

得而勿紀

庠彦程之渡

程之渡字葦如者司理繼魯季子也少激昂多俠節每讀古忠臣孝子傳輒慨然想慕其爲人年十二見知於邑令王公期以大器摩其頂曰是兒不凡殆王元之謝惠連一流人物也終以壓於權貴于翁不得首取渡恬然無幾微介意後遊泮食餼

父官安慶惟與兩幼弟讀書家園不異寒素適楚帥于左夢庚叛沿江而下將抵皖渡聞信從兩騎省父而父已掛冠月餘矣行李匱乏不能作歸計遂留皖未數日夢庚兵訌江上執渡渡曰汝父爲朝廷鎮帥不能出力報效而乃自相殘殺乎罵不絕口遂被害

明經秦自輝

自輝姓秦字景行祖父實以貧設教移家就館卒於麻祖母王氏不爲豪宦奪志委曲携孤囊骨還安殡詳載貞節傳孤𢚈意生五子皆砥行力學自輝其季也抱才負志與從子甲戌進士如容生同歲長同學壬午鄉試七月朔賊潜入境襲安城輝聞其家爲賊火即與邑諸舊家約奉邑令李公元玉爲王設壇置萬歲位羅拜且誓相與保聚築室三角山寨癸未賊破會省其將賀姓者長驅近寨時耿李通爲寨王詢於衆不自决輝獨厲聲倡衆

分地以守斬木壘石以禦戒其家不得一人出恐亂衆心賊入尙持木竿鬬賊執之欲其屈輝罵不絕口遂被殺哀哉人固有一死彼爵高祿厚宜死而不死者何限輝以一明經堪與平原睢陽爭光日月其忍令人湮沒不傳乎子珙芳甫八歲妻胡氏能紹祖姑志及伯姑汪氏志教育有成庚午舉於鄉

庠彥王祚昌

王祚昌字筆南號立之明懷宗時邑庠生也振筆成文九八棘闈不售明祚將移流氛四起人人立山寨以自保護咸推昌爲主帥力捍強寇會圍久糧絕薪水俱困祚昌啟寨潰圍率衆登先與賊血戰殉難不屈至今井里稱其忠勇者猶津津然鬚眉爲之俱動

論曰國以忠顯野以義傳要其公正無私慷慨不可遏之志則一也於以起衰救敝其有賴乎

孝友

事父母而有孝名共父母而有友名皆孝子悌弟之所不樂居也然而庭闈之覩聽追隨不能必其常處順而無逆惟天性純篤之人處順固承之以順即處逆而亦無不承之以順此不過行乎倫紀之所當然而遂爲人子人弟之所難及况乎因孝而友又且即友以成其孝歷觀安邑惇倫重本之士何其屢見疊出耶故附於人物而曰孝友

明朝 處士周日昂

日昂字民魁中和里之孝子也里人感其孝因其世居雙墩遂稱爲雙墩先生然非樸魯未學者比少治麟經工詩古文兼二王張旭眞草筆法常思讀聖賢書先期躬行實踐而躬行實踐者莫切於孝當其晨昏奉甘旨色養備至父病卒號慟盡哀廬墓六載無時不作孺子泣又念梅孺人壽高屬妻黃氏奉養謂父母均屬天親而事死事生一身不能兼予媳且各分任皆愛敬罔間以孝稱郎居廬時有馴虎繞阡白鳩巢幕之異總非其心之所樂聞也惟是父墓矢終天之憾萱闈竭愛日之懽無非本孺慕不容已之至性未敢必之天地而自足以格天地未敢信之鬼神而自足以泣鬼神也豈待有司上其事賜詔旌表而後知其爲周孝子哉然自弘正間旌表之詔子若孫固已至今寶之勿替矣

王威

王威幼失父母從父時瑩撫之比長娶婦張氏瑩病卧床十餘年坐起飲食櫛沐溲溺諸瑣委須人扶掖護持威躬親惟謹瑩病劇饑餓無度嗜好怒詈俱失常威及張百計將順瑩歿威夫婦哭泣盡哀祭葬盡禮奈媪病泄痢且危甚醫云得溲味辛甘尚可活媪偶便威取嘗焉里人謌曰昔有黔婁爲此今王威於嬸母處行之誰謂古今人不相及

哉至媪卒戚哀毁過當亦相繼没張氏勵志守節耿恭簡高學憲立合傳以明孝節可風云

趙任

趙任字伯衡少頴敏年十二誦數千言終身不忘舉止如巨人見諸少嬉遊者必斥之嫺於禮里中有冠婚喪祭之舉常問焉家世仕宦其父學博才雄中年弗遇家益落四壁蕭然鬱鬱不得志常易怒獨好客任受田數畝藜藿不充拮据治具以承

父歡一日父病客咸往省父命治具須臾舅氏私語曰而侍湯藥安得如而父言諸客固知爾貧止以雞黍饌父視之大怒任長跪請罪竟日弗起諸客解之不得舅復解之任涙涙泣下膝行而前曰兒不孝不能得大人歡大人甫間奈何復傷之舅父其重撲任也以寬大人怒一時坐客爲之俱泣下

李學梅附李仲友李友林

李學梅字平橋家貧爲臬幕父分産厚於諸弟大父不平梅跪曰父愛弟即同我愛奚懟焉不幸母早卒父再娶亦相繼卒廬墓九年煢煢棲莽間暑雨一益嚴冬一葉感及物類有鹿爲伴鳩爲侶之巽或他往深夜必還一夜溪漲忽隔望墓號曰兒在此於是達旦積雪數尺有老儒往瞰之見雪中隱隱一髻亦復不僵死世宗崩諸司哭臨梅伏庭下哭獨哀耿恭簡作孝椽傳唐伯虎撰孝子文高

學憲亦爲之傳郡守邑令贈以額皆加旌表後有曾孫李仲友者母病篤泣禱學梅墓前割股進母母即愈又有李友林者亦梅之曾孫也家疫死傷過半母染疫幾不起友林亦割股母亦愈嗟呼學梅以孝著於前二孫以孝彰於後至性格天淵源有自其爲家門光也宜哉

郭天明

郭天明幼失母躬耕負薪以養父父病侍湯藥衣

不弛帶疾篤時割臂和羹以進復嘗糞知不可起搶地痛絕及卒廬墓六年不踰户其妻死亦不一顧有白兎馴擾之異邑令聞其事諭以禮不可過乃還終身不再娶衣冠純素年七十父母生忌之辰必哭莫如孺子之慕當道屢旌其廬

周文昶

周文昶幼孤家貧服賈養母母病聞信遄歸侍湯藥衣不解帶水漿不入口者三晝夜焚香告天願

以身代而母病終不減既而嘆曰如有不諱安用生為遂割左股以進母病頓愈邑進士韓成山邀衆區旌之

許正明

許正明字耀寰父病篤籲神割股烹湯進父復甦呼其壻曾省之謂夢大廟牌懸金字云感動天和地保結十五春等語後閱十五日而卒

秦文玆

士之孝友性成者原不必獲其報而其一往情深於不容已自足以格鬼神光史冊也若秦仙里之秦文玆是已嘗父枋久遊滇省不歸玆隻身尋親備嘗艱苦值滇疫不得父所忽有神人告之遂匍匐往果見父僵卧於馬伏波廟中氣不絕如綫且哭且呼及蘇云得水可活玆急取水且覓醫調治越二月父病愈苦無以給饔飧乃為人傭以供踰年還里適流氛甚熾有弟讀書於麻邑被賊執去

玆入賊營尋弟亦為所縛將殺之尋獲釋與弟潛約宵遁賊覺來追及諸河則在舟中矣復避亂三山寨寨不守妻女亂亡玆不暇顧止抱週晬姪以奔得倖免嗟乎由前觀之可謂孝矣由後觀之可謂友矣孝友如是而行年八十有二竟與伯道無兒千古同嘆也人以為報施或爽而不知其所以格鬼神光史冊者端在此一往不容已之情也

國朝

處士孟有談

存謨孟門余節婦之仲子也生而能孝父淮早歿與兄存誠皆幼孤祖母年高風燭不定惟孀母是依自痛三歲失怙賴慈闈勤力勞心撫摩鞠育迄於成立縱定省無缺而痌瘝未嘗即安母或偶感微恙輒爲廢寢食兄因貧遠館河南每別必泣送曰遊子他鄉運貽老母憂無何兄殂知母傷感過甚乃跬步不出戸外婉轉委曲多方解慰母衣方衣母食方食焚香告天以母進羨爲祝不幸母疾

不起擗踊慘怛哀毀骨立無分寒暑晝夜哀哀作孺子泣郎至祥禫後歲時屛奠與初喪無異邑令蕭公恒旌其孝並追旌其母之節紈顏之曰節孝流芳不誣也長子應瑄以壬子拔貢秉鐸德安門學次琮璜孫之春之夏或明經或國學或黌庠門蔚方盛人以爲節孝之澤方長云

封君韓名世

韓明世字友生瀟源里人也祖勳選授明經積學獨行父瑞璋生世踰月而歿母吳氏苦節撫世四十三年無別師壺乃祖之家學明末紛亂文士多怠於業世獨閉戸讀書人皆嗤之不顧也每慮兵燹頻仍爲壁藏石瘞數千萬卷手録其要小書宗本負於身以自披閱

國初士苦無書遠近借讀者戸外屨滿有就業者則及資以膏火講說不倦母既以節書世讀書益加勸勉欲其成名而世卒不遇母以節終世以不獲

母志抱憾廬墓三年又著述經史詩文於廬中復二年有三丈夫子不外傳長庚旦受知於于大中丞次庚寅受知於祝司理俱以童年列邑庠又次庚延能文而殤及寅成進士世猶以棘闈人不以世不知止以其欲成母志於終身也性尤喜施舍輸賑流亡嚴氣不苟言笑雖褻必愼年六十四終有韓氏庭訓類解三十卷行世以子貴贈文林郎縣佐秦中理

秦中理字大興號雲山少孤事母陶氏以孝聞年
九歲母患心胃痛楚醫稱不治私刲左股以進年
十三補弟子員食餼甲午恩選應順天鄉試擬元
未果於是設館授徒以養孀母爲事一時知名者
咸出其門兄弟五世同居已嫁之姑貧而寡迎歸
合爨母喜其仁朋友之子父死無所歸曰於我教
養母喜其義排難解紛理寃雪誣不受礱子之謝
母喜其廉母卒三年苫塊哀毀成疾年四十九卒

宗族鄉黨莫不太息子經芳世成俱列邑庠

明經何遜

何遜字任長性嗜書雖兵戈搶攘中猶手不釋卷
吟唔不絕其母吳早卒事繼母賀至孝年十二補
弟子員十八食餼聲譽籍籍從學者多知名士俸
貲不自私悉奉母先意承志得母懽心母卧病幾
兩載朝夕侍湯藥雖薓價昂必拮据以進無少懈
母歿哀毀骨立不知爲異母子督諸弟過嚴雖迥
通以母憐故稍從寬然偶不率教必自擊觸壁啼
噓徹宵不寐後皆率教康熙甲戌通成進士遜之
力也年四十貢成均未及仕六十有八卒子三爲
邑庠生人稱其繩繩振振云

盧純慈

盧純慈字熈叔號椿浦父爾惇孤城抗賊死純少
孤依母於家念父死社稷至巴收骸骨或謂昔有
武弁共患難未死在其境其尚中純子身奮往遇

尚中人哀病不能興聞之感泣呼使近榻矚視歎
盧官人有子當時官人殺賊過當賊報以支解云
壯士寧有屍耶慰純還母吳氏苦節死廬墓三年
年六十四終長子拱由邑庠生入太學

文學盧紀慈

盧紀慈字念倫孝廉盧爾慥長子也少時折節讀
書下筆極雄秀飄宕之致年十三受知督學狄公
補弟子員父客京華凡十四五年紀奉祖母匡節

孝母樊氏肇畫家政夜則率諸弟課業皆次第成名父歸杜門著述紀多所讐訂左右承歡無失色養族子某有佃紀田至貧不能舉父喪者悉捐其租助之尤精堪輿憫祖母與父相繼沒爲卜馬鬣雖寒暑登涉不少輟父易簀時幼弟紀慈伏床頭喁喁哭父命紀曰此黄口兒但令明理足矣紀泣拜受命暨免喪館村塾棄諸子獨携弟稚弟每嬉不事謹斥惟溺泣呼父自責與弟解悟也越三年

弟以能文名掇于矜食廩餼焉戊辰冬母以壽終紀哀毀成疾死苫塊中時年止四十有八也

庠生江楫

江楫邑庠生善屬文弱冠郎補弟子員試輙高等每激昂青雲氣宇過人父病侍湯藥晝夜不倦荼鐺藥爐必親爲調劑以勞悴久遂伏膏肓然終不語人恐益親疾也父殁哀毀骨立不逾月卒鄉里稱孝行焉

吳應選

吳應選者能順父母於生尤能起父母於死也康熙三十三年内父念王疽發背瀕危展轉床褥者五閱月洞胸穿臆臟腑俱見臭惡四聞選侍湯藥口吮舌舐呼號數絶孝心誠篤父病忽瘳宗族鄉黨無不驚異請之於縣邑候張公扁曰能竭其力達之於府郡守戴公扁曰孝行可風

盧纓

盧纓字蘇浦風度端凝德性渾厚同胞九惟纓年最少而穎異特甚父母鍾愛之父沒甫九齡念已未立決志不事紈綺寡言笑買書三十乘杜門不出日紘誦不輟屢試出人頭地事母如嬰兒戀戀母每爲解頤加餐及母死讀禮無遺行兄經卒子穉未厝纓卜得佳地臨終命與兄合葬鄉黨宗族皆稱其孝友

庠彦張滎

張棨字錦樹侍講希艮之季子也年四歲入塾書一過輒誦不煩重授十歲自爲八比義出語驚人年十八補邑庠是年侍講登第選庶常棨爲書數百言遺父引范文正公庇及宗族事明年隨侍講讀書翰院所作時藝高古渾淪太史蔘懷金公庶常仲夔陳公每閱其文期以大物丁卯母彭氏卒於京邸七日不飲勺水斗室懸柩朝夕繞哭其傍戊辰春侍講分校春闈諫以毋狥情面毋負

皇恩榜後見所取皆寒素士乃一破顏高識遠慮有

成人所不及者自寢處毋垢倶家禮之外他不寓目惟性理書則於汲涕之暇時時涵泳蓋其所篤嗜也然體益瘠加以瘵嗽奄奄一息至不能起七月初四夜疾增劇侍講五鼓入朝歸則先已嘔血數升死矣年二十有一聞者莫不哀之表揚有待焉

金光化

邑庠金光化幼失恃廬墓三載終日悲號孺慕之誠蓋出自至性也稍長事後母倍於所生迨母舉季弟凡父所遺悉以美者推之尤篤宗黨誼罄貲以周貧乏捐産以助婚葬置館塾以教鄉里之子弟不責脯脩年餘五十猶講習不輟竟以數奇不遇卒

黃色純色綉色緯

黃色純色綉色緯兄弟三人皆邑庠生其先高曾

祖三世同居能以孝友名耿公恭簡旌其門曰雍睦一時其子若孫景孝友之風歷新其扁額宴鷹揚者二領歲薦者亦如鷹揚之數補廩膳增廣者各一列黌宮者五餘皆從事詩書恪守先業計三十八子姓蕃衍克昌厥後或亦孝友之報歟

石台三

石台三鄉民也父昆瑞卧床幾斃台三皇遽失措投醫不良投巫不驗乃焚香祈命於天願以身代

黠引刀割股肉以膳父父愈族黨語其事父子相對潸然泣下此三月事也鄉保以狀聞志以旌之示勸也

論曰漢石奮四子長建季慶一門皆馴行孝慎官二千石故號爲萬石君後奮歸老於家慶爲内史嘗醉歸入里門不下車奮聞之不食慶恐肉袒請罪奮不許舉宗及建肉袒奮讓曰慶挾内史貴人入閭里坐車中自如而使里中長老皆走匿可乎

乃謝之唐柳公綽最名有家法中門東設小齋每平旦諸子仲郢等皆束帶晨省自旦至暮不離燭至則命子弟一人執經史躬讀一過講議作人治家之法至鐘聲起然後歸寢諸子皆昏定焉由是觀之孝貴善體親心恪遵庭訓而蹈襲割股非所以爲孝友貴天懷中發共順二人而矯情飾貌非所以爲友吾故於安邑之子弟望其爲真孝真友勿爲沽名釣譽者所惑也

德行

昔文翁之於蜀胡瑗之於苕稱之者徒見其鉛槧管絃春秋罔間以爲文教聿興在是耳抑知立教之本有薰陶涵育於文之先者發而爲文自炳蔚輝煌而不容遏乎聖門四科首列德行而以文學殿後非謂文學爲可緩也葢有德者必有言而文爲行之餘力所及要惟先其所重而輕者自可兼致焉故附於人物而曰德行

元朝 徵君吳應澍

應澍元閩南招撫使季子西山也少孤長力學以品誼爲鄉里重伯兄兩淮鹽場使東山仲兄南山俱早世遺孤五人女六人悉撫如已出娶嫁以時所置産業兄子與已子均分之孔道地高得水艱爰自桃花東鑿一十九井以濟人渴舊道欹險不平爰甃石作橋以利人行他若施棺芘粥建義塾賑饑困善非一端天曆巳巳湖省平章乞住忽剌

友等薦之於朝詔遣異珍庫大使陶肅鄉徵之不
起御書西山二字褒之當時皆稱之曰西山先生
其後必大信然

明朝封君耿大振

耿大振字鳴甫貌脩偉言論舉止咸有風則性至
孝初發憤讀書及再試不偶遂絶意仕進不忍遠
父母晨昏父母卒哀毀幾至滅性禔躬閑家一秉
於禮酷暑不袒嚴寒不爐怒詈不出惡聲遇子姓

嚴峻曾孫十數不假一嫗煦語内外斬斬家衆秩
秩無敢違者以身範也自少至白首足未涉公庭
配李淑人歿不再娶獨處一室終日闔戶危坐或
時覩書史不樂與俗人接惟儒生至則劇談竟日
不倦卒年七十有一以孫耿恭簡誥封通議大夫
刑部左侍郎

封君耿金

耿金號靜庵廉介仁厚恬淡皆出天性里有劉姓
與逸盗同名令以屬吏時長子天臺爲諸生見知
於邑令公亟使白之劉奉金帛良馬謝公峻却之
天臺巡西夏債帥持千金求薦未及門公叱遣
之家婢樵隣壤隣子毆之越數日死族子私恐喝
之公亟召隣父慰之曰吾婢寔以病死郎由若子
吾不訟也隣父泣曰公不言吾家破矣有富家奴
毆死族子而逃族衆欲持其主以挾賄公怒曰毆
者奴也何與於主事乃寢其廉介仁厚若此天臺

叔臺鄉會捷報至漠然不爲動天臺謫橫州判公
一唳而已無慍意天臺叔臺丁秦淑人艱同時起
復一擁閫一爲司馬公太息曰吾父子團聚以終
足矣如國恩何行後多徙步一小僮荷擔隨之其
恬淡類此至若族里之男婚女嫁衰舉孤全惟公
是賴者則又不勝紀也卒年八十四誥封通議大
夫刑部左侍郎

朱則華

朱則華字嵩山蓋慶曆間篤行君子也一日隣家有飛鳥入室聲嗚嗚然衆驚爲恠皆狂奔去須臾火起風作華舍在下風殆如紅爐之燎毫毛矣華向火稽首曰作善降祥作不善降殃尚祈分別之語畢風反火滅至今傳爲美談焉

吳希貴

吳希貴字龍峰襟期洒落胸鮮城府性寬和容衆不以才能高人勤學博覽雖列膠庠而抱濟世略

覘衿佩茂如也時宰見而才之勉以仕不應曰耕山釣水足以自娛論道講書可以共適富貴又何求焉退處林泉吟風弄月乘款段馬携小奚童往來鄉里間陳說孝友婣睦事俗因以淳變邑肇造多賛畫力又分督西城役獨貲襄厥成前後四與賓筵子四皆以學行名國寧國宇尤著

國學吳頎學

吳頎學字少華初爲邑諸生後入太學賦性剛介言行不苟與李卓吾談經論道交相得也吳於邑南稱著族仕宦鱗襲頎獨敦古道不受名繮羈勒家世席豐厚常備脯餼與宗族叙雍睦以耕讀課子弟族有大故必請措於頎相會必整衣冠拜起如節至今伊家譜牒猶傳典型焉

處士張鵬翔

張鵬翔字拱北中和人也系出睢陽忠烈公公始祖文德占籍黃岡後析置黃安父廷舉生二子長

公次繼軫公頴異讀書五行俱下弱冠試輙占首事繼母孝繼軫夭字其孤如已出族戚輩失身他姓力贖以歸凡可解人紛難者毀家不惜癸未里中集黨千餘大肆焚刼公與仲子百程糾堡藏其渠而脅從者多所全活甲申粱公舉鄉飲徵爲上客丁亥爲諸弟子講尚書於璧山爲文落筆數千言乞者趾日錯於門公樂此忘倦年八十卒蔣學使欽其行誼檄祀鄉賢著璧山文集若干卷

庠彥張鵬翮

張鵬翮字圖南少聰頴工舉業十五遊膠庠七試棘闈數奇不遇乃自嘆曰制藝一道沉埋英雄久矣大丈夫豈可爲所束縛哉遂不習經生家言訓子孫和族黨排難解紛里人多賴之年七十值父廷萃壽九十而終哀毁骨立不離苫塊人咸稱老孝子服闋邑令聞其賢請鄉飲贈以額顔曰齒德並尊卒之歲八十有七子若孫英英蔚起克守家

訓莫不稱貽謀之善云

鄭稚橋

鄭稚橋太仙里人寡嗜慾重然諾有人浮家於安一見投契尋浮家者任青州守値世亂孤身獨往以宦囊及二妾託之無何安亦亂稚橋急諭二妾母族一在杭州一在楊州乃買舟南下親送至楊適青州守解任别郡亦至水陸相遇於岸次青州守泣謝欲偕之任稚橋固辭歸潦倒終身老年始舉子後他徙不知所終

庠彥曾得孔

曾得孔邑庠生八歲失怙事伯兄如父孝友仁厚内外無間高才博學名重膠庠一時賢士大夫咸樂與之遊喜任俠輕財好義時流氛肆虐大江南北避亂入山者無不望曾門托足焉得孔解衣推食久而不倦有妻子被擄掠强暴肆吞占者爲設處捐資令得團聚有饑寒莫告死亡無歸者皆周

給歛殯之以故曾雖素封坐是大困迨老益砥廉隅厲名節里中不率子弟聞其風多相勸勉卒之日知與不知皆嘆息泣下儒生而化鄉國未有得孔之甚者子奭年亦有聲庠序

明經李暎珍

李暎珍善顈悟立品敦實行屢試冠軍采芹食餼以歲薦當授縣令自揣鮮經濟才乃就教職旋郎告歸有循子私侵國税貧乏不能賠補鬻產代完

終無怨語一日奴隸悞失耕牛畏責珍煮酒慰勞略不介意身棲繩甕中幾卷殘書終日自樂不衫不履無忮無求余憶其人當在懷葛之間不可使其湮沒不彰也

庠彦蘇光轍

蘇光轍邑庠生字汝德耿孝廉九一之師也善臨池幼試童子後期告考倅無卷以便面書其文進學使者深賞之擢居頖宮高等吳敦之先輩結社

江汝修建安開元之業社不數人而轍與焉耿孝廉克勵爲傳之曰吾兄九一夙惠稱聖童髫齡自負不屑居人下顧北面事先生稱弟子又屢爲名賢傾慕觀克勵之言轍之聲譽亦藉藉當世久矣性至孝常上食尊人一語少忤父怒以碗擿其面轍拭碗重進色更加和父爲改容析產盡推腴者與孤姪以慰嚴親心族子失身失產皆不憚艱險贖還之幾攖重禍不顧也其後耿玉齊又傳之寻

覽其卷軸須眉若動恍置身羲皇上矣

庠彦姚應巍

姚應巍邑庠生性端方嚬笑不苟見者咸敬憚焉刻苦食貧冬月讀書以木綿擁足常達旦授徒羅山羅伊南劉海宇極重之有紈袴子頗怠業弖之夏楚乃曰先生尚須修脯耶撻則否巍則罷棄之歸曰安能以阿堵誤人子弟嘗以慎獨訓諸子雖横逆頻加卒含容弗校出金贖江右書香子於流

離還函歲鬻女於原聘里中不逞爲朋入會鄉勇斬其渠魁更議殲滅餘黨巍力止之爰爲文勸其釋戈荷鋤莫不感泣悔悟全活甚衆已卯卷呈堂復抑遂絕意仕進邑令重其賢舉鄉賓不赴年七十六卒

吳光崙

吳光崙翼寰者中和里人也爲人公直耿介具揮霍才闔族舉爲家督家有婚嫁者崙裁以禮家有

忿爭者咸遣以情家有幼孤者咸經理其田畝租稅之務家有宦遊者咸權衡其出入鎮撫其僕從迨孤者長宦者歸而貲日以衍會計無纖悉遺未嘗一染指以是人無不多光崙者又捐貲倡購祀田建祠宇立宗法於是翕然成雍睦之風撫孤姪檠讀書完婚娶卒爲明經其他類是未易更僕數若光崙者非所謂仁心慕義無窮者歟

國朝　學博李光炳

李光炳字篤之號西疇太仙里人也里多豪華右族而光炳獨崇禮讓鄉黨化之使子弟從學焉立館西河之上先器識而後文藝踰年徒至百餘人每三五自置一屋屋兎魚鱗相比若市西河之上斷斷如也弱冠補邑弟子員食餼以廪竭守官不得第由明經司訓蒲圻教授生徒其掇巍科以致通顯者類皆立朝著手秉持躬秉節義尋擢攸縣諭兼署攸縣事攸爲楚邊服有鄭衛風公爲治六閱月盡變其俗其所未竟與所已效必以告後來者有楚於薳大夫風後卒於官士民德之聘以歸邑東郭之邨其故里也

贈君鍾繼鳳

鍾君字左泉安篤行君子也少孤依兄嫂奉騎執轡忘其勞早歲矢志嚮學連遭諸兄喪百口累身惟讀耕課織稍致中人產諸兄遺女五爲之辦媵奩族里遇歲祲迫饑寒爲之造絮糜粥蓋其觸事

動念隨力賙給不可勝述有丈夫子七無時不引格言提命意念已過人遠矣其膺中憲之褒也宜哉

封君彭象賢

彭象賢字公仁號敬亭性朴厚常恂恂自下工制藝詩賦文詞下筆立就教子致通顯猶手不失卷搦管如經生學使臨府肩隨諸後進應科歲試不倦間有以封君稱者輒不樂愛常衣大布衣食蔬

粟飯策蹇從小奚徜徉山水間至周人之急忘人之怨則又盛德之不可及者生子二長繩祖兩任太守次念祖以國學授縣佐順治十八年誥封中憲大夫妻余氏楊氏俱爲恭人膺長子石阡太守封也著有胝齋文集行世

贈君張百程

張百程字日闢壁山公之仲子也年二十餘嬰血疾壁山公命其游戲騎射丙子就試遇賊郢城公

獨射其赭袍白馬賊兩矢夾脰斃之而時婦女數百廹於賊不得渡公復持滿捍禦悉賴以濟母黃氏暮年多病拊摩無間寒暑辛巳大饑淪野蔬自給別貯白粲以奉兩尊人黃氏卒哀毀柴立乃受知棗旃高公補弟子員時値兵冦交訌糾合義勇與各寨分勦止陳斬王昭兒一人餘悉矜釋鄉民周某誤入太保會萬經歷集紳士議斃之公獨言惷愚法不當死卒釋之黃岡胡姓者誤買盜牛巡司捕治將抵法公辨釋之戊子公伯子當食餼某廩員陷賊中公曰是補殺一人矣兒年正稺何亟是其人後以歸誠得出貢公文章節義高一世海內士大夫爭爲延聘所贈遺率以購書喜吟詠尤工楷隸僉以爲再生右軍卒五十七以子希良貴勅贈文林郎　日講官起居注翰林院編修著樸園文集若干卷

明經姚觀

姚觀弱冠遊泮旋食餼性喜施捨重意氣有友人貧乏不能補廩者代出三十餘金終不索償家日落蓬户蕭然安貧樂道泊如也膺歲薦徒步入都有中表盧某令永年往還不一鬪閧某遺騎物色強邀入署信宿即行一無所取及寢疾以存心制行告誡厥子外無他言屬纊前一日猶講大學聖經一章精言奧義非訓詁所能及蓋有得於此中者歿僅六十有五人咸歎於年不滿德云

國學吳成龍

吳成龍字慎之七歲失怙遵母和熊晝荻之訓年十五入泮遊國雍例得一秩以母老不赴選性和順喜怒不形尤不屑竿牘奉母外惟徜徉山水陶情詩酒順治五年山賊倚險叛軍門柯提師殲之纍囚以千計中多良善咸寃之成隻身入營壘請曰將軍所繫賊耶民耶無令玉石俱焚軍門然其言良善得釋成之學素守雌兹獨以俠聞豈意氣所激雖柔者亦剛與

王延

王延字紫茹居太仙里少孤頴敏七歲能屬文里閈呼爲神童長通經史博聞強記下筆千言立就初謂功名引手可致也家貧藉館穀自給負笈從者邑中幾過半每三冬聚門弟子話往哲懿行津津不倦嘗曰舉子業弋取時名自有定命顧士先立品一事有失貽咎終身生平言行不苟意氣軒霞舉邑知名士皆以得拔結爲幸奈厄於數齒垂暮猶試童子志不少衰年五十始遇督學使部公拔首齊安九屬評其卷曰如此奇才而久困窮簷天耶人耶爲之三嘆云且叩其生平所讀之書益加嘆服書箋以贈之曰余之得紫茹也在雲中時乎鐵網生珊瑚結根數百年敷榦數百年郁郁紛紛寶色照人龍蛇處其下日月沐浴其旁物固不可近期哉老泉之文也連夫之詩也平津之策也亦如余之得紫茹也知遇之隆至無與比而卒以偃蹇庠序終悲夫有孫鳳隆能讀書早歲泮遊

門下士至今有感且泣者吁是亦可以慰公矣

庠彦吳載瑜

吳載瑜字石攻者灄源里人也爲人慷慨磊落沉勇有謀年十三以童子試儒父嶷寢疾願以身代誠感而愈後卒遺幼子維楨蕘孤屬載瑜撫育瑜愛均衣食教篤晨昏遂以兩試冠軍爲諸生翹楚

復舉所自置田畝分給之鶺鴒既翕之雅人每稱之不置明末賊寇披猖道殣相望瑜建砦磨盤衆推執牛耳嚴守禦備器械勦除渠首及其黨數百人里中賴以安全者數載迨
國朝定鼎土氛復猖前邑侯任公諭爲練主俾仍守磨盤以扼要害瑜孤忠自許力圖報效致使羣逆不敢窺伺疆圉得以寧靜任侯上其功軍門松公題敘將官之以年暮辭惟教子若孫篝燈誦讀三

子列子衿孫入辟雍泮沼足以繼其緒矣

別駕盧爾恒

盧爾恒字以占號子常性恬淡量汪洋年十二補弟子員攻舉子業讀書目數行下爲文駸駸入古崇禎癸酉科卷呈堂復擯於額乙卯闖賊掠安恒指授方畧率衆登俾堅壁城賴以全以功貢於鄉
國初遊白下受知於安慶中丞劉公思伯多其才題敘委署本郡倅叅知政務凡疑難事悉爲剖決劉公快得人擬特疏薦授乃夷然不屑竟拂袖歸來以山水文籍自娛築半畝園與其弟講學其中博極經史子集號武庫焉課諸猶子與嗣子緯俱漸次登第又歐然自適若固有者然日取一卷曆置案頭凡旦晝之所爲暮夜必記之以當功過格嘗自嘆曰人苦不知惡則善心無由而生予得此法庶可以寡積愆矣應鄉飲大賓者三子四縉庠生早卒綬組皆以青衿入太學以嗣子緯貴貤贈文

林郎卒年七十有四

庠彥陶鐙

陶鐙字聲玉狀貌魁梧舛落落而胸具了了識居介申羅間每多羣小倚險竊發鄉里推鐙主盟往往削平之終鐙之世邑北仰金湯焉康熙癸亥舉鄉飲酒禮鐙膺之丙寅春再舉復共推鐙邑不乏賢者而鐙四歲兩蒙
國典是亦足以覩鐙矣邑人韓成山鐙壻也鐙鍾愛

之方其未遇時依鐙成進士鐙有力焉鐙有夭子生而嬰闖既娶彭氏以處子苦節三十年斯亦史册不再覯者豈非鐙盛德之所感與氏懿行載貞烈傳

庠彦江佐清

江佐清字君翼邑庠生幼事父以孝聞父殁母染瞽疾飲食扶掖必親不假婢媵手終母之世無少懈壬辰歲大祲出粟以濟貧者不遑之徒反乘間

以刼其餘有司恐生亂嚴捕之佐曰吾好義不盡於人何尤力爲辨白事遂寢鄉鄰稱之性樸遬與人言無靡蔓之詞直突數語而事理亦解尤不樂聞人過每遇雌黃人短長者輒掩其耳與黃岡王子雲稱莫逆子雲負不羈才士且一切獨與佐有水乳之合邑令慶召鄉飲恒避不赴曰吾何德以堪此子椲梅能世其業

舉人鍾玗

鍾玗字華玉號石航太守青巖之胞弟也康熙癸卯武舉於鄉少丁流寇之亂建寨巢山鄉鄰宗族依以全活者無算時國法不張衆推玗執牛耳操賞罰柄玗無黨無偏里閭頌彦方焉宅近有港暴漲往往殺人玗建萬緣橋行旅便之晚樂緇素芒鞋竹杖與巖棲穴處之士相周旋纂輯格言數百條訓子姪年八十邑令躬請鄉飲者再堅避不赴以壽終玗與石虹封君樸園公爲垂髫交故石虹

題其畫像有渴爲之亭病爲之藥施而不倦爲善最樂葢實録云

貢士張經錫

貢士張經錫字皇受性嗜古博極羣書每遇奇書輒手自抄録緗帙充棟焉篤於行誼父母喪諸兄析産凡賓客弔唁春秋宅窆之事皆獨肩之兄中飛禍鬻産營救得免子婦余姓者家饒於財余卒無嗣諸戚僉議分肥錫正色斥之曰若不聞存亡

繼絕義乎如以利任諸君為之吾兒不受一錢也
嗣乃定至瘞暴骨還遺金尨彰彰耳目張多君子
閭里傳頌無不指先屈於錫也除城苗司訓先期
卒士林惜之子八人列黌序者四皆有父風
論曰德非虛設之名行乃實踐之事故行道而有
得於心謂之德德不可見因其行而德乃見焉試
觀德積於祖宗而子孫必食其報彼德厚流光者
非其行之厚乎德抑然善下而人亦安為之愚而

樂居其後彼德章身尊者非其行之章乎德修於
門內而舉世仰其風采以為儀型彼德至而物望
歸之者非其行之至何以望之重乎嘗聞貴賤不
以爵位殊賢否不以道里異人固有卿相之榮不
如韋布之素千里而遙不越蓬廬之近豈其勢分
不足榮越鄙不足慕哉德不外乎日用而行基於
族黨益行遠自邇登高自卑位天地育萬物即在
履蹈中和之內也屈指安邑豈乏若而人哉

文學

相如濡筆而腐毫子雲輟翰而驚夢乎子研京十
年太冲練都一紀自古文人何必一轍要非有其
學無以成其文也安邑理學名家前徽未遠而錦
心繡口沉宮振羽者亦實繁有人然士必以立品
為體而以文采致用則華實並茂本末兼優不可
謂今日遂無其人也故附於人物而曰文學

明朝嘉興別駕王心正

王心正字定宇諸生時布衣蔬食環堵蕭然終日
一編足不窺園常自言曰王孝先做秀才時便以
天下為己任生平志不在溫飽若非吾宗乎而敢
自外下帷力學中萬曆己卯鄉試為黃安風氣開
先授石首商水兩縣學傳中壬辰南宮副車隨擢
嘉興別駕有清操勤石留遺愛焉初署論應雲南
同考聘得士六人其一臚傳第三咸推一時冰鑑
云後歷宦二十餘年猶然儒素無私積尋以乞老

致仕歸卒於家

學博程自重

程自重字任甫秉性純粹嗜學通敏十九補弟子員戊子楚闈中春秋七卷皆安人主司逸其四以散他屬自重與焉由明經三歷廣文初任安陸其故人爲書屬託於上官求右轉秘而不發以書還謝事載先進遺風會陸闕官兼攝縣事凡兩閱月簿書訟獄俱不之理掾請執法重曰同鄉無執法

例某但護印耳惡留以俟後來者士民嘆服致歸著六經韻纂會同志略江汝社稿

庠彥吳國宇

吳國宇字祁陽穎異機辨亢爽不羣年十二補博士弟子楚學使者胡公廬山董公思白葛公屺瞻持衡皆具知人鑑獨拔識焉友愛諸兄弟仲季相繼早歿宇事孀嫂如母撫諸姪如子提携教誨不憚玉之於成族里貧者周之弱者扶之婚嫁耕讀之不能舉者資給之睚眦雀鼠之不能平者排解之終宇之世無登長吏之庭者嘗曰士人讀書窮理無濟當世務終學究耳會當搶攘之際乃團練宗戚教習技勇講忠孝大義隱然保障一方寇賊無敢侵犯邑大夫有疑難事必咨謀晝人有訟必望廬質成皆指其居爲祁陽畈焉後及其子士愷孫文學之龍之璋之琰俱殉於難其季孫之璜別有傳

蘆山令吳光乾

吳光乾字彥清襟懷洒落陶情玩世每揮麈清言令人解頤與何炯卿王子雲爲意氣友一時江汝聞文壇老宿咸造廬日無虛晷孫自一嘗北面事之曰此懷黃拖紫人也後自一成進士如其言及任四川金堂學博學使召入內堂每閱卷恒質之有富室子携金賫緑已而從糊名中得之富室謝如約郤之曰吾豈掩人以取利哉且母以非義衮

吾閂也不欺幽獨如此久之擢蘆山令乃不欲以簿書自縛鱸膾秋風時動瘠瘝遂棄官歸日與名流飲酒賦詩至今里巷間猶傳誦其雅致云

象山令熊光楚

光楚字渭明弱冠食餼樹幟鷄壇性至孝兼敦友誼樂施與崇禎壬癸間旱蝗流亡相屬輟家食周之且瘗枯骨贖鬻女利濟所及指不勝屈以明經初授河南羅山繼補本省湘鄉兩學所致教澤皆

感德造擢象山令因不耐錢穀兵刑竟不赴掛冠返櫂桃鎔洞庭風雨大作舟子不能支竟與屈子汨羅相後先哀哉天下之學如渭明者行不必如渭明行如渭明者學不必如渭明其間享榮名膺厚福者何限而乃獨有所靳使之至此極乎幸遺書若歷朝詩選八大家纂畧三楚典故諸集裔孫朝泉等猶克遵守舊德徐圖光大云

庠彥汪文星

汪文星字東井髫年入泮刻有童子藝行世十八棘闈中副車者二飲鄉賓者再老猶好學不倦著有仙峯館詩賦集是時安邑新造經營圖度獎勸招徠星與有力子騰龍庠生也少遊朱子白鹿洞究心理學有將才明季推爲西峰山寨主保障一方孫庭零亦庠生也孝友性成純粹天植名家禮聘爲師有汪汪千頃璧叔度是吾師之頌觀其家世青緗皆有文德武功或亦勞在社稷之報歟

學博吳烝

吳烝字君素中和里人父其學以邑增赴秋闈寓黄鶴樓側感異夢歸而生烝五齡就外傳性穎悟專靜所授無不解里中新貴耳其名過塾命屬對曰日暮檢白花郎應曰秋高折丹桂隱然有王孝先百花頭上之槩奕年十二入泮十七食廩餼皆學葛屺瞻董忠白兩先生雅號氷鑑獨邀格外之知凡碑文傳記多屬草博學工書法廿一史一過

目輒識其爵秩輿地書入眉山之輿教授生徒悉知名士益不問知爲君素弟子也事父母竭力奉養人稱其孝數奇不偶以明經司訓松滋多所成就晉通山博作人如在松滋時歲饑捐資賑濟通人德之臺使薦擢成都叅軍門道梗不能赴遂掛冠歸搆廬數楹蒔花種竹周柳塘先生顏曰麗澤書屋所著有五經通考若干卷年七十五卒

長寧令王倜

王倜號孟菴以明經授河南羅山教諭陞四川長寧知縣長人德之如折獄明决蠲俸賑饑給民牛種不可枚舉長俗諸生著草履上公堂充里役一切草除士風丕變晉叙州別駕以清直忤上意遂拂袖歸卒年七十五孫瑛篤行淵源克念爾祖澤亦遠矣

庠彥黄極清

極清字華陽貢士承玫之父世爲中和里人賦性

耿介敦孝友厲廉隅篤學不倦髫年冠童子試邑侯蔣公擊節首藝傳爲通邑矜式由是名噪膠庠間設皋帳文士多出其門視子弟之賢者以愛修脯若不能雖贄幣充庭弗屑也事母孝養合族敦睦捐貲庀工立家廟正宗範子姓有不平事秉公質成不以煩長吏族有戶絶田僕悉爲推讓一介不取族有避亂江湖致離居蕩析極清糾合歸里築城搆室以棲之卒脫兵燹之阨値歲大祲竭廪

藏周困乏貸不責券券不責償甚並忘其姓氏里居者爲善而不有其名宜里人稱道至今也

明經韓勲

韓勲字欽府灄源里人也自以帖括取科名人皆趨時文勲獨通五經習古史詩賦重然諾門無雜賓同學少年常師事之弱冠食餼邑庠小試輙效爲恩拔明經明季世亂教授門徒數百人寇至則負書擔囊逺避山谷玩吟不輟寇去室焚書盡泊

如也或有勸之仕者勳曰亂不學何以治又謂王通以禮樂屬弟子無有受之者卒成開元遺憾作撥正諸書以寓王道追我

朝定問勳年八十餘不能仕臨終聚子孫沾沾言曰我韓氏千年有序之家其遷楚北亦十餘世書香矣必有興者當持吾集以往至曾孫庚寅成進士以唐宰行取

道州學博程之龍

程廣文字見侯號松門以通經學古之士官舂陵營道之鄉自其奉養萱闈篤愛諸弟孝友至性固已溢於庭闈矣暨秉鐸沅湘蘅芷之誦騰聲半壁迄今猶有慕其詩歌宜逼溫李書法傳神大令者豈獨其弟之鳳之獬之鐸聯翩蜚序追思其棄言懿行奉爲規範佩服如昨哉

國朝侯選縣令程之漢

程之漢字并汲號清泉少卓犖不羣弱冠補邑庠食餼父兄皆顯達雖席寵貲無紈袴習居鄉謙抑遇疏族諸父輩執禮必恭侍父左右每竟日無倦容輕財好施族子女幼孤者撫若已出悉經營其婚嫁俾各有室家而後已性喜交遊搆別業於會城之胭脂山顏曰梅花書屋延名士肄業其中膏火餼糧之具需產佐之先後賴以通籍者指不勝屈獨公七入棘圍數奇不售博覽工詩古文下筆數千言纚纚立就制舉藝尤清峭古宕爲諸生矜酒甲午以恩拔入成均考授縣令未及瓜期而卒

學博耿起宗

耿起宗字文倩美姿儀能詩文善談論好客命家僮扮優劇座中客滿無虛日每夜飲恐客天明散寄鑰其戶牖客但覺夜長及罷飲始知經幾晝夜矣文士到者如歸寒士藉以保凍餒者常數十百人有患難相委者必能出奇以濟王子雲嘗曰覘耿三乃知孟嘗不足多也中年家以好客致貧窘

然客至則典衣沽酒仍無虛日末年以歲貢任安鄉訓導言莊貌恭益氣已消磨不復少時豪舉矣然好客之性不能自止衣食寒士自忘饑寒每課士必開尊達旦性善飲飲殆百觚愈醉則貌愈和士子競歌詩送酒不異稚子戲彩慈母前也後竟卒於安鄉士子哭之卒年三十九子三

學博趙應瓚

趙廣文邑鹵名應瓚者行年八十有五可謂上壽

跡其蚤年入學食餼負無前之志僅以一匱竟局以爲售未滿價信然要其冝章松滋秉鐸之董戒與紫雲巖黒石巖譚王巖捍禦之勇畧文經武緯自不可没其子雄飛能力學脩行以紹父志夫亦安可量耶

庠彦周世寧

世寧字永清大司空諱思敬之孫八歲失怙事孀母克盡孝道内外無間言奉母訓力學寒暑罔輟十四齡補邑弟子員祖膺庠當承寧不屑就博士[illegible]經史惟遠大是期尋食餼益自刻勵督課弟姪攻苦下帷專以身教田園婢僕彼此多寡槪不問其友愛處適所以孝孀母也惜年五十四卒子承禔幸能繼志云

庠彦鍾珆

鍾珆字仲玉號龍沙邑庠生太守青巖之胞兄也文學爲里中冠督學蔡公拔置第一試牘行海内

邑侯蔣尤加嘆賞扁其堂曰科甲先聲家雖貧好施不倦常有丐者觴其子與錢五緡不受契後過他郡遇一人延宿其家拜謝視堂上尸祝主姓字宛然詢之則曩觴子者也應試齊安有蘄水文童覆舟僅以身免將行乞歸珆留寓供給之得與試獲録復贈金爲行貲後造謝出息以償不受其濟困扶危多此類邑侯李亘其行誼恒訪以利弊有被誣爲盜者力爲白之有[illegible]市而[illegible]相似

者爲辯釋之至今鄉里稱長者必指先屈於琁山兄弟相友愛終身怡怡課其子若孫皆有聲鷄林入庠序者五人年八十一卒邑侯徐爲文祭之比之郭有道鄭子眞云

明經江惟清

惟清字汝秩分宜令載清季弟也十一失怙泣血擗踊哀感路人孝母敬兄居鄉莊日與古人相對善屬文落筆千言年二十補弟子員旋食餼樹幟

鷄壇遠近爭延師席問業者多經明行修之士尤推誠去僞見人有過即加責不阿里人相戒曰但有過勿令某知恐見責也壬子膺歲薦入試成均授竹谿司訓未赴任而卒高才博學顧遇不偶未能有所建明識者惜之

孝廉程之澍

程之澍字歲霖號傳巖初就家塾讀四子書能以己意會悟解說無不中塾師驚其不凡甲午領鄉薦屢上春官不第庚戌揀選改就學博得郴州郴人士經兵燹喪亂之餘未暇治禮義公至講學論文歲有程月有課而圜橋泮水之士皆敬業遜志矣甲子應豫章秋闈聘有素封子挾重貲請公乞關節卻之曰予久困公車每慨丕休楊億安有一旦頓忘而梏此良心擠寒士功名哉比撤棘所得皆名宿焉家食時有議設弁駐防安邑者士民驚怖且走公詣臺院歷陳利弊事遂寢艱於嗣息入

八閩有友以袁姓幼婦爲賦小星婦至兩眉顰蹙淚痕斑斑在頰詢知夫以逋負不償罹重辟鬻妻求活公立還之不索其值曰吾不忍以似續故而割他人絃也其在郴諸生以掘地受礦誣訟獄大起公請於各上憲力白其寃未幾卒於郴年六十五郴士立祠祀之賻以歸

國學耿麒宗

耿麒宗字巖庵年十七補弟子員事孀母以孝率

妻秦氏無寒暑昏旦備極侍奉居喪哀毀如制學博林公瑾以其實行申之督學使郜公加優奬焉凡八入棘闈不獲售歲丁巳應例入成均赴江南闈又不售遂絶意仕進日與田夫野老相周旋長嘯峯頭高歌溪畔優游適意以此自終倘所謂獨善其身者非歟

庠彦張希聖

張希聖字亞石贈太史樸園公次子也甫就塾讀

書十行俱下經目不忘丁酉入邑庠食餼辛丑邑侯蕭公請爲子師因徧覽二十一史學益加博會安陸有異鳥聖曰明紀載萬歷十六年此鳥見於秀水鄉人面鳥身頷下白髭長三尺其年大水舉坐嘆其淹洽贈太史公卒哭之失血念母姚太孺人孀居兩館縣署束脯緘以奉母季弟希天患血症手調藥劑經歲無惰容性剛方端潔嘗寓齊安挑燈夜坐有少婦排扉而入正色拒之而艱於一

第卒年五十有詩文遺稿藏於家子三棨築條

明經黄漢臣

黄漢臣字勒㽦性醇謹好讀書行文以禮氣勝著有四書解及毛詩章句藏於家年十六列膠庠

本朝初土寇猖獗寄書誘㽦㽦潔身遠遁尤惇族誼備棺給貧守從父命捐金還從弟産鞠煢煢孤子教以詩書俾立聲名嘗自言曰下學上達先要截去怨尤故其德積文修雖久困諸生處之泰然年

六十由歲薦赴京廷試有爲代謀郎選者以父年高辭母先父卒終身思慕不衰偶寢疾猶以棠棣之詩訓其子云

選貢彭鴻功

彭鴻功字偉男號禹泉兖州太守諱繩祖公長子也篤學力行樹幟鷄壇爲安邑知名士性孝友同氣無間言視昆季子如已子即子姪之在孩提者亦各亡其所自出乙丑膺選拔入雁大司成嘉其

文録爲教習每課藝刻載成均集中生平無疾言無厲色樂易可親與之遊者無不如飲醇醪長安公卿皆屬目推重以大業相期許不幸賫志沒於京師士論鄉評咸慟悼焉子之英之華之蘊克承父志家學振興有基矣

明經汪霖

汪霖字甘伯膺庚午歲薦太守鍾公高足弟子也具雋才發端見委太守每有起予之歎年十六補

邑弟子員食餼以文學名當世喜飲飲可數斗善談笑每良朋燕集酒酣耳熱抵掌世事夜分不寐數困鎖院不得志於科舉益自放於酒喜爲人排觧苛可竟其事雖捐貲不惜人以魯連稱之家本素封後中落晚乃自振拔復先人之舊業雖老棄帖括精討然之策胸中却具達觀稱貸者貧不能償即焚其劵臨歿以藏金百兩附僧人建橋濟行旅金不貽子孫而死猶好義非素[illegible][illegible]有能之乎迺

其自家世種德世洪生本清本清生霖霖之善清有以啟之而清之善尤洪有以開之可謂世德作求者矣

明經曹維翰

曹維翰字于宗太仙里人姿穎異目數行下父明經良柱甚鍾愛之十八補弟子員屢試冠軍旋食餼設教邑中及門多知名士戊子中副車庚子試卷呈堂幾售以文字受知邑令蕭公匝家貧性至

孝父喜施捨每先意承志竭力以供雖窘急必委曲以應毫無難色兄弟相敬愛三世同居克敦孝友以歲薦考授學博未仕隱居山林茅屋數椽栽花種竹陶情山水聽兒輩吟唔聲以自娛詞文稿千餘首名曰貽書卒年七十六生子二有寅有甲皆能讀父書遊膠庠爲名諸生

論曰宋劉原父博學不可及嘗云好箇歐九極有文章可惜不甚讀書耳吁永叔猶惜況其下哉

武勲

佐治以文戡亂以武二者相需並用也故鷹揚之烈與碩膚赤舃同垂不朽焉傳稱用兵如郭子儀使人樂馭衆如李光弼使人畏皆不失爲賢將夫按轡細柳雅歌投壺皆足壯威武而備干城勲業豈必一致哉安邑山勢峻聳頗多雄健勇畧之士出于其間而文事武備偃息談笑以克勝大難成大功者亦不乏人也故附于人物而曰武勲

明朝將軍阮貴卿

阮貴卿賦性英烈喜談孫吳明太祖起兵時從行間屢獲戰功鄱陽之役貴卿慷慨衝陣曰丈夫居世百年死牀簀死疆場終等一死奮臂大呼揮殳血戰爲炮碎其首及陳友諒中流矢明師大捷太祖憫其忠詔鑄銅頭勅贈諭葬立碑題曰銅頭將軍阮貴卿之墓

庠彥張士琦

張士琦字天奇邑庠生通韜畧善騎射明末宋撫軍召商禦寇策琦每出計奏功值獻賊犯鄂士民驚恐官軍畏怯無敢發一矢者琦獨奮勇登陴奈賊勢益橫兵不用命城陷琦猶挾弓矢率驍勇巷戰射殺數賊勢不敵始突圍出不知所終江夏志載入流寓誤爲永琦則非矣

國朝庠彥江中清

江中清字公砥邑文學也而有武勲明季流氛猖

獗歲且洊饑奉上團練保聚群推清爲大峯山四十七寨會主推讓弗獲事無大小悉决於清一方以寧及戊子己丑間土逆揭竿草澤響應清據守大峯一堡與衆力拒防禦凡八閱月多所調護阻遏其勢賊竟不敢闚東南一步事平叙績邑令不有歸之清上之督撫羽檄咨用固辭不出

叅將熊啟祥

熊啟祥字醒國安之有勇畧者也素具膽力談兵

事如指掌順治初隨征閩南累功授叅將駐防福清縣時賊寇猖獗山海屢薄城下誁盡力守禦大小百餘戰其有功于福邑甚大乞假歸適有重兵過安嗔邑令鈌迎送禮又城卒悮施火炮全軍憤激兇悍無狀闔邑驚恐誁徃說不片言而圍釋士民乃得安堵無恙順治十二年閩亂鎮臣請復誁原職赴勦即慷慨任事所至披靡仙遊城池賴以脩築流亡賴以招集恢復之功迄今思之不衰年七十以壽終

僉書劉茂基

劉僉書字大生號楊溪幼讀書敦行誼年七十事九十三之繼母胡氏孝養倍篤繼母所生弟死以自卜壽藏窆焉與人以誠不設城府登甲午鄉試武榜歷任燕山右衛江南掌印守備陞都司僉書全椒六合上元廣武間民多散處爲之撫流亡清旗甲新增諸羨一筆勾之當歲汾饑流殍枕藉相望除逋欠千餘兩滁陽之間至今稱明威將軍之功歸里淡泊寡營愼終如始舉大飮賓年八十終壽

論曰天下雖安忘戰必危故有文事亦不可弛武備古者寓兵于農無事則負耒而耕有事則荷戈而戰即耕田鑿井之中而寓折衝禦侮之畧比閭族黨守望相助寧復有不知兵者出于其間哉㳂及厥後兵農遂分從戎者縱力[illegible][illegible]而名雄行

伍藝田者即勇堪搏虎而跡限阡陌至于書生退然伏處尤不能以武競一旦發焉啟疆倉皇四顧束手無策諸如此類不可勝數若乃文經武緯抱負夙擅如范希文胸中具數萬甲兵自非赳赳桓桓僅備干城者可比然說禮樂而敦詩書偃息談笑而却兵勝難者竊嘗深慕其人而慮其未易見茲略舉數人于此以明綢繆陰雨即訓民禦暴未可置爲末務而不講焉

隱逸

衡門泌水之棲遲吾固嘗慕其人然名可得而聞人不可得而見寤寐有懷徒存慨想乃若寄情高邁而石隱是耳時會不偶而著述自適既不類車下之巢由亦耻同終南之捷徑其潛德幽光豈可使之湮沒不傳乎故附於人物而曰隱逸

明朝 吳榮一

吳榮一中和里人元末負盛名隱居不仕世稱其

節雖南州之高風弗及也明太祖聞之詔以安車徵不至棲中和之石壁山種蔬數畝養一鶴自隨博覽群書每與酣輒豪吟竟日有凌轢巢許之致暇則荷鑱劚藥以濟人太祖命學士陶安書高士二字贈之後徙於苑顔其居曰高士軒恭簡耿先生贊之曰鳳翔千仞鳶嚇腐鼠有美吳公高騫㝠舉彈鋭塵埃石壁是宇斸藥種蔬一鶴容與博覽豪吟凌轢巢許

石林書院十八子

昔耿少司馬叔臺領益州牧時因自幼師事兄恭簡憶同及門諸子類皆倜儻任俠傲岸尚氣斐然待裁者故于上計北道各爲小傳蓋嘗考之若耿定士定章定吉定曉汝霖或好剛而能自抑或明醫而樂行善或篤厚自言或孝友諧俗或事後母孝不愧古人非有所私于族子也他如秦思君之以愿慤勝思通之以明敏勝德脩之曠達濵滓儀

鳳之孝友禮讓要各有所取焉其自西羌籍金陵者則有馬逢暘緣受業焦漪園而至自岐亭越境者則有趙任以梟棣讀書劉廷諫以苦貧能養亦足多也至於喜任俠之王國在臨難不避嘗命酌之張四維狂趣亦佳劉鑰之喪事不苟刻意躬脩吳願學之燭物晰理駸駸窮性之所近學固宜然其中有胡楚材更篤於學觀其論孝弟必以行已實踐爲先稱於族黨特其次耳即此類推當日

恭簡之立教概可知矣敢並録之

秦思遒

思遒姓秦脣卿其字里門十八子之一也耿子健先生傳中嘗言其父少塘生二子長忠卿次即脣卿忠卿以愿慤勝脣卿濟以通變人更樂親大約二難皆遊恭簡之門焉脣事父孝每出必告反必面父殁四方弔者冠蓋相望脣閲歎曰大事畢吾可逍遥矣遂走雲間望海門徘徊虎丘金椒西覽

三峽峨眉高身濶步夫豈以是爲愉快哉亦以騁域外之大觀自驗心中之所得耳余思石林書院之中必有相對忘言者秦子其無所見耶其有所見耶

明經耿定吉

耿定吉石林書院十八子之一也行誼具載全傳子汝弼能讀父書遊膠庠孫應敦孝友崇禮教列飲鄉曾孫宗瓏克揚祖德倘所謂清白傳家者歟

秦儀鳳

耿恭簡之門十八子儀鳳其一也鳳字應秦號真樵少厭屑越衣冠步履甚整有同學家疫莫敢近者鳳儀獨旦夕視藥劑殮其母而不染族類繁多獨以孝友禮讓自飭薄田五十畝紡織内助口不言貧置祭田烝嘗不缺主辦天窩精舍皆中度迄今百餘年時代雖移而其地未改若石林講堂及焦太史弱侯所題樵洞左居旁者猶墨瀋淋漓焉

耿文山

耿文山太仙里人早歲入黌序鍵戶讀書足不越里閈暮年兩舉鄉賓邑令應公贈匾曰理學起家黎公贈匾曰一鄉之善至今登其堂者猶有餘慕焉

汪世洪

汪世洪字小溪世爲中和里人力學未遇退隱山林務德好施有太上之風焉里中共者以貧窘鬻

身宦家世洪傾橐得五十金代贖夫婦感泣而去萬曆初連歲荒旱出廩粟五百石以贍鄉里有操券來者焚其券邑侯孫公振芳聞之表其門曰善人至今猶稱道不置孫霖爲明經曾孫燦列黌序亦爲善之一驗云

胡轅

胡轅少失怙長治舉子業有聲歲大旱忽盡發其餘廩以賑貧乏子弟請稍留自備轅曰天祲宜均

有餘豈忍坐視同里枵腹而自擁紅朽哉又建義塾以陶成其族里中之子弟閒閱古昔書有得嘆曰往予自謂可無大過今視之闕如也長且無述因自號曰無述子未幾以脾疾終語所親曰愼毋作浮圖事口授大小斂儀語甚具乃瞑

張牛石

張牛石何以名或曰其居有仙牛踏石跡因以名又聞李孝子嘗師事張牛石及檢李孝子傳則[illegible]師事張高或其人歟牛石生平好讀書不樂仕進著有竹軒集松露集詩若干卷俱災兵火中猶留讀史一絶云建安作者問誰工畫付咸陽一炬紅千古至文三不朽出師佛骨上高宗又有一聯云隱居求志心意內將猿馬牢拴行義達道名利外把韁頊盡斷亦足見命意之所存矣其他行事不少概見有戚余氏者愛溺長子值病篤子他出積金三百兩囑牛石私以遺之迨其至並呼其弟出

金與共嘆曰以予不欺生者則有之若謂不欺死者則未也園植柑柎就熟有孺子入而竊之陟其巔懷柑而下顧掩屏不令覺度已出命伐柑家人詢狀曰適有竊吾柑者倘汝曹知必驚墮地傷人子矣其伐之便年八十應鄉飲者再聞於朝賜冠帶終身焉

鍾璞

鍾璞字元音性澹泊幼習詩書稍長怡情畎畝惟

力行方便督課子孫爲務貧民賴舉火之德寒士荷輸粟之誼邑令陳舉鄉飲扁其堂曰王國嘉賓不數年邑令王再舉鄉飲扁其門曰令德壽愷德積於躬而聞望於世傳曰桃李不言下自成蹊信哉

曾蒲

曾蒲字希誠邑初建時捐貲鳩工其勞爲多性好施閭里貧乏者多賴之訓家一以廉謹嘗夢一丈

夫貌甚古鬚眉如戟造門而請曰公盛德君子久託比鄰今當遠别特辭焉比覺風雨驟至一龍劈空而升遂號埗公隱居不仕

趙文淵

趙文淵字海岳少力學有卓識嘗讀史嘆曰物滿人概人滿天概今海內不見兵革久矣生齒日繁陽氣太盛殺氣殆將開乎遂偕妻陳氏推鹿車預避於石門山中後果有闖獻之亂有人強債之以

豆而去追弗及乃覆之池中其介如此著南華新解訂譌諸書如國策鷸蚌之語今日不雨明日不雨以雨爲兩字之譌兩者分也且於韻亦叶訂譌凡此類聞者多宗之

劉廷臣劉可贊

國家每歲再舉鄉飲禮所以尊高年重有德自周以來未之廢而採訪特嚴苟不符輿論寧缺毋濫甚盛典也適余纂脩邑志生員劉承綱以其曾祖

劉可贊高祖劉廷臣來請問其懿行不能一二對世既久史又闕其不能對宜也然則奚據曰可贊之賓於王者四廷臣之賓於王者一額存徵書具在邑先達秦公五梅贈言可約畧述憶是足以傳矣蓋可贊父廷臣恭仙里人居城東二十里父子積德皆爲鄉飲賓子孫多列宫庠是時世際昇平醇風樸茂月旦之評不減汝南方其祖而割牲執爵酳歌鹿鳴而來也仁以始之義以終之豈無所

見而然乎故表而存之以見賓筵之足重而惜乎懿行無傳也

處士張廷舉

舉字懷溪少孤中遭多故修頎魁岸處心積慮蓋與世俗爲伍人咸以懷葛稱之萬曆十七年歲大饑閭族苦徭越境避舉獨不徙毅然以身任逋賦奈家苦貧每值徵比期不免賠累重困以是家益落或前此鄉鄰間有所貸即背施辜義亦不較惟

讀書課子不少倦子鵬翔岐嶷卓犖家世治易而獨隨里師治詩適同里有以壁經舉於鄉者乃自詣河東受章句歸而口授鵬翔曰功名豈一家物哉晚得羸疾且失聲鍵關龍泉寺懸木魚卧壁有所呼則聲木魚以待應者如是者數年乃瘳已而齒脱更生人異之卒以壽考終與妻蕭氏祔塋大壁山鵬翔之號壁山先生蓋不忘先塋所在耳

飲賓劉肅

劉肅字養虔孝廉劉之楨父也其伯兄早卒遺二孤子家徒壁立肅躬親撫養娶妻成人將自置家産與其姪均分之生平行事類多平恕能以忠厚傳其家後徵爲國賓且至再焉

吴士旨

吴士旨灄源里人素篤友愛事孀嫂撫諸孤姪尤敦儉樸重信義鄉里有爭訟者訓以和睦力爲排解歲凶出粟賑饑值明末寇亂捍禦地方有勇善

謀里中賴以安堵蕩平後農桑督課而外惟擊鷹逐兎烹野擊鮮日與賓朋燕集絶足不入公庭年七十舉鄉飲大賓後卒妻秦氏前崇禎末爲賊死

張士美

張士美字右池中和之逸人也幼習詩書有志傳士家言當啟禎之際慨國步艱難遂隱約泉石間稱逸人子四孫十六皆預定其數後果如其言性樂栽培往往植樹道左以廕行者途有殘缺輒修

補之行旅稱便咸指目之曰右池右池乎澤云沍邊植嘉樹偃仰蔭數畝暑月渡河者休其下可容百人至今執鞭負擔之夫無不誦右池也年將四十即扃戶不出無論朝市地避之若讐雖姻黨宗族在咫尺間者未嘗一往年八十三以壽終其高風亮節亦有足傳者

歐一贊

歐一贊字參宇幼習舉業困童子試遂專精課子

常喟然曰吾觀留心呫嗶者不於其身必於其子孫吾何嫌焉並課農桑家遂饒崇禎辛未蝗大災人相食贊出藏粟以賑全活無算鄉鄰德之時值寇亂居人結寨自衛賊至率先索馬或匿不與贊曰寧惜一馬惹不測之強寇耶以巳馬先賊解圍去後邑侯李以德望徵爲鄉飲賓扁其門曰善恭鄉國其子若孫入黌序者若編貝喟然之言殆不謬矣

國朝

耿邁宗

耿邁宗字遠倩幼具成人之度讀書不觧輙自掌其面十齡工制藝十五三冠軍入泮結傳社黃鶴大社爲文壇名士工書工詩工四六皆飄飄欲仙年二十五遭世亂改治攻守卜筮之學罔不臻奥

本朝定鼎後潛心理學間寓意於畫體僅骨立食不過數匙然神釆英發午夜鷄鳴不知倦性極仁濟人之急屢致自困未嘗一日離父左右至六十而

慕不衰人稱其孝卒年六十有一著有焚餘草行世

秦文粹

秦文粹字茂林邑太仙里諸生也學淵博寬厚仁恕家世婣睦厭城市囂塵卜居邑北天窩山之麓四圍奇峯峻聳不通人行惟東小闢一徑逶迤繞山上沿溪而入入其中別有天地不減武陵佳勝也粹於溪山環合處搆二樓讀書其上倦則曳杖

江淑清字若昌邑庠生四歲失恃性恬靜雅志詩書因屢躓棘闈專意課訓歲時伏臘子若孫依次執經問難尤寡絶嗜慾輕財好施未及三十即異寢處山居四十年不入城市署邑令吳公舉鄉飲酒禮以國賓請有德隆望重之旌後八袠邑令徐公惠金繒製雙壽文序因妻周氏少清一歲故並及之也年八十有七夫妻先後卒四子十孫羅拜堂下哭泣盡哀迄今里黨咸能道之

方仲公

方仲公以字名陳季常之流亞也好讀書工詩賦喜賓客篤友誼與耿子家善子家嘗遠遊人皆傳爲已死仲公往信其說徒步千里遇諸途相携以歸與僧天則善天則病漢上仲公徒步往問凡溲溷起居飲食藥餌皆仲身親亘至送終殮葬訖然後返生平未有蕉葉之量而喜客飲酒室如懸磬每客至則必典衣盡歡山居苦無書從人借讀輒手録殆千卷所作詩以亡時子幼多散佚僅傳其遊石壁冲一絶云百千鳥道蒼烟裡一二行人黄葉中何處暗泉通細響偶當落日映殘紅又傳遊山詩有寒烟斷樹腰知是人家近又傳其重陽詩有破帽久隨殘葉去夕陽影遞一僧歸不減晚唐傑句也

處士秦珣芳

珣芳字玉華父景和食貧有五子每餐各分饘一盂佐以虀粥珣輒留饍母父卒哀毁不欲生幾至

暈絶壬午賊襲邑急負母出夜渡河爲母濕貸衣餓貸食無心顧妻子徐亦漸相聚築室五雲山竭力養母壽八十一男四長俱登黌庠季如芫壬子鄉薦

吳斐然

斐然性謹厚有太古風輕財好施初不責報兵燹後人多貧乏不能自存至有窘迫鬻子無力贖取

者斐然出銀二十五兩代贖俾得團聚歲祲穀價日增富兒競起射利較及升斗斐然發倉粟三百散給貧者遠近德之邑令舉鄉飲群推爲賓易簀時呼子若孫命之曰早完官糧勤苦讀書方是完人言畢而終時年七十二子宗曹克體父志補弟子員諸孫蔚起人以爲盛德必昌云

劉秉德

秉德字君粹灞源里人幼業儒不成棄而業醫遂

踞岐黃之坫以幼科名尤精痘疹每於未病時其病之年月休咎用藥之多寡一一豫定無有毫髮爽者或病勢沉重而曰勿藥有喜或偶違寒暑而曰非日進刀圭至數十劑不瘳或庸醫所驚懼莫敢措手而視之若不經意大抵疾愈奇藥愈妙效愈捷幾如造化在掌握中晚益曉暢大方以故縉紳士大夫家爭迎至有鎬戶留之者其用藥不拘成法或一味或數十百味以意裁之悉與病準然

德雖隱於醫而品獨高行獨介不計貧富不望施報人與之錢未嘗辭不與未嘗責少與未嘗較也凡與交必規以正必待以誠踽踽涼涼跬步惟謹暮年雖目昏手痺無問皁隸乞丐有求必應學使姚公聞其名檄縣請爲鄉賓力辭不赴給匾旌焉子紹基廩生紹堯太學生年八十餘以壽終

論曰古之爲隱者不一有以吏隱者有以商隱者有以藝隱者有以怡情山水而隱者昔莊叟爲漆園吏對楚使者以三千歲龜爲喻謂與其巾笥而

藏之廟堂之上寧生而淖尾於塗中非以吏而隱者乎王烈不就名乃爲商賈以自穢非以商而隱者乎姜肱之遠遯海濱賣卜給食非以藝而隱者乎向長之俟婚嫁畢恣遊五嶽飄野之隱東郊築草堂極水竹之勝非以怡情山水而隱者乎安之隱逸不乏四者其以講學明道著述自適者更出於四者之外要皆立意較然不欺其志者也

僑寓

示叔之卜築頡濵子瞻之買田陽羡杖履所至栖情游息雖安土重遷守桑梓爲子孫計者不乏勝侶然欲如陸子靜所云自有此溪山有此佳客否則大不侔矣流風未墜亦足以見越國過都之非偶然也故附于人物而曰僑寓

明朝狀元焦竑

秣陵焦弱侯竑耿恭簡之門人也恭簡督學金陵

執經問道有日矣後入詞林訪師過安築室天窩書院與温陵李贄及騷人馬逢暘吕四峯何心隱輩同遊處相周旋凡所題咏山川皆增色翰墨淋漓今流落人間者珍之若拱璧公事業在朝廷文章燿當世俱載明史不具論論其僑於安者如是而已矣

太守温陵李贄

李卓吾名贄字宏甫福建舉人與邑中耿楚空相遇白下極友善仕爲姚安太守將之任路經團[illegible]紆道過楚空因謁耿恭簡深投契合遂有寓安之意以其壻及女僑居於耿氏之五栁别墅與楚空約曰待吾三年薾収拾得正四品禄俸歸來爲居食計即與先生同登斯岸矣既三年果棄官來歸曰吾老矣得一二友以永日吾樂之何必故鄉耶爰棲此焉初講學多與天臺牴牾晩始合故楚空傳中有云兩舍則兩忘兩忘則渾然一體又云志

同道合豈偶然耶所著焚書藏書續藏書皆脱稿於天窩釣臺似馬之間時笑傲山水覽輒題咏其遺跡至今宛然在也尋徙麻城

巴州刺史駱億

駱之族其先隷籍義烏後爲麻城人有駱億者字靜軒號無懷中嘉靖甲午鄉試歴官巴州刺史不畏強禦不諂事上官遂不得晉其秩爻源泰以孝行聞宗黨之不能自立者悉周之事載麻邑志今

其里巳隸吾安而億與源泰之丘墓皆在焉語曰里名勝母曾子不入邑號朝歌墨子廻車覯賢人君子之所止其亦知風土之所存矣

何必隱呂四峯

何必隱不知何許人與其徒呂四峯以問學來從恭簡遊胸次落落有不屑韝下意每風雨之夕師弟常相抱痛哭人莫知所謂四峯字正賓福建人饒學識身長腰濶虬髯膂力必隱體不勝衣峯事

之惟謹及隱被逮峯隨詣訊裂眦握爪隱目矚之乃止曾應試鍵闈俄海泊至當事扣闈出峯遇數百倭援舟桅撞擊賊應手斃奪舟走復掀湫岸石碎舟退寇仍啟闈竣試事其在安也嘗寓似馬山吳氏書院有缸蝕檜九孔如貫珠指使射之九發發第不借工詩草間題壁間有龍戰虎爭之狀字漫滅多不可讀僅辨一律云山城一雨百花新水色雲光轉綠蘋芳草不生車馬路垂楊偏戀酒家

春南北西郊梅巳過一枝聊寄隴頭人後不知所終云爲海外酋長耿司馬一日坐海船中偶念之忽一刀從天際飛來但覺鬚眉改色耳縱談移晷復飛去遂不見

馬逢暘

馬逢暘字伯時金陵人石林書院十八子之一幼治舉子業弱冠爲諸生恂恂雅飭耿恭簡見而奇之命受學於焦弱侯巳而出遊得一劍附歸鐔有

暘死二字逢暘不知也妻見之以爲杜郵之命遂伏劍妻家搆之繫獄三年家益落恭簡爲白乃釋歸棄諸生不事擔簦躡屩來黃安見五雲山有耿先生講學精舍因擇最幽處誅茆壘石偃仰其中藝花種竹日以圖書自娛有勸之娶者曰而不見傷弓之鳥驚餌之鱗乎人以室家爲樂固余之弓餌也時與緇衣羽流往來亦讀二氏書然不深解獨喜故所習儒書居山數年足跡不入城市一日

因耿司馬家僕有過爲之請已獲宥後仍撲殺之遂拂衣去不知所往

陳法贍

陳法贍閩之貴公子也工字法初與董公其昌同師莫雲卿後爲董代筆董莫辯眞贋安人耿遠倩盧昭許延師之其論中鋒偏鋒折鋒提飛捺蒲眞鍾王嫡派然法贍所負不啻字也嘗攜十客來安於桃花鎮猝遇賊數千南下贍率客轉鬭而北賊

衆披靡伏兩行俟其過始整旅去蓋客力皆能舉千鈞超越重壁劍俠儔也贍形短小如不能縛鷄肰肘臂肩膝無非暗器觸之輙死後應楊公嗣昌幕不返矣

殷海鶴

殷海鶴孝感人明末天下大亂鶴以僮僕妻子數人來居邑西之岐峰山自言江夏陳生求爲鄉人訓蒙以自給與之論文不應亦終不實言家世姓字或有遇鶴酒後吟咏極苦似能詩者卒莫得其稿一日忽不知所往入其室見壁間遺聯云開戶不聞巖虎嘯披衣常待燭龍明墨書淋漓深得顏魯公筆法至今人呼其址爲陳先生廬云

趙孟襄

趙孟襄太倉人常客安能背誦廿一史不失一字爲文下筆千言立就詩則矢口不假思索善火器有地雷竹炮水炮等百餘種善舞刀舞時人以器

擲之皆迎刃破無能中者善導引隆冬裸體以冷水灌頂氣蒸蒸起灌愈多氣愈盛水爲之沸後應楊公嗣昌幕去

論曰凡停驂安邑者多因考德問業而來然亦有尋幽選勝移情山水者余憶其人豈乏見聞有得吟風弄月以歸者乎不肰胡爲乎不遠千里望風遥集也惟井蛙之見不足語江海之寬朝菌之生烏能識千秋之遠歷覯諸公夫豈域於一隅者哉

方伎

聖賢全體大用六藝之外無文章故董仲舒云諸不在六藝之科者勿使並進乃有習天官地理之書爲讖緯爲形家而吉凶趨避之驗亦有資於醫師卜士者可知曲學小數卽得吾道之一端亦且能名於世也故附於人物而曰方伎

明朝　羅正則

羅正則蜀人也挾奇術遊黃安嘗客松陽令盧繩

慈座宴中令衆離席數尺正亦乂腰違立席忽起貼梁間頃復下杯殺亦無所動又宴别駕耿應衢座從衢索視寶劍衢言劍在後樓請俟異日正遂注目視後劍忽飛出從盤際中插立席上庠彥王以延以六壬書數部請正時方擁爐正遽投之火中延深不平正笑曰書固在也出諸袖中程太守雪門以一硯請正正熟視忽迸銀絲一道絲上一蜘蛛飛繞乃曰佳佳以器覆之起器則故硯也居安數載逞術以千百計後遊燕邸李公括蒼薦之於朝時有賊星在北斗懷宗命禳之乃披髮仗劍指星而咒咒畢星隕授以兵部司務順治十年後携家來安主庠彥耿邁宗家不復逞術邁處之天窩書院中凡二年復歸於蜀觀其人其行或亦新垣平鄭神竈之流亞歟

鐵彈僧

耿陸沉好奇士有一鐵彈僧不火食寄居於其庄

側之避暑亭僕許之沉初未之知也故亦不知其去迄今百有餘年傳其能料投宿之僧兩强一弱必有鬭心往偵之弱者果爲強所却護之以還因試其技出二鐵彈子如卵弄其腹以與衆挺搏挺擊彈首尾而莫傷其指猶笑以爲嬉曰非搏也格也若果搏彈早彈歷人挺莫能舉矣噫其弄丸之僚歟抑公孫大孃之舞劍渾脫瀏漓而進乎技者歟

彭長溪

彭長溪者太仙里人也少讀書明醫經經方之術齊和百藥用度鍼石湯火鮮不得宜一日行道上見一男子謂之曰是尚有腸痛者其人曰然長曰腹有蛇將嚙汝肝遲則不可起矣吾爲若鍼之鍼入臂其人亦不之知也約七日來會於此果如期至長曰其蛇已死可去鍼越三日蛇自腹中出腐其首果如長言

張昌張清

張氏之先有曰昌曰清者兄弟也皆力能斃虎碎石提若猱猨方未建邑時里中多盜聞盜即往救先後斃盜百數矣盜魁患之佯爲結好思圖之一日折柬招伯飲仲曰不往示弱往恐見害奈何伯曰往哉汝爲吾續仲伏山後伺動靜伯至群盜出迎皆如猛獸奇鬼狀伯獨坐南向盜列兩行前擁十餘席蓋暗囚之矣盜魁曰聞公高藝試觀可乎曰諾衆方矚目已飛越十餘席立衖中北向矣會仲亦隨至遂攜手去群盜股慄裔孫有正甫者傳其鎗法能敵慣盜二十餘人盜不敢犯焉

國朝

王之善

王之善字淑之本農家子忽習儒者業父督之過出亡遇一道士善師事之經二載夜卧飲泣師覺之曰孺子根器淺不能大受也遣子還以省爾親授以數書一卷藥少許塗之足則日行百餘里不

疲且戒之曰汝慎守此書能起爾家壽若干歲二十年後與子再會於成都言訖道士掉臂去不可蹤善持書傳藥踵涉千里間關以歸但見鬚眉迥異公肰一方外士矣挾其術物色士林言禍福無不驗其拆字類觀梅權生尅又類六壬億屢中復類奇門以此徧遊海內動公卿而名充籍籍於京師年六十五以疾終視道士所與之齡過其數而再會成都之說竟杳冥矣

李文軒

李文軒不知何名世居㵎源里家貧順治初嘗從途間望見山僻處一物翩翻卽視之乃素書一卷傍有砭針數枚鐵馬勒一具取歸熟其書操其器遂精馬醫聲噪遠邇大中丞林公聞之召見驗其術無不響應有馬孕數月令射腹中覆軒曰產當黑駒已而果然賞五十金邑紳有愛馬病莫知其由令視曰爲我具雞黍供飯已取二雞腿納馬鼻

須臾引出蜈蚣長數寸馬遂愈其他破腦開胃應手而起未易殫述因是家日饒孫列邑庠後雷雨大作攫其書而去遂無傳其術者

王子寧

昔子輿氏謂有公輸子之巧者必有離婁之明以其不能外規矩而善厥事也乃若邑西之王子寧不然子寧年旬餘業木工引繩削墨亦擅時名嗣因痘毒入眼年十五而瞽人皆以爲廢及痘瘥仍業是術運斤成風入富貴之家視未盲時技更進予始聞之而駭繼而疑終而召之試試以支匠具極鬪合之奇不爽毫髮且其錐刀斧鑿之屬都不類凡匠物夫天下業是術而不盲者何限規矩於繩墨之中而敗乃公事者又何限而子寧獨否殆所稱盲目不盲心者歟噫技也進乎道矣

論曰人有微而不登其姓名事有小而不記其本末如醫卜星相堪輿以及攻木攻金等工似乎宜

畧而必登記者何蓋術與藝皆爲盛世所不廢於術則取精而置麤於藝則收巧而棄拙誠使精於醫以濟人之生精於堪輿以安人之死精於卜與星相使人趨吉而避凶精於技藝使宮室器用無不備以縣岐黃青烏京焦李郭與夫宋斤魯削或以代紀或以地著而推爲僅有者安邑不勞而兼得之詎不稱盛事哉特未知其果精耶巧耶愼勿以微小自誘也

僊釋

經常之道不外人倫舍人倫而談隱迹幻化之事豈儒者所樂道哉然而羨門安期之論說木榍栢子之傳聞互相標榜所在不乏惟念反經惇倫自有大中至正之路非異端之所得而淆者亦姑存之以明其爲異而已故附於人物而曰僊釋

明朝 耿陸沉

耿陸沉諱汝念博學不仕與焦三楊三相約棄家而爲赤松黃石之遊至終南幽僻險絕地半月行

都無烟火值大雪遂躋山腰有洞如古陶烟一縷迸出趨赴一道者端坐其中三人伏卧戶外以俟踰時道者開戶溺溺溲溲着人商念略未恭受道者怒曰彼貴公子耳來何爲令二人入屏念戶外念泣懇授書一冊携二人出背念不得見矣念歸習其書知未來事頗多異徵元夕往金陵觀燈蒼頭與俱戒曰閉目勿開惧事蒼頭如戒踏蒂行覺身飄飄御風輕舉甚適少時聞喧鼓聲蒼頭不自禁開目即墮乃宜興縣公大堂也被執訊蒼頭具實對乃觧送念伯宦邸念取時相書歸爲證皆知其非虛也又偶花辰邀客飲寄寄居客曰彼庭際石移置此可乎念曰諾命數力人扛之及門門狹不得出念扶石兩旁作叱逐聲石歛形出出復如舊後其書被焚失其傳

涂純一

涂純一者名永鑒童子時延醫治母疾遇道士醉

卧道左覘其杖葫蘆中烟出一悦之且見道士暴烈日中因張蓋陰覆之日亭午道士驚覺曰童子覘余何爲者一具實對道士命隨往步履如涉空者不晌眼渡溪流八九曲一度其非所習遊處且念母不欲前道士嘆曰惜哉是尚未可教也因發橐將囊中針以授一教其歸以針母疾刺其闕則甦刺其第毋立起矣言訖擲一自雲中下恍然如

醉夢之覺也聯其日猶瑩瑩在煕也索其針猶拳拳在握也訊其地則信陽界去家已五百里矣歸持其針以砭母疾母立起徧試諸病者罔不應驗一後入天臺山五載修葛洪丹沙之術未竟雷碎其竈去而遊自下手著丹鉛諸書則一字不能解尋復散逸羽化時戒其家人曰愼勿窆六十年後當有來瘞我者卒無驗葬於里邑庠生涂清其孫也

無名道者

道者何道其所道而非吾之所謂道也其無名奈何以其嘗謁耿天臺而不得通其名也夫既不通其名矣而猶留一詩云身披破衲草麻鞋短髮長鬚漢外來只為清閒游海島豈圖名利謁天臺內知金木交加併外曉丹砂自結胎覽徧乾坤無實處狂夫依舊笑盈腮是亦逃墨歸楊逃楊歸儒之一幾也即謂之以詩為名也亦可

李趣蓮

李趣蓮不知何許人狀貌奇偉鬚長五綹儼然仙也以訪鐵彈僧至耿陸沉庄庄僕受命不敢失哀懇謁陸沉陸沉叩其由曰募緣詢所需曰待鐵彈至求試其長未嘗一語洩一日陸沉謂曰師名為蓮義將焉取蓮咲曰試為公解可乎乃取水一盂投一蓮子其中頃之葉出頃之花開菡萏生香芙渠出水衆皆嘆賞驚詫而李已聳身蓮上倏忽不

見矣韓湘詩云能開頃刻花趣蓮之謂歟

西鄉丐者

有不乞人間食並不乞人間火亦不以其火與食為人間乞而自食其食者西鄉之丐者也丐者之自食其食也以松葉其煮松葉也自空燒之樹一大木若楹火從下發灰從下燼恒不令人窺有窺之者不必億之而知即已挈之而走甚且詬而投之以石誰得而食之苟得而食之其色明潤其味

桑脆其甘香不可名狀因而善艮者幾何人雖竟
子時食之及其長也亦必善艮矣然而食之者卒
不見其有幾以丐者之不輕以食人也若夫以書
田爲椒栗以道德爲涵濡以仁義禮樂爲磏礲錐
耰初無有禁之而反不食之者異矣

程八龍家道者

萬曆末有道者任庠生程八龍家不知姓名肌膚
如乾牛革不復類人嘗強之食犬盡一隻食飯盡
一斗飲酒盡一甕不知醉飽或閉戶數日不與食

仍舉止如常不知饑餓盛夏驅日中不知暑隆冬
驅戶外不知寒嘗積雪驅之廬外七八日憶已去
矣乃在屋後軒卧卧處丈餘無雪氣如蒸呼之歸
則歸不知嗔怒任七八年忽去不知所之

無爲僧

明隆慶初有無爲僧者敝衲扶筇自北都來遊天
臺之陽二舍許曰饅頭石故爲虎豹出沒人跡罕
至僧自謂禪定中嘗遇此境界其夙有因緣乎遂
任錫初止一茅茇僅被風雨久之里人捐修數楹
名曰朝陽菴僧趺坐其中竟夕不寐晨鐘暮鼓聲
徹雲霄祏數年忽語里人曰吾將於來月某日西
去矣其積薪以待乎衆以爲誕屢言弗聽會耿恭
簡講學天窩山僧索厤恭簡見貌粗厲弗與禮漫
以語問僧答透機乃進之坐繼以茗菓僧曰此來
無他但燔化去後遺二三徒衆希公盻睞耳後果
如期自燔化去

釋心如

心如俗姓王邑人削髮爲淨土菴開山祖苦脩頓
悟耿司馬宦金陵僧隻身往謁歸遇二兇僧威令
負重兇者亦不知僧爲淨土菴師也徑造菴門釋
子輩望見師懽呼曰師至矣二僧愕然衆將縛撻
之心如亟止延二僧上堂款待以禮語佛法大義
二僧感泣不去終身師事焉後楚藩延主脩靜寺

端坐而化鼻端玉柱雙垂有異香四散邑釋氏半師之子孫其清規梵唄視他僧加謹嚴師之律也

止止

止止北直行脚僧也嘉靖中卓錫茲土時耿恭簡不信二氏學獨以眞行重止止爲搆牛耳寺居焉寺前有峯嵯岈巉嶻止止燃一指以禱雷爲擊去未幾復以其事再燃一指故人又名之爲指指絕穀不食食汰米沙或十餘日並沙亦不食棄寺居石洞洞門有二虎守之謁者從山下大聲遙呼俟止止驅虎去乃得前迄今石洞宛然名爲止止洞

國朝

釋半偈

釋萬緣字半偈俗姓黄年十八父母俱喪誓不完娶禮師熏普遂祝髮爲弟子後雲遊諸禪林及廬山栖谷石受戒於了宗了宗深契之歸行苦行瘞無主白骨千計耿宦嘉其勤修延居三教堂歲辛卯慕浙中天童靈岩諸大知識往參之多所證明

仍歸三教堂慨然曰是即可以大隱矣閉關二十年晝夜提撕融會心性邑人欽之投拜皈依者踵相接也客至啟關側小窗對坐語機神所觸莫不歡暢微有領會去噫釋氏以募施爲事而萬緣總不言修助釋氏皆冷煖應酬而萬緣獨持平等心接待一切必不因人爲高下年七十九預定逝期集徒衆屆期微疾而逝至今屈指僧德無虧戒修兼至者必首萬緣焉

釋旭明

釋定曙字旭明藕氏子父祖業儒絳帳教授門下多榮顯曙年二十一父母授之室不就寢矢志爲僧遂削髮於淨土庵禮若言師之立苦行願撿埋枯骨收焚字紙種種善行歷三年不倦晝則募餐夜則露宿都人士敬而憐之爲募準提庵數楹以居曙凡所得施即存以接衆恒日天涯衲子多福慧人厄於因緣未至耳胥忍自飽而聽行道耐饑

耶粒食公之庚幾乃安如是助貧者日益衆曙行之久志益不替六時禮佛前口聲彌陀不少閒遵淨土開山祖心如垂訓也暮年二徒脩極奉養曙念佛功行老而彌篤卒年七十有一邑人多嘆息之

淡然

淡然故楚藩戚畹甫結褵三日卽棄家逌走黃安至邑北七十里地名八畈見其山形若天窩者悅之擬剃嵩丘以居初卜基有二虎起白茅中叱曰

孽畜此地須讓我虎貼耳去是夜宿虎穴中次日誅虎穴茆得三十餘擔結草庵以棲將搆正殿建左右廂苦地狹又大石肘其脇非人力可去難之一夜震霆若崩裂狀旦視則擊石片片大小咸中矩用代塩塼工費俱省中爲佛殿卽虎巢左爲樓卽石砌也樓中尙存石一段橫直三四尺高四五寸寺僧不復鑿去留示後人焉淡然能詩字美爲

白晳雖爲僧而無僧習態年九十餘卒徒衆至數百人

僧守聞

僧守聞貌甚寢機鋒四出任淨土菴素不識字然士大夫有經史疑義爲敷陳白文卽能闡說大意往往有異論出人意表

東林僧

僧其初賣妻出家東林寺懷金飲酒博戲不事僧

事久之師不堪督責之則忿怒詬詈師鳴之官法懲之令頂禮其師是日始就叢林規矩其夜攜一蒲團坐師榻前師懼甚假寐伺之夜半乃見火光出其頂大駭叩之則曰我將自焚可廣招僧衆幢旛皷樂送我於夾山寺也從之遠近驚異施柴山積友僧尤之恐其惑衆而無實行也僧笑曰吾眞火已煉就矣試以示汝因兩手相摩於香爐上火光濟墜灰中友嘆曰吾不識子矣次晨登柴堆

趺坐日中火自發烈焰中見僧兩手持錢紙左右揮以助火勢火熾但見火色裸形人騰翻上下數次倏然而去邑西郊引龍岡有僧大梁亦如此自焚至今塔踞山旁因並紀其名

僧才合

邑北朝陽寺古刹也井可供數百衆有僧才合自江南來行眞篤貌威嚴望而知爲宿德於寺後二里許結茅居靜基卽寺坐山背山高里許澗在山

足汲運維艱忽一日朝陽寺井涸而茅庵側石罅中清泉湧出人咸謂山神擁德移泉以供語雖不經然兩基共在一山泉脉相通涸此湧彼理或然也後才合死徒衆散庵丘墟泉流如故亦足紀也

釋冲然

冲然名正義陂邑李氏子幼娶室生子甫就塾性不喜讀書卽棄妻子祝髮於孝感大悟山師袞吾袞吾淨土庵枝派也後遍遊南浙諸叢林至天童苦叅密證若而年値歲暮正默坐澄思忽聞爆竹聲卽成偈曰本來空腹乾淨只因悞服毒藥今朝幸遇知音徹底掀翻打破手不能書倩隣僧筆之自是雖目不識字而冲口成韻又歷諸方若而年

國師弘覺禪師深契之爲付法嗣歸本邑創素山蘭若忽棄去壬寅來安耿巖庵以祖陸沉避暑亭地延建上方寺寺成殿梁甚巨工人力盡不能起義用杖指之立上寺後有羅漢松工匠鋸將傾勢已

壓新宇義亟呼山神卽反風向北得無恙遠近見聞者共尊禮之誠不啻瞿曇之在雷音也居數年又棄去居陂邑西溪庵預定逝期遍辭邑令曁諸舊識果如期刻趺坐而逝

論曰儒者動言黜二氏而未深察其所以然卽高談雄辨亦不足以相服茲惟就其說而存之使厭常喜新者得以助其談鋒而反躬循理者益信吾學之眞實無妄與此大相逕庭也

總論曰安邑三鄉出於三縣方三縣未割以前不必泛推三縣之全即約舉三鄉之人物其由來亦云舊矣況復有峴山巋然口碑未泯棹楔在望史册流光乎然自剏邑以來其中之德彰業顯源流條貫者亦未可更僕數將連篇累牘尚恐有書不盡言言不盡意之處説者以爲簡帙宜繁誠未爲過祇以人人皆慮其有闕遺故於每撰僅畧存其梗槩而寸美微長曲端小數又皆在所不棄焉遂不得不槩從簡括品彙雖繁掛漏之失吾知免矣

附初乘蘇子瞻曰光黄之間多異人維我分壤實在光黄間也顧子瞻所謂異人方山子之流也與余異指昔孟子所稱異人以其所以存心者足法天下傳後世云耳吾褱山川所毓豈無若人之儔哉遐哉邈矣茲據所聞於近代者志景賢徃雖尠稽來可續焉

黄安縣志卷之十一

知黄安縣事九河劉承啟纂輯

閨範

婦女無事以男子之事爲事謂天下名義非婦女所及知也然他志類皆附著茲獨另列何哉易不云乎地道無成而代有終臣道也亦婦道也夫爲人臣者願爲良臣不願爲忠臣爲人婦者覩其處常又覩其處變如之子宜家克勤克儉仰事俯育必躬必親一切枓臼酒漿鍼工中饋之事無非爲

男子衣履之所自出奉養款賓之所必需焉漸且相夫而膺冠珮撫子而受褒崇此處常而亨者也若乃所遭不偶慷慨捐軀幸而有司上之朝廷死且不朽其或艱苦守貞自少至老形影相弔足不踰閾而幽芳未著此處變而窮者也凡此者詎非維持風教者之責耶余故爲統列常變之婦女作閨範志第十一

貞淑

易稱閑有家書美釐降詩始關雎禮重親迎春秋辨母儀婦道閨門之內不必處變見節也即日用食息間與姑若母言慈與婦若女言孝與娣姒言和睦以接戚黨則柔巽以奉舅姑悅父母則孝且敬以事夫則順以教女及媳則勤且儉以御婢媵則寬嚴得體壺以外言不入壺以內言不出安常處順禮備情周宜家之道如是而已故首於閨範

而曰貞淑

明朝誥封淑人耿大振妻李氏

李淑人耿鳴甫大振配也靜重寡言笑事姑至孝姑泰孺人性嚴急微拂意輒怒且撻淑人敬受之終身無一懟語姙第三子將娩晨猶受撻含淚井汲汲歸亟入室而子誕即耿恭簡父也性廉嘗乞者於世姑閔中有遺金遄以還性樂施族里娶孤之貧者常待以舉火時耿氏中落淑人勤苦治生僅足自給猶約口逮乏世媪伶女薄婦淑人獨於婦而淡於女病篤挽諸婦項泣不忍別女在侍不及也屬纊時強起沐浴更衣兀坐几上而瞑年七十有一誥封淑人

誥封淑人耿金妻蔡氏

蔡淑人耿靜庵金配也子四定向定理定力定裕事兩世尊人敬慎遇姑姒和洽育諸子雖慈而教督則嚴每夜篝燈代膏自勤女紅令子讀書其側

如程乃許寢從良士游則治具延款與佻達伍則怒且泣見孤娶貧窘輒泣下賙之歲大祲逵負米僅具粥每輟哺分給族屬之不舉火者日未嘗飽歲大疫日持湯藥飲之族屬多全活諸子貴則視不義之得若罹重禍長子巡西夏債帥持千金求薦靜庵公已遣之入告淑人淑人頓足曰禍至矣聞已遣乃喜官兵俘羣盜婦數十而縛裸體狗市淑人恙其醜憐其凍急索衣給之旋長子養於督

學南織署時受封矣念趙姒老病迎之至躬食飲之洩溺汚牀第手自浣滌恐婢使懷猒也見里中節孝賢良雖貧賤者敬愛有加見冶容口捷給者則厭絶之諸子婦同食同衣同燈同作婢無常主兒無常母淑人之化也卒年七十三誥封淑人

誥封淑人尚書耿定向妻彭氏

淑人彭氏耿恭簡命婦也初歸耿時婢僕甚寡一切臼爨淑人躬之及仲娌歸其母教之更番日値

淑人曰娌初至且孱弱奈何苦之作苦如常靜菴公爲官錢窘淑人奩中有金數鍒捜授姑姑喜且泣曰婦貧家女奩中止此乃以佐公耶恭簡從兄負債係獄恭簡盡括淑人衣笥奩具代償淑人無難色時淑人無餘襦也恭簡入仕自俸廪以及製衣剪餘悉納姑分給諸娌從恭簡兩都及閩皆踰年未嘗購一服飾恭簡講道四方淑人問子克明日而父所講何道克明曰毋玆蓬首敝衣籍令刈璣翠綺縠間而不愧不怍者卽道也淑人訶之曰若是道則何用講蓋首無鍒金身無片綺再承制命未製冠帔布服糲食以迄白首其於貧安之矣諸從子自嬰孺咸依依膝間往來兩都則牽裾涕泣強欲與俱不知有已母也年六十二卒京邸誥封淑人

國朝誥贈恭人太守鍾琇妻戴氏

戴恭人太守鍾青巖妻庠生釆和女家世嫻禮教

幼秉父訓年十八歸鍾孝舅姑和妯娌太守下帷攻苦不暇治生恭人勤紡績拮据操作以供膏火鍾有孤女數人襁褓失怙恃爲哺乳鞠育櫛沐修飾後適名門終身莫識其非毛裏也鍾有孤姪數人亦依以養時流氛肆逆往來如織每有警挈幼者負之而馳初不計子與姪也太守既貴授袁州司李恭人隨之任素厭紈綺身衣縞練子女輩皆不令寸絲被體雖居官邸不異寒素每指機杼訓

後人曰汝曹免此苦幸矣遑敢不惜福性温和御下以慈無疾言怒色未逾年卽思歸歸未幾而卒姻黨以厚德未享其報爭哀惜之後以

覃恩贈恭人子孫林立亦未爲不享報也

誥封孺人明經盧爾悌妻李氏

李孺人者瀘州刺史李長年女也幼聰慧侑父大冢宰李長庚鍾愛如已出每呼爲有福兒甫五歲傳姆不在側誤墮入金魚水瓮中端坐踰時不入水若有浮之者然衆皆異曁適鄉賢盧爾悌媵奩極繁盛漠不介意日惟執婦道禮甚謹敬夫子如賓事姑舅以孝冢宰公嘗以一珠助奩價不貲侍婢偶失爐中婢懼責太孺人曰物之成敗有數處之泰然歲辛巳邑大饑路死者相枕籍太孺人搜簪珥服飾約數百金易穀以賑所活者甚衆人皆德之生九子甫成人恐其怠於學太孺人毅然曰汝兄弟衆矣其爲農家子乎抑期無負先世書香

乎諸子皆感悟奮然有大志攻舉子業益專不十年二子遂同舉於鄉一成進士迨夫死尤不令與外事督之如初故其子登賢書者又二成進士者又一其餘則皆食餼列明經目擊孫曾三十餘人壽八十終封太孺人有是德宜有是福信矣哉

學博盧之憬妻黃氏

黃氏學博盧之憬妻也姑周氏沉疴氏親湯藥經月衣不解帶私嘗姑糞朝夕禱天願以身代姑死復甦具述神明告之曰汝命當盡以汝媳嘗糞心誠延壽一紀明崇禎壬午七月初六日夜流賊襲陷安城周罵賊死夫赴省鄉試氏歸寧母家聞訃奔喪盡擗踊禮痛姑值持齋時遇害不忍茹葷持長齋終身卒年六十有二

庠彥耿城宗妻梅氏

梅氏邑庠生耿城宗妻明甘肅巡撫麻城之煥女孫也幼習詩書頗嫺内則及笄歸耿城宗中年桑

痰疾氏脫簪珥醫治之費餘無幾艱苦瀕於死事姑盡孝相夫極順生二子不假外傳自課甚嚴婢生孽子夫以其出身微賤不欲置子列氏曰母以子貴子不以母賤也白之伯叔長請入雁行氏自爲文以紀其事餘産照三子均給閭里族黨咸頌其賢德云

孝廉盧爾慥妻樊氏

樊氏郡學傅樊維獻女邑孝廉盧爾慥妻也父以

殉節死兩兄先没遺姪樊示大復夭家貲累萬樊之族將立氏中子而嗣焉氏泣謂其夫曰父死之謂何而乃因以爲利乎與其夫擇立樊屬戚以繼其祀父所遺悉歸之事孀姑以孝聞姑病遍身痛楚樂寡效摩其患處則少間家人皆不省惟氏摩之輙中因日與其姑同寢處以手摩不少輟間則爲之進饘粥滌裾褕焚香籲代越三年姑蹶起夫以賢孝廉居井里事無大小皆就决客常滿座氏主中饋咄嗟立辦甫于歸夫初不知其識書也偶吟蘇若蘭織錦廻文詩間遺忘氏悉記憶立誦三千餘首夫客京華十二載子六人皆氏自課即今輯邑志其中子紘慈任分校事可以概其賢矣年六十有七卒

庠彦江泂德妻李氏

李氏鄉飲賓江泂德妻也性温惠相夫子以賢能姻婭族黨無失禮時脫簪珥以佐賓朋宴會即一

乞丐子到門亦必倒廩傾囷以予之一時鄉隣之貧乏者多賴焉叔氏某幼遭横逆獄產殆盡猶不得理氏爲急請於夫罄所藏以禦侮後某以忤權貴意將被逮氏爲籌之使遁而屬其夫代爲解幾致坐不免終無怨悔言叔亡在外幼妻弱子失所依氏尤爲之具饔飧治紝纊不待其啼號而後給之也故其夫得以孝友名延爲王家賓歲乙未給兒入其室昆季皆遇害氏獨扃一室倫兒過其居

戒令勿入曰此李淑媛居也夫遂得脫不遺一亟

一絲歲戊午偕猶子之妻以病疫死持其踵而泣

竟染厥疾倉猝不能辦喪具其姑年八十素鍾愛

氏以其制櫬與焉氏固辭待其子别而至乃瞑子

南才列邑庠次南錦隨氏卒孫十八人俱能文或食

其報歟

吳維楨妻韓氏

韓氏明經吳尚之嫡母也氏初艱態夢納尚母周

氏生尚後氏亦生二子在恒情産異愛分厚薄或

不免而氏於飲食衣服不但均平且謂尚能讀父

書待之加厚及尚餼於庠尤不勝喜有間之者曰

别籍異財嫡子例不與支庶等氏曰均吾子也吾

視尚兒不異所生寧尚兒事我獨殊其母耶因均

與之及夫維禎卒慈愛教誨終身不懈里人嘆服

令尚列明經念母不置覩子之孝思可以知母之

慈矣

選貢彭鴻功妻葉氏

葉氏選貢彭鴻功之妻兗州太守繩祖冢媳衡州

教授自巖長女也初歸彭事舅姑以孝稱勤紡績

助夫子讀書歷寒暑無間相敬如賓人以冀缺梁

孟稱之乙丑偕夫膺選薦氏爲治裝北上不謂教

習留壢逾年疾卒訃至氏哀號憯怛潛赴深池誓

從地下及覺救之已面破齒碎矣強起僵臥累日

勺水不入口見者莫不酸鼻櫬旋之日攜三子環

泣左右欲啟視衆阻不獲寢苫柩旁須臾不離及

營葬畢迎主中堂事之如生日出入以禮自持內

外肅然教三子嚴而有法長之英爲名諸生次之

華之蘊皆能文章人咸嘆宣猷之教有由來云

盧晟妻秦氏

盧晟之妻秦氏節而惠者也氏本望族亦適名門

年二十而寡誕二子矢志撫孤教以義方皆爲文

學兼優之士多懿德喜施舍於康熙十八年内隣

有周氏婦貧且病饘粥不給子絶乳哺氏曰餽以升斗周得病痊子得存活次年歲大祲與母王氏出其指作帀米二十石以賑左右之窮餓者踰八年隣有張姓者鬻身葬父氏焚其券助以千錢苦節三旬慕義無窮里人爲之歌大母焉今巳年臻五十可以上膺褒奬錫以貞珉故特書之

國學鍾應造妻趙氏

趙氏生出名族長歸宦門其禀女箴盡婦道鍾郝

家風由來久矣氏獨甘荆布厭紈綺若忘其爲名族女黃堂婦者及夫死氏欲與俱死偪鄰嫗救方甦撫育遺孤操守之嚴埒於氷蘖所當載颺彤管流光簡策者矣子裕淑夢齡俱業儒宜其淵源家學克紹爾祖乎

劉任妻程氏

程氏生員劉之騎嫡母也氏出黃岡望族年及笄歸於騎父周旋夫姑間能孝以順操井臼勤紡績

佐甘旨不少缺中年尚未有子嗣乃徧置妾媵七人爲劉氏似續計晚得騎字之如巳出騎父給事於公氏獨留撫摩子有疾則晝夜呼天以劉氏五世一綫爲念疾巳乃止子甫九齡而所天殞更笫館延師課督肄業又逾年而氏亦隨殁今騎儼然遊泮矣噫微氏之力不及此夫入門見嫉自古皆然毛裏之不屬何鞠育之恩勤也而氏能使其子追念不忘如此是不亦賢矣乎余故悲之騎之請

而爲之傳

鄭思孔妻張氏

張氏邑民鄭思孔妻也事後姑王以孝著王病篤引刀割股奉羹以進王旋愈年八十卒邑令向公贈額旌之顔曰閫孝可風其子君昭屢積功德重建苦修橋

李文華妻張氏

李文華妻張氏年三十六生有四子夫歿而守甘

甚食貧能矢和熊畫荻之義俾諸子皆得孝弟力田不致惰棄迄於有成斯亦壼德之足稱者卒年六十有九

論曰魯公父文伯之母敬姜唐李景讓之母鄭氏一以勤著一以嚴顯故皆能使其子不墮家聲至著勲業大約怠生於玩忽而抑起於偷惰古之稱克家者必勤與嚴兩相成而後能終始如一也夫婦德以閒靜爲貴而非勤則無以自無而造有女誡以慈柔爲貞而非嚴則無以肅內而閑外惟於操作刻厲之中而不失閒靜慈柔之度斯壼儀之最嘉者矣安邑雖不必皆敬姜李母之賢然其奉舅姑相夫子凛遵三遷之遺訓以廸勉其子若孫者亦實繁有人惟勤不獨在編氓之戸嚴不獨在富貴之家庤玩日愓月上下引以爲戒而别嫌明微貴賤矢以爲規敦禮讓而重廉耻古道其如昨乎

節烈

天下節烈相望安雖僻壤不乏幽芳惟女子不以才德傳而以苦節顯亦女子之大不幸也嗟乎運遭陽九兵刃交横生死易於反掌有能激烈慷慨視死如歸而略無瞻顧者在男子且難之况閨秀哉此出名門世族固宜揄揚若見編戸窮簷更當旌奬欲成完璧豈忍遺珠故次於閨範而曰節烈

明朝　耿大賓妻彭氏

彭氏耿大賓妻也賓卒時氏年才二十六遺孤二氏抗志撫之苦家窘百方拮据不能給朝夕賴族伯教授耿光高其志操時時斥俸賙之年六十六終卽新婦之年訖於白首家人未嘗一見齒㗅居常凛凛若鐵面然族里婦女瞻其容儀者心自嚴憚焉郡守慈谿孫公光祖檄封其墓

蔡氏三節婦

嘗聞光黄間多異人更多節烈奇女子先有張氏

者年十六適蔡純仁踰月純仁死喪盡其禮服旣闋有慕而聘之者斷其耳藏笥篋中以示不渝奇矣又有徐氏者適仁弟蔡純信踰年純信死與張稱雙節焉及服闋亦有託其諸妯而探之者氏即[illegible]曰汝不樂吾之有耳耶郎往取刀自割探者急扎得觧抑又奇矣邑令應公黎公置附近田二石建祠以永其祀越八世後復有蔡毓哲之妻周氏者適哲未二年夫死其貞烈與前二節無異其貧

苦視前二節尤甚撫姪爲嗣姪稍長能耕始不絶食年八十卒曠觀前後一門三節則又奇之奇矣

縣佐王國任妻劉氏

劉氏縣佐王國任妻麻邑劉天成女也天成與國任父珍同遊郡庠相厚善氏方襁褓即約婚姻甫六歲國任母熊坳氏聞訃啼泣不食每值熊忌辰輒哀慕悲啼及歸王事後姑陶甚得歡心陶嘗語姻黨曰自吾得新婦增一孝女矣愛之過於巳生

夫壯歲無子氏惶惶爲置側室生子三錫撫如巳出稍長督教惟嚴遇諸姒和而不狎姑熊之族中衰而窶氏周急甚厚家僕幾千指馭之肅然及病三錫方就童子試時時念曰第得兒列黌宮吾目瞑矣三錫果補弟子員氏幸目其成怡然而逝乃隆慶壬申歲也

王威妻張氏

孝節張氏孝子王威妻也威幼失父母從父時瑩

撫養之瑩與其媪多病卧榻者十餘年威與張百計調護張澣滌溷溺無難色媪病後思肉食張猝不能具皇皇然傾貯粟市鷩歸烹以供欲盡之恐益疾四分之藏其餘以待不時需孺嬰在側涎垂垂不得一染指焉啼則鞭撻驅之戶外會瑩與媪後先卒威亦隨殁子纔八齡威臨終語張曰吾死若必適人家且貧是孤安恃與張泣曰是何言哉君天也天一而巳妾本願從君地下徒以此孤苟

活耳矢死靡他終與孤相爲命也威伏枕謝曰子若是吾瞑矣時年僅廿餘守一孤兒以爲命每雷雨夜患其震驚魂兆號慟尨悸家益落朝鋤夕紡數十年如一日邑令匾其閭曰孝節威别見孝子傳

彭守則妻葉氏

葉氏邑人彭守則之妻也氏家世誦詩書多篤行故氏幼稟父兄之訓年十九適守則進止必以禮

姑姒皆憚之彭遘羸疾將就木氏誓以死殉彭曰死易耳汝若生吾乃不死遂卒氏一慟幾絶繼而曰吾不難殉夫子死而難背夫子之屬我生也取夫仲之子爲嗣勉終喪事及彭塟後每歲時嗚咽兩袂斑斑血淚痕聞者傷之家益中落二餔不供之死靡他侍御周公家棟曰古今以節顯者代不乏人要之或一瞑而不回或遺孤其堪託孰有一綫俱泯片語丘山飮血茹荼四十餘年如一日如氏者哉乾坤之所鍾洵非偶然矣觀侍御之言氏之節不幾與日月爭光哉

王世亨妻張氏

張氏王世亨之妻也夫早死無嗣姑又喪其翁時年七十餘欲奪氏節强之嫁氏曰下不能爲王氏續宗祧上又棄其衰老之翁人將不食吾餘矣遂抗志守節撫其夫之弟至於成名朝夕奉養衰翁始終無間翁九十七卒氏亦以全節終

庠彦彭承芳妻鄭氏

鄭氏邑庠生彭承芳妻也父孝廉彭台早世芳亦殀遺孤甫十月氏年二十六守寒士殘家耕耘糊口甞遭儉歲併日舉火終歲不製衣極人世不堪之苦氏獨甘之無所怨尤五十年一如初志教子德禎入庠序薦紳帝帶頌歌之上憲邑侯旌表之人謂彭台與耿恭簡倡明理學學士景從其家有貞節婦宜矣

王氏三節婦

鄭氏王世臣妻年念六而寡遺孤方一週後十三歲夭其媍方氏世臣之弟世巨妻也亦念六而寡子正極六歲鄭與方先已析居十餘年矣至是復合居一室共撫孤子迄於成立補弟子員當道上其事敕下有司歲給廩以終其身後正極又早逝妻秦氏年念五三子幼秦苦節自矢孝事二姑克教其子子道父道一身兼之嗟乎一家而三未亡

人三未亡人而相繼一世二世歲時伏臘風雨晦明幽苦相對何凄切也

秦尚朴妻董氏

董氏年十六適秦尚朴五載朴卒遺孤環甫二歲女僅四齡耳氏悲號慟絕時翁姑尚在堂皤然兩鬢年俱六旬外謂之曰代夫養親不猶愈死從夫子耶氏從其命拮据朝夕以奉二老菽水視夫在之日尤加敬愼及歿含殮棺衾無不竭力盡禮教子義方寓嚴於慈貞操閫訓鄉里皆化之卒年七十其女爲耿恭簡母恭簡爲立貞母祠永祀不絶焉

周之復妻耿氏

耿氏恭簡公女也年念四夫歿子女俱幼腹尚有娠氏痛哭垂絶願以身殉姑觧之曰若念吾兒亦念吾兒有垂白之母乎氏泣曰吾以其心死死者姑以其身生生者乃密斷一梳破一鏡置夫棺中

稱未亡人三十載事孀姑以孝聞年五十四卒卒之夕召其二子曰吾向曾斷梳破鏡以殉爾父存其半以待今日爾取以殮言訖而逝女二一適王氏罵賊投井死一適詹氏早寡守志死

劉廷諍妻黃氏

黃氏年三十寡生三子皆幼及長教之讀書夜則一燈母績子讀書聲車聲如泣如慕遠澈墻屋聞者莫不嗟嘆時夫柩在庭氏每事必告鄰有失火

者比屋皆焚將及氏家氏伏柩大號願以身殉勢媪急持之終不動哭聲益哀火然屋忽熄樓梢半燬年八十卒邑令蔣公旌其門後室被賊焚惟額獨存如故

葉明之妻馬氏

馬氏葉明之之妻也年二十二歲夫故遺子二歲矢節撫孤有議再醮者則斷髮破面茹荼三十年邑令楊公嘉其志扁曰苦節可風年五十二卒子

向華感母氷霜抱憾終天廢寢亡飧持齋報本憂以成疾三十四歲亡妻方氏年踰三十能繼姑志撫歲半藐孤子至於成立年六十卒

徐國善妻鍾氏

鍾氏徐國善妻也年念八夫卒苦節撫孤迄於成立且饒智力內振家聲外彌侵侮人稱女中丈夫當道屢旌其門宅近通衢至今行李往來者咸指爲徐節婦宅云

胡氏黑女

胡氏乳字黑女灄源里某女正德七年流賊掠光黃而南至兩河口掠得胡氏二女黑女次女也年可十五六賊悅其姿欲汚之女抗志不辱賊令群婦啓誘之曰女從則極富貴可立至否則虀粉矣女曰已聘某氏子死則死耳富貴何羨賊取刀斷女足趾威之不從則復斷女手趾女不從如初賊怒遂刃之藁葬萬曆二年知縣應存初始封其墓

云

光祿吳士伸繼妻周氏

周氏光祿吳士伸繼配也世爲西陵望族生而端凝不苟言笑嬪於吳事孀姑至孝凡滫瀡紉箴之具必躬親湯藥必躬嘗絕不假手僕媵夫學乏膏火則典釵釧佐之家不素豐性樂周人之急雖饑寒切身弗顧也愛子若掌珠究未嘗以姑息弛丸熊訓待側室有樛木之仁撫支庶若鳲鳩之德焉

隨夫宦金陵以姑櫬未殯趨假歸營窆寓居鳳水山寨賊環攻水盡糧絶氏曰事勢若此總一死以完我節遂投繯遇救復甦賊入執之罵曰我夫受爵朝廷我爲命婦恨不能執利刃殺汝汝死且無日敢執我耶言訖罵不絶口賊怒碎其首其子収殮遺骸見氏顔色如生邑人上其事撫軍賜額旌曰閨閣完人將繕疏入告會疆埸多故事遂寢嗚呼死生亦大矣苟非見義明持節堅烏能視死如歸使綱常賴以長存而生氣猶凛凛至今乎宜其食報之未有量也

庠彦秦氏雙節

王氏生員秦瑗妻明崇禎乙亥歲正月初七流冦掠北鄉執其姑氏衝鋒冒刃奮身往救以頭觸賊罵不絶口賊擁之馬上乃齧賊面批賊頰爪賊喉賊怒殺之投其屍於塘塘水盡赤又生員秦珩妻適秦甫十月避冦山寨寨潰姑被執同其姒李氏

往救罵愈烈賊乃斃之毫無血痕後殮神色不改

庠彦韓璣妻王氏

王氏生員韓璣之妻也幼嫻禮法既適韓克盡婦道内外交譽之時流冦充斥人抱處堂憂氏獨自矢曰吾輩雖未巾節守貞之訓聞之巳熟倘爲賊獲忍偷生於世以貽閨閣羞乎遂取一利刃懷之居常磨礪以待盍不俟纍囚俘獻而不辱之義較然早巳辨之審矣及賊襲氏所居砦砦潰爲所獲縶之將携去氏紿曰我既被擄又安適歸隨去耳縶何爲者兩黃口女幸借提挈賊信然防稍懈乃拔刀自刎而死賊衆莫不嘆息後學使者王公爾禄爲詩叙以旌之勤諸石嗚呼覩氏之言與氏之死而知其烈也人平日矯厲名節孰不毅然以堅貞自命及一旦禍患當前而隱容全軀者可勝道哉誰謂巾幗中乃有此爭光日月者乎若氏者可謂不負其志不食其言矣

韓琮妻王氏

王氏之女以節烈稱者凡三其一適秦珩其一適韓璣俱死賊既各有傳矣此韓琮妻則庠生王三輔之女也幼通書史嘗刲股救母以孝聞明崇禎乙亥歲賊襲鳳水山琮父子俱被害氏亦傷重創死而復蘇兄弟舁入城調治既痊時年二十九誓不再適居韓惟破屋數椽瘠田數畝上無所依下無所托惟一婢女自隨緝紝終日以供衣食閭閻

古烈女傳及釋道書足不出戶庭者四十五年而終

舉人盧舜臣妻周氏

周氏武舉盧舜臣妻也性孝友樂施與當歲大凶氏傾倉賑饑自甘薄粥後值大疫氏施藥餌以濟閭里賴存活甚衆明崇禎壬午年七月初六夜流寇襲陷邑城婢僕奔告曰盍行賊將至氏叱曰若獨不聞女子不出閨門訓乎危坐室中賊入氏罵不絕口遂遇害

王有永妻周氏

周氏王有永妻方寇亂之際常語其夫曰時事阽危如此女子之身名節至重非獨不可辱於賊並不可死於賊也及聞賊至先自刎死

王嗣杰妻李氏

李氏王嗣杰妻也夫婦入山避亂遇賊於道夫被刃佯死賊艷氏不忍加害百計誘之上馬氏罵曰

爾賊殺吾夫恨不殺爾取心肝奠夫前以雪吾讐安能隨爾去耶賊怒杖殺之乃去夫甦終身不再娶

黃純武妻吳氏

吳氏通山教諭丞之女甫三歲便知別男女凡嬉戲禁家童年相若者不得入儕隊佩環琢玉氣象固殊矣長適麻邑庠生黃繩武賢聲益著甲申五月以歸寧來安時流寇餘孽猶蹂躪豫楚間一日

賊暮至舉家驚散氏獨與一婢匿樓上賊將逼樓氏謂婢曰吾義不受辱惟一死以謝父母遂引石自碎其首血尸僵仆而死時年二十七麻邑諸縉紳聞之多有爲詩以弔者

李衮章妻程氏

程氏李衮章妻也賊陷邑城氏匿智井中賊入室執衮章縛之將加刃氏憤極從井中躍出大罵逆賊以身覆夫賊怒刀斧亂下被數十創罵不絕口

氏死而夫竟得脫雖古竹帛所載丹青所畫稱烈丈夫者何以加諸

王惠妻黃氏

黃氏承使王惠妻惠受役于公久羈於外氏獨居養舅姑得其歡舉子曰國孝甫週而惠歿當疾革時惠憐氏少囑母再醮之氏號曰君言二妾矣妾不難以身殉顧是呱呱者向誰啼也惠謂母曰兒固知婦無二志第不忍重苦之耳今云爾任之可也惠歿一慟幾絕忍死終喪事即屏居一室辟紡以撫其孤病不用醫藥祈禱曰天年盡得從夫子地下幸矣撫其子成立嗣撫其孫三顧膺歲薦三極登賢書蒙恩建貞節坊於邑東南憲司里以表之厥後裔孫之相刲股療父疾築土廬母墓之格盡鬻腴產扶兄櫬嗚呼貞烈孝友萃於一門矣

孟淮妻余氏

余氏名家女也少嫻內則長適孟門無舅有姑孀

居萱室氏事孀姑色養備至年二十五夫淮殀遺二子存誠七歲存讜三歲氏慟夫早逝誓以死殉姑曰吾食蓼茹荼忍饑待子不幸子死賴有孫吾之命繫於孫孫之命繫於汝汝若捐生二孤無所倚吾命休矣氏乃收淚強起苦食貧比年不登旦暮績織養姑哺子猶不給又兵寇交訌一身衣紉百結不憚拮据課子年七十九老疾長子先喪惟次子存讜侍湯藥易簣時屬之曰從一以終吾

見汝父於地下矣語不及他有孫應瑄以王子拔貢教授德安郡次琮璜俱列黌序曾孫之春廪貢之夏太學生芝蘭馥馥所遺寧有盡哉

秦文實妻王氏

苦節有居近豪強能不觸忤潰亂而委曲以求全者較嘗情倍難若王氏隨夫遠館寄居麻邑之東山僻壤不幸夫卒於館遺孤子啟意年纔十三豪欺其孤寡欲奪爲妾氏知勢不可直拒姑啖之曰

新喪在何忍以身許人少待期年可乎豪度其紆能爲遂信之氏密與子計運薪柩下爇之誤驚失火拾夫骨於囊負骨携子夜行晝伏亂行山谷間輙迷所往有鳥前引道近氏家始飛去豈非節孝所感乎歸葬夫骨於舅秦學韶墓側時[illegible]其全身異地計脫虎穴之苦泣教其子力學修品子啟意爲邑庠生鄉飲二次學品兩無愧云

庠彥秦際昌妻汪氏

古節婦詞云誰謂妾無子側室生兒與夫似初讀而疑之及閱孤子秦琚芳泣詞曰琚未生前七月失所怙始生生母桂氏亡嫡母汪氏和丸畫荻以教我我不知父知有母不知生母知有嫡母琚不孝無能以母節顯即孤子之言以驗前詞汪氏其當於古人中求之乎嘗聞際昌十八入膠序明年娶汪又明年病劇亡昌與汪同歲俱二十以隻影撫孤子五十餘年覩其遊泮且識孫壽七十有三

嗚呼可謂貞矣可謂節矣

趙氏

趙氏名淑夫殁而寡有子二俱少賊破風水寨入爭奪門走氏憐二子少出亦難全遂不出賊縱火焚寨氏伏二子墻隙中以身悍火火洞入兩腋傷二子氏終不釋手遂俱亡土人哀焉每社祭必呼而酹之所古稱鄉之賢有德者殁而祭於社女德亦何殊哉

無姓烈婦

明崇禎丙子歲經賊後有婦反縛於邑南彭氏之庭柱上不爲所辱而死卒莫知其誰氏婦也嗟乎板蕩之秋疾風勁草烏可不深嘉樂道以見一腔熱血爲浹月之遊靈哉惜其姓氏湮沒徒令人扼腕浩嘆不置

姚觀一女

姚觀一不知何里人有女年及笄姿容閒雅美麗異常爲賊所獲艷其色欲犯之但見衣褢綴結縫紉甚密故知女之自防者素矣乃使營中女子以密語誘說百端不可利刃脅之不可始褫其衣縛其手足令兩力士左右夾持思一獵而甘心焉女則喊聲震地曰我姚觀一女已許字人義不受辱展轉顛撲至於折肱毀體終不可近賊怒支解之旬餘日而色猶生此吳孝廉弘初述其先人所目擊者憶執謂草野中無奇女子哉

河邊婦

流氛之亂邑貞烈蹈白刃死鋒鏑者不可勝數有河邊婦者爲賊縛馬上將渡河奮躍大呼縛斷賊急持之遂嚙賊賊護痛乘間拔賊刃自斷其頸未絕賊猶持之遂躍入水中水從口入血自喉湧刀痕赤裂黑髮漾波見者不寒而慄時文學耿遠倩被執目擊傳於人云惜逸其姓氏爲遺恨耳

張信妻周氏

周氏中和里人張信之妻事舅武清姑何氏以孝聞信任俠抗直當官不阿年二十八早逝氏年二十六矢志內艱外患常以身捍之教子廷舉無廢業歲荒鄰有積粟不屑乞斗升一日斷炊所居有梨一株取其實蒸而食之茹苦歷四十餘年乃卒時以無力旌典闕焉癸亥氏之四世孫希良校脩省志以嫌故不立傳祗記其畧於雜志中今特表而出之

何邦文妻柴氏

柴氏者何邦文妻也適何無出邦文另娶滕氏婦豈於別室生子應朝巳二歲氏尚未之知也年二十八夫病歿氏即矢死以殉家有老僕泣而請曰主人有子在安用戕生爲氏詢獲狀遂迎歸與滕並志撫孤常提孤耳以命曰兒能成令名汝父瞑九京矣孤奉命惟謹鋭意攻苦崎嶇於兵戈搶攘中竟不得售復又勉之曰人患不種德爾苟種德

不於其身亦必於其子孫也及氏背草澤豪掠人子女以爲市應朝捐貲贖還者甚衆尤能貸人急輙焚其券初朝元聘吳氏誕遜迷逵三人氏躬紡績爲延師供具備極精鑿師德之寄語氏曰媪孫內慧非常予不能傳尋易師遜即採芹食餼貢成均迷亦冠道試軍逵後援府試第一殤焉氏年六十五而卒獨呼遜曰予逝矣後有興者是誰責乎迨吳氏卒朝繼娶賀氏撫遜等如巳出生迥與渭

皆遜課以成名遜於甲子登賢書第二成甲戌進士雖曰朝種德哉皆氏澤也

耿應福妻婁氏

婁氏耿應福妻也氏適耿甫二載應福歿遺孤紹宗纔歲週氏年廿九欲隨夫死者數四妯娌以孤在未可死勸得甦乃斷髮截指破面毀形以栢舟自矢呱呱在抱涕不絕聲者數年迨紹宗出就外傅氏則勤紡績以佐館俸無晝夜寒暑胼胝不寧

茹蔬啜饘豊以供師惟日盼其孤成立也紹宗試得補入博士邑令諗氏賢節屢優奬氏泣辭孫輿振能脩品年七十作王家賓重孫思文三傑輩皆能讀書取青衿世其業莫不曰氏節操之報在後昆

江至衡妻秦氏

秦氏江至衡妻也生子一女一夫早卒氏年止念四撫子女誓節不二時明末政弛族豪託差役覬

産氏百計支持不爲摧折流氛猖獗氏避亂同姓西砦多欲逃竄不守氏率家僮諭子弟曰與其獨奔遇賊死何如偕聚一處有險可恃乎衆因同志捍禦砦賴以全家道中衰專意教子有謂此非急務者氏曰人各有志以吾夫子從事詩書何遽使子改其業耶子成立忽夭遺孫將半歲命名畬取李令伯念劉意也家益落依戚居城賣屨供食以教其孫及長列膠庠氏嘆曰江氏書香有託吾可瞑目報先人於地下矣年七十八卒嗚呼年歷两

朝撫孤二代天何黙助其籌筴而深與以艱危也氏誠女中鐵漢哉

丁遂妻劉氏

劉氏夫丁遂早逝守節二十餘年明末賊衆數萬由楚之豫路經安邑氏居李泰寨被圍知城必潰欲先自裁家人泣持不許寨既破氏獨自扃戶固閉將雉經死賊已擊戶聲甚猛叱賊曰我節婦不可以面目見賊遂投繯賊碎戶入義之解其懸乃以頭擊賊賊怒羣刃並舉氏駡不絶口身受二十餘刃而殞死三日賊去収其屍肉尚熱先是所居村有虎每夜伏屋側大吼大木無故連拔數株及遇害家二犬守其屍數日不食死子斯昌庠生時簡廪生氏爲不泯矣

國朝司理盧堯臣妻節孝婦邑氏

邑氏進士盧堯臣之妻孝廉盧爾皓之母以父宇垣公夔刺繡虎與夫姓首同文而遂適之也年二

十九夫遘病瀕危衣不弛帶籲天請代卒不起矢死撫孤通尚書女箴雖崎嶇於兵戈草木水火窮餓中能不失其節使孤無廢學由恩拔登賢書尤慟其父見侮於豪隣含忿以殁出刃銘手臂誓復父仇仇悖死有烈丈夫風居常危坐凛凛憎雜流優劇姻黨慶會不一至撫其兄孤子克家起祚完娉女舊盟焚從甥鬻券類多懿行云康熙壬子歲

巡撫董爲特疏節孝於
朝敕部議奏曰臣氏性成節孝志凛氷霜臨難而矢死靡他茹荼而守貞可久篝燈課讀旣以母道兼師皓首彌堅永以坤儀垂範亟宜旌表用勵世風所司給金三十兩聽其自行建坊旌爲節孝
制曰可年七十有六复夫築室期共居遂寢疾其內則之嚴循引被覆其足而後瞑卒之先庭有乳燕忽一白羽子墮地殪人咸異之

耿應旂妻王氏

王氏庠彦耿淞之祖母淞父堅宗僅一週而孤堅宗年十八入黌序生淞淞生彌月父母相繼歿淞以呱呱微息其勤勞委曲得以由乳哺而成人惟祖母養育之恩是賴自厥祖應旂身後已歷三世蕭然一嫠獎撫兩世孤兒使耿氏之祀不絕如綫豈特有功於耿其所關於風化者更大也閒本族玉齊副憲曾褒頒於家譜余故採而録之焉

趙士泰妻謝氏

謝氏適趙甫三日夫暴卒氏哭泣聲七日不輟舅姑父母勸之食氏謝曰吾義不可活偷生非所願也是夕不聞聲啟戶視之已自經矣舅姑哀其節與夫合葬焉

韓宗孟妻吳氏

吳氏韓宗孟妻也年十九而宗孟死舅姑皆早逝氏爲營窀穸子廷敬呱呱三月耳課以成名由明經學博晉賓州倅越四載氏以節終及服闋高卧

東山不出敬生勲黙杰勲黙以食餼恩拔顯杰以潛德舉飲賓於鄉尨有乃父風稱石隱焉杰生廷榮去氏已三世矣榮弱冠補弟子員母死父背竟棄舉子業不與聞事嘗自嘆曰予幼失恃今又失怙須功名何爲適伯氏憤無兒盡鬻其先業榮盡贖之以終其養伯感而泣曰予死必以汝子嗣凡所贖還者悉遺之迨易簀時果如感泣言榮曰予

義不當受此業而又復嗣吾子是顯沽推讓之名而陰収厚實也烏乎可呼其弟子多而貧者以其一嗣之業俱歸焉余聞其賢延爲王家賓三聘不至強起之方就謁則亦無忝爾祖者嗚呼子若孫皆能孝以成逸則韓宗孟之妻其即介子推之母也歟

程繼韶妻熊氏

熊氏邑庠生程之達母也夫繼韶有母孀居氏克

盡孝敬年二十七生一子甫逾兩月而夫卒氏觸棺氣絕復甦誓必死姑曉以立孤大義且曰我鳳燭殘軀汝縱不爲後計寧不爲我計耶乃呼共寢處氏擯除服飾食糲衣麤姑病氏奉湯藥侍起卧不遑假寐卒不諱哀毁骨立氏本官族夫之兄官司理姪官太守爭勸隨任弗許甘貧苦節延師課子每昧爽必蹴其子足泣而訓之曰業精於勤荒於怠汝孤子胡戀戀寒衾爲子遵其訓益力學爲

諸生居夫姑喪一秉家禮絕不事緇流黃冠墮世俗冥福之說足不及戶聲不及堂歲時伏臘宴會不赴內外井溷必辨長鬚赤足出入必防家政肅然年七十三邑人高其節仝舉於學使者下其議府縣確查轉申道司院奉批仰候具題值林大中丞內擢事遂不果

夏以亨妻吳氏

吳氏夏以亨妻也年十六適夏十九而以亨歿遺

孤僅六月值冦擾氏百計潛避存夏氏之一綫保終身之全璧難矣冦平紡績課子以壽終閭里至今頌貞節焉

庠彥黃經緯妻徐氏

徐氏其先中和里人徐方都女年十四適黃岡黃經緯父母不忍割愛遂家於安之灊源里經緯年十三補諸生十四食餼博學多奇行氏幼隨祖父官於蜀從季父授諸史日數千言一目不再且嫺

於保姆訓精習女紅舉止端莊居然文墨士惟日
與經緯筆硯砥礪比之良朋八載經綸卒於客氏
艱難數百里扶櫬以歸自爲文哭奠哀動行道生
二子尚在襁褓氏爲夫卜吉封骨畢焚香告天持
利刃剜左股肉自誓茹虀蔬惟以夜作供二孤筆
墨親授教讀得列於庠養姑終老爲二孤聘定訖
始以壽終終之日呼孤語曰思貽父母令名毋貽
父母辱乃瞑

耿應元妻秦氏

秦氏年二十四應元早逝遺孤二長三歲次甫週
當兵荒頻仍上無舅姑中鮮伯叔以隻身携兩孤
竄避三角山寨氏知難保縊以繩巳而救甦脫於
難日益窘惟蓬首垢面拾斂黍穗以度朝夕又念
書香未紹惟以兩孤就傅爲急不憚勤勞紡績以
佐俸貧子皆成立性嚴毅即對姑姊妹亦少笑容
茹素自勵五十年如一日卒年七十有四稱完節
焉

庠彥吳之璘妻程氏

程氏邑庠生吳之璘妻也幼嫺姆訓工顰帨于歸
而舅姑皆喜嬪御皆賀咸謂得賢新婦也未一載
夫寢疾卒泣血悲號水漿不入口有死從夫子地
下耳時姙身數月翁聞之遣諭再四父母亦以爲
言始強起閱五月而生子曰瑚舉家致慶氏躃踊
屢絕蓋痛夫之不及見矣時土氛肆熖遭家中落

流離瑣尾艱苦倍嘗壬辰伯氏捷南宮愛姪逾所
生氏獨絣紡終夜課其子誦讀若嚴師漏四鼓下
始休曰母以伯父愛故遺紈袴羞子遂以弱冠釆
芹旋食餼邑名士咸與遊戶外履恒滿氏陳爾設
㦸錐轎留賓有陶母之風焉媳鍾氏早夭曰瑚義
不再娶遺孫數歲氏含飴鞠育比長延師教之曰
瑚讀書成疾一切家政皆氏綜理秩然有條內外
嚴肅生平秉禮法却鉛華布素終身雖大喜不見

姑笑之色癸亥子曰瑚卒氏以抑鬱得腹疾亦尋
卒孫人鳳由邑庠入太學爲貞節之報云

庠彥韓瑞璋妻吳氏

吳氏邑庠生韓瑞璋妻也夫早歿氏年方二十子
名世閎四十六日而孤氏一號氣絶姑百法救蘇
猶矢死殉夫其翁勲獨行君子也以妻道猶臣道
諭曰賢者誠重其死盍欲存身以有爲小諒何益
氏聞而悟守節四十二年易人所難甘人所苦子

勉以學家操以勤公姑將以恭順僮僕馭以肅雍
宗族鄉黨內外無間舉之於邑上之於郡省旌表
其門壽終六十三值明季大亂不及聞於朝今孫
庚寅以唐縣宰行取則氏之待贈方未艾也

李極妻方氏

方氏夫病篤即飲食不入痛絶數四及夫故大哭
觸棺而死年止十九

謝如金母李氏

李氏年念五夫歿遺孤僅二歲家食貧翁姑勸其
適不從勤紡績教子成立苦節三十七年壽六十
二而卒

袁友信妻吳氏

吳氏袁友信妻也適袁不逾年夫以足病莫能興
氏爲啖水進食籲神請代衣不弛帶以奉侍者四
五年卒不起年僅二十三齡矢節撫三歲姪爲嗣
遭家不造舅姑伯叔相繼没袁氏不絶如綫氏撫

其嗣抱子五人以廣其宗且課其孫長者一入縣
庠年八十一卒

胡光國妻葉氏

葉氏庠生胡承虞母也夫早卒家徒壁立携遺孤
徙居母家有謂氏貧子幼強再醮者氏雉經自靖
會救得甦乃謝絶曰既以禽獸待我豈可長居於
此乎遂去之年五十卒

司理盧經聘妻彭氏

彭女邑庠生彭世濟長女也許字司理盧經年將及笄適賊至岐亭屠馬埠頭一方震恐世濟携女避之月山寨賊臨城女持刀欲自殺曰城必陷我先死可耳其父止之曰姑且緩恐賊退及賊攻城急女磨墨塗面蓬頭易足穿藍縷襖以舊青布衣襲其外遍體密縫長呼一聲曰天自刎而死父置之亂草中寨隨潰盡屠之寨臨潭溺水死者半存者不過十餘人世濟入水恍如其女牽之而渡者

遂得生次日始具棺木殮其尸邑令李公元玉書二字以旌之曰閨烈

庠彥劉銓妻李氏

李氏麻邑李冢宰之姪孫女適邑庠生劉銓甫六年而夫歿舅姑繼喪年僅二十四齡撫四歲孤內難外侮疊起紛紛氏悉以柔順彌之不失舅姑忠厚傳家之道栢志示貞延師課子十歲入泮孫六人芳其冢孫也以冠軍列邑庠

方遵義妻韓氏

韓氏方遵義之妻也年二十一而遵義卒子幼家徒壁立疊經寇賊凶荒而氏之死靡他後十餘年子復故遺腹生孫甫四月而媳亦亡是時韓氏女兼男工晝耕夜績以撫其孫又數十年家道稍成且目擊其孫又生三子享年七十有七嗚呼古今以節顯者夥矣求其三世一身形影相弔艱難辛苦卒抵於成如氏者蓋亦寡矣

劉漢簡妻葉氏

葉氏劉漢簡之妻也氏年二十生子宗璉未彌月而簡卒母憐其少且貧多方諭之令再適氏恚不答遂終身不復歸寧竭力勤紡績以養孀姑姑病醫藥飲食必躬親養姑外有餘財卽贍姻黨困乏氏雖撫孤兒不專慈愛課詩書訓義方倍加嚴峻年四十八以苦節卒厚德未報哀哉氏出黃岡縣葉孝廉自崴之族葉多賢女其所薰陶者然與

庠彥盧纓妻張氏

張氏邑廪生盧纓之妻侍講希良之長女也生而婉淑甫學語即如成人時然後言餘常默坐雖盛暑漬汗淋漓卧不去裯服侍講與彭孺人甚珍愛之故不輕字年十九乃歸於盧以盧累世姻好纓年少刻意讀書能文章稱快婿也姑李持家嚴氏能執婦道常得其歡心處娣姒宛若閒恭謹小心無闕禮賢聲籍甚歲丙寅姑卒痛哭幾不欲生丁卯夫没誓以身殉之念遺孤在乃勉終制自是却

鉛華持門戶敦師訓子皆玉於成是冬母彭孺人卒於京邸引領北望常至血滂奉繼母劉氏如母劉有所生妹保抱不啻同産人稱其孝氏有三子潼漳漋而漳最聰秀好學工文章時謂酷似侍講公不幸夭氏自哭姑及母致疾長年藥裹至是哭子慟加劇遂以康熙丁丑年二月初七日卒母子相繼才一日通邑哀之氏孀居踰十一年節孝懿淑其大者餘不具書

庠彥程翥妻郭氏

郭氏程翥之妻性純懿年三十無子勸其夫納姬夫以其年未也遲之氏乃密爲置簉室焉逾期舉一弱息甫週而夫殞氏毀形斷髮欲尋同穴之盟既而思曰亡人之母在菽水誰供且是呱呱者孰與效程嬰之義勉強奉姑極誠孝姑嚴厲督過氏益恭無幾微閒姑卒氏哀痛屢絶鞠其子如已出然終不爲禽犢愛必教以義方今子文彩駸駸乎

可觀氏之教也

庠彥李天勅妻陶氏

陶氏邑庠生李天勅之妻也年二十二歲而寡蓬首垢面毀形支骨竭蹶以養其姑晨昏定省無少缺儼若孝子之事嚴父婦姑相得甚歡終姑之世如一日焉陶故麻之世族素封家女親操井臼無愠色閭里稱之會歲儉盜竊發氏枕刀以卧或詰

之曰我孱女子敢敵盜盜至將自盡耳盜聞不窺其室遠近誦其言姑殁氏哀慟成疾而逝其遺孤亦相繼夭李氏之世嗣絕矣而氏節孝之名口碑不朽以視生則榮歿則已者相去何如哉録其貞行庶慰幽魂於地下云

庠彦李垓妻王氏

王氏庠彦李垓妻也初歸李以紡績佐家計相夫子惟詩書是務不幸夫遘疾臥床經年晝夜侍湯

藥無倦容詎李竟不起哀毀絕粒不出戶外亦不履族黨家凡子姪親眷進見稍不肅輒正色繩以禮人咸敬畏之有姑春秋高好佛喜施捨氏婉容承順至老盡歡姑卒殯葬如禮其子出就外傅首以愼交遊爲戒脫簪珥作俸資完公賦周濟孤寡畢男女婚嫁事皆從勤苦中辦之餘者置產以贍後卒五十有六子克慰母志久列青衿

庠彦熊養和妻秦氏

秦氏邑庠生熊養和之妻年十八歸於熊熊之父文齋雖以文行甲安邑而家特貧氏歷試諸艱越三歲生子必達甫四月而養和卒時烽火頻仍氏攜幼子翼老姑雖奔走崎嶇兵戈搶攘中勤機杼奉甘旨無虛日且性慈惠值歲祲雪夜有少婦攜小女叩門開戶視之僵臥欲絕蓋與夫行丐失途饑餓有日矣氏推食解衣數日其夫至得完聚氏雖處貧困周急樂善多此類姑染風疾氏哺饍灌

穢無難色姑卒喪葬皆盡禮拮据教子俾能成立年七十一以壽終遠近寃之

庠彦王定民妻詹氏

詹氏生員仁賢之女也夫定民既遊泮遂卒氏年止二十五有遺孤二人俱在襁抱家鮮宿舂襦無僘絮雙親白髮菽水之奉殘華於未亡之一身氏躬操井臼以事其舅姑杼軸篝燈以教其二子持齋茹素苦節四十餘年其子皆補博士弟子年七

旬以壽終

韓邦貞妻陳氏

陳氏韓邦貞妻也適甫朞年二十而寡矢志栢舟勤苦自勵四時以紡具自隨素識書常撫遺孤而命之曰予勤於紡績則終歲有衣汝勤於讀書則可以立身且汝之所以讀書者非以爲功名也勤學問明義禮遇則爲朝廷忠臣不遇則爲鄉黨中信士吾豈欲汝弋取功名爲此身光寵哉夫氏固

所稱識書者也然觀其諄諄垂戒之言則又有似乎聞道者年八十卒子若昌孫馨蕙馨蔺俱列青衿守義禮亦可謂善體氏訓者矣

贈君吳之璜妻杜氏

彤管多稱貞節尚矣顧境不苦節不奇報不厚猶儕俗耳以余所聞杜太君則異是太君禀生天懿女生而端淑父鍾愛甚相攸得贈君吳之璜許字焉甫束髮適吳奉孀姑孝敬篝燈佐讀以成夫子

名姑歿贈君哀毁過禮殞孺人纔二十三齡耳甘棺搶痛幾不欲生遺孤屺瞻方在抱環顧皆無可托乃勉爲未亡人家貧壁立而潛起窺伺者又從而侵陵魚肉之危巢累卵之勢幾不免孺人恬然順受手口拮据以捨捍其戶庭絶不一與校先柩多未瘞孺人捐地厝之不責均於羣從課子若嚴父必揀名師竭十指力完脯脩以教之凡屬文行交其子者必脫簪截髮以款之故屺瞻早馳駿聲

成進士筮仕隆昌迎孺人養教之曰汝家世清白宜忠國子民是務吾願善養不願祿養也屺瞻率其訓以卓行擢天官大夫飲冰絜已不負孺人孜而貽黄褒節光寵殊未艾噫孰有節奇報厚如孺人者哉

郭士達妻吳氏

吳氏郭士達妻姑暴疾死家貧無以爲殮氏鬻衣釵床裯等物喪事大亦隨病勢不起氏左右夾侧

飲泣骨立創痛欲絶者屢矣夫曰子將從毋地下所遺兩弟一妹皆黃口無知汝能撫之成立倍於皎日之盟也遂卒時氏年二十二有一子一女兩叔一姑俱幼一切飲食襦袴惟氏是賴未幾子亦死志仍不渝叔患疹癰疽遍體腥穢至不可近氏爲進饘粥勤拂拭凡數十晝夜始得痊嫁其姑奩具過於女小郎婚娶無不如禮娣姒敬憚家政大小皆禀命焉終身縞素年五十二足不越閫時論

賢之

國學彭萊妻程氏

彭萊爲東莪先生後裔前於陶四哥既嘉彭裔之貞節女子矣茲程氏乃彭裔之婦也氏年二十五萊病劇欲語後事吶吶難出口氏引針刺血以滴曰如君不幸吾此血已與君共葬之矣及萊逝長子啓錢甫三歲次子嗣錢甫一歲堂上孀姑年七十病卧不能行動氏三年衰絰葬祭之禮亦既必

誠必敬矣而上侍湯藥下勤教育又復克孝克慈焉若御婢僕之寬嚴有方經營家政之勤儉有序則其餘事耳今年垂五十氷霜矢操歷二十餘年如一日兩子皆列膠庠不墜先業滴血之誓允昭天日矣

劉子裕妻吳氏

吳氏劉子裕妻年十七歸劉盡婦道高堂無間言甫五載公死夫故遺子二姑媳子母相依爲命姑

曰兒忒少後此非可年計將自戕氏跽誓曰不隨夫地下者以母與子耳寧別計爲巾幗羞躬操作不避寒暑侍姑寢食訓子詩書不幸姑丧氏哭耳目幾廢形銷骨立與鬼爲隣記苦節三十年今五十有二遠近聞風咸加敬畏彼粉飾虛聲歌貞頌節者能不滋愧歟

王桂臣祖母姚氏

姚氏八十一歲無子僅有孫王桂臣蓋氏自二十

三歲孀居撫養二孤孤之長者生桂臣不幸與[illegible]俱早逝氏以一身艱難辛苦閱歷王門三世六十年如一日境愈逆而貞愈顯揆以李令伯陳情表雖時異勢殊其以孫念祖母之情則一也寧得以桂臣微賤而使其先人令名不彰乎

徐某妻汪氏

汪氏汪騰龍之女也適徐某嫻女訓有丈夫志夫早逝年方二十有二斷髮毀容視死如歸久之自悟曰藐諸孤孱在吾身未可以死遂撫其襁褓子以相終始兵燹頻仍田園盡蕪藜藿不充而栢舟之志愈堅七十二年猶如一日子媳秦氏念姑苦節以孝行聞

鄒建武妻陳氏

陳氏鄒建武卒僅念二撫棺泣血絕水穀慘悽萬狀念藐孤矢志栢舟家徒壁立莫能自給荒固忍饑豈亦不飽惟知勤紡績教子立家凡族黨絕不一見或以爲出自母家之訓抑思集蓼茹荼豈一朝一夕之所能強哉逮其子能立則節成矣成故可風也

周維嵎妻李氏

李氏周維嵎之妻也年二十孀居備嘗荼苦奉養姑與祖姑饔飧俱出氏織紡教子就傅特嚴提訓不辜姑息節操孝慈如氏忍令湮沒無傳哉

張一仲妻喻氏

喻氏年二十二夫死遺子僅二齡或謂家貧子幼守節爲艱氏答曰委身事人他日九泉何顏對吾夫乎服闋有人欲娶託鄒姓往勸氏怒曰汝欲他適厭夫存吾不失節爲夫辱媼慚退家貧事繼姑以孝稱任督責竭蹶供養盡職撫孤成立生孫不幸孤早逝夫尚未葬乃出數十年勤儉中所積者命孫葬夫於祖塋側葬畢拜其墓踊而哭曰今日可報我夫子雖旦暮死無恨矣迄今年七十餘

庠彦王萬化妻王氏

王氏文學王萬化妻麻邑文學王正臣之女也甫笄歸王生子綱僅十有八月萬化卒氏年纔念四耳遽稱未亡人撫藐孤灰心膏沐惟紡績紉杼是務而以讀課子以耕率僕内外肅然族黨莫不起敬會父正臣卒氏歸麻省葬綱煢煢一綫且多疾病或語此呱呱者卿在林初笄戒陰辭簪渺矣何期氏泣曰何忍闖此言未死餘生與呱呱者隨分

待盡而已遂絶跡母家身心冺瘁二十餘年賚志而殁子綱曲體母志以不克表揚抱恨終身易簀時呼兒輩無他語惟期祖母苦節不泯乃可瞑目其孫國讓道行皆能文章食餼膠庠人咸稱苦節之報

王氏三節

程氏十六歸王夫樂疾脱簪珥爲湯藥資朝夕調侍未嘗離側夫卒哀毁慘切戸外絶跡不履時氏纔念六有鄰家婦見氏年少子幼家計蕭條勸之適氏怒曰兩髩尚在何遂至此耶遂與鄰婦不相往來遇荒竭力具公姑饍自食薄粥家雖貧必延師教子嘗泣命曰我不幸汝父早逝所賴惟汝二人汝若不學我何所望惟從汝父於地下而已二子跪泣苦志下帷爲名諸生偶鄰人因旱與氏家僕爭水氏戒僕曰寡婦孤兒切勿與人爭潛遣人灌水入鄰田鄰覺謝過又有盗牛者被執視之亦

近鄰人氏命釋之且贈布二疋賊感愧氏絶口不言至老不服色綺病篤不飲藥年七十二卒郡太守旌之曰節操金石後有孫媳二一秦氏二十守志一羅氏割股救姑吁節孝家風可振頹俗矣

楊自棟妻張氏

張氏年十七歸于楊自棟居五載生一子而棟卒張哭之哀棟故窶人子止薄田數畝張盡鬻以厚殯葬族衆疑其有他志微探之則斷髮自誓曰公

等勿以食貧爲我疑吾志决矣族衆憐其意稍貽
之踰年即不受曰吾初以夫故子孤一時難措辦
耳今猶不自給愧未亡人矣日夜紡織不倦家遂
漸足復其故業且有餘財以給兩姪孫之失怙恃
者今年八十三矣子孫林立兩姪孫亦賴以有成
氏不但德足嘉才亦有足稱者

陶璜次妻周氏

蓋陶氏婦之以貞節稱者有二曰彭氏女而貞者

也曰周氏節而苦者也苦節奈何周氏生本農家
長爲陶璜次妻雖明經陶謗之後實貧窶子也上
無父母中鮮兄弟生一子甫三歲而璜次殁又兩
載而子復夭閔時年二十欲依舅姑而舅姑無可
依欲守子而子無可守磽田數畝不足供饘粥於
是三黨姻親競以再醮勸氏矢死弗渝毀容斷髮
晝則畚鍤夜則機杼拾橡絡緯操作不遺餘力撫
其從姪榮宗稍完室家今四十八歲如一日爲非

貞節發於至性而能若是哉寔可與彭氏並傳矣

縣佐秦中理母陶氏

僉憲陶公孫女許婉知書嬪於秦生子中理中實
夫卒年二十一抗志撫孤躬詩禮之訓勤女紅力
織紝以佐膏火嘗謂其子曰讀書之要在於立身
汝少孤不聞義方之教苟學不成行不立何以見
汝祖父於地下也中理兄弟敬受教後俱補弟子
員中理屢試前矛以明經考授縣佐中實尤敦孝

友信義陶氏有以成之矣年七十卒

庠彥熊一鵬妻王氏

王氏年十二歸熊有悍僕三人執殺其夫氏喊呼
鄰里被數劍遇救得脫夫殁遺孤子四戇愚不
了家事石田數畝半質子錢家衣食薪水亦缺氏
犯胃疾雖尫羸支床第猶勤紡績躬芸耨督兩子
作勞服田黍稷稍有餘即出爲膏火資課兩子讀
一日執剪爲兒補見其子舍業嬉怒刺之血流滿

地性好施樂善尺布斗粟時捐以佐橋路之修若
湯之濟訓其子若婦孝友和睦年六十五歲而卒

秦子馥妻秦氏

秦氏與夫同姓異宗也氏年十五而適子馥桃夭之咏方一載栢舟之賦在明年子女俱無家貧且寠夫之族母之族咸勸之嫁不一應惟勤紡績以奉孀姑日日對靈泣三十餘年未之易也事姑左以苦孝著姑嘗三抱疾氏即三封其股姑歿復與

其姑之寡女共相守稱雙節焉太史公曰夫婦之際人道之大倫也既歡合矣或不能成子姓能成子姓矣或不能要其終凡若此類莫非命也今氏於此三者而無一焉其爲命又當何如耶

庠彥石氏四節

石麟趾邑庠生早歿妻樂氏齒更少抗志苦節撫子正嵩女喬大教育成立正嵩娶媳李氏抱孫名作礪喬大亦年將及笄人咸謂樂氏苦節可稍自慰矣詎賊氛蠭起樂氏攜女媳竄避堡寨遇賊至近持刃奪喬大樂氏扭女罵不絕口被殺死正嵩痛母死奮擊賊伏屍哭罵又殺死喬大被賊繫馬上痛母兄慘亡自求死不得乃拔賊佩刀刺賊目激賊怒又支解死傷哉樂氏母一死子女遂與俱死所不絕如綫者惟李氏及藐諸孤作礪耳當其匿藪澗中三日不食所恐死以待者爲姑與夫之屍未收瘞耳及俱葬祖墓勤家課子作礪補弟

子員且授室生四孫人又謂李氏苦節當復興矣不謂草賊突起密邇李氏被執而李氏又以罵賊死傷哉李氏以媳從姑以妻從夫固云舍生取義視死如歸乃一門之內前後四見焉以此同垂不朽爲後世勸不亦宜乎

楊文岡妻萬氏

萬氏年二十六文岡病歿氏泣血誓以身殉人勸以子幼乃強起撫之家貧織紝不倦蔬食鶉衣倍

嘗辛苦二十餘年至老不易初志焉

庠彥王氏三節婦

耿氏邑庠生王以寧之妻明戸部主事耿應昌之女年二十七夫故守節至八十歲教三子成名無何長子王岱幼子王嶅俱不壽長媳秦氏年二十二歲幼媳張氏年十七歲俱永矢栢舟事姑盡孝一門三節同出一時間氣之所鍾歟

庠彥盧縉妻李氏

天下烈之死不如節之生者吾於李氏見之矣氏爲庠彥盧縉妻年十九生子甫二月夫忽臥病城中將不起氏聞信即肩輿以往親侍湯藥百計調理衣不弛帶者累月夫病益篤乃焚香祝天願以身代語語酸楚泣聲漣漣不絕夫聞之屬氏曰予其勉之何以使老者竟忘其失子幼者如未失所怙而死者得瞑於地下乎言畢而逝氏慟哭嘔血幾欲死翁姑解之曰余兩人皆垂暮風燭草霜能無動念今哀毀若是將瞻瞻者何所依呱呱者誰爲撫亡者易簀之言汝其未之聞耶氏始強起扶櫬歸勤紡績爲奉養資祈翁姑壽以山木製棺賑鄰里之不能殯者終身不歸寧於父母附身附棺事皆一一辦之至其九熊教子亦慈亦肅子澤能率氏教爲太學生年五十三不履戸外人咸敬憚焉嗟乎向使氏與夫俱死則此藐孤者安能待其成立兩衰年曷克長享春秋哉氏誠以一身而肩

三命者也

余弘緒妻彭氏

彭氏克孝公姑立家勤儉夫亡號泣幾絶緣身有孕不即死矢心守志惟待娩以存余祀後生子龍教之成立苦節三十年里黨嘉之

張宇紳妻王氏

王氏年十九無出夫卒哀毀骨立水漿不入口父以苦節可守貧窘難支勸再適爲終身計氏曰婦

人從一而終何以失節爲父知志不可奪乃止氏事姑孝姑亡産盡爲族豪侵没乃依父後父殁與嫂共寢食數十年如一日嗟乎氏固苦節嫂亦賢良其皆女德之不可泯者乎

庠彦吳儒妻程氏

程氏邑庠生吳儒之妻孝廉之澍女也年十四歸於儒儒喜任俠輕財好施凡騷人墨客無不托足吳子之門氏慘淡擘鮮晨昏不輟後家稍落儒結

客不倦未嘗一語交謫儒病煩熱發狂鞭撻僕婢氏每引過受撻儒卒氏水漿不入口者七日不死又自縊三四次又治砒霜自毒後用水灌救其父曰死烈易守節難當爲其所難氏漸解釋於是蓬髪垢面誓以教子治家爲事令女媧內則子入太學獎曰荻訓孀貞固無以易之矣

程濂叔妻江氏

江氏庠生江衡女也十八適程翁姑繼喪夫哀毁成疾氏焚香籲天願以身代無何夫病卒乃拊膺慟絶七日水漿不入口誓以死從母解之曰汝死非不善獨不爲孤計耶氏起立泣謝爲未亡人蓬首垢面日夜紡績常撫孤泣曰但願汝長成使程祀不絶足矣越十年子亦殁父母俱逝嗟乎從死未遂撫孤莫成居程無奉事之翁姑歸江鮮依傍之父母塚土纍纍氷操凛凛氏所遭不幸極矣

庠彦李如英妻張氏

張氏庠彦李如英妻也李亡氏減食廢容形消骨削堂上姑湯藥必躬必親撫孤子亦慈亦肅茹荼飡蓼時勤紡績作急公延師之用間有稱氏苦節者即遜謝不敢曰未死餘生止掤留面目對吾夫子於地下豈以邀譽子掄列諸生

胡子和妻許氏

許氏年十九夫殁遺孤僅週歲孝事公姑撫子成立生孫二不幸公亡子夭媳又他適二孫亦相繼

殤當此顛沛愴苦之際氏終不二心晝耘夜績奉養八十餘齡之老姑至年五十九其執婦道猶昔少時吁衰姑寡媳相依爲命所謂節比松筠心同金石者吾於氏得之矣

庠彥吳立宙妻江氏

江氏生員吳立宙妻明經江惟清女也年二十適吳未數載而立宙身故誓以死殉其姑勸之曰汝夫逝矣汝又亡余將疇依乃稍醒三月產一遺腹

子未週而殤傷哉孤幃凉月膝下無人至是而不變者難矣氏則屏絕華鮮椎髻荆布操作以事孀姑姑卒哀痛如宙死時喪葬悉以禮撫猶子承嗣衣食教誨不殊自胎乳出今其子儼然在成人列則惟氏之能以慈愛而兼義方也年已五十有七而冰雪之操賢淑之聲內外稱無間非其禀然不可奪之節有以質幽獨服鄉里而能如是乎噫凡婦節皆不易而無子爲尤難彼庸庸者聞氏之風亦可以興矣

張棠妻蕭氏

蕭氏學博蕭化葵之女張棠之妻侍講張希良之冢婦也棠卒氏時年十九誕一子一女子炳彪尚在襁褓氏即痛不欲生翁姑止之曰汝欲從夫於地下曾不爲藐諸孤惜乎因勉治喪悃不盡禮翁以仕宦遊四方氏勤紡績以奉姑甘旨無闕下逮幼姑叔子衣衫屝履皆氏鍼紉手製延師課子能

以母道兼父雖弱齡不少息迄翁宦歷近侍氏猶着鶉結之衣啜糟糠之食或詰之曰汝翁作貴官何自苦若是氏曰夫逝黃泉蓐螻蟻我未亡人而豐自奉其如死君何故終歲饑寒不厭也氏本望族長適名門素嫻閨訓志凜冰霜歷三十年如一日有由來矣

盧之極妻耿氏

耿氏邑庠生耿興行之女盧之極妻也適盧纔三

載翁以執母喪哀毀成疾卒夫亦以執父喪哀毀成疾相繼沒氏方念齡無所出撫棺一慟嘔血數斗幾絕復甦髮鬅鬙不爲櫛面塵塵不爲盥矢志栢舟不越朱房與母族相距止南北市終歲不一往撫其叔盧之櫃四日予以禋夫祀朝夕抱哭以奠越三年如一日事孀姑尤備極溫凊詢所自則敕旌臣太君之冢孫婦也嗚呼一門節孝之風後先接踵可以傳矣

庠彥馬文盛妻黃氏

黃氏邑庠生馬文盛之妻也年十六歸盛盛素羸欒咯血疾氏親湯藥衣不解帶者五年盛卒遺孤止二齡氏枕其尸摩其孤泣血數日舅姑百計慰勞之曰吾觀若不難一死惟是此藐焉者將安托乃勉就食終其喪盡則督課其子夜則紡績以供膏火子年十八入黌序居閨闥中不染塵垒非氏之教能若是乎

陶宗澍聘妻彭氏

女彭十歲父候選州同彭喆許字生員陶鏜之子宗澍越二年宗澍癱瘓瘖啞不能言動鏜知其子病廢請於喆許女另聘女聞之遽剪髮誓死強欲歸陶入門拜舅姑執婦工伺候藥食宗澍死即以死殉翁姑防阻得免鏜感其志爲設席告宗族曰女非吾兒媳乃吾子也炤子姪行呼爲陶四哥女既奉舅姑爲父母凡粟米錢糧田產衣食莫不運

籌於內又勤勞紡績節儉積儲隆其禮儀以養公姑又痛夫無後請立翁庶子之次男爲嗣教養聘娶經營三十年家業有增無損及舅姑先後終壽女娟蹶侍湯藥備喪葬慼易兼至人皆稱曰有陶四哥宗澍不死矣閤邑士庶以旌表爲請余署紙尾曰幼知守節久愈全貞入室未成婚三十年依然處女爲婦供子職十二時克盡孝思志既凜乎冰孀操更同乎松柏誠爲山城之希覯而巾幗之

偉丈夫也雖年齒與例未符而史册應傳不朽爰綴數語亦表彰氏女之權輿也

李子方妻張氏

節烈有遠不及見者猶恐傳疑若張氏之節烈余從讞獄得之最眞木匠祝子昂與氏夫居隔數武因氏夫曾借子昂斧鑿整理犁具子昂瞰其夫出遂起滛心索討斧鑿爲名直入氏室强姦氏守正矢死不從彼此鬪毆氏更扭喊與傒夫歸洩恨被

子昂斧鑿交加而死氏誠烈矣哉比氏死而子昂逃矣星夜緝追旬日始獲當堂屢訊招供無異似此事關風化不即誅滛兇無以雪烈婦之寃憤不明彰史策無以慰烈婦之幽魂　題旌倘俟奏聞紀實必先簡牘若張氏者即謂之與日月爭光其誰曰不宜

國學董承舒妻梅氏董萬贍妻吳氏

梅氏吳氏皆董家婦也承舒萬贍乃同胞兄弟也

黃安縣志卷之十二

知黃安縣事九河劉承啓纂輯

藝文

志之別録皆因地以紀其事藝文一編獨因地以蒐其文夫文也何以必因乎地哉葢金繩鳥篆措採滋多玉軸牙籤輙不勝載如楊子雲懷鉛提槧訪殊方絕異之事悉其廣游杜少陵徧行天下物産風俗畫地而指之要非切於本邑故實即珠貫

璧聯徒覺言之爲煩無當典要也安邑自理學倡明以後朝夕左右者若而人越鄒就正者若而人類能訂疑晰與克驗夫身心之實以求聖賢之所同然其遵軌嚮風矜式海内固有然已矧扶輿磅礴之氣日新月異其接踵襄文治者若制誥典册詩歌古文辭皆關國計民生之大表忠孝貞廉之隱間有探奇選勝觸景興懷率皆不越四境而見端於一觴一咏非恣意遊覽過而不留遂可永垂

不刊也作藝文志第十二

制誥

華國之文所以黼黻皇猷翼賛廟謨者也然其寵錫自天皆非偶然必其勳業先成於一已而其榮名乃得上推於前人所成愈大則其所推愈遠龍綸之方幅有限而無窮之孝思寓焉所謂德厚流光其在是乎安邑雖小前此褒崇顯赫者固已比肩接踵從此積薪有待前事不遠何非後事之儀

範乎故以首藝文而曰制誥

明朝以吳琳爲吏部尙書誥 洪武三年

誥曰惟古帝王之治天下在於得人才然人才實由於銓選朕所以於吏部之職必擇器識公明者居之爾琳學術既醇踐履尤正事朕由博士陞僉憲克振風紀及貳鹺臺國課以辨昇居記注獻納爲多茲用陞長天官以掌銓衡之重爾其量材而授官計功而考能使賢愚有別而黜陟合宜庶克稱朕爲官擇人之意可

諭吏部尙書詹同 洪武四年

吏部者衡鑑之司鑑明則物之妍媸無所遁衡平則物之輕重得其當盖政事之得失在庶官任官之賢否由吏部任得其人則政理民安任非其人則瘝官曠職卿等居銓衡之任宜在公平以別賢否

命詹同以翰林院學士致仕勑 洪武七年

勑曰朕起布衣提三尺劍總率六師以拯民艱延攬英雄以圖至治凡二紀於茲曩者親征武昌平陳之日爾同以文學之美從朕同遊厥後任博士起居注學士皆舉其職又長吏部辨人才之賢否審職任之輕重咸得其宜今年雖已邁猶輸誠效謀迄無少怠可謂賢也已朕不忍以爾耄年服役奔走特命以翰林學士致仕爾惟欽哉

命右僉都御史鄒來學提督京東軍務勑 正統

十四年

勑曰蘇州林南等倉山海等衛所永平等府州縣喜峰等關口收支糧草作奬侵欺其屯田侵占欺隱遵化靈山地產榛實豪右亦多據之與小民爭利今特命爾往蒞其事若奸頑怙終不悛者究治爾宜廉潔公勤凡事從宜區畫務使兵民利便糧餉充盈庶副委託之重遼兆一路不許將弓箭軍器出關交易違者治之不貸

贈耿大振通議大夫刑部左侍郎李氏淑人制

萬曆十五年

制曰彝典旌賢必貤榮於再世善人種德乃萃祉於一門唯天道在所寵綏斯國恩爲之申錫爾耿大振乃刑部左侍郎定向之祖父賦性端方禔身孝友韜華戢耀咸高長者之風積行累仁爰篤後昆之祚亢宗有子繩武惟孫慶澤孔遐褒章宜茂茲特贈爾爲通議大夫刑部左侍郎式增賁於重泉永流芳於奕葉

制曰詩詠似續彰祖妣之垂休易著吉占稱王母之介福肆國家有推崇之典俾大臣遂報本之恩爾李氏乃刑部左侍郎耿定向之祖母毓自望族歸於德門持儆戒以相成佐夫順正秉嚴恭而作範治內明章傳子及孫益昌而熾宜申褒卹以表芳徽茲特贈爾爲淑人並隆烝畀之儀彌篤雲礽之祜

封耿金爲監察御史秦氏孺人勑　嘉靖四十二年

勑曰朕聞古之君子積德勵行以自淑其身者則必克昌其後曁乃天道故國家褒錄人臣之親所以明植慶之源而行奉若之典也爾耿金迺雲南道監察御史定向之父賦性醇誠禔身恭慎惇倫秉禮嘉遯守貞庶幾古之良士矣義訓成子臺察蜚聲豈非德善之慶哉茲特封爾爲文林郎雲南道監察御史尚貞教維風以光休命渥恩未艾其

敬承之

勅曰易稱家人有嚴君父母之謂以教育之德同也肆朕嘉憲臣之績貤恩優勸非以體其顯親之情與爾秦氏乃雲南道監察御史耿定向之母端莊淑惠恪有令儀正以相夫嚴以教子婦儀母道式範中閨乃夫暨爾躬偕履康壽覯此顯庸於爾慈邇有光矣茲特封爲孺人祗服榮名永燕爾後

封御史耿金爲工部屯田司主事秦氏安人勅

萬曆元年

勅曰朕以尊奉慈宮霈慶廷臣自子率親咸與顯揚蓋以篤教忠之報而推其所自生也爾封文林郎雲南道監察御史耿金乃工部屯田清吏司主事定力之父畝甽逸民鄉邦善士義方有訓開爾嗣人正學莅官允彰燕翼是用加封爾爲承德郎工部屯田清吏司主事祗服鴻恩永綏康壽

勅曰人子之欲顯其親豈殊於怙恃哉國家因親教愛體其奉養之情而推及之亦先王以孝治天下意也爾封孺人秦氏乃工部屯田清吏司主事耿定力之母明章婦順肅愼母儀爾子學古入官休有令聞爾訓育之勞不可忘已是用封爾爲安人象服是宜燕居攸稱

封主事耿金爲中憲大夫右僉都御史贈安人秦氏恭人制

萬曆七年

制曰家有義方之訓乃能移孝以爲忠國有錫類之恩是謂因親而教愛矧惟崇秩可靳褒章爾累

封承德郎工部屯田清吏司主事耿金乃都察院右僉都御史協理院事定向之父賦性端方稟資樸茂葆光戢耀夙敦恬雅之風履坦居貞允洽好脩之譽維嗣賢之並顯本廷訓之廸成祿養滋隆令名有託是用加封爾爲中憲大夫如子官祗承三錫之榮永篤百年之祜

制曰積慶之源惟基於內德式穀之教亦藉於母

儀故恩渥之弘敷遡慈闈而並及舊章具在新命
濵頒爾累封安人秦氏乃都察院右僉都御史協
理院事耿定向之母性成淳懿德備孝慈順以相
夫懋篤蘋蘩之敬勞以勗子載揚檝杼之風哲嗣
亢宗自躬食報咼鐘之養弗逮梧棬之念方深是
用贈爾為恭人增賁泉臺貽芳女史

諭祭右僉都御史耿金恭人秦氏文 萬曆八年

制曰惟爾蓄德在躬韜光未試爰及厥配媲美相
成篤生扁賢濟躋庸顯褒綸屢被寵眷方崇宜壽
考之駢臻胡音容之永隔茲頒諭祭用示優恩幽
靈有知尚其歆服

贈僉都御史耿金通議大夫刑部左侍郎恭人
秦氏淑人誥 萬曆十五年

制曰人臣有功於國恒資父以事君賢士丕顯其
躬乃受祉而及子故有追崇之典以昭式穀之光
爾累封中憲大夫都察院右僉都御史耿金乃刑

部左侍郎定向之父夙懋儒業蔚為士英慶善乎
於鄉評詩禮嚴乎庭訓爰啓令子載陟陪卿聽茲
明刑弼教之勳孰匪廸哲貽謀之力茲特贈爾為
通議大夫刑部左侍郎羨龍章之孔赫昭燕翼於
無窮

制曰賢母之風徵於麟趾贈禮之盛極於翬衣聽
予士師之崇方切慈闈之慕可無恩渥以廣孝思
爾累封安人贈恭人秦氏乃刑部左侍郎耿定向
之母貞靜幽閑惠和共肅有鵲巢之德𦜕於宗媚
有螽斯之祥昌於胤嗣祿位滋顯令淑孔昭雖咼
眷之已遣豈綸章之可靳是用加贈爾為淑人非
徒為宅窆之光永以慰蓼莪之感

授雲南道監察御史耿定向文林郎彭氏孺人
勑 嘉靖四十二年

勑曰國家設御史以秉憲度振風紀為耳目之官
而又簡學行兼茂者董畿輔之學政其任至重也

匪得其人曷克稱爲爾雲南道監察御史耿定向問學閎深志行端介以明經高第馳譽使𨒂擢列憲臺驟聞忠讜比巡藩服茂著風裁乃命爾董學政於南畿崇雅黜浮士習丕變允稱師模之任悅於朕心茲以三載奏績特授爾階文林郎錫之勅命夫鑑以明故可正容繩以直故可形枉今爾居紀綱之司約已飭躬惟明惟直以敷教作人俾賢才彬彬彙征足爲國家之用是朕所望於爾者欽

哉

勅曰人臣克秉忠勤以功業自奮者必本之賢助故國家既榮錫命旁及中閨嘉相成也爾雲南道監察御史耿定向妻彭氏淑承貞靜壺教夙閑勤儉宜家儆戒在位郎爾夫之克祗厥叙罔恤於私可以知其賢而能助矣茲特封爾爲孺人卻承休命尚敦懿修

授都察院右僉都御史耿定向中憲大夫彭氏恭人制　萬曆七年

制曰朕承歡慈極錫慶廷僚睠中臺風紀之司蜚聲惟舊而南國保釐之寄簡畀方新宜霈褒綸用昭寵渥爾原任都察院右僉都御史協理院事耿定向性資鯁介學蘊宏深自奮跡賢科宣勞使烏臺而執法雅志澄清忝棘署以平刑夙稱明恕暨廻翔外服而還秩內廷洊躋卿寺之榮爰陟中丞之重爾能樹表儀以貞百度端渠範而肅羣

僚郎履家艱不殊朝列項從召起例得推恩是用授爾階中憲大夫錫之誥命於戲專席擁旄均屬紀綱之任詰戎飭吏允資文武之才勉既乃心益祗厥叙尚有崇陟以答忠勞欽哉

制曰惟羔羊正直之節能閑有家惟鷄鳴儆戒之賢克贊在位恩必隆於並逮義實取其相成爾都察院右僉都御史協理院事耿定向妻封孺人彭氏夙以士女嬪於儒流順正不違恪守衿鞶之訓

儉勤無斁動遵圖史之規壹範聿脩官常攸賴是
用加封爾爲恭人增翟茀之光華樹閨闈之懿則
授刑部左侍郎耿定向通議大夫贈恭人彭氏
淑人制 萬曆十五年
制曰朕欽愼祥刑簡需邁德明罰勅法既深歲閱
之勞進律酬庸宜霈廷綸之寵彝章具在渥命爰
申爾刑部左侍郎耿定向貞操達識邃學宏才甲
第蜚英使垣效節揀居辟省有激揚謇諤之規擢

副理司臬明允綜詳之譽雖抗節中乖於當路而
追鋒再踐於亨途尚璽冏卿後先綿歷中丞督撫
内外更敭肆勇退於急流益蔚懸乎雅望起叅憲
府晉貳秋官而爾本明清敬愨之衷鄭罰麗事持
忠厚老成之度飭律求情邦禁以平民風攸賴聿
成最績㫖新優恩茲特授爾階通議大夫錫之誥
命於戲皋陶將懋乃功賛虞帝協中之治蘇公敬
爾由獄開周家仁壽之基尚其愈篤忠貞永追遐

矩庶選爾勞而弗替滋承介問於有終欽哉
制曰國家優敘勞臣弘推渥典念其閨闈之有助
而錫之寵榮雖其音容之已遐而不忘恩䘏爾刑
部左侍郎耿定向妻累封恭人彭氏秉德柔嘉提
身淑愼相夫君而有儆敦家政以惟雍令圖史之
芳規宛然猶在宜絲綸之顯秩賁爾如生茲特贈
爾爲淑人尚歆三命之崇允紹二南之化
諭祭戸部尚書耿定向文 萬曆二十四年

制曰惟卿學邃淵源德成閎邃歷官四紀著績三
朝自簡輸忠操尤堅於遺譎清標樹節聲屢振於
中臺人歸巖石之瞻士重斗山之仰初崇八座遽
臥二丘有尚友古人之風懷獨爲君子之恥方資
表正何遽淪亡良用惜藏遺靈不泯宜頒寵祭尚
克歆承
諭塟戸部尚書耿定向文 萬曆二十四年
制曰惟卿先朝耆碩後進表儀德爾卲於季高斋

益彰於身歿悲生朝野惜夜壑之遽局祭備榮哀慰窀魂於如在

贈戶部尚書耿定向太子少保謚恭簡誥命萬曆二十四年

制曰大臣匡世之功每踰時而益顯昭代勸賢之典雖沒世而猶隆國有彝章朕不敢廢爾戶部尚書耿定向性資端亮學識閎深持白簡以繩違範青衿而有造澄水朗玉洞沉略之精微淸鏞太敦

識典刑之髮鬅急推賢奬善之誼懷憂國愛君之心項愚得人而襄天步之安乃由執法而畀地卿之任功成身退望彌重於具瞻慝老乞言政尚須於入告豈謂飾終之請在尋求舊之時世咸悼其云亡朕可徵於愍卹茲特贈爾太子少保謚恭簡錫之誥命於戲疏恩進秩升華青禁之班節惠尊名加賁黃扃之邃庶幾淸爽不昧歆承

授工部屯田司主事耿定力承德郎朱氏安人

勅萬曆元年

勅曰朕惟古者寓兵於農其法廢已久屯田之制則稍寓農於兵以節縮軍饋所以佐國計寬民力甚鉅故冬官司田其屬未易任也爾工部屯田清吏司主事耿定力學紹家傳問揚廷對淸勤敏茂克舉其官茲以覃恩用授爾階承德郎錫之勅命夫今之屯政弊甚矣內乾沒於貴勢而不檢外侵擾於羌[redacted]而莫救近雖屢飭其法而屢格不行朕

甚慮之爾有正學之志則土田甲兵非儒者分外事也尚悉綜周謀以紓朕經遠之懷欽哉

勅曰夫鷄鳴之戒恒情也而詩人咏之饋食之敬細事也而春秋載之則人臣室家交儆之私其有録於公朝宜矣爾工部屯田淸吏司主事耿定力妻朱氏婉淑能從以相內政爾夫學不弛業官不違箴爾先後之也是用封爾爲安人祗膺龍命之榮益茂相成之德

授成都府知府耿定力中憲大夫安人朱氏恭人誥 萬曆十四年

制曰朕嘉古政平訟理之風思與良二千石共臻斯路惟川蜀之區夙稱險巨而省會之郡尤屬煩難匪得儁賢曷膺殊簡爾四川成都府知府耿定力貞操雅度明識宏猷甲第蜚英郎曹列秩士望允孚於積歲官階特借乎專城肆起家艱再司邦寄而爾才優办解守厲氷清政簡惠孚民懷吏畏

可謂郡國之選已兹以歲滿特授爾階中憲大夫錫之誥命於戲惟生民之命脈係於守牧朕既録爾之舊勞惟朝廷之紀綱表於臬司朕方畀爾以新命尚勵忠勤之節允光寵訓之詞欽哉

制曰自昔周南大夫其妻以采蘋之賢而佐羔羊之節朕嘗嘉之肆旌勸之典可獨遺於厥配哉爾四川成都府知府耿定力妻封安人朱氏母訓夙閑閨彛允迪克勤而儉以贊官常宜承從爵之褒庶表宜家之範兹特𠢕封爾為恭人祗象服之孔華勵鷄鳴而匪懈

授都察院右僉都御史耿定力中憲大夫贊治尹朱氏恭人制 萬曆三十二年

制曰陪京國家豊鎬並設中臺長江襟帶東南特開軍府睠兹重寄必藉壯猷非有崇褒曷章懋績爾提督操江兼管廵江南京都察院右僉都御史耿定力學富淵源才空湖海制科奮跡郎署宣猷

兩郡播循良之聲八閩歌樂育之惠爰參藩服入副奉堂歷貳銀臺簡鎮南服而爾赤忠擘畫精白激揚肅令簡師除戎設堠艑艫啣尾波澄牛渚之官旌旆搖雲天塹龍江之渡軍實討而南國既鞏偏師濟而西陲亦清既奏膚功宜更新命是用授爾階中憲大夫贊治尹錫之誥命於戲外寧內憂方軫屢蕳之戒有備無患宜深桑土之謀益輸幹濟之猷用副樞衡之託

制曰閫外持衡式布安攘之烈闈中捧玉用襄文武之猷既奏臺庸宜更綸命爾提督操江兼管巡江南京都察院右僉都御史耿定力妻先封安人又封恭人朱氏珩璜比潤圖史爲儀出自華宗歸於名士相夫子以從官周旋中外秉婦順而佐饋拮据初終睠兹周南鎖鑰之功益覩江漢琴瑟之化是用仍封爾爲恭人翟茀洊加象服既光於三錫蘋蘩矢志雞鳴無替於一心

諭祭兵部侍郎耿定力文 萬曆三十五年

制曰惟爾操修慎密氣度冲恬粉署蜚聲黃堂著績教既敷於多士望尤峻於清卿追建節以佐臺風行畿甸遂貳樞而奮武兵戢潢池方賚豊水之長城遽痛峴山之短碣睠惟盡瘁良用軫傷祭塟並頒爾靈歆服

贈兵部侍郎耿定力戶部尚書誥命 萬曆三十五年

制曰留樞貳卿厥任惟重有如威望素孚生資[illegible]

歷歿貽典刑其所風軌遠已爾原任南京兵部右侍郎耿定力操履端貞才猷敏練郎曹懋慎勤之績治郡起卓異之稱擢典文衡允推朗鑑繼參藩政尤著清修逮卿寺之洊颺遂留臺之久借兼開牙纛晉副戎樞指顧風清既覘江洋之乂謐威稜霜肅旋看戎莽之潛消內外歷仕兩朝始終惟堅一節宜兹偉烈未需恩褒奏最方聞訃哀遲至良足悼已是用贈爾爲南京戶部尚書錫之誥命於

戲文綏武振折衝素裕乎五兵公望卿材模楷允宜乎八座歆兹寵綍賁爾幽扃

授禮部儀制司主事彭遵古承德郎妻胡氏安人勑 萬曆二十八年

勑曰昔唐史稱李珏爲儀曹特推清廟之器益南宮華秩式資時秀朕兹歲月而優叙之惟年勞是視蓋其重也爾禮部儀制清吏司主事彭遵古經術名家廷掄俊望抗章得罪薄謫賜環起之膠庠

之間遂入成均之署歷試玆久乃簡清班而爾亮
節孤高沖夷恬遠識從世練地與名高由客部以
升華佐秩宗而匪懈茲當考績特授爾階承德郎
錫之勅命夫國家禮文之事詳在令甲非行之難
惟人實難爾公忠自許亦無忝寅直之司矣夔龍
之選豈異人任勉持厥美𡕒之昔賢朕且有顯畀
焉

勅曰夫琴瑟靜好體相儷而道相成士所爲夙夜

在公未有資其敬助而不偕之榮寵者爾禮部儀
制清吏司主事彭遵古妻胡氏夙承女訓來嬪儒
英清約自甘拮据共勵既偕華路彌贊素風無懈
雜佩之勤有美溪毛之薦脊儀曹之奏績宜閨閣
之同褒是用封爾爲安人丕昭象服之光益引鵲
巢之福

授戶部右侍郎周思敬通議大夫妻王氏李氏
淑人勅萬曆二十五年

制曰地官有貳佐厥長所以佐王天物無私裕乃
猷斯能裕國懍于懋賞視爾成勞爾戶部右侍郎
周思敬學探本始行尚真純自贊起曹屢更劇任
溉使星於數道化洽懷棠省郎月於兩都功垂衣
藻爰參水部載貳版曹洞曉物情習知民隱事從
先甲志協同寅有無共酌於苦心出入必防其甘
口用裨邦計罔乏軍興奏績既成疏恩可後茲授
爾階通議大夫錫之誥命今天下民窮財盡入少

出多三十年之通計謂何五百萬之邊儲未已矧
海氛之告惡郎山積以難支賴爾老成爲予弘濟
成利國不言之利益懋前猷論功人轉餉之功行
膺後命欽哉

制曰倫昭儷升誼定齊於賓友我紱于佩盟夙重
於室家肆褒司版之良臣必及授綏之元配爾戶
部右侍郎周思敬妻贈安人王氏毓自名宗嫻於
內則笥筐無遂惟佐餕以脩虔琴瑟方諧乃絕絃

之遺閔追惟往勩宜服新恩兹加贈爾爲淑人龍
章載賁乎幽阡象服永光乎遺玦

制曰重臣體國功克集於含章淑媛宜家化式襄
於主利既篤相成之誼宜隆並貴之恩爾户部右
侍郎周思敬繼妻封安人李氏揚𨕖女士儷美人
英巽順承前脩潔有嚴於錡釜坤貞居後服勤無
斁於縞綦功著外戚恩宜内逮兹加封爾爲淑人
淬乎蘋蘩之華永守鵲巢之範

授廣東道監察御史周家棟文林郎妻羅氏孺
人勅 萬曆三十年

勅曰朕以天下爲車以法度爲銜勒而以風紀之
臣爲之御御史者非所謂風紀之臣與得其人則
法度肅而天下治不得其人則法度廢而天下亂
然則其任至重未易稱也爾廣東道監察御史周
家棟性開心遠學邃猷長早歲登朝芳標葢世爰
起家於花縣遂珥筆於栢臺而爾持操如弦洗心
以水入執簡於柱後出理虣於海邊皆以蹇直著
稱澄清流問朕甚嘉之兹特以覃恩授爾階文林
郎錫之勅命夫今之天下雖曰治安然而吏少奉
公之節士多養交之風比周之跡已彰尚矜介持
由徑之跡漸露猶謂貞方朕甚恥焉兹欲一道以
同風惟爾揚清而激濁

勅曰御史簪筆侍朕進思盡忠退思補過方其退
也必得内賢恬安乃無逸思爾廣東道監察御史

周家棟妻封孺人羅氏禔躬儉謹秉度温純顯約
無違倡隨交盎葢婦人無儀其爲儀也大矣爾夫
以皁囊馳譽有以也兹仍封爾爲孺人尚益飭其
容功將永同其福禄

封承德郎耿汝愚安人彭氏安人黄氏勅 天啟六年

勅曰士席先世光華而克自砥礪以文章行誼名
於時而竟不及顯其用惜也維有敭榮之典猶得
其式穀之似以酬義方天道張弓其是之謂乎爾

貢生贈脩職郎南京戶部照磨所照磨耿汝愚乃
順天府通判耿應昌之父鳳毛絢采豹澤舒文茁
謝砌之蕙蘭業繩世美挺鄧林之翹楚名貢天廷
惟期振翮乎雲霄庶幾取償於縹帙公明不達猶
曰息六月以圖南長吉無年空令嘆千秋之埋玉
肆嗣人之燕翼能展釆而象賢是用覃恩贈爾爲
承德郎如子官嘉世篤忠貞之軌錫寵蕃宗祐之
休

勑曰人子列品而痛陟屺於悲風撫高堂之靜樹
未有不愴然興懷者矣矧慶所繇開蕊均長我者
乎欲紓莪恤其類此綸章焉爾贈孺人彭氏乃順
天府通判耿應昌之嫡母儲英望族作儷儒宗稟
懿則於安貞蔚芳模於聖善同人賛昜得和氣以
凝祥伐木歌詩取休風而叶吉故鄉黨式庭幃之
化誦言表閨閣之幽茲加贈爾爲安人渥惠露於
荒丘覆慈雲於稿壤

勑曰劬勞之德欲報無繇禴祿之恩有懷難盡是
以門人廢蓼莪之什孝子興風木之悲倘不邀再
命之榮奚以酬三年之愛乎爾贈孺人黃氏乃順
天府通判耿應昌之生母秉謙作則賦性惟貞敬
夙夜其在公宜室家而不忒母儀靡悔坤德無疆
植蘭玉之姿臨風競賞産渥注之駿歷塊呈奇維
我良臣允繇慈廸是用加贈爾爲安人貞綸綍以
舒華永栝棬之遺澤

授順天府通判承德郎耿應昌安人韓氏安人
劉氏勑 天啟六年

勑曰朕綜核吏治欲作民牖念繁望亦有從事之
司而京師尤爲四方之極故判馮翊者必才誠卓
茂其慎茲選也爾順天府通判耿應昌禔躬靡懈
服釆維勤展驥足於題輿試鴻圖於騄駕羣空冀
北五花之剖決如流價重荊南三輔之奠安攸繫
以全材而畀重地賴有斯人繇半刺而縮通綸[illegible]

惟異日數馬而識朝廷之富理財而裕軍國之需貽厥孫謀景仰三朝舊碩繩其祖武威名千里神京用集箕弓裘冶之休適叶風虎雲龍之會茲授爾爲承德郎益勵廉能之節愈堅愛戴之心如古之渤海漁陽誠所稱黽勉任職者矣彼猶然外郡也况處輦轂之旁尤朕所式憑者乎詩曰柔遠能邇以定我王爾其念之朕有顯擢

勑曰鳴鴈之音宜家攸繫儆鷄之佐沒世不忘是

以慢服致警於昔賢悼亡鍾情於篇什苟生榮之不逮撫袿帨者寧無遺丞之思乎爾順天府通判耿應昌妻韓氏毓自德門嬪於名閥孝思根之天植女德備乎坤貞史縞揚儺玉之輝河山式度贊襄潔湘蘋之薦沼沚尸齊用襄震旦於明星克贊象賢之濟美旆旌初掛寶鏡空懸念此音徽可忘寵錫茲贈爾爲安人玄壤榮日月之光綸綍耀松楸之色

勑曰古之廉吏以帷帳器物悉付外庭而其家安焉固知砥節矢公不獨丈夫之概亦佐闈者之備士行而嫻士才也爾順天府通判耿應昌繼妻劉氏乃南京吏部尚書劉釆之孫女毓秀名門作嬪吉士陳詩式史夙禀鄭康成之義方粉悅芳袿早閑謝太傅之內則敬戒無違夫子仁讓宜其家人秉儉而盡屏鉛華襄廉而躬先縞素故能贊羔羊以著節自宜錫木鳳以疏榮茲封爾爲安人月綸

賁龍衮之光令德祗翟珈之寵

國朝

贈彭象賢中憲大夫余氏恭人勑　順治十八年

制曰興孝維君錫類弘昭報本教忠自父服官敬用承家爾彭象賢乃貴州石阡府知府彭繩祖之父道在裎躬爰被綵綸之重志存作室式弘堂構之遺茲以覃恩贈爾爲中憲大夫貴州石阡府知府錫之誥命於戲恩逮所生彌表象賢之美榮施下壤益彰燕翼之休

制曰䟽恩將母允推錫類之仁移孝作忠均切顯揚
之念爾貴州石阡府知府彭繩祖母余氏愛子能
勞篤義方於拮柚相夫克順端令範於閨闈茲以
覃恩贈爾爲恭人於戲象服昭榮聿荷廷綸之寵
熊丸遺教永流泉壤之輝

授石阡知府彭繩祖中憲大夫妻張氏吳氏爲
恭人 順治十八年

制曰國家推恩而錫類臣子懋德以圖功懿典攸存

忱恂宜昜爾貴州石阡府知府彭繩祖持躬克謹
任事惟勤奉職有年洊膺郡牧克著循良之譽聿
彰表率之能慶典欣逢新綸用賁茲以覃恩特授
爾階中憲大夫錫之誥命於戲式弘車服之榮用
勵顯揚之志尚欽榮命益矢嘉猷

制曰靖功爾位良臣既効其勤黽勉同心淑女宜從
其貴爾貴州石阡府知府彭繩祖妻張氏克嫻內
則能貞順以宜家載考國常應褒嘉以錫寵茲以
覃恩贈爾爲恭人於戲敬爲德聚實加警戒以相
成恩與義均豈以存亡而異視

制曰嘉猷匡國在良臣匪懈厥躬懋爵酬庸郎繼室
應需盛典爾貴州石阡府知府彭繩祖繼妻吳氏
嗣徽中饋並著相夫之勤令德如琴允膺申錫之
命茲以覃恩贈爾爲恭人克著令儀宜恩綸之並
寵式彰壼範尚翟服之欽承

贈盧爾傔文林郎封李氏孺人勅 康熙十四年

制曰資父事君臣子篤匪躬之誼作忠以孝國家弘
錫類之恩爾盧爾傔乃直隸廣平府永年縣知縣
盧綖之父善積於身祥開厥後教子著義方之訓
傳家裕堂構之遺茲以覃恩贈爾爲文林郎直隸
廣平府永年縣知縣錫之勅命於戲殊榮必逮於
所親寵命用光夫有子承茲優渥永芘忠勤

制曰奉職在公嘉教勞之有自推恩將母宜錫典之
攸隆爾直隸廣平府永年縣知縣盧綖母李氏壼

範宜家夙協承筐之娰母儀詒穀載昭書荻之芳
兹以覃恩封爾爲孺人於戲彰淑德於不瑕式榮
象服膺寵命之有赫益賁徽音

授盧綖文林郎彭氏孺人勅　康熙十四年

制曰錫類推恩朝廷之大典分猷亮釆臣子之常經
爾直隸廣平府永年縣知縣盧綖職任牧民才堪
良吏清廉克彰乎庶事慈惠允著於當官慶典適
逢新綸宜沛兹以覃恩授爾爲文林郎錫之勅命

於戲弘敷章服之榮用勵靖共之誼欽兹寵命懋
乃嘉猷

制曰恪共奉職良臣既殫厥心貞順宜家淑女爰從
其貴爾直隸廣平府永年縣知縣盧綖妻彭氏含
章協德令儀夙著於閨闈黽勉同心内治相成於
夙夜兹以覃恩封爾爲孺人於戲寵章載渙用褒
敬戒之勤翟茀欽承益勵柔嘉之則

贈張百程文林郎日講官起居注翰林院編修

封姚氏孺人勅　康熙二十六年

制曰宣猷服釆中朝抒報最之忱錫類推恩休命示
酬庸之典爾張百程乃日講官起居注翰林院編
修張希良之父令德踐修義方夙著詩書啓後用
彰式穀之風弓冶傳家克作教忠之則兹以覃恩
贈爾爲文林郎日講官起居注翰林院編修錫之
勅命於戲篤生杞梓之材功歸庭訓丕煥絲綸之
色澤及泉臺

制曰壼教凝祥懋嘉猷於朝宁國常布惠揚休命於
庭闈爾日講官起居注翰林院編修張希良母姚
氏勤慎宜家賢明訓後相夫以順含内美於珩璜
鞠子有成樹良材於楨幹兹以覃恩封爾爲孺人
於戲昭兹令善之聲榮施勿替食爾劬勞之報慶
典攸隆

授張希良文林郎日講官起居注翰林院編修

贈彭氏孺人勅　康熙二十六年

制曰丹地儲才妙簡金閨之彥木天奉職夙推玉署之英爾日講官起居注翰林院編修張希良學通載籍品著珪璋珥筆西清曾預纂乎四庫分藜東觀雅擅譽夫三長茲以覃恩授爾爲文林郎錫之勅命於戲掞藻稱論思之選蹏榮及親切之班渥澤宜承素修加勵

制曰丕績奏於中朝端賴閑家之助寵章頒乎慶典宜分齊體之榮爾日講官起居注翰林院編修張

希良妻彭氏早習女儀克修婦職雞鳴交儆既砥節於素絲蠶績執勞用邀恩於紫綍茲以覃恩贈爾爲孺人於戲巾幗彰和順之風鸞書誕賁廷陛煥褒嘉之命翟茀示貽

贈吳之璜文林郎封杜氏孺人勅　康熙二十七年

制曰求治在親民之吏端重循良教忠勵資敬之忱聿隆褒獎爾吳之璜乃四川叙州府隆昌縣知縣吳應庚之父視躬淳厚垂訓端嚴業可開先式穀乃宣猷之本澤堪啟後貽謀裕作牧之方茲以覃恩贈爾爲文林郎四川叙州府隆昌縣知縣錫之勅命於戲克承清白之風嘉茲報政用慰顯揚之志昭乃遺謨

制曰朝廷重民社之司功推循吏臣子凜冰淵之操教本慈幃爾四川叙州府隆昌縣知縣吳應庚母杜氏淑慎其儀柔嘉維則宣訓詞於朝夕不忘育子之勤集慶澤於門閭式被自天之寵茲以覃恩

封爾爲孺人於戲仰酬顧復之恩勉思撫字載煥絲綸之色用慰劬勞

授吳應庚文林郎韓氏孺人勅　康熙二十七年

制曰分符百里必遴出宰之材報最三年爰重懋官之典爾四川叙州府隆昌縣知縣吳應庚雅擅才能克宣慈惠撫綏有要常深疾痛在己之心懷保無窮不忘顧復斯民之責茲以覃恩授爾爲文林郎錫之勅命於戲前勞已茂用褒製錦之能來軫

方遒益勵飲氷之操

制曰良臣宣力於外効厥勤勞賢媛襄職於中膺茲寵錫爾四川叙州府隆昌縣知縣吳應庚妻韓氏終溫且惠旣靜而專綦縞從夫克贊素絲之節蘋蘩主饋爰流彤管之輝茲以覃恩封爾爲孺人於戲敬爾有官著肅雍而並美職思其內迺黽勉以同心

贈盧爾恒文林郎梅氏孺人勅 康熙二十七年

制曰求治在親民之吏端重循良教忠勵資敬之忱聿隆褒奬爾盧爾恒迺浙江紹興府山陰縣知縣盧緯之嗣父禔躬淳厚垂訓端嚴業可開先式穀迺宣猷之本澤堪啟後貽謀裕作牧之方茲以覃恩贈爾爲文林郎浙江紹興府山陰縣知縣錫之勅命於戲克承清白之風嘉茲報政用慰顯揚之志昭迺遺謨

制曰朝廷重民社之司功推循吏臣子凜水淵之操教本慈幃爾浙江紹興府山陰縣知縣盧緯嗣母梅氏淑愼其儀柔嘉維則宣訓詞於朝夕不忘育子之勤集慶澤於門閭式被自天之寵茲以覃恩贈爾爲孺人於戲仰酬顧復之恩勉思撫字載煥絲綸之色永賁幽潛

授盧緯文林郎梅氏孺人勅 康熙二十七年

制曰分符百里必遴出宰之材報最三年爰重懋官之典爾浙江紹興府山陰縣知縣盧緯雅擅才能

克宣慈惠撫綏有要常深疾痛在己之心懷保無窮不忘顧復斯民之責茲以覃恩授爾爲文林郎錫之勅命於戲前勞已茂用褒製錦之能來軫方遒益勵飲氷之操

制曰良臣宣力於外効厥勤勞賢媛襄職於中膺茲寵錫爾浙江紹興府山陰縣知縣盧緯妻梅氏終溫且惠旣靜而專綦縞從夫克贊素絲之節蘋蘩主饋爰流彤管之輝茲以覃恩封爾爲孺人於戲

敬爾有官著肅雍而並美職思其內廸黽勉以同
心
諭曰人臣事君自九命而下皆待簡而後官而誥
敕之錫必準諸考績雖歷代有三載六載九載之不同要其以奏最爲期則一也古者天子尊禮大臣必推恩及於所生且層累而上更推及於高曾而榮其所自始不特此也即一命之士皆得榮其先人而展其報本之誠典至渥已且夫聖王之以

孝治天下非僅曰使受之者知所感未受者知所勸也蓋將寓鼓舞作忠之意於愛日承懽之中故五服五章謂之天命天不能必人人在家盡爲孝子在國盡爲忠臣但使反而自思孰非屬毛離裏踐土食毛者無端而章服之榮不特及其身而又榮其身之所自出也其思何以無負此也哉

詩賦

自二南詩始而離騷繼作於是學士大夫遊人墨客發幽情與義於依韻和聲敷陳颺言之際者不乏也但恐風雲月露之篇終無當於國計民生於安邑何取乎惟就其歌咏之出乎情止乎義而維持轉移之意即在眞切不泛之中善讀者自能默喻於言外耳故以次藝文而曰詩賦

賦

國朝 進呈

上賜御筆白羽扇賦臨本賦有序　邑人張希良

臣惟景龍兆瑞已開八體之先靈龜負圖早洩六書之秘倉帝旁羅日月高陽近倣蟲魚雲窗峰頭碑傳禹畫陳倉野外鼓重宣文賜方國以驚奇煙霏漢札宜庶僚而嗟美露潤唐屏自昔已然于今尤烈欽惟我
皇上日新盛德天縱多能清讌偶閒游藝不輟頻拈

寶跗燦雲漢於堯章每點金壺露乾坤於羲畫造
化協其隱顯陰陽象其卷舒日珥星鈎邁正觀之
飛白龍翔鳳翥泖皇祐之塡金片碣所留嶽靈增
色单文遙布海嶠生輝百家舉入環中奚啻
帝王第一萬品盡歸鎔鑄直將天地爲三盎氣和則
壘和醲海宴河清之象惟心正則筆正昭垂裳端
拱之形奎文妙巳入神
聖學精如不及明臣剩蹟未厭手追唐相風流遂傳

心畫因染翰而想龍雲之遇卽臨池而見魚水之
歡大哉
聖衷讀之欽忭神明再與寧惟頰上添毫骨力逾超
信是此中得昧何期重寶下逮微臣
天語殷勤揉春華於既往
聖恩周渥提覡節於方來伏陛鐫心捧函制涓自昔
紅綾賜扇榮近侍之恩輝白玉名堂作詞林之光
寵劉涓登床引手幾挂彈文趙鎔覩帙生心亦成

佳話或宣朝堂而未賜或藏殿閣而弗宣徐鉉工
書遲瞻寶翰昌朝讀奏始賜瑤箴無忌殊榮不過
蝶龍數字賓王驟擢才蒙鸞鳳四言未有
天藻淋漓連細竟素
恩波浩蕩溢將踰涯輕用抵鵲之珠重況雕蟲之技
侍臣爲之動色同列見而欣心此雖萃十洲之琳
瑯無能擬其價馨九天之雨露未足名其恩者也
至小臣學殖漸荒顛毛益素孤踪了處抱拙憑恩

擢伊吕之科敢同子壽事
堯舜之主實勝開元姓氏偶同知游翰之無意遭逢
何幸若眷注之有憑請始郭生或藉激厲顧爲考
父益重屏營敢不時藝名薰襲以重錦鏤之於臆
豈特翠珉守之以身真同鴻寶昭子孫而不朽世
矢忠貞擠頂踵以何辭仰酬
高厚謹拜手稽首而獻賦曰
聖治茂矣

聖學光矣啟祕殿登俊良緬喜起之盛事齊芳躅於
虞唐披瑤函而遠覽嘉魚水於哲王昔在開元忠
亮翊輔應伊尹而擢科與姚宋兮爲伍兼燕公之
藻翰饒魏公之嫵媚深契王衷遂賜白羽銜恩知
而點筆蒙深嘉而樂與君臣之際美談至今傳在
竹素散在墨林當幾暇而游目實有當乎
聖心切夢想於大風綣審象於漱霖感負俎於莘隴
憶投綸於渭潯緣曲江以寓旨每延佇而虛襟於

是拂帝鴻展龍牋握鏤文之管澄神靜慮乃動乎
其天波委雲屬乾轉坤旋布白則山河朗潤暎帶
則珠璧蟬聯徃如
神武之震九域止如
聖文之靖八埏若乃蕭森蕭穆渾淪停蓄偃波電發
中鋒矗矗縱不矩踰約不規蹙結搆始終精采奪
目豈惟識
帝王之有真亦將緜曆算而過卜爾其夌躒百代繆
轕三光螭函鈿軸承藉芬芳䕶以山君衛以海王
雖鼎台其希覯何小臣之敢望肙綴行以陳乞實
悚惕而彷徨際千秋之隆遇竟滿願於非常爾其
近侍傳呼玉階伏跪雲章捧出掩暎金卮似若華
之四照疑赤城之霞起爛蓬萊之五色儼榮光之
紛委目震蕩以移晷曾不可乎正視忭以加額往
復諦觀
天題倘濕泥璽逾丹措卿累算不足爲其價康侯三
錫無以表其歡撫微軀而深幸紛感激以闌干若

乃江湖下質蒲柳微姿拙愚終矢文采漸慚江淹
夢回而恍惜羊欣手重而成啞雖屢蒙乎
褒錄轉顧影而自疑繹
天章而汗赭愧前代之風儀誓束身於末路拚頂踵
以俱糜勗子孫以忠孝世世夾
聖皇之彤墀

學宫告成賦 并序　邑人盧 绛

在昔吾師思皇養士氷壺朗澈玉山高峙若大匠之程材似工師之定位欂櫨宲桷惟其所器棖闑椳楔隨其所寘亦越賢侯過庭繼離多材多藝聞禮聞詩雙鳧飛舄在頻鳴旗因兆人之子來崇萬祀之聖基葢吾師揆文賢侯映宿累世淵源肯茲堂構孔李情深劉盧誼舊恭逢盛典敢辭固陋爰作賦曰

伊三台之朗朗兮原以映文運之昌迨九成之燦

燦兮亦以流醴泉之芳我師腹笥百城之書赫然電發奮離光敷教比虞絃而並遠臨雍紹漢德以爭長篤生賢侯繼明重慶試遊刃以烹鮮綴蒼天之頹綱百廢俱舉庶事安康德威烜爀於有截文教騶沓乎無疆神休旁臻地靈斯見既應天以協吉自右文而宗彥將遵軌以立極遂崇聖而建殿乃使公輸繪圖羲和練日因子來於四方豈殫稅於萬室經之營之不華不質準水臬擠雲梁磬玉

石於隴坂空壞材於瀟湘巧奪神工峻極旻蒼起層覆之綿邈建高基之唐皇故其學宮之壯麗也遠而望之若撫朱霞而耀天文廻而察之若仰高山而戴垂雲羅琉枉之汨越肅坻鄂之繽紛飛檐翼以軒翥反宇獻以高騰流翡翠之威蕤響環鐸之伶鏗既櫛比而攢集又宏敞以豐盈若夫修梁彩制下褰上奇桁梧複疊勢合形離赩如宛虹赫若奔螭列綵形之繡桷垂琬琰之文楣此其內蘊

也爰有禁楄鐫勒翼張承以陽馬接以員方分闓賦自踈密成行宗廟之美俎豆之塲優乎如見愾乎在傍龍蹲鳳峙儀端表祥坐大成之殿陛儼聖人之温良四配十哲兩楹二房既優域而登岈自入室而升堂因是覩階除之連逵盡蕭漫以雲徑芸若充庭檜柏成蔭綴以萬年擁以九垠或以嘉名而取妍或以美材而見珍結實商秋敷華青春廻廊繞砌雙廡輪菌見知之輩聞知之人温房嗹

其東序凉室列於西宸重樓複屋中權後勁彷彿
藏書之府依稀明倫之政跨蓬萊之海樓探北斗
之魁柄爾乃由戟門而望天田華表杌其高懸贔
屭佐以重遷得其門者寡矣近其居者誰焉矧濟
濟之仙班與藹藹之後賢尚分左以分右且欲却
而欲前環橋觀泮似湯池之鞏固壯金闕之垣郛
茄蒂倒植吐彼芙蕖綷以青萍繚以白榆菡萏艷
翕纖縟紛敷至其左掖也展乎廟貌輝乎聖儀傍

瞻神臺順覩雲之軌仰對清陛推配天之規探朱
制準元時雜以世室重屋之名釋其崇子抑父之
疑壯不及奢美不至麗崢嶸嶒峗執競緝熙若其
前巒也似嵬似嶪忽出忽沒挈金龍之蟠蜿挂天
珠之硉矹殿閣嵋峋以奔向城闕嵚歆而避謁掇
華蓋以倘漭仰奎壁之恍忽鑿五雲之天梯矗九
霄以律崒凡若此者何莫非賢侯之經營而揭中
天之日月乎更潔菹醢修粢盛奠三犧薦五牲太

祝正辭分獻精誠鼓咸和之樂章張鈞天之璥筍
孤竹合奏空桑和鳴盡六變齊九成百神來兮降
朔庭此賢侯之所以禮樂治天下而享祀惟殷者
也然後臨辟雍蒞頖宮陰陽爲庖造化爲傭飧元
氣酌和風埏植大招於藝圃栽培廣潤乎儒宗正
埼行之趨向訂諸生之異同疋疋魚魚恂恂冲冲
羨龍螭之繚繞看禮樂之瓏璁則更我賢侯鳴旂
在泮之雅化也豈比夫秦趙吳楚爭高競奢結阿

房與叢臺建姑蘇及章華非享祀之尊崇徒掩月
而參霞由此觀之不足稱也彼梵宇瑶臺之崇巘
又奚足以語耶進揚休美爲之重曰穹崇學宮倚
天開兮龍從鴻濛搆瓌材兮偃蹇坱莽邈崔嵬兮
周流辟雍瀋泮水兮赫奕日星噴風雷崇祀盼饗
雅化弘隼集龜開昭聖烈四門闢兮羣英來考休
徵兮進賢才儼金湯而作固窮千祀兮悠哉

學宮告成賦並序　邑人盧紘憲

蓋聞盛治莫大於禮樂至教莫急於宮牆然非祖
世德之淵源煥則天之文章鮮克興舉洽夫治原
創造孚乎道場惟安土之蕞爾幸理學之在茲迨
兵燹之餘厥痛斯文之欲僵爾乃吾師劉公以北
海之名儒學原紹夫詩禮鼓南風之雅操化遂洽
於光黃誠吾小國寡民之至幸斯爲薦紳學士之
大光於是嘉營構勤修築城丘浚泮之並舉皋門
應門之咸當百廢胥興頻水斯滂煥奎璧以星躔

與營室而偕昌小子既幸雲日之孔邇又辱月旦
之鑒賞邈逼家以御李親聞嵓上之松聲羨式好
以依劉真見潭中之桃浪道際其隆不復荒榛茂
草之感躬逢其盛願歌菁莪棫樸之章其詞曰
翳三能以羅曜兮搏九萬而翶翔合六府以交修
兮洽百里而徬徨惟斯道之巳任兮與尼山而爭
芒若營建之獨重兮先黌序而流香於是諏吉日
命工師庀物材具糗糧程畚築度工量營位既先
於聖殿度土徧視乎序房綿邈不殊乎九淵前明
堂而後經籍旁達必規於四隅左啟聖而右素王
列戟森森兮在望靈星熒熒兮映鞋禮義並峙於
兩闕泮璧滉漾於中央雲屏高張以揷漢檜樹日
計以成行是以頓改前此之觀誠足遠流後世之
芳統觀既已極其壯麗細數更莫悉其精詳於是
正目而凝視輾足而褰裳水清清兮漣漪荷歘歘
而蓋張魚躍躍兮於牣月蕩漾而波長拱環璧兮

半規坊孤峙而雲擁垣徨徨兮若赭頷凜凜其如
梁外數仞兮神悚甫及門而氣揚擬閶闔兮天開
撫閾閫兮趨傍同鞠躬兮龕入遂攝齊兮升靈陰
陰兮柏翳藹藹兮松鐇是皆冢土之所特產兮而
巳遍覆於靈臺之四方兩廡兮幻杳仍若七十子
之心降正殿兮盤鬱儼然一魯國之靈光璇題飾
日月兮龕曜綺寮騰龍鳳兮飛將柱屹立兮以架
雲楣梁斗栱兮以參辰亢窻綱罘罳兮極其幽審

檻揷楯楼兮嵤其晴朗甍肉好兮玲瓏甃鱗雜兮
熒煌吻獸兮篆烟於皎日須螭兮吐霧於晨霜妥
龍蹲鳳峙之神像兮誠隼集竈開之琳琅數龕巖
於二個紀配哲以同行雖茀蔽之下邑何殊成均
之上庠若夫進德修業以名齋實納國冑庶士於
兩廂更舊規而益廓經新制而亘匡入車服禮器
之室洵三綱五常之防昔或傷其卑陋今頓極於
張皇大魁煥斗於天上六星成府於閣廊丹梯穩

級於三十稪壁環映於八荒蠡管莫能施其窺測
墳典誠足以爲秘藏既已極制度之巍宏斯乃及
啟聖之宗風地雖狹而弗廣制則精而益工周維
垣而弗鈌勢摩雲而愈雄鄒人孔伋路晳激公曰
程曰朱諸父皆從如戢分祠賢宦齊封以妥以侑
教孝教忠庠序既興孝弟聿隆覩大化之翔洽夫
亦可以樂吾師之從容師曰唯唯否否事匪有始
鮮克有終倘未臻於倫之鼓鐘兮亦何足稱於樂

之辟雍乎哉於是遠稽近考兮金由闕里之全書
和聲比律兮如告太師以翕如懸琴瑟以搏拊兮
考鐘鼓之簨簴秉翟茀之指揮兮倡歌聲而和予
揚麾旛以比翼兮總干立而不逾齊聲歌以三終
兮洋盈耳而益殊於是觀者屏息聽者意愉儼然
於昭之在上洽聖教以傍敷嗚呼豈不盛哉何其
偉歟吾聞聖人作而萬物覩禮樂興而風俗同當
此煌煌炳炳至道攸崇吾師當臯比而經橫多士

列橋門而雲從莫不矯首頓足引領延踵謂是冉
子之所謝而弗遑何吾師之一再鼓而風隆遡厥
所由道本太公以金臺之駿骨帀郢渚之螭龍顧
野而空伯樂之羣擊木而發漢水之聾藐童子以
何知尚得列陛氏之幢蓋家學之遠紹爲節操之
承宗故其舉動規乎聖學興創急於黌宮享薦既
備夫誠殷之大儀制度又極夫巍煥之崇隆人倫
明兮子弟率道德盛兮科名豐誠哉其爲大人之

有造詎獨非下邑之奇逢遂作詞曰孔子道崇兮
吾師之功孔子廟新兮吾師之庸垂大觀兮禮樂
之寄廻風化兮三代之隆斯乃
聖世之所特簡兮定爲温署之公丕績遍於寰區兮
徽祇彈丸之封四鄰環而則效兮餘波渾渾其將
永江漢以無窮
塞宗謭陋幸自戊戌歲兄經得附太夫子蕋榜
壬子秋太夫子典試楚闈兄絳復荷収於藥籠
之末通門世好海内侈爲美談及後繼翁師伯

出守星沙遠邀餘光蔭照今吾師父母斯民來
宰敝邑假非天緣曷克臻此吾師聰頴明察幼
號神童丱角時便留心民事茲當發硎之始凡
關教養諸大政無不鋭志舉行而于學宫尤三
致意焉紘叨列門墻遭逢盛遇雖畧賦其事實
未足揚吾師休烈于萬一也紘因盥手而載爲
之識

明朝詩

重遊天臺　邑人耿定向

自與茲山有夙盟不辭老病往來輕看雲憶昔思
何極刻石書游事幾更八袠翁强七袠予五旬弟
傍七旬兄兄曹爲續岡陵頌欣對山靈一舉觥

其二

觧紱歸來苦病侵愛山時復强登臨蒼崖不改千
年色古檜猶垂十畝陰風谷坐驚饑虎嘯霜林卧

聽曉猿吟舊遊朋輩今何在手把茱萸淚滿襟

題天臺別意圖　耿定向

層巖崒嵂與雲平一望闗門紫氣横地圻東西分
汝漢天連南北見嵩衡丹丘幾度虚遊子白髮孤
征念友生此去秣陵江萬里臨流應憶濯長纓

其二

天臺佳氣鬱葱蘢悵别臨依意不窮路側徘徊吾
道遠尊前慮贈古人同當年丞見二三子今日相

看七十翁一覽岱宗天地小無勞西樞訪空同

宿天臺頂　　温陵李　贄

縹緲高臺起暮秋壯心無奈忽同遊水從霄漢分荆楚山盡中原見豫州明月三更誰共醉朔風初動不堪留朝來雲雨千峰閉恍惚仙人在上頭

題天臺十景　　安成鄒　善

了心關

了心亦何期一了一切了疇能度此關閒坐聽啼

鳥

坐忘臺

厓上雲相逐誰是坐忘者習静此臺中世外任瀟洒

留月巖

明月照空山山空月自任清輝夜半發欲去仍回顧

賓陽壁

日去扶桑東偶此成賓主纖陰不暫停堪與神明伍

撫松岩

嵒上有孤松與來時一撫聊同五柳翁閒作三徑主

披雲峰

雲散瀰蒼穹雲歸仍太空披雲誰氏子獨立向長

風

抱奇窟

抱奇亦何爲可似荆山璞寧老萬山中毋運匠石琢

卧龍洞

龍卧洞雲閒探驪與世絶豈忘行雨心且任泉聲咽

作霖池

池中有老龍卧此忘春冬誰倩池中水飛洒遍提

封

告天爐

我心一天心告天猶告我終朝對此山默默自印
可

北山有臺　　白下焦　竑

北山有臺南山有禽鬱鬱中林泛泛横波樂只君
子來遊來歌

南山有禽北山有臺興雨祁祁育彼羣材樂只君

子其心孔諧

有臺崔嵬萬山宗之樂只君子四國同之

爾德茂矣如山壽矣永昭文德同此四國

弱侯作頌清風珊珊願言向心共登此山

豈無燕婉遊非其鄉不見飛鳥隨風日翔

天臺　　邑人耿定力

誰壘層臺着此岑洪濛天造到於今盤懸仙掌朝
承露泉汪瑤池旱作霖雪立中天成玉柱風廻石
巔振金鈴到來絕頂援琴鼓萬壑千巖得我心

其二

足躡丹梯步紫雲息緣離訴達天門息緣離訴達天臺三門題名一聲長嘯千溪應四顧低回萬巘蹲崛起孤標
身建極石交群聚孰移文化工巧作支天柱好炷
銀釭破夜昏

其三

臺傍青天可扣閽嵬然獨踞衆山尊乍疑滇渤横

波浪亦似高堂列子孫楚魏光黃表封域河淮江
漢水從分凌風坐雪經千古漫擬蜃樓羨海風

天窩行　　淮海孫應鰲

天窩高高幾許我誠不知其幾千萬丈但見五城
十二樓金光掩映紅霞裏中有仙人者誰之子方
瞳綠髮披兩耳羽衣翩躚黃鶴翻瓊玉爲漿芝爲
餌奏鈞天之廣樂躡飛雲之翅履前導安期生後
擁赤松子容成洪厓分左右顧我粲然啓玉齒授

我一靈丹令我晨不死稽首再拜之服之頓覺沉
疴起神清氣爽毛骨輕一日飛行幾萬里仙人仙
人我尚欲遨遊九垓之上六合之外芒乎芴乎任
其所之借君青鳥一隻騎乘風御氣常相隨

五雲山　　同安李獻可

凌空石壁欝嵯峨徑旻參差隱薜蘿叠嶂擁來千
雉壯三台近處五雲多舊三角山更名三台憑欄高閣煙巾
賞策馬荒郊霧裏過獨怪山靈開泰運邑城今日

始絃歌

九日送李宏甫入閩　　邑人秦思通

久擠投老楚江涯何事乘風更上槎輿似謝公慵
着屐跡同梅福更攜家南枝越鳥翺翔適薄板青
牛道路賒行過匡廬逢勝寺遲廻應聽演三車

李節孝一百六十八韻　　邑人盧𡙇臣

翹首㡾巆日朝曦麗早賜一枝紅杏出九畹翠蘭
香夭兂來名閥調絃適大方粱鴻欽案舉冀缺儼
賓莊甘脆供中饋圖書賣奩裝延陵承父訓隴右
凜夫倡外政無攸遂生謀刦有洸陳廉覩曉緋崔
整罷新妝夜讀頻然燼晨炊辯異粻熊當馮節勁
園觧謝辭剛服御皆荆布勤劬問稻糧家囊躬主
伯冢督屬糟糠翁節緜紇素官貧苜蓿凉韋編憑
浛礪巾幗任徬徨漂麥攻高鳳殘機佐樂羊陳牢
群待哺田藥爛成芳既耐同居忍誰營別室藏那
貲分叔季以義報尊章向令斸婚嫁弘微比父娘

不惟風共爨端可愧門墻織紝窮吾力騫騰望彼
蒼談經縈里選挾策阻明光瓔蔆悲三號鸞妻失
兩眶城頽哀倍杞竹點淚如湘畫荻懷孤慮摩笄
忍自戕目盲心獨曉慈母昜無忘隴畝勞諸藐書
香屬大艮和熊投仲郢夜績効齊姜葛藟登寒杼
蘋蘩采懿筐素心甲舐犢赤尾効勞魴卒歲賡無
褐恒饑辦乃倉青氊嗟舊物縫掖步膠庠白雪歌
成調紅霞夢繞床壘莊雖不廢旅櫬復堪傷父忐

摩燕闕官卑老越杭夜臺哀纊隔晝錦聆宗亢在
羽期鸞鷟於蹄擬驌驦良弓繁弱利匣劍太阿鋩
金重雙南價圭稱白玉璋窮愁膚可刺激烈膽堪
嘗寸草思春旭孤吟對曉霜茶經團扇業酒債緼
袍償作賦知呼覔投書吹誤舉幾年嘗細柳一日
賦長揚秦說權歸洛琳名久度漳七襄雄藻績二
酉恣徜徉平步青蓮社馳神碧草塘惠車儲墳典
鄴架飽縑緗著作思如繡茹搜腹足細技逢燕國

售才許照隣望幸附長征尾欣偕上國翔筍窺吳
會社紙貴洛陽坊晉代機雲碎齊朝顔謝僵心雖
從帖括血已滿奚囊袁豹胸踰富張華記倍彊借
書經目邵說古解顧匡不是題名固寧同執戟揚
經瘳左氏癖書佗夏侯盲周易情探孔毛詩義阻
萇句躭子美上禮問老聃傍妙運斤成郢精思工
邁斯才名超四傑雋譽邁三康欵禁省。緘舌浮誇
敢昊亢詞源傾倒峽筆陣屏長槍比器雕丹添如

君倫楔宗停涵中井井韜斂色璜璜朗識三秦鏡
堅持百煉鋼飲和非媚骨守正有剛腸曠達羞中
散眞醇到上皇九皐聲噦噦千頃度汪汪蘊蓄淵
難罄英華渾不彰逢人蒙說項更僕數微臧投契
嘲吳儂酬譏叱楚狂龍門爭取御北海謬登堂脫
却形骸盻飄然名利韁知心追管鮑寡合别蘓蠅
末世藉瀾柱斯文拱棟梁名譚穿月脇石畫走風
檣鬪論饑于栗危詞辛聚薑詠諧聯色笑辯博黙

荒唐補衮崇山甫殉戈慕國殤愛人忘美醜省已
勤型劍卓有中心好而無猜忌防閑辟安邑魏范
極麥舟喪據箪無長物籌家任乏禴同心眞可臭
兩面豈成兔要眇逼三界均平徹四旁長城雄百
雉大廈列千楹風韻繇諧竹丰儀琳與琅山崑崙
峻坂川濟穩餘艎不學蝸牛觸寧儕蜂蝶。忙好生
仁度蟻窺殺怒瞻良翹勢嗔撩鬚于時蛙咒痞衢
尊隨飲酌巨海納汙潢麟種誇振趾龍駒仰上驤

程門爭避影歐録重耑房詞翰能叢苑賢勞廼咏
卭雅優賓客對尢擅主司場杲日千山麗長風萬
里浪掄才揮軋茁得士共琮璜對仗堪鳴馬埋輪
欲問狠危明綢戶牖保泰儆城隍飽笑侏儒粟貧
羸説士糧不懷方朔炙寧受鄴侯糖孝展南陔戀
忠懸北闕褰無車歌短鋏有馬陟高岡鵬翅今摶
水鵬飛訶槍枋頓囘眸烱烱莫禁喜洋洋賸有虀
鹽苦應成桂蕚芳同人聞後笑北叟賽前殃志足

酬君子明還快若卽罰槩知和遠鶴筭自神昂花
甲周逾半蓂庚百春央姮娥丹餌緑葵女瑞炯黃
絳亥經年茂耑申祚應祥推移更稚老閱歷記滄
桑古栢摩烟柳長松傲野棠皤桃千歲熟閒棗萬
年穰酯授青鸞液精分朱鳥芒艮辰佳宴集美景
浩歌颺素月揚初朏高天濈旱商山崖層巘嶙海
屋逈滄茫歌吹宣嘹嚦蹁躚響珮璫洞簫調咏間
蘭板叶鏗鏘俎罔羅冰雪肴蔬進蒓菖瓊樓迎爽

籟晶宇遶新篁姑射陳觥斝瑤池共頡頏比隣齊
襪頌列錧布筐簧皓髮揆皇覽龎眉逼老彭綺園
虛玉質宓洛失金相久視雲莖潄長生月桒擷輕
身非薏苡紅頰剖檳榔煮石飧瓊汁栽松擣玉肪
三多符華祝百禄醉霞觴曆度期頤永紀膺福祉
長郭門丁與鳥緱氏玉吹凰喜懼驚遲暮幽閒悼
倜儻斑斕晴弄綵霓矜午飄纕揮列筲懸彝尊開
沆瀣漿乘槎峣靡盬愛日喜追將綵使環僊嬪朱

紘奏冶嫱齒先諸母氏德是丈八行還鮮占能介
辭緝憶未亡泣簪心愷悌罝緯恤巖廊範俗都姚
姒傳家有紀綱行行超列傳念念總慈航里有名
媛號居標孝婦鄉固知仁者壽始信善餘慶果結
心田穫因留穀種秧柔嘉行地扎會上越都騶椒
遠從茲盛瓜綿未可量釜鐘怡豫恍杖履羨跟蹌
莫畀明珠謗還開博望疆易州情見久捧檄義無
妨不作王門倚終圖漢祚昌帝閽今已闢皇路勿

教荒滕下分潛見環中玅翕張登車雄祖遜在位
頼王陽潦室心原切遵生志復礐范金庸作礪塞
鼓政其鎧懷橘母爲繫鋤蘭豈足惶萇弘藏地碧
箕子辱奴佯違孝榮千古訏謨請一甞天心方曲
折時局尙勛勠钁鑠猶堪老行藏豈再詳慈幃牽
翡線遊子褰征裳許國移明發揚親在太常驪歌
僕小草願以報君王

題桃花書屋　　邑人吳　化

綺雲萬朶白雲濱都是劉郎手自匀默以無言存
大道怡然一笑解逢入漁溪春色猶秦世胡飯仙
台有漢民聞説星精作霖雨何因詔起玉衡神

九日團江館邀盧蕭二孝廉不至

澤畔行吟強自和遊心無頼任蹉跎黃花對酒三
江外白露伊人一水多深夜月星飛鳥鵲高秋風
雨起黿鼉汀蘭岸芷渾無際何處新詩到汨羅

東堤步月

明月蕩空堤長風萬里西幾聲松子落一個鳥兒
啼天地星河動江湖草木低蒹葭淺水外竹笠故
人睽

山居

山寺不聞鐘春寒坐翠葺野雲來萬里朝雨失群
峯天地一飛鳥江湖起蟄龍懸知小衡嶽七十二
芙蓉

登果老石　　邑人吳士伸

鬼斧何年劈遊人此日過喚晴禽語滑賽社鼓聲
多石徑生苔蘚巉巖引薜蘿衆山爭到日蒼翠總
如螺

其二

造化何其巧亭亭矗一峯恐隨流水去長使白雲
封未駐吹笙鶴曾迎扶老筇雜花春爛熳樵客欲
迷蹤

庚辰奇荒歌　　邑人盧之憬

仲夏不雨到暮冬可知年穀秋不逢傳說率土無
篝滿兩都米價甚爲醲往年五穀上場時穀賤于
泥人不知今年五穀上場時穀貴于珠人不支江
南斗米二倍價江北升米人叱咤菽麻豆稑俱不
登農夫一似未曾稼衙坊醉夫爲人瑞十戶烟火
九不炊羅衣數典米盈升或有朝飧夕莫繼官吏
追呼半逃亡鵠面鳩形多病厄賣兒不上錢百計
賣女并賣其糟糠田已荒蕪宅已毀道殣相籍骨

似霜三四五六歲孩童爺娘視如土糞同募糠墓
粃人誰與齧絮吞衣箭是風生者刀劍死者肉日
暮塗人早擇宿白日爲盜昔賢良殺人奪貨尚不
足吁嗟乎鹽似玉柴似禾油似猩血魚似璠市上
每物多錢値不能果腹柰如何年除矣夕將更田
阡二麥尚不成春光冉冉朝如歲只恐屍横遍野
萍老人記得神宗事說道十七年荒莫與此年京

運米丁夫歌

人不但舟船可以因風行千里人不但騾驪可以
鞭策馳都鄙一肩之力不過幾十斤安能負荷穩
步履餽糧遠道軍待炊莫得將沙量作米軍士枵
腹戰不能運米丁夫趯不起況當此際雪霜天赤
脚穿山又渡水傳言百里無人烟虎豹豺狼與豨
兕一石到彼先办三十鍾食者爲少費者多士不
宿飽突不黔軍士尚說多糠粃戰場之地血爲燐
夜不生芋克箸七采薇采芑冬不生食者運者兩

不喜窮民貪利乞運夫重繭龜策不顧趾募夫之
錢從何來賣田貽婦鬻鬻子一家哭聲不見悲一
路哭兮哀如此嗚呼弧矢櫓槍星莫明干戈勿稱
車馬勿馳烽火勿報吾民得以聊生誠幸矣老人
後見太平年放歌縱竿千張紙

國朝

秋日果老石晚眺　邑人吳之珍

人倚危峰意欲僊何須張果事當年嵯峨石上雲
來去嘹嚦空中鶴往還丹葉滿林留冬照黃花徧

地耒輕烟稻香拂袂頻延佇林外西風咽暮蟬

其二

山懸片石挿雲隈俯瞰溪巒萬態開瀑水澌聲飛
兩岸蘭峯翠色上層臺孤雲帶雨將西去返照凝
霞入晚來十畝桑田閒野叟群隨鷗鳥莫驚猜

江汝社宴集　　黃岡王一翥

逶迤匪御溝碧蒲間淺菼羅戶廓清夜樵隱俱城
西奏愁寧可詳舒意強刀觴閒銷詎無友貺歡物

不齊孤景依妙善龍門騰艮驪傾兇借短燭蘭氣
横麥畦偶來投隣壁爨餘絶輪蹄報德切雲覩往
史慵討稽琴高穿地軸羨門希天梯渺予披絜翁
放情當巖栖

送秋日桃花店簡耿文倩

澹月桃花店輕雲似馬山送秋戀黃葉結友悔紅
顏丹竈藏非侶金囊去不還人情老莫問名在[illegible]
無間

答黃安盧敬生

驕騖世滿志轇葛客迷津嵇氏原諳懶阮家長說
貧一擔覇橋叟五月懷沙臣何事黃安道盧生淚
濕巾

自堯花至鐵石坡訪曾公調五公

伊人何寂寞蒼岍曉程忙雙桂猶臨水孤樓不礙
墻卜隣尋舊姓尚論在踈狂駭矣聞車馬耕夫誚
讓王

自得園　　周揁

片片城東石授君之野心雜花低結屋一水細穿
林鳥立紅橋雨人迷綠徑陰十年忘出處兵燹敢
相侵

花朝自得園賞花　　邑人耿應衡

詩盟選勝報筵開酒政茶經次第裁地慣留題延
客坐花知覓句送香來閒翻舊譜懷前哲競酌清
尊訴後杯月不相邀欣入社故移梅影到[illegible]

九日飲陶我容山莊同諸子登高歌

江陵胡在恪

九日又看客中菊萬壑正走先生屋巖腹剌角挂薜蘿陰洞泠泠動蝙蝠童子纔斫松枝歸蒸藜未熟來開扉見客驚呼主人出見我一揖嗟踈違露濤清絕天台月山盤香有瀑源蕨堂中簷外渾雲烟更愛高秋高峰揭瓢尊賞之手自携麵糕布茯都超越人生濁水各西東鴻雁横飛霜葉紅長吟

一身向天末何處更尋賣藥翁縱酒正高歌其如風雨何山神對博去樵人歸斧柯握君手偕君走君家醉石傳家久肯與遨遊客借摩何須更買青州酒時將為山左之行

天台行

違來不辨仙居樹近來始識天台路憑將黄鶴羽毛高高飛絕巘淩雲霧幽撑摩青逼洞天石脂琅菜蘐清泉時憑蜥蜴盆能霰俯看熊羆館作烟烟開一練長江曉洞庭葉落沃焦小天目平分少室東壑奔雷走河淮棹錯趾列屏西爽開函關去後幾時回神人何處尋金汁飛鳥頻頻下石臺老君山峙其西

仰天窩次李卓吾壁間韻

邑人鍾琇

高鳥不可即空濛煙水寒掩關人髣髴開帙事艱難松竹清暉老碑銘故字殘幽奇想澗壑長作昔時看

白沙關

萬里經行久今方見楚山歸心疑夢境酒味識鄉關谿水廻千曲夕陽第幾灣畏云親友集宦况愧雲閒

獨山寺

巇巘孤巒蒼翠餘飛來鐘磬滿寒墟石橋潭水堪鑴字澗草漁舟可卜居羸馬已輸塵外枝對林嵩快雨中蔬登臨懷違携相聚應賦茱萸秋葉蹟

寄邑侯蕭君奇父母

袁山曾接鵠湖春近喜山城氣益親鄉夢五雲秋浦賦客心千里玉壺醇寒村桑柘晴煙密細草階庭雨露頻聞道頌聲塗巷滿長安驅馬附清塵

送邑侯徐子厚父母　　邑人　耿宗塤

朱輪遥紫陌冬日霽朝霞京國文章在江黄豈弟駼十年餘客夢千里戀殘家欲別心無限桐垣映月華

別盧敬生廣文

山城石徑躍嘵嘵月落霜痕盡未銷游子袂分燕市馬故人書侶武陵潮箇中常事三投杼天下何闕五斗腰莫謂征夫歌佩鋏刪愁帶得有詩瓢

別吳西灊令尹

城頭漏箭遍征鞍曉拂霜痕野草寒千里有家思毋切五更無夢覺身单只緣楚澤難留我未必燕都盡是官遥意塞鴻方便翮故鄉風雪野梅丹

訪耿子簡齋書屋　　孝感　彭焱

青氈蕭寂歎難居乘暇來尋高士廬元亮籬邊三徑菊子雲亭下一牀書貧偏好客樽常滿句自雕佳癖有餘曾採唐風誇耿澹問公家法近何如

謁耿恭簡公專祠　　閆雋龔　璋

不獨伊周事燈分濂洛傳六經雄舊業雙柱入遙天美覲宮墻近道欽松栢前琳琅風作響繩武看斯年

登天臺　　三秦　白良琯

誰將一塊石高插碧雲頭蒼翠千年色青冥萬古秋脉傳華岳意日靜洞庭幽清籟朝靈應星天次第遊

坐忘臺

當日坐忘時可知有臺否臺以坐忘名忘根尚未腐

一了心闊

心從過關了關也丁心謂試問過關人心果了也
未

留月岩

萬山烟鎖一峰開明月尋幽自往來極目江光隨
島嶼何餘清影獨徘徊

撫松岩

崖上高吟何所適撫松長嘯豈無因登臨欲叩關
中意明月西來說故人

博士崖

博士門前千尺水潺湲深泛古今情我來獨酌丹
崖側花改新粧鳥弄聲

仰天窩

天窩古洞天幽靈與世絕日月自中生廻能護山
闕亂峰光入流四壁動明滅澹然一老僧意氣春
雲叠手註楞嚴經見面不識客花木亦靜修含香
未輕接會心悅衆妙忘機莫能說忽指巒山音聲
從何處歟

乳山石四絕　邑人盧爾憕

嵌竇懸崖奪化工離奇妬殺玉玲瓏寒汀烟鎖西
山雨搖曳雲根萬竅中

其二

詰曲崎嶇鏬幾重天然結搆舞虬龍只疑身在葑
湖畔片片飛來西竺峯

其三

分明五色暘山雲夜半携來逐楚軍白衲歌聲吹
裂後粘泥帶水結殘紋

其四

城西幾處聳璘珣爲結宜和艮岳鄰棄擲不須生
愛惜免教朱勔又勞民

秋日懷天臺故里　邑人盧　經

離亭柳色隴頭梅送盡歸車旅思灰草木風前出
塞曲鴈鴻天半望鄉臺每逢紅葉經秋落誰見黄

花載酒來袁馬遍看年少客何人不是五陵囘

遊天臺　邑人盧綖

攀籐窮絶頂睥睨小乾坤列嶂排空立嵯峨勢怒奔臺高難仭討鳥雀礙飛屯繞壁徑如蔓欹嵓俯若門峯峯留薜蘿樹樹挂秋貟松老虬龍舞巒奇虎豹蹲嵐光翠欲滴石乳膩堪呑邃谷發幽響泉聲珠雪噴空青蕩胸次俯仰暢吟魂枕漱忘神倦登臨任日昏披襟領青趣幽爽莫能言帝座知不

遠長吟通九閽雲霞巳蒲㨝日月誠可捫下瞰彼城市青烟微幾痕群山相拱向羅拜如兒孫

登五雲

苔逕石嶙嶙山行屐盡折十步五步停人疲徑逾窄山重林莽深多言爲虎宅時聞腥風來人人皆怖號乎獨致從容大笑以向客射石昔誰雄一談便落魄行行問答間客子心稍懌未幾履層巔四顧心目闊峻嶺盋天青群峯碍雲碧凉陰落我衣

謖謖松千尺望遠泉山低立久境彌曠天晴日色黃空江一線白置身霄漢間萬異供驅役深嘆古人愚卧游誠何益憑空一放歌劃然迸雲際山鳴與谷應下界自驚嘖薰風吹未休倏爾入烟夕與客踩而歸路傍多虎跡

仰天窩　邑人張希良

十年不到此泉石事都非老馬披雲入高僧挈棒歸諸天一氣接孤磬泉山飛翠竹黃花地從今願

息機

雙山亹　邑北八十里

望去疑無路洪崖到亦開溪聲奔草木天影卧莓苔度險心逾怯駝奇首重回往來愁化石後騎爲頻催

萬榿園

園林非我有寬夢每相關問訊先叢桂探幽得小山漁樵何處老兵甲此中閒萬事惟杯酒相看且

破顏

其二

三徑秋陰積千峰暮色長烏鵶題壁字蟲響讀書床寂寞思遺老淹留戀晚芳池臺荒更好莫漫感滄桑

楊職方共事楚志疹疾去詩以訊之

著作千秋事編摩衆慮抒正藉司馬筆肯卧子雲廬歲月銷雞肋乾坤老蠹魚宵來風雨過伏枕近何如

望鶴樓四首即皷樓改名　夏汭周國晴

峩觀壁立萬山頭高閣重新感勝遊雲樹蒼茫眸盡合烟嵐縹緲坐全收携栞欲和因尋遂有鶴相隨頻問樓寧僅治才誇百里月明清嘯見風流

其二

構就岑居纔咫尺嶙峋氣象已巍峩萬山環翠雲爲帳一水清流帶作川覽眺欲開今古眼登臨忱

接蔚藍天等閒莫學邯鄲步吸露餐霞已自仙

其三

登樓一望思悠然叠叠層巒鎖瑞烟樹古有枝虬護屋牕虛無幙鳥窺筵南薰入座新絃調北極分輝映斗躔踞此孤清卷石地好勤觀省問顛連

其四

塵刼浮空擬蜃樓河山得意强相留雕欄遠並晴川麗飛檻遙凌碧漢流倘得庾公一坐月安知王粲不與謳騷人閣筆等閒話應許後來居上頭

屢乞歸養未得　邑人吳應庚

鷟山安用苦相留五度寒城百結裘甘節誰人憐名杜行吟只合伴羊求驊騮有路登天廐鸞鳳誰堪作素侯風雨夢魂返子舍巫山聲斷楚江愁

其二

六載郎官汗漫遊每逢佳節感松楸引舟力竭臨風健彈鋏歌幾帶雨收令伯有情虛歲月淵明無

夢不林丘公侯闕內如雲集細草荒城一片愁

題桃花塔影圖呈于北溟夫子　吳弘初

古塔摩空碧晴雲影獨懸蔭流千嶂澤高傍九重天麥壠浮煙靜桃花上雨妍南山歌樂只好向畫圖傳

冬日同王子峻山盧子端侯遊天窩

勝地傳聞久追隨及此辰西園山斗削一徑石鱗峋瘦樹斜穿壁危巖曲逗津坐來圖畫裏雋興寄

霜筠

其二

朔風淨木葉晴日煖林丘一共高人往乃知佳致幽遠山更戶向逝水築堤留不是浮名繫羲皇可與遊

其三

四山如鉢影垗率別開天鑿遞浮雲外人來落照邊地寬雷碎石僧逸竹通泉謝朓新詩好應無讓昔賢

其四

來去何匆遽倉忙易倦人偶逢石即坐遥望鼠難馴乘興同王子居前愧照鄰行歌離谷口溪印月痕新

張邑侯鰲山書院題壁　大冶余國柱

才名蚤歲冠通都國憲家猷綰竹符荆玉凝冰寒六月雲車汪澤見雙鳧傳經喜接蘇廷碩懷友重

思張毅夫聞說安陽豐紀石可知直道未全無

其二

何處提封號錦城潘花十里匝郊生彤廷課績重分最單父鳴絃即政聲桴鼓村居無夢警紅梅官閣賦香清盈前子弟爭從姓快譜漁陽舊有名

前題　壽昌周士皇

昔乘驄馬到河干偃吏嘉聲滿灌壇縱有催科甘就拙惟知撫字不論官風温黍谷千山麗月映冰

壺四壁寒彌勵輿情仍借寇好將勝事紀長安

前題　　張希良

畏壘新成報蚤鶯辯香騎竹滿山城三州入夢雖
多喜百里攀轅可勝情慈藹依稀瞻畫像典型端
的倚宗盟他時共酌韓稜酒也向兒童隊裡行

前題　　大冶余光彬

新膺刺史意徐徐父老追攀輿自如却喜逢迎山
鳥咲好看道路野花舒黍苗處處春晹雨燈火家

家夜讀書百里甘棠留石碣行將五馬步天衢

前題　　邑人盧　績

大夫報最發新硎下邑無緣繫福星綠逆虎符泰
嶺樹青留鷁首楚江苹石碑贔屭鐫三異書院縹
緗祝九齡分袂匆匆明月夜慚無杯酒勸長亭

散里歌　　邑人鍾應遜

自昔重循良今古稱卓魯亦在止酷烈前後思名
杜吏治雖多端慈惠實所主張侯蒞此邦邦人歌

樂土百里感和風萬戶沐甘雨牧民在休息焉用
斤與斧士以文墨通笑談傾肺腑其或等狂且不
嫌賦鶡鵡老農力耕鑿年來憂粟腐醉飽穩三眠
吏胥目未覩靡麗無所喜屢市無所取給價倍平
人風聞來遠賈聽彼輿人誦詎能指屈數於中有
一事乃更足千古安昔遭喪亂十不存其五餘戶
三百六次苐輪差伍十載一當年當年爲最苦每
逢歲晚時老幼走公府官卒循舊章持籌索規矩

法密憑伊弄文深亦任舞此輩巳食人尤愁積保
戶保戶專苛泒白晝肝人脯遇事即風生發言人
皆俯纏頭與稽珥取辦悉窮宇三五類成群未語
先含怒強者偶一吐鰥寡尤所侮金錢嗔不足益
之以布縷布縷窮女紅無能飽餓虎富者日向貧
貧者嘆終窶侯當下車初太息膺常撫赫然削陳
牘盡掃從前蠹里正不到門雞犬皆安堵如春回
黍谷如日正當午又如病困夫頓覺洗疴瘉租稅

無後期公私眞兩補向之攫金者寂寞歸農圃昔
之几上肉歡然歌有稌強弱匪所論勤惰分良楛
風俗自此醇鄉曲漸無武良法貴久遠今卽後之
祖旣已頌侯德還須勤堂廡守此以勿退安民不
無瘦奸頑或竊弄小子當鳴鼓

黃安八景詩爲劉邑侯賦　朱蘭詹大衢

官閣雙泉

風清嵐影座生馨汪濊陰膏左右渟豈讓兼三推

趵突却先第一倍中泠勞民退食暇投轄勸相公
餘裕建瓴漫道當年琴鶴韻何如霖澤溉郊坰

向山層塔

自是浮圖重合尖爲高早仗始基添到庭日影看
懸筆入座風聲聽度簾方增崇墜曾有待適標正
直信先占最欣升級凌霄處仰止攀呼徧閭閻

天臺秋月

爽氣晶瑩夜更高空明不礙野猿嗥遙知絕頂平
如掌况復橫雲湧似濤峻極相看吾道重纖塵無
染幻談韜因思萬仞凭臨際俯視群黎易溥膏

桃塢晨鐘

豈有東方曼倩來三開三結使人猜爲資璦宇金
聲響頓覺芽詹蕉夢回溪肖武陵薰醉眼賦傳九
乳狎轟雷休言紅雨生惆悵須按清音趁曉催

似馬峯巒

千里名駒萬嶺追偶然擇地憚驅馳三更清露臨

風峙衆壑踈林暎水窺保障嶒屹通帝座縶維蜒
蜿護仙姿依俙鳳詔從天下不待鞭弭自及時

紫潭烟雨

三素雲深薄漏天清光暗透影潺湲非因間色須
時辨好挹澄波接地宜車葢高懸上下暎畫圖一
幅水雲連霏霏不盡涓涓合樂在民生利在田

釣磯漁艇

莊惠當時遊與𢓊因魚問樂到濠梁每嘲渭水垂

竿暫亦訝嚴陵引線長飄泊那知登有岸夢醒總
以醉爲鄉幸逢有道昇平日雙槳忘機戒括囊

松嶺樵歌

誰移偃蓋踞芳山行聽笙簧日往還千股落釵恣
所拾數笙蒼幹笑難攀敢誇虛出歸常實只喜身
勞心覺閒覆載無私嘉蔭永不妨嘯詠度柴關

前題　盧　績

官閣雙泉

九河屈汪達江黃源遠應知流自長無量才華同
灝瀚有容器度共汪洋風來水上琴書潤月照波
間桃簟凉二水相聯如伯仲商霖會見徧遐方

向山層塔

城南峻嶺豎浮屠對峙琴堂起壯圖月色寫眞投
玉鏡日光繪影入氷壺登峰造級推公子及第題
名羡大夫天半丹梯高百尺瑞雲遙望是
皇都

天臺秋月

岩莞片石劖峰尖王氣遙從北極瞻匝地黃花迎
玉兔倚雲紅樹擁金蟾霓裳曲度遊仙聽桂子香
飄古佛拈莫惜下弦稍黯淡琉璃夜夜補莊嚴

桃塢晨鐘

蘭若嚕吰震茂林𠂆山曙色動棲禽羈人忽醒還
鄉夢思婦俄驚憶客心渡水竟隨春水澗穿雲直
傍曉雲深落花萬瓣飛紅雪王播臨岐何處尋

假馬峯巒

驥逢伯樂馬群空不忿山形類鐵驄雨露濕時將
出海雲霞籠處欲追風苔生峭壁毛猶綠花發高
岡鬣若紅八駿橫行今逝矣只茲騣裹歷洪濛

紫潭烟雨

漣漪沉沉古渡頭迷離宛在洞庭秋酒帘彷彿堯
花岸漁火朦朧蘆葉洲霧擁長林疑豹變雷鳴大
澤擬龍游故人家近無從指是到疎籬見小樓

釣磯漁艇

舴艋扁舟繫緑苔頻歌欸乃獨撑開雨中戴笠収罾去雪裡披簑乖餌來漱石枕流忘歲月浮家泛宅避塵埃磻溪淮水英雄少造物爲誰建此臺

松嶺樵歌

棫樸芃芃樵與薪行吟伐木樂郊民發聲不顧無音律信口那知有雅馴度陌越阡麋鹿聚倡予和女鷓鴣親野花插髻斜陽裏呫嗶人人侶買臣

前題 倣古不犯題字并序　蒲圻宋希若

黃安前此未聞八景也自邑侯劉公兩歲承流而風雨以時百穀用登天之仁愛斯民必有深意汪乎其間而大司亮工之錀者不自以爲功特拈八景以示與民同樂之意民皆陶陶然嘻嘻然如坐春臺如登衽席而不知誰之賜也雨後有人畊緑野月明無犬吠花陰爲此詩者其知治乎昔歐陽文忠公治滁之明年夏作豊樂亭而與滁人往遊因記其太平之久與上休養生息之深而幸其民樂歲物之豊成而喜與太守遊也以今觀昔眞不謀而合符矣因設叟年兄見示八景詩遂樂得而次其韻

官閣雙泉

頴川渤海頌龔黃合併資深澤更長地闢廉漪歸化雨天開明鏡照西洋鳴琴定有蛟龍聽調咼看迎殿宇京何事耿恭頻拜井始知濟世有艮方

向山層檜

何年峭壁造浮屠聳擁烟嵐列畫圖行雨神人留骨董乘雲仙子立方壺風招翠竹偕君子月映虬松彼丈夫恰似巑岏岡上望朝朝拾級見雙凫

天臺秋月

凌虛馬耳獻雙尖皓魄蓬瀛副具瞻露滌黃金擕勝友烟籠白玉認宮檐豊城躍劒龍非蟄織女支機石可拈仰看碧空如水淨通明呼吸有威嚴

桃塢晨鐘

廣業宫懸鎮武林五更輕撞道人心百年素跡驚奔蘢萬里丹懷話隴禽鞺鞳聲宏流水遠春容響細落花深泥牛鬪後眞消息喚醒靈臺好自尋

似馬峯巒

巨靈元化舊行空何代稱名比玉驄凸兀瘦批雙耳竹陂陀低入四蹄風誰將牝牡分陵谷莫以驪黄辨碧紅伯樂九方今具在任抒頭角破烟濛

紫潭烟雨

霏微霧氣瘴津頭笛裏關河滿目秋潦水欲寒千澗影江雲低暗百花洲騷人向晦迷風景賈客臨岐罷遠遊獨有東山人不厭管絃齊上最高樓

釣磯漁艇

竹竿搖月點青苔新婦灘頭撒網開烟曉羊裘人宛在風斜箬笠典還來榮枯世事看江蓼生殺機闗付岍埃沽酒柳陰臨日暮鷓鴣啼上富春臺

松嶺樵歌

遠望翹翹咏錯薪隨聲互答比閭民半肩朝旭疾徐韻一擔斜陽唱和馴鶴馭謡成笙兩部龍鱗拾處話相親青山識面眞無數可許同呼草莽臣

八景詩呈劉夫子　臨皐詹士齊

官閣雙泉

贊皇調咼日味賞毘陵泉每憶遥難致方知近易全鑑高開眼潤澤下湧珠圓最是同霖雨雙雙溥

潤田

向山層塔

亭亭看玉立坐對亦峥嶸晅照彤雲擁颷飄瑞靄生金既卜有象蘭椧瑛多情數級干霄上巍然莫與京

天臺秋月

飄渺凌空際平平巧結臺澄清隨地迥高爽獨秋開望月非遲屐蹄風卻愧才何如藏布鼓傾耳待

聞雷

桃塢晨鐘

南來曾策蹇早望悟桃源忽聽金鐘到纔知瓊宇
存田間安作息村裏適鷄豚側耳仁風徧何疑笑
語温

似馬峰巒

崚嶒天步邇有輿佇乘驄比德名空冀陳圖象類
龍光開天一線煙點樹多叢漫道懸峰薄行追萬

里風

紫潭煙雨

鎮襄山觴頌遊紀習家池地澤流無盡天高汪不
遺澍然上下洽展矣隰原滋紫氣來非偶長年慰
所期

釣磯漁艇

自是漁家樂曾勞渭叟謀長竿晴雨掛一葉去來
遊網勝開三面磯能挽衆流昇平託樾蔭醒醉度

春秋

松嶺樵歌

鄭侯仙術好專爲養和羣虬幹凌霜勁樛枝歷歲
賒何妨樵採入亦許詠歌加會得積薪意後來寧
有涯

雙泉堂詩　有引　　九河劉承啟

黃安建邑百四十餘年矣邑治公廨梁棟墻垣
頹朽殆盡幾不能蔽風雨而燕堂湫隘更無退

食之所予承乏茲土經營重建非敢侈壯觀恣
逸豫也落成之日忽於堦前得泉二眼清泓甘
冽可以鑑人邑人士競誇爲異瑞因以雙泉名
茲堂賦詩二章用記其事云

薰風時雨徧山城荒署經營幸落成千嶂碧雲迎
戶曉數竿脩竹映牕明放衙每切思民隱聽事寧
求協政聲天賜臣心當似水雙泓爭自獻澄清

其二

銅符初綰坐專城漫望他年報政成處世未諳惟敬愼臨民敢信自廉明欲舒鴻雁千村色愧説絃歌萬戸聲酌水有懷天鑒予好教心曲照泉清

奉和雙泉堂元韻四首　宋希若

帝簡仙郎下赤城崇霞臺館慶新成甘泉湧處雙飛白銀筆題時百道明似洞重門開睿照如冰官舍瀉仁聲試嘗水味并而冽可畀人知此異清

其二

題破清流鎮管城花封百里荷生成腕中繡虎其文炳頷下癡龍以辯明太乙光浮天祿曉春華艷壁建安聲莫言地脉渾閒事正逆鄉雲得氣清

其三

巍然百雉錦官城案署蒼飛不日成題柱曾捫天尺五反風忽見地空明圓光混混天顏近香嗽涓涓角徵聲自古廉能多瑞應篆名方待佐時清

其四

韡尖誰趯順昌城因謝經營召伯成掘井有爲泉已及潤河無滓鑑長明堯花觀裏占才品蓮本孟中悟政聲自是澤流朔海內聞風允頌聖之清

前題四首　周國購

卧閣重新北斗城雙開金井似天成尋源早自逢源裕觀水何如止水明穴向江心啗不盡眼通河脉飲無聲生來澄澈適相映藜照冰壺日夜清

其二

十年浪跡滯山城散落難期儒化成湮沒兩宮誠久錮晦開雙眼得重明困龍幾待翻深窟渴鮒皆蘓躍有聲莫訝神君犀鑑迥一經攪轡巳澄清

其三

猶是當年不夜城忽經典刱覩開成屯膏一室淵涵具解澤連珠次第明甘苦冥更超徃蹟激揚交濟譜新聲遥知挹注波流遠不獨憑臨汲引清

其四

長才遠馭擁專城聊試烹鮮便有成地爲滋培留潤澤人從畜洩煥文明甘霖巳自覘時化醴釀何須步舊聲况勵湯盤勤洗滌琴堂頻對好風清

前題四首　壽昌王渭凹

仙郎飛舄到山城小築華堂不日成地湧雙泉徵瑞應政傳三異頌神明尋源混混期無息潤物徐徐漸有聲漫訝仁風流播早爲官第一莫如清

其二

論文記在晉陽城千首新詩頃刻成徃日暖泉題好句於今雙井見文明崇朝澤徧光黄地匝月名齊卓魯聲不是輿人徧好諛使君原比玉壺清

其三

寒冬策蹇此荒城茂宰循良政有成可信熊羆占吉夢先看井渫受王明傳家藜火留餘照治國蒲鞭聽頌聲鄭重長才待補衮况當海晏又河清

其四

老我頻年滯管城弄來出處總無成難酬高厚惟師友豈有文章答聖明堂上德星方聚井座中刀斗不聞聲河源本自崑崙發淘盡泥沙萬里清

前題一首　盧　績

茂宰初膺斗大城隨車甘雨卜秋成保民咸服蒲鞭教課士爭傳藻鑑明百祿受天先有兆雙泉湧地靜無聲我纓久愧塵埃聚滄浪何時一濯清

前題二首　西陽閻萬程

不將疏鑿問孤城寧料井泉次第成望氣早知江漢潤逢源那計歲時明種花亭畔侵苔濕製錦軒前飲鶴聲宇內爲霖膏澤溥豈徒尺地得長清

其二

靑華蘊蓄秘荒城勝蹟惟憑造化成署冷無魚塵壁靜堂開雙鑑素心明西陵麗句高難和北闕香名綽有聲不獨豐年權萬戶退思忻對此中清

前題　吳門陸　鑛

擔簦懷舊過山城却喜絃歌見政成郭外鬱光樓
黛翠庭前月色照花明雙泉地湧徵廉瑞三楚民
謳著異聲可但簿書塵不染如君襟度本來清

前題　鍾應遜

迩子驅車單父城好從陽晝漸觀成一泓湧地心
如水雙竅開天眼倍明澤物細推河潤遠燒鐺遥
憶海潮聲莫言官閣藏皆冷更有高風兩袖清

其二

向夜攤書晝擁城遥材結構自裁成氷霜消盡應
歸壑泥滓全除落照明杯勺隨人長不竭流澌潤
物總無聲乘槎豈用詢河伯咫尺階前已自清

前題一首　邑人耿興待

幸值高賢在武城絃歌惠政荷生成遍郊桃李開
花滿近水樓臺得月明玉檻横斜官廨影醴泉旋
轉轆轤聲重宜井渫由人汲同沭恩波自取清

前題一首　雲間鞠　衣

竊幸依劉到楚城多君道義得相成至情加我忘
家遠妙論驚人話月明觸處無非求治道公餘不
廢讀書聲彼蒼亦鑒心如水特湧雙泉徹底清

前題二首　江夏陳大章

傳來秀句滿都城見說新堂卜築成湧地一泓如
有待照人千派與同明金波細瀉澄鮮色玉露平
濺沆瀣聲最是方流堪擬德出山泉比在山清

其二

才名三十始專城雙舄看君羽翼成往事幾時杯
再把故人相望眼偏明靈源自瀹原無垢潤物何
妨細有聲珍重王郎好句法爲官第一莫如清

和雙泉堂元韻呈劉夫子　邑人耿宗坤

靈泉迸出駕盧城福澤源流巧合成鑿以天工心
一徹潛通地脉眼雙明輝生礎柱瀠洄影錦砌屏
墻金石聲至治化神何所頌官清難得吏如清

前題一首　邑人王鳳隆

蚤卜人龍見楚城雙泉位置自天成頻開水鏡藏
花影似湧氷輪妬月明不俟洗心饒美澤定教沐
化播休聲賢侯徧地廉風洽共彼安瀾萬古清

前題一首　邑人朱　衮

共慶絃歌越武城創興無倦遍觀成非惟革翼添
瞻麗信有熊羆入夢明里閭窮簷霑雨潤庭除新
澤溢風聲一清不盡賢侯隱特湧雙泉擬絜清

劉夫子邑志落成五十韻　邑人盧紘慈

聖朝崇吏治夫子獨醇儒宿列郎官上名懸御座
隅青藜傳舊學白鶴奮新圖二陸人爭慕三蘇世
莫逾持標媲八愷飛舃伺雙鳧紙向長安貴鞭先
上苑驅敲詩探鉆錮潑墨走珊瑚才逼張燕國猷
宣汲長孺專城被壘綬借徑剖銅符游刃烹初試
隨車雨欲濡阜財揮玉軫律已濯氷壺露冕巡阡
陌提筐饁芋蒲行仁田種玉示信浦還珠獄折刑
仍恤情矜罪不辜公庭消雀鼠夜柝靜萑苻撫字
瘡痍起綢繆凋敝扶琳瑯顔閈闠畚鍤固垣郛豈
乏乘軺客爰開授粲厨琴堂澄井渫綺署闢萊汙
預壁施塗茨芹宫奂欂櫨丹楹瞻美奐碧甃看平
鋪右道功原峻崇文治誕敷譽才精許月課士振
蘓湖并剪裁綃錦泰盧琢斌玞驕聱來俊髦館穀
聚生徒學者欽山斗田間侈袴襦巳誇花作縣早
見澤淪膚何以敦風俗須知示楷模廉明搴筆削
紀載展討謨渾噩殷周別詹炎大小殊羅搜追遠

代問察遍窮陬合鐵堪成錯微瑕不掩瑜考文惟
征史廣益集工輸巨傑藉良技鯫生匪棄繻聞言
方耿耿捧詔更瞿瞿吐鳳慚司馬雕蟲愧董狐懋
懃蒙顧盼佩荷煩躊躕德驥難齊駕疲駑許並趨
蓬心研著述奇字拜床褕帙合縹緗裹函分甲乙
區耶酧班固志莫擬子真愚戴德歸知巳銘恩矢
報軀民歌皆樂只我詠在茲乎翰墨通堯陛聲華
動舜衢蘭臺虛左席宣室定前諏帝曰汝霖雨人

登公舳艫官勲巍耿賈胥壞隔劉盧尚念門墻物彭宣署遺無

喜邑志告成　吳弘初

與廢仙才百度貞千秋徵信一編成史傳曾筆風裁峻學本蘭臺膚藻精憲乞留心尊國老蒐羅不惜釆群英樗材斷朽慙同厠裒贊無能負鑑衡

頌雙泉堂詩

萊泉范井澤常新爲政風流感倍神三月雨來春

有脚兩泓瑞瀉淨無塵玉壺皓魄凌清影瓊液屯膏潤涸鱗斗邑自今添勝事水蘼堪酌莫辭貧

邑侯劉公雨後省農招同憩文昌閣二律　并序

宋希君

時維五月節屆朱明偶遇愆陽致煩問夜青疇可念揆步禱以祈年碧漢鬭心忽凌虛而布澤感隨車之甘雨動夙駕以瞻星禮祀嚶郵詩逕田祖出舍而親勸課竊比先觀爲民而省耕桑無嚴後至道通頻壁庶幾揭日月以照臨義焘同城每欲借風雲爲吐氣廻盤空苜蓿彈長鋏以無從將轍涸鮒魚汲西江而有待幾日不見叔度情容巳哉無雪而卧袁安窮可知矣命傳一介遂喏喏乎無緩詞由接三農舉欣欣然有喜色况夫英賢畢集盡空冀北之羣加以山水呈輝大展荆南之秀觴盈旨酒有嘉德而無違心案列盤飧對鋤禾而憐午汗是皆後斯民之樂而樂固已先天下之憂而憂韓忠獻之賦神

功調燮想只爾爾家莒公之稱臣向源流恰有些些四韻粗成匪敢拋甎而引玉三生胥慶惟期點鐵以成金仰判推敲俯聆恨幸

傳霖初試兆豐年眉日更新託二天志喜不須亭有記歡幽正與角相宣桑田緑滿迎倌駕棠舍陰繁覆召蹝一介老儒詞莫贊高吟卿伯黍苗篇

其二

使君勸稼步芳陰招我歌風出泮林鳴鳥盡知黍
李意遊絲不繫薜蘿心花籠馴雉香生座雲擁仙
鳧翠壂岑□是同民憂樂事南薰披拂動鳴琴

遊黃楊古砦　邑人盧　績

挿天古砦接浮光好結遷廬向此藏石巘嵯岈愁
虎豹土坪坦率快牛羊劒門自古難於守棧閣從
來失所防俯視諸峰如繞膝那知人世有旗鎗

登天臺山

廿載違蘭若沙彌盡白頭輕裘披五月薄凍結三
秋苔蘚封詩闕煙霞鎖寺幽巨靈開妙境想爲玉
蟾遊

其二

登峯通帝座彷彿立蝻頭黃茂村村蜡紅林處處
秋倘非求句險何以入山幽父老扶笻望還思乘
傳遊

午日上蔡齋劉父母四首　盧　績

長夏中天節屆時化成三月倣先師東坡亭上纔
看賦崔灝樓頭復詠詩公下車甫三閱月且公出齊安鄂渚者連旬保
障原非希上考撫循亶欲福群黎彈丸何以酬慈
父滿引蒲觴祝四知

其二

樂土無庸符辟兵花封處處慶昇平倚雲榴火猶
高朗向日葵心擬至誠茂宰蒲鞭安蕞邑艮辰絲
管徧山城奄觀報最登青瑣御咼梟美賜上卿

其三

劉郎仙仗五雲遊漫羨庖丁善解牛坐我好風全
不夏照人明月宛肰秋龍標奪錦同科第鳧舄凌
霄傍晃旒佳節閭閻懸艾虎春臺虎已渡河洲

其四

使君仁壽發新硎續命需絲纇不經萬姓戴侯如
保赤雙眸於我更垂青石田有雨鳩頻喚木吏無
聲犬自寧匝地絃歌成底事蘭湯比屋沐奇馨

疏

明勅救海瑞疏　邑人耿定向

爲披瀝血誠懇祈霽天威葆天和以彰聖德事臣草莽竊食陛下廩祿十餘年矣伏見陛下端拱宥密而注措常周寰宇虔共上帝而意念切在民瘼此中外大小臣工所共明也亦所共戴也臣聞戶部主事海瑞者僻處遐陬歷任遠方未能仰測聖心乃謬執有犯無隱之文敢肆狂愚直戇之語中外臣工咸謂其罪在死無救矣荷蒙聖明不即誅譴優容數月天下臣民咸籍籍仰頌陛下如天之仁而貸瑞狂謬之罪也何者君仁則臣直又曰君聖則臣直自古記之矣邇者又聞陛下下旨逮瑞送付法司流傳欲重罪之夫陛下容忍於數月之前而震怒於數月之後誠如天之包含肅殺曲成萬物而不可測矣但臣竊觀史冊所載自古狂戇之臣不學無術者每每拚一死以徼忠直之名而

不恤徼君之德臣竊憾之然而古昔之君或容而生之則光昭載籍天下萬世稱仁聖焉是人君之德之盛故得狂直之臣而益彰也昔人有云諫者之愚戇示君之能容諫者之狂証明君之能恕信哉是言矣乃今瑞之敢於狂戇而不忌者豈不知其身之立至虀粉哉臣遥度其心或亦欲拚此一死以傳後世忠直之名者耳儻奉行諸臣不明陛下曲成之意而一旦即致之死竊恐傲陛下仁聖之德使彼幸徼忠直之名雖曰罪之實成之也且其言雖狂悖而心實忠愛則又何罪焉伏惟陛下少霽雷霆之怒暫寬斧鉞之誅則陛下仁聖之德上通玄穹下徹九地太和保合而聖壽益永無疆矣夫陛下仁聖之德益彰而狂戇之名益泯此臣狗馬血誠實効忠於陛下而非爲狂愚小臣游説也惟陛下熟察而回思之臣干冒天威不勝戰慄隕越之至

劾吏部尚書吳鵬疏　耿定向

爲糾官邪飭吏治以固邦本事近該兵部題覆兵科都給事中王文炳題爲倭寇猖獗懇乞聖明申飭督撫臣工等因該兵部覆奉聖旨安民在守令得人近年各官恣意貪殘剝害以致百姓困苦這所議是吏部都察院便行文與各該撫按官將司府州縣正佐等官嚴加考察貪暴殃民的限一月内指實奏來處治欽此臣有以仰見我皇上汲汲

安民之盛心也臣聞之書云民惟邦本本固邦寧詩云君子萬年保其家邦夫保邦之道誠在安民安民之責誠在守令陛下興念及此固宜永保邦家於萬萬禩矣但臣竊爲本正而後末治源潔而後流清銓衡者守令之本源也欲察守令之貪殘而不察銓衡之淑慝是舍本源而求之末流臣慮其難矣臣往見謁選者下自吏承以至科貢諸途未聞有無因而得美缺者故未任之日已積負累千指望剥民膏脂而償後欲責其恤民不貪是引犬上堂而叱之下也不特此也即令部院府寺之屬資俸應陞司府官者其始也必講講以賄也其去也必謝謝以賄也否則雖資俸應陞勿陞矣即陞亦未必如意矣及其到任也曾未及朞於當路必有問安之禮歲時必有慶賀之禮至歷俸將次則因公差朝覲而通賄講陞或令家人狎吏而通賄催陞如是即得速化否則雖治行第一俸資應

陞勿陞也即陞亦未必如意矣彼任守令之恣意貪殘而不恤民者拚不爲官者也苟有愛民之心其貪殘猶不至極今美缺以賄得美秩以賄陞是貪殘者不惟肥家且得榮身苟非實心愛君體國孰肯安於偃蹇坎坷而不貪殘也且大臣法而後小臣廉也即令督撫之臣陞任之日輒取藩司庫藏動數千金名曰謝部相沿爲當然固然恬不知怪其不盡然者可指數也如此又何以禁守令之

不爾也凡此皆中外所共見共聞非臣一人之風
聞浪說也推本所原秉銓衡者惡得辭其責哉叅
照吏部尚書吳鵬素頗曲謹亦徼時名遭逢聖明
陟居冢宰固宜委身殉國公爾忘私以爲百官率
也矧今海內多事財詘民窮仰匪聖慮鵬爲大臣
獨無分猷共念心耶何乃竟替初心不終晚節雖
少有自好之意顧全無特立之操淟涊脂韋如木
偶然者何也臣謹按其踪跡顯著不厭公心者爲

陛下言之夫冢宰號稱天官以奉天而不私也今
天下公道惟科目一節猶存耳乃董份鵬之壻也
吳紹鵬之子也婿主試事而子竊高科羣議已沸
騰矣已掌銓衡而子擇美秩是豈祈奚之公心哉
無亦焦芳翟鑾之故智也矧秩宗典禮之司宜優
文學者居之以文學言蔡茂春固會試第一名也
止授兵部而紹以乳臭孟浪之子乃得禮部其何
辭於士論哉夫以百官之長先爲登壟之行又何

以禁天下之守令不貪殘也此臣之不足於鵬者
一也臣前任行人時聞江都知縣李一科差吏丁
守仁同伊妻舅持銀數千兩潛此管陞吏部臣時
唯其駭意謂清朝安得有此等事及臣差回而一
科果陞本部主事矣臣痛憤撫膺以爲科則何誅
顧授之者誰恐負國家如此也隨有御史林騰蛟
指實一科贓罪論劾仰蒙聖斷罷回聽勘臣躍足
合手稱頌聖明且慶國家尚有忠直之臣曾未幾

時而騰蛟出爲僉事矣蓋近日御史陞僉事抑之
也又查得前禮科給事中袁洪愈劾前文選司郎
中白璧等貪汙當蒙聖斷將白璧等罷斥中外稱
快乃今洪愈淹滯累年矣伏思陛下於二臣者既
已用其言固將顯其身而鵬乃抑之是直欲箝言
官之口使皆垂首濡足於門俾得肆無忌憚而不
欲其效忠於陛下也此其心何逆哉或曰彼尊銜
門然爾夫琬琰寶器偶積垢穢或爲洗滌固所以

珍之也主人頋可怒而斥之也此臣之不足於鵬者二也臣又訪得前文選司郎中何海宴鬻爵納賄穢跡昭彰郎擄騰蛟論疏皆鑿鑿可指已奉明旨謫調示譴曾幾何時郎陞河南叅政是陛下所欲黜者彼固以私庇之又訪得前驗封司員外宗臣本以貪緣李黙得改吏部後因考察自度不齒浼求外補人猶憾其漏網亦幾何時郎陞福建提學副使提學士人所宗如此干進無行之人郎文

藝可觀豈足當茲任哉吏部以貪敗者胥得私庇凡居吏部者何憚而不貪居吏部者旣貪又何怪爲守令者之不貪也此臣之不足於鵬者三也臣初在吏部辨見今文選司員外張九一陞入爲稽勳司主事中外閧然嘲之曰此財旺生官者也或指之曰此官身價數千金矣臣始未信隨訪彼先任黄梅知縣全無實政一味剝民奉迎以要譽耳其所以得陞吏部者實假手伊妻父王監生潛此

爲之納賄營求也旣居要地遂稔前非據今汝寧府同知楊秉和納賄七百金於其家差吏商城人龔勝在此坐催爲屬陞南京刑部員外此其貪跡之可指者其他得於人言而未有指實者不止一二人也夫以乞墦丐子之儔置之銓選華要之地是爲天下貪殘者樹標幟又何以禁守令之不貪殘也此臣之不足於鵬者四也夫因能授任因資敘遷主銓者宜自有定論往有京堂缺出漫無可

否顧曰俟彼自講定然後好處或曰事不在我致使講者車馬紛馳如羣兒爭餅此豈盛世所宜有哉獎恬退抑奔競銓衡職也士風若此鵬得無動心耶至於蔡克廉病夫而擬陞南部尚書沈坤惡人而改補北監祭酒雖曰會推主擬者誰乎何不辨之早也向非聖明獨斷則計曹止爲養病之所而太學將爲播惡之區矣在朝之臣鵬尚不能甄別況能使天下守令得人也此臣之不足於鵬者

五也夫吏部爲六曹之首而冢宰又爲四司之長非徒曰吾自潔已而必能約束其屬使皆肅然不玷清議而後可以正百官也乃今司府縣官入覲者公差來者改調與起復者督撫陞任者於各司私門納賄猶委曰不知至盈筐書帕公然送於署中視爲常規曾不之禁其中即有清謹自守之士亦皆制於成風而懼特立之難容矣夫本部既受司府之賄以爲常而今移文撫按以察其貪臣恐

即不反唇亦腹誹也又各司貼班官吏不可計數甚至家之庖丁乳母悉取償于此中間有等貧寒無力者往往陵轢於輿皂窘辱於僕厮其情殆有不堪者夫此官吏雖微他日亦均有一命之寄者今身被貪殘於此又可責其不貪殘於民耶僚屬之內尚爾很籍又何以禁天下之守令也此臣之不足於鵬者六也即此六者大小臣工孰不心非巷議故未有爲陛下言者蓋以本部職擅黜陟且根據株連人懼斥擯故寧負陛下不肯負吏部耳臣每念自育庠序暨登仕版自頂至踵毫髮皆朝廷恩也即甘擯斥忍負陛下哉用是不敢顧忌昧死盡言伏乞聖明先將臣考察心行如果懷私妄論乞照浮躁不謹事例亟行黜治如察臣言有據不誣乞勅鵬自疏陳或容令致仕別簡公忠之臣或重加切責使勵桑榆之節仰惟聖裁其何海宴張九一宗臣吳紹等乞賜查究分別黜治以爲貪

汙奔競之戒則本源之地肅清而官邪警守令之貪自戢而民生遂財用由之以充邦本由之以固矣

在刑言刑疏　邑人耿應昌

刑部陝西清吏司主事加服俸一級臣耿應昌謹奏爲龍剛御極至德難逢敬獻刑官一得之愚以廣聖主如天之澤事臣竊惟古之至聖極神必稱堯舜而尼父贊之則曰蕩蕩無能名非不欲名實

有不能名者蓋舉所謂聖神文武備摹擬之而終不足盡其變化遊於覆載之內遂不覺望洋而嘆耳臣比來見皇上處置魏忠賢及崔呈秀等始而量同天地若不欲驟拂先帝之心既而迅若風霆正所以善述先帝之事舉七年盤據之神奸千古肘腋之大蠹羽翼已成根株難拔者一旦而去之如孤豚腐鼠非恃九廟有靈實係一心獨斷且所以處置者又不先不後不緩不急使其有口而不

能噬有爪而不及攫客勿之上剛柔競緒之刻小臣已不能贊一詞矣而又見比來九邊盡撤內璫權歸督府臣益加額而祝曰天子萬年蕩蕩難名哉蓋堯者神堯之詠餘必待於虞聖之繼而張文忠乎敬之撤鎮守也亦在嘉靖十年今皇上御極纔兩月耳而作用已如此矣以今視昔不啻過之君德至此遂爲第一君德相業至此遂爲第一相業臣雖起家蔭胄而先臣曾以立官侍聖主臣佩

服先訓遭際聖朝竊思以塵露之微仰禆滄海以螢火之光上濟日月然亦在刑言刑絕不敢旁及一語列爲四款惟皇上垂聽焉一曰釋累臣與其殺不辜寧失不經此千古聖神祈天永命之道迩年以來自魏忠賢耑權摧折縉紳而累朝培植之冠裳且不如戳畨債帥矣是今囹圄中纍纍多人臣昨視事提牢目擊情形之慘細叅招案益逾縲紲之冤邇來蒙皇恩詔釋重囚幾二百人而諸臣

猶未沾曠蕩無非畏於威壓阻於避嫌耳昨臣堂官請旨擬釋有五人焉真幽谷生春長安歡聲雷動矣臣得復以五人冤狀爲皇上細陳之如原任遵化道耿如杞才望素彰當邊事擾攘之時而先帝擢以重地冀必有當於疆埸而以不申建祠不迎塑像遂捏扣糧獵月逮提重辟豈兵道而有監守乎此道臣李應薦疏爲虧枉而臣堂官所以請釋於皇上者也如原任薊州道胡士容夙負節越

之才且爲賢勞之首惟其治臨呈秀之鄉而呈秀之宗族門客無不撓法賣請而士容絕之呈秀徑揑騷擾驛遞侵欺錢糧之條逮而重量夫監司而有錢糧之責乎此固道臣李應薦疏爲虧枉而臣堂官所以請釋於皇上者也如原任御史方震孺巡按河西不能調停經撫不爲無過然法司之招不云乎震孺但能口言之耳能代經撫而身爲之耶當大璫東濕之時中旨三駁而法司三爭震孺

之案既明矣忠賢深求羅織郎坐震孺以逃而且非逃律古今有無律之罪乎况前任之御史毫未損其僞望而嗣如震孺便幾殺身故科臣霍維華之疏以爲定論而視師尚書張鶴鳴原勘之疏豈俱黨震孺者乎此臣堂官所以請釋於皇上者也如原任大理少卿惠世揚者任妄多事目中無人尤皆自取而臣細閱世揚招案交通之事原無實証如世揚而以交通論死則今之爲權勢所迫而

譽魏忠賢者亦多矣法可槩加乎郎或世揚之罪與孫慎行趙南星等同項者南星等已蒙恩詔遂首丘矣而徑欲獨殺世揚耶此臣堂官所以請釋于皇上者也又如原任戶部主事李柱明倉差半載萬里孤踪止因爲惠世揚門生當世揚爲忠賢入逮春明柱明以師生之誼差長班一帖迎囚師於宣武門外偵事件者聞之忠賢而捃摭監守之律坐之不亦寃乎此臣堂官所以請釋於皇上者

也臣擲五臣之寃而請釋纍臣亦所以信恩詔也伏俟聖裁一曰尊法律古云讀書萬卷不讀律致君堯舜終無術則律也者固聖君賢相所以平治天下而畫一守之者也况高皇律令損益百王尤爲千古定案聖子神孫所宜世守者昔年因王恭厰之變先帝勑諭有云以後子孫永不許下從重之旨著爲令大哉王言與高皇媲美矣而竟爲忠賢所阻抑不一月而從重如故於是圜土之中有

問重罪而無律者有不用律而任意一加再加者以快忠賢之意則可耳遠何以服天下萬世近何以服被罪者之心乎今後似當盡洗陋規惟律是守查諸槩有與律不合而爲忠賢所意加者盡赦之是亦廣皇仁而遵祖制也伏候聖裁一曰重詔獄鎮撫司係朝廷詔獄原不輕用前朝縉紳下詔獄者郎罪所當懲尚有優待之意自忠賢用事非鎮撫司朦朧殺人不足以快其意而掌北司許顯

純者則忠賢義子也其所誅殺一以忠賢之旨而士紳之命殆犬豕不如矣殺之未已也又支解其體故淹留其屍郎奉有至親領埋之旨而殘骸業已寸碎嗟夫此誰非皇上之臣子而荼毒若是語及至此天地傷心且贓銀動至千萬正數已不能完而顯純又加三而徵以今比贓諸臣現在刑部可問也伏乞聖明洞照北司之爲鬼窟一切事情俱無輕付詔獄亦所以廣皇仁也伏候聖裁一曰

禁告密今當堯舜之世風聞言事有臺省諸臣矣逖緝禁旅有京營科道矣申理冤枉有五城御史及法司矣用告密何爲而忠賢之爲此者蓋亦知自己攬權殺人恐人心不服所謂膽虛也故借告密之舉動輒制人以危法不曰妖言則曰咀呪無貴無賤呼爲祖爺而閨門床第之間俱不得安其性命矣且也各衙門中火長公然說事見之者未有不色變者也今忠賢既以正法則獘政亦當立

革番役事件似當示杜且瑣細褻瀆之事何足塵天聽也伏候聖裁以上四款平平無奇然天下之事期於平而已矣至如原任參將胡維寧舊當邊事亂爲波及之時而維寧獨超免於評論之外止因忠賢坐泒游士任贓銀苛至巨萬維寧奮烈士之概一肩替死今絕産敲髓而未暢忠賢之私且雙盲痼疾已奉恩詔比之違奇勳賓承武猶可原也若刑曹之應罪合律者不過二三而含冤無律

者十有八九臣不能盡爲皇上陳之并祈聖明鑒
幾之暇置重囚刑策一本存覽座之傍天下自此
無冤矣伏乞聖明俯賜採納臣不勝激切待命之
至

文

文不必一律要以切於安邑之民生利弊爲至若或可行於古不可行於今者非至文也或可行於暫不可行於久者非至文也邑創百四十年其間賦役之緩急刑政之寬猛人材之盛衰風俗之淳漓孰所當興孰所當革諸條恐有所未備者是必賴明體適用之學發爲文章以資補救則文非潤色太平之觀而脩明經濟之實也故以終藝文而曰文集

序

明朝先進遺風自序　邑人耿定向

孔子曰吾猶及史之闕文也有馬者借人乘之有疏註者曰有馬借人即闕文語也夫此細淺事耳夫子何述焉蓋大道爲公志所存也即其細且淺者而大者可推已惟余固陋學慙稽古亡論三王下上載籍未能博綜即我昭代之往哲前修雖脩

尙論而其駿業巍猷訏謨竑議槪能多識已第自揞髮來時於長老先生函丈間嘗耳剽其一二商頫之餘津津然有沃於中識之膺膂未忘顧皆最淺且細者意名家史乘或以爲璅屑猥蕪闕之不載矣茲掇拾而籍記之以付剞劂豈亦有史闕文之慨耶惟世英賢或省覽而憬思茹糗草之盤飧挹玄德之風味跡一介之斤斤故格天之嚆矢也然則茲編其亦存古餼羊耶噫嘻世道之自古而之

今也猶人生之自孩而之老也茲欲挽今而追古昔殆猶引老以模嬰孩豈不難哉雖然所謂追古者非矜異行以矯世也要惟明古人之道而已所云明古道者又非崇異說以譁世也要惟不失赤子之心而已夫赤子之心不學不慮而愛敬之知能具焉今猶古也惟我高皇之誕諭揆古放勳之敷教咸舉斯心以錫極耳爰訓弗迪而邪哆之崇是又風會之溢流蠱之極也余滋懼已爰輯此編而首申之於此以告我同心云時明萬曆己丑年仲夏之吉楚黄耿定向任南京都察院右都御史撰

江汝社序

邑人耿汝愚

昔孔子删詩而闕楚說者曰荆蠻也無詩故勿録然江沱汝漢非楚望哉胡迭見諸周召二南耶跡是知二南所録大抵多楚聲第語中不綴山川故疏者漫謂南國焉而他自鄶以外殊多亂世亡國

音是孔子非止不欲諸國楚也直欲豐京楚耳迨屈大夫一變而遂爲詞賦祖李唐律興杜甫孟浩然輩竝擅鉅宗稱聖到今由斯以觀楚無詩乎惟我明重經術乃士失厥旨習爲絺章繪句雷同繇弱語以應有司有司習録焉號爲制藝復以詩能破壞之廢閣不講而楚爲甚矣嗟夫當其盛時婦人孺子矢口隙詞亦能入尼父之彀而冠三百篇及其衰也學士大夫伸紙濡毫求一巫師牧豎之

謳而不可得無他其風殊也黃安疆于江汝之門非昔所左方其末而右遵其墳者哉趙宋之季割爲喬徽文事廢焉明興官府不設田畯之子農隙而就村學究纔能書計便即罷去衣穀策肥而目不識一丁者比比也嘉靖末始置學官稍稍有舍耒而事章句博衿佩者今更二世矣連衽泮水上能口四子之書者尚可指數乃今吳君敦之復欲聯三五輩結社而爲詩亦何容易也雖然辟陋如

蜀蠻悍如閩斷髮文身如吳以一太守二三宿儒與之倡能易爲文雅才士輩出與江汝爲文明域而文王之文固在茲哉語曰一夫善射千人決拾益言風也吳君勗矣詩之道未易言不佞姑勿論抑序曰志之所之也諸君之爲詩或圖供生前之樂或蘄博身後之名或爲賓座縱談之樞或預史局受遴之地志之所之即不一然當受體而思探韻而賦其爲調也將無同乎不佞雖嗜酒儻諸君不禁而許之飲則頗備劍首之一吷焉令異日有圖香山繪耆英者而不佞得厠名貌其間則不佞幸矣

贈黎令改任序　　邑人耿汝愚

夫子曰古之學者爲己今之學者爲人宋儒廣其語曰古之仕者爲人今之仕者爲己然乎不然余惟古之人視人猶己也仕惡於爲人求盡此心耳即亦曰爲己可也彼仕惟爲己者非真己矣媿天

怍人所喪滋多惡能爲己哉夫古今人不相及若此蓋謝謝於所學矣觀近世所學抑何事耶貿貿然攻帖括以希榮貴天下皆是也進之不邇矜名行以爲聲稱云爾間有矯然標樹以學自命者則又參駁於異說祟虛任放以爲繕性了心甚則溝壑其身楚越其胞與而猶號於人曰無染不着爲己之學鄉是鄉是壁夫是豈古人所謂學者哉古人之學惟求得夫本心而已夫天地萬物還爲二

體而天下之物無以尚之吾人之本心固然也古之學者惟求夫此是故不視不顧斤斤然致嚴於一介非以爲廉也是其不欲之本心不容自逸也若撻若溝汲汲然關切於一夫之不獲非以爲仁也是其不忍之本心不容自已也由其不忍也而益有所不欲由其不欲也而益有所不忍學如是仕亦如是矣何也葢本心之達於民物也若日之必暄隨地皆燠若水之必潤隨地皆濊彼其至性不可禦如此也繄謂今之人獨無是心哉彼迷蔽

而壅閼者衆也郎或縮腹鏤骨以爲廉响滋濡沫以爲仁非不欲不忍之眞機矣民生何賴焉是則學術不明之故也豈不悲哉吾邑肇建以來越二紀而始得吾黎侯茲莅我再逾年矣跡其視身之廉恤民之仁庶幾哉由不欲不忍之本心者豈非於古人之學與有聞乎惟我明心學之源濬於江門嗣是方倫梁霍諸賢喆咸以行業表著一時侯固其里人也無亦濡染薰漸故能不失本心如此耶先是直指錢君報命馳檄嘉奬其語曰無飾政有真操似矣顧以限於數而未薦余尤憾其知侯未深也無何司計者復以前令積逋故課殿例改任焉維時邑之士民若孩孺忽失保母喁喁皇皇控號無從輓爭不得乃相率而徵余文以贈余惟侯之爲治原惟求盡此心者直指奬之不爲加司計抑之不爲損予何言雖然予不能無懷也張曲

江有言六合元元之衆懸命於縣令宅生於刺史予每誦其言而心悲焉亡論六合郎吾邑雖褊林林總總何可計算其命悉懸於邑侯方寸間耳廿年來始賴侯有此心而又不獲究也如民生何余茲感已藉第令天下司民命者胥鑒侯無赫赫聲而益不信古人之學如此余重感已於是乎言

林邑侯課士序

邑人盧堯臣

客有問予者曰文章吏治異乎予曰無異客惟其

語之劍也請竟其旨予告之曰文章有二解解以形者即苦即甘如山可移於荷畚臿可大於縣門者是解以神者甘而不苦如秋鶻自喻以登堂草書會心於舞劍者是兩者皆有得焉有道存焉而神之解能渾諸有之形以調於適有先於神者矣予師蘄陽柏臺宋先生有道君子也計偕時謁絳座座上維桑皆樸茂其外而淵泓其中譚道訥訥不出口而才情煥發透入理解遊神西京以上而

獨標氣骨寧極東魯之間而淪入堂奧非予所厲行亟若避影者乎今邑侯林父母其人已侯爲八閩名士歌鹿鳴而來也人有張睍之問集選人而官也人有劉蕡之嗟誣兩岐五袴而戴星五父衢也人又有相如負弩之嘆第侯癯於貌而肥於戰勝勞於政而暇於解衣盤礴車塵馬蹟時有野獲自公退食多所摛染名譚也詎落理障時調也詎作藝語渾乎如冠纓麗乎如歌舞衆也椒蕢音也

炳蔚可以宣賢勞之文教爾以詒操觚之型範諸如大言小言莊言婉言爲風爲雅筐筥之藏有跨廣川長沙青蓮少陵於往代而太倉歷下諸名輩皆足奏塤篪且令之小巫走者茲刻特文豹之一斑韶音之一吷耳語曰製錦象文采也烹鮮象文法也曰拔薤悟執還昧見仁皆神有所徹而寄之吏治以見奇盤錯而終不出吾宗彖挾風雨泣鬼神之文機也鈞可以教御御可以教射射可以教

剌舟喻文於神不可喻神於吏乎治堯前所云神解之說不但精論侯課士之藝且以精論侯子民之最狀矣幸覽者貰予妄而寬子大夫以神也

會館序

邑人秦如容

黃安邑建於世宗之甲子邑之館以寓同鄉之在京師者於甲戌建之相距七十有一載矣先是邑人荀長吳子與余約紓已財爲之顧建邑來七十年間侍御周公司理盧公與荀長先君祠部公先

宗兄訒調公皆出制科第徃來都下悉寓麻城舊
館豈不思別建毋亦謂麻黃本同邑邑雖別其縉
紳子弟誼如一家難遽別籍且舊館創始由耿公
遺澤未遠故周侍御止就館之旁稍拓新館尤爲
湫隘及余丁卯公車赴都會入視舊館地不旋馬
新拓館曾無以黃安顏其戶因有狹小前人之意
謂我新邑文教蔚興才名各相擅觀京邑光者纍
纍然接踵非斯館所能容甲戌余釋褐並將曩之

拓而新者亦付麻另於順城門外售一片地而樹
宇焉同鄉客京者援先輩偕聚雅誼以相尼止余
曰使館不可別何爲先別邑乎館之別於今即昔
耿公別邑意也衆是之然余初以此獨肩其任適
荀長銓得廬江令不肯自外合兩人力經始焉嗟
哉別邑數十年先達諸君子率皆踞貴顯理學治
功卓卓著當世各底宦成詎皆不忍爲別籍留斯
館未建以逮余兩人甫登仕版者或亦物至有時

事成有數不可爲強歟第規模方草創厥志未全
增置潤色不能無待於後之同志者

國朝

專祠講會序

黃岡曹本榮

嘉隆間耿天臺先生倡理學於吾楚首提明德以
不容已爲宗當是時稱大儒者必曰黃安黃安云
本榮少聞長老言心輙向往之求其遺書邈不可
得蓋時之不復講學也久矣迨官京師乃得睹先
生書反覆紬繹於是知先生之學之淳且正也因

時時及諸同志相與稱先生會先生同邑鍾君秀
玉成進士造而請曰吾邑自耿先生倡學迄今有
年矣向者里人薰其德請於上得專祠毋歲春秋
祇虔厥事諸生講習於其側今其裔孫公府篤行
能世其家將復修明先代之業公其一言以爲矜
式乎於是不佞嘉黃之有賢士大夫而樂先生賢
者之有後也重爲告曰夫學有本而爲學有要舍
其本而末是圖如不培其根而求其暢茂也不可

得已且學者亦知明德之旨乎明德者心之虛靈不昧具衆理而應萬事存於中則爲五常之性體所以立也發於外則爲四端之情用所以行也故塗之人見父則能孝焉見兄則能弟焉非有所作而致之也由中達外不期然而然也及氣拘物蔽或不能勝其後起之私然本心之明有不容抑遏者固未嘗不惻然盡然也故曰不容已也後之學者不咨昏氣惡習之有時而疑本性本心之不足

支離繳繞務華絶根如拾潭月之影而挂諸枝如競雕繪之花而綴諸樹又其甚者滅情毀性習爲猖狂自恣之行塗徑雖殊其爲不知本則一而已故夫惟精惟一者堯舜禹之相授受也敬敷五教者司徒之所以明倫也其原出於天命之初而其實見於家國天下之際人孰無心道不外索先生明德不容已之旨其在斯乎抑古人有言道不可以不明而學不可以不講故不殖將落閔子馬之

所以譏周也不毀鄉校子產之所以賴鄭也世之治也其比閭族黨皆有學其農夫細民皆知學耳目乃禮樂之原灑掃即精義之用故比屋皆可封也自俗流失而世敗壞微言大義升降揖讓或爲世厲禁焉吁可慨已今黃之士大夫能習其鄉先生之教而賢者之後又能不見異而遷而知其俗必勉爲忠厚而人將恥爲浮薄也然則黃之學者回翔俎豆非若孑求先正遺書之鄭其發明本心

力行孝弟嘗有不俟家至而戶諭者而不佞敬止維桑且將拜先生之衣冠於祠下由是獲覩教化之成而樂觀人文之美其在此也夫其在此也夫

耿公祠會講序

學使王發祥

聞之古人之爲學也必有常師有常師則其道尊古人之爲教也必有常所有常所則其心安此大學小學之設所以化民成俗養育人材者大約始於爲士終於爲聖教學有相長之功而國家收樹

人之報也後世學官雖設名存實亡求所謂胡安定海忠介者亦鮮其人雖有善子弟不過誦帖括取科第其于聖學蓁蕪而廉恥道喪人心奇邪而政治頹僻已如江河之日下而不可追矣余茲於黃安專祠會講一事而重有感焉往者天臺先生督學於吳建崇正書院聚所屬髦士而躬教之迄今講義語録吳人奉如蓍蔡余向讀其書慨慕其爲人未嘗不三致嘆於聖人之可學而至也夫先

生爲兒童時即志學聖人而其後卒如所志不由師傳黙契理與非所謂豪傑之士耶今諸生登先生之堂入先生之室睹先生之容貌與其車服禮器私淑先生以爲師朔望得羣萃而聚講焉聞正言見正事而又有鄉先達與學博士暨其後人之賢者耳提而面命之較之先生之時其成材也更易易矣雖古者大小學之盛何以加茲目今約法既立朝會既明余又何必贅辭則請以數言志勸

戒進諸生而詔之曰爾諸生於大學小學亦既言而習之長而講貫不輟是程朱諸夫子內聖外王之旨窮理居敬之要約畧備於此矣所患志之不堅講之不力或失則怠於是有半塗而廢者或失則僞於是有金玉其外敗絮其中者雖得之必失之矣余願諸生一以先生爲師志先生之所志學先生之所學勿以奢靡易心勿以富貴改操亦如先生之願學聖人而後已焉黃邑一隅且將爲世

儒宗余其拭目以觀厥成爾多士其勉之毋忽

遊天臺自序

三秦白良琯

余慵人也性癖山水凡世情之所最尚者槩覺澹然如安邑西北之天臺山勝景也嘗欲一遊而鹿鹿鞅掌志莫之遂者數年辛卯秋始得命駕簿書之暇忽接幽奇棄故悟新耳目頓異昔人云羽化登仙當不是過爰置酒臺巔與二三子暢飲有坐者有卧者醉不休者把筆長吟者雖輿隸之徒亦

復附葛攀藤援登歡笑盎山川之際頗有性情焉以任其各自取也已而太陽告夕皓月横空俯視四塞則萬里澄清悠然會心正復不遠矣俄焉風石相激觸處皆鳴寒露嚴威逼人肌膚或悚然起問曰何爲其然也余笑而應曰此天之所以爲天也夫天道無形惟氣主之人惟利欲錮其心塵紛羈其迹不知風月爲性靈之具是與天人爲岐境矣古人雖出處不同樞機則一予不觀茲臺乎逼

體空靈著然無欲則凡所以高峙古今不至下與世俗爲伍者此道得也有時爲卧龍爲作霖有時爲坐忘爲留月爲撫松其殆有抱經世之略而不必於達負高世之節而不必於窮者而又非止爲遊觀之具而已二三子聞之倘亦恍然而有得乎而余亦不自知其情之奚所適也因退而序之以誌一時之偶寄如此至若遇景適興詳耿生紀事余不復贅云

湖廣鄉試録後序

九河劉　梅

皇上御極十有一年壬子秋天下郡國復當大比士升雋南宮儲異時公輔器甚盛典也楚之後禮臣齎疏請

欽定考官爰　命臣梅貳科臣裴往典厥事伏念臣北鄙謭陋其何能貳臣賦質朴魯釋褐後量材就教職歷鄉學國學十載司鐸郎皆以臣質之所近者造士務期實勝華行浮文規規然與鄉國士相將於聖賢道德之路方虞經義治事無當報稱臣

今職行人也徵賢聘士臣之職也乃舉全楚人文屬兩臣和衷衡量其間臣拜　命悚惶益兢兢弗克勝任是懼旣　陛辭嚴程戒騶酷日陰雨中星夙不遑比屆期入棘臣梅偕科臣裴率同考諸臣焚香誓　天精白一心矢公矢慎豈室較閱之下寧嚴毋濫翻搜檢拔心力圖不殫竭期盡得一時譽髦以佐副

皇上愼重求賢之盛心闈既撤得士五十三人臣遵
復録文以　獻例綴詞簡末謹稽首颺言進多士
而醮之曰國家取士之制自古爲重周禮大司徒
以鄉三物教萬民而賓興之或以德進或以事舉
或以言揚其論而升者皆俊造也三代而上言行
出於一三代而下言行出於二浮僞之徒飾名以
相從務華而鮮實讀聖賢之書而徒守其章句綴
厥文詞則雖才擅班揚名齊潘陸習鞶帨之爲工

矜剽竊之是尚其於聖賢行誼
朝廷經濟奚裨焉乃今之士固昔之士也今之時非
昔之時也我　國家自開創以來當草昧之初呫
嗶之儒尚多沿襲陋學競新詭於毫端繪風雲於
紙上而不知返樸還醇爲何事自
世祖章皇帝屢頒詔諭端士習必敬業而敦修正文
體必宗經而習傳要取叔世之人心而盡登於隆
古舉既濟之風會而並進於淳龎二十年以來海

內覺知之倫蒸蒸嚮風固已家守先型戶遵正訓
矣我
皇上聰明天縱問學性成臨太學而談經開　經筵
而講道其於文事常兢兢焉崇之重之顧文者實
之發也言者行之資也書曰敷奏以言明試以功
尙已然功者試而後知者也若夫文章則言耳言
遂足以取人乎要之文章道德固未可歧而二之
也其文之根極理道者必其人沈靜篤行者也其

文之湛明經術者必其人弘通博學者也其文之
峻整越俗者必其人伉直不阿者也其文之俊逸
清通者必其人修雅自好者也其文之高華茂美
者必其人丰采可式者也其文之雄宕多風者必
其人跅弛不羣者也其文之厚重有體者必其人
悃愊自持者也持是數者以相士而士可得二三
焉持是數者以衡文而文可得八九焉又況乎榮
名所加感激思奮則抒其素所蓄積以應　國家

一日之求豈不足以恊嘉謨而康庶事哉楚稱才藪山川風物聿多異觀衡嶽之聳峙洞庭三湘之浩淼襟帶所及控蹄數千里而遥其間青嶂丹峰洪濤巨浸不可勝計藉以發才士之深思佐文人之傑概者何限則取士於楚不猶探珠於淵剖玉於石乎多士際此昌期苟能大其所學出而弘濟時艱將自茲以往馳驅皇路驤首天衢爲　國家豎立勳名著鼎鍾而書竹帛皆於此日基之已先

儒又言士先器識而後文藝今之所懸以取士者雖文乎而其黽勉於後者則行也天下有道則行有枝葉枝葉者亦文也多士雖修辭以進要皆有以砥礪乎其行而後不負乎升選掄材之舉勤行而赴功先勞而後禄惟職是修不徇謗譽惟力是視不校逸勞寧言而戇毋以唯諾遂其私寧行而觚毋以澒溷渝其操辨之於蚤進之以正則誠多士之所宜厚自期許也且名器猶寶也士則有志於獲寶者也以全楚之才屈首窮經不能淡然無所嗜故以其所爲進取者動之動之固所以愛之也且以全楚之才奮情競進不禁囂然而思逞故又若以其有所限者抑之抑之益所以愛之也世無粹白之狐而有粹白之裘何也所求者博而所取者約也奮於求名而一於致用豈不貴慎於其所擇乎多士之爲文者具在臣不敢謂所擇之皆當特以我

皇上鄭重側席之意自必有應運而興以黼黻隆平翊襄道化者則今日賓興之舉正他年報績之券也臣竊願自附以人事君之義也云爾

黄安盧子春秋闈微序　九河劉　梅

壬子秋余校楚闈朝夕摸索得盧子於紫潭卷見其氣呑雲夢筆走霞城而經藝復得尼山之心源獨抉四傳之精奥知其爲通經博古儒也暨撤棘來謁詢其淵源其昆玉俱以經術經世當是時江漢

固籍籍有聲所謂紹衣式穀紫潭有之厥後余歷仕吳晉退老林下盧子屢困公車暫就變出一鐸而楚樹燕雲徒焉悵望適次兒承啟承乏黃安余就養雙泉紫潭以春秋闡微問序於余余取蓁披閱不禁喟然曰嘻乎春秋一書宣聖明一王之大法正萬世之人心史外傳心之要典也自傳會比脫立頭倒割裂遂如談虎會編因是遂令聰明才智之徒皓首窮經有莫知其津涯者矣自

朝廷允部議止用單合題近如大成說約皆可為揣摩家指南乃又僅守一提本至問其三傳三傳不知問其胡傳胡傳不知遑問其傳心哉遑問其心聖人之心入而為孝子出而為忠臣也哉盧子有見於此鎔經傳以匠意裒文獻以立言顯微闡幽標新出異秩秩如也麟麟如也其事核其詞簡其義斷其旨深以長是愍度衡庫指月之所不能媿而說約定旨之所不能絜長而較短也其所以為具如此而其大要務使人探契夫傳意以盡心於文字間以抒其性分才力而為天下不朽之文余讀是編既喜昔日知盧子於文章而今乃更知盧子於經學今既知盧子於經學而今而後乃更知盧子於經濟矣何也文章本於經學經學發為文章又安知不以經學文章出而應元會之昌期立經天緯地之業哉抑又有說焉黃安之教授湖州也有經義齋制事齋五經之有易與春秋也易

言其理春秋見諸行事紫潭之有闡微也俾質之人士經明而行修且使天下後世之凡讀是書者咸適於世用也不然得魚忘筌不思聖人之所以傳心者何在我之所以讀書致用者何為亦甚非闡微之意矣

古今格言序

邑人張希良

聖賢之言載在六經散見於四子之書孝友浹忠順備昭昭若日月之明纍纍如星辰之行髫而習

白首而撫卷自維所行中古人一言何等也上世未有文字風氣醇閎人務實修後此說鈴愈繁家誦忠孝而俗益薄人慕曾史而行益偷善乎王庠之作經說而子瞻以爲至言也今之人感應格言諸刻相習成風豈不誠大惑哉顧亦有說焉凡人之情厭恒而競新天地之昭曠終古於斯矣人日遊渾淪元氣中不覺也行僻徑者偶見一線之光一石之奇相與咨嗟愛玩而不知其爲天地之餖

飣爲六經四子者渾淪元氣也三尺童子解哦誦性情隱於恒而感發激勸有時不若俚俗單辭之提耳目乍新故也晦菴守南康子靜來訪於白鹿爲講義利一章聽者無不泣下夫義利一章在四子書中恒譚耳一經拈出痛切警動砭沉錮而中隱微豈非渾於習則忘觸於偶則猛省乎天下中材多而上智少上智之人稟氣清神識朗無所企而善無所懲而不爲不善中材之人介善不善間

見道則悅見紛華則又悅兩念交戰如蔓方蘗困極迷離祗須一喚而娓娓陳六經四子之言毋乃迂笨乎然則六經四子以語覺人格言以醒魅壓未見其不可也震澤寧侯席君樂善士集古今格言裒成一書而綴以貽謀十則博大精晰吾鄉牛公鶴沙序之詳執友石舫鍾公南游得其書以歸欲繙而廣之苦卷帙繁命予擇其要者拈出以醒世且序之予惟曾孔曰尊其所聞則高明矣行其所知則光大矣書曰非知之艱行之維艱史稱玄

齡治家有法度恐諸子驕侈集古今家誡爲屏風令各取一具而辛苦門戶卒爲不肖子敗之豈格言之不在側歟不行故也乃所謂行者非必傳聞廣識事事奉爲金科也近世豫之新安丘清吏字方山起家文無害治章奏得檢洪武正韻訛爲奇書見字下有註古人善蹟者日籍記而倣效之遂以理學名河洛間彼其目中少所見少所見故雖

恒亦新人以爲糟粕彼且以爲創獲而力力奉之是以知無不行行無不盡矣石航之欲芟繁而示約也有以哉石航爲青巖先生介弟慕義若渴三十年前邑南溪流苦漲阻倡建石梁費千計行李稱便後游白下有鄉人秦姓者没於旅公爲文籲衆舉其骸骼以歸所謂敦善行而不怠者然則郎以公當金鏡可也

重修五雲山玉皇閣序

夏汭周國職

光黃間其爲大山靈大形勝所在咸有郎所謂叢林古刹亦幾更僕難數烏足輕重者然事緣義起地以人傳或保障之所由興或遺風之所待植或揚壯烈於輿區或寄鴻庥於象教志之所鍾動惟時宜昔之靈光殿大悲閣至今傳頌不衰豈徒侈宗門華表歟至於絶續興廢有關風化本原尤持世者所宜肫肫咨詢也新安五雲山距縣治二十里許蜿蜒西向群山合沓如窩形家謂地勢環拱邑居生氣直臨學宫蓋巨靈於是乎繫焉建玉皇閣於上其義居何居將毋以上帝監觀求莫大地皆然奠其實式凴之俾雨暘時若爲此方生靈所仰賴與通邑諸前輩以闔閭家聲承先啟後不憚易代更新原有深意邇乃物漂於歷遽形殘於火安廟貌傾圮山英蕭瑟識者傷之諸公期服先疇志存整釐將籲同人而鳩工修葺焉斯其意夫寧效時尚淫祠之趨蹌與鬧場香廚之供奉漫爲踵

事增華者哉誠有獨見其大者矣吾人持危扶顛凡義所可爲者宜無弗勉之第勢力之所未逮時會之所弗遑則亦鈌爲計靡所出耳若於此舉實有不容自委者以爲壯郊圻之瞻依崇楹桷之法相則道路人之所動念也以爲護邑居之輩固啟學宫之文明則士大夫之所快心也以起衰振靡之微情協乎一邑能無趨事之恐後耶以祈天示命之積碩裕乎百世不更合力之易舉耶是則纂

義好施共勷盛事自令玉局峻起依復舊觀不特壇壝之所馮應感之所效祈報由辟之所宗於斯足永寄托郎山靈形勝亦可藉以無替非有陰維之不至此則撫兹棟宇重輝鼓鐘再振謂非於風化本原一舉而數善備乎余時秉鐸兹土每與諸同志憑吊軼蹤流覽勝概因得與聞斯役而樂其相與有成也故爲之勸助焉

徵彭貞女詩文序

周國購

朝有忠藎家有貞淑其道一也草莽之臣不以難仕而聯尊王之義待字之女不以未嫁而忘從一之經惟是五常濁亂三綱久斁冠裳之倫幾不知典章爲何物矧在閨閣弱質目未覩詩書躬弗接師友寧復責以禮教乎然天地貞恒之氣豈終銷滅義烈之槪間鍾於婦女所謂禮失而求諸野陽替而取諸陰斯固採風者所樂識也歷稽列女傳記至性感觸別具天成而常變經權各因時宜如春秋所載紀叔姬之歸酅宋伯姬之死節皆變而得正慧而守經行誼攸異而履道則同兹遡於彭貞女再見之矣貞女者新安彭君三山弱息也三山英畧正性氣聯海嶽其先世東巖先生倡明理學以忠孝節義爲首務早知其家世修齊之理所培育者多矣女自幼許聘陶氏學使陶公後裔聞夫已病廢偕師氏往訊輙就苫塊親湯藥越念數年如一日迨夫死終喪盡哀盡禮後依舅姑供子婦職色養備至從此栢舟苦節益堅純孝今且年屆四旬殆將終身焉夫以剛風懿行凜凜動人光黃銘其芳躅江漢譜厥徽音誰不感泣振興耶或曰女嫁三月廟見而後乃執婦道若夫相攸閨秀羞語夫家倡隨未成奉養惟謹是亦可以已矣乎然共姜之操載在詩歌禮曾子問待吉夫死往弔如儀之說以貞女較殆又過之然則此種節孝綱維悉本內則至要豈女子所預聞而克知耶胡彭女之若

習聞而洞知耶嗚呼可以風矣世間名義所屬智
巧琢丧人汨沒不返而愚忠愚孝偏或不謀而合
此天則之同然而大道之常存也吾黨憂歷斯文
講明人紀方將先民是程豈容近薇弗錄正藉此
幽貞之宜闡用礪夫明庭之蒙羞凡我同人秉彝
公好與善爲懷覔碩果於巾幗佩金鑑於膏沐各
攄頌言共揚盛事少警流俗之衰希挽蔑棄之漸
詎止葢彭氏之家乘實以扶南風之競氣毋慽金
玉致掩圭璋也

十六條直解序

九河劉承啟

教養王政之本也其義肇自唐虞而制爲規矩盡
善備美莫盛於三代記曰國有學遂有序黨有庠
家有塾由來尚矣自民之不能皆趨於善於是有
刑以威之易曰屨校滅趾無咎非以重困百姓也
將以儆戒怵惕其心使不至於爲非而後止是刑
也教也其義一也我

皇上雖著律例一書然於五刑之用每遇秋審必
勅部寺詳慎反覆又憂憐犯法之民出於無知乃
於前代所著六條增至十六條分縷晰令各省憲
臺郎以講約爲府州縣考績之最其肫肫懇懇覺
寤黎庶之意何意也蓋民不善而後禁之不若先
事而討者之爲愈也不習而驟强之不若使之習
聞習見者之爲愈也今之十六條正先事而爲討
俾素聞夫仁義道德之說使之浹洽於心自如饑
渴之於飲食之不能已矣然而奉行者無至誠惻
怛之意以爲之倡何怪乎聽者不以至誠惻怛之
心應也嗚呼教化之所以不行盜賊刑罰之所以
不息其以此也夫啟承乏黃安期與士民同臻仁
讓每於初二十六日敬奉
上諭逐條宣講竊恐山民未能曉暢因不揣管窺演
爲通俗直解抄發各鄉遵照奉行又慮窮簷委巷
不獲周知復捐薄俸付之梨棗庶幾愚夫愚婦易

知易行且期爲民之聞是諭也不能者有翻然勃然之心而鬬其自悔之意善者有踴躍奮迅之心而堅其向上之志由是一人身體力行儀型於一家一家身體力行儀型於鄉鄰族黨而一縣之教成矣教成而刑措於以仰答上憲誠於愛民至意以無負
皇上惻怛憂民之心縣令之責也縣令之責也

重修冷家堂序

邑人盧爾慥

安邑僻去都會遠不邇紛華民風朴茂往往多節烈奇女子余向謬典邑志嘗論列及之里中齊氏女年十八爲貧家婦誕一女未晬夫暴卒少而無子人爭奪其志齊訟之官剃髮毀容矢節於折獄庭邊若窮子疾走釋冷家堂去初王氏者賊戮其夫無所歸尼其堂以完節氏因與爲徒度名寂澄當事嘉其志不之禁是時齊本氏少婦無栢可舟無機可斷著禍袒涸跡空門宗族鄉黨方藉藉笑之竊與其鮮終焉距今凡二十年忽有踵余門而求募修疏者揖之公然一比丘尼詢其自郎所謂寂澄者是具言尼所止畢且陋雖紫金新灌而蘭若名尚仍冷家俗姓里居頗爲堂云計尼摩頂登堂時抱呱呱女投五體於地猶嬰兒合掌已耳弗暇搆年來尼漸老女克有家塵根淨盡將新是堂丐居士爲我序余素性雅不好浮圖然見一忠孝節義之事輒駸駸樂道之至須麋俱動今觀尼

之頗有賴於此堂也翻若念彼般若門中之亦有裨益我綱常名教焉者向使冷家不堂則當日饑寒新寡委頓支離尼縱能凜松筠操乎而托根無所風摧之雨溜之霜雪凌之蠹館之而又斧斤旦旦之二十年之間敗乃搽者數矣其猶能挺巖巖百尺變而身名俱全者伊誰力哉是宜亟取此堂而新之以表能全人節者

重修文昌閣序

九河劉承啟

邑之西有文昌閣近吞山光平挹溪瀨幽閒滚叟不可具狀其左則有引龍崗之纒翼其右則有石井頭之廻翔其南則有雲臺似馬之拱向晴焉嶂屏之麗錦也晦焉樓閣之迷烟也斯固黃安一邑之大觀抑亦萃止山川之靈俾無洩焉爾按祀法非有功于民物載在秩典者不得立廟特祀穀梁子曰古之神人有應上公而通乎陰陽則君親帥諸大夫以請焉夫生而為上公没而為神人孰有

如文昌者乎文昌為斯文之主操宇內福嗣祿壽之權而化書陰隲文諸篇則欲人誠以敦倫勸以勵學慎以檢身是豈虛無寂滅之教所可同類而並觀也哉家大人嘗述之刋之以為子弟士庶觸目而警心焉啟承乏茲邑勸農於郊步行於閣適見其三五荒徑四望頹垣不禁愀然曰嗟乎吾儒誦法文昌之訓黙受文昌之祐瞻宮墻而弗肅者非禮也覩圯頹而弗加之意者非義也諸君子獨非有心人乎其各發願力肇興重修期成功於此日共徼福於來茲爰捐俸而為之倡云

壽劉邑侯藜齋序　　　邑人楊震生

堂標白玉環星共者八貪臺築黃金汁辰居而五緯左恒行而右瀛海沃矣神皋前洹相而後幽營嵩然天府稽人風於二趙而溫邢高魏胥號琳瑯指里閈於三河而裴祖崔盧罔非桂石蒐中山而掩鉅鹿自足空群歷雲薊以數瀍洛幾於封戶此

從來喬松茂柏不託植於部婁而神瓜修髻自翔扶於霄漢者也恭惟藜翁劉老父臺大人系出豢龍裔傳渡虎華輪綉繖夙推雙戟高門盤綬金章世躋三清妙署家任澹臺宅畔誼久託於孔門人游郭隗臺邊價倍酬于燕市陸士衡之祖父並列台司劉孝綽之高曾夙隆冊雁粤維我太夫子大人道懋三能位崇二大捺觚上苑筆花紛薄乎風雲釋褐華年綬艾飄纚乎日月石丸鵲印人傳張

顥之符檑具高山家有王祥之佩蝸頭搢笏弘譽處於望郎鷄舌含香荷龍光於粉署既而操斤夢澤秉鑑衡椒牽沅芷而挈湘蘅珠囊騈挹汉原驂而羅玉辨玉尺弘裁迨夫帀驊騮于三晋而蘭筋方自悉受金羈督飛輓於九州而錦纜牙檣弘資玉粲爾其馬常賣桂並列堦除謝樹荀龍森羅庭著公兄先生一麾出守隼旟衡嶽麓春雲五馬渡江鳳舸映洞庭秋月太守二千石肇分石奮之榮

長沙十萬家式捧劉昆之旆獨是我公望侔厨及譽擅君宗子弟生王謝之門都稱名士人物游燕趙之宇悉茂鄉材以道德爲文章柱下五千言詎足方其元妙富詩書于猗頓司空三十乘寧或擬其淹通劉安世儀狀魁梧猶饒大節石仲容丰神秀偉共仰高標林公之論司州自是攀安提萬昭明而游元圃居然丘秩涯肩乃以道隆坐論久裕爲霖作楫之材而志切澄清暫牽受牧求蜀之綬

安邑僻處山陬城斗大而不翅界君楚塞地九小以無多郭馬遥臨展矣山川增色鄰帷高駐紛乎草本知名雷厲風行越三十里起巍之痌瘝披雲覩日慰億萬姓膏雨之澤情聆言偃之歌聲小人皆知學道覩魯恭之異績室子亦有仁心大法大經民難更僕實心實政莫罄數陳則見夫以撫字爲催科也追呼不煩乎里正那有算雞算豕之嗟封投一任夫編氓不聞新穀新絲之痛則見夫寓

精明於渾厚也頃刻而燭奸有鏡何由張九尾之狐片言而定案如山誰敢成三人之虎其于乞不行也談故人以風月聊以酬今夕之懽將涉門入青雲何由論地上之事其請謁不通也峻威稜以相示則陽鱎之迎餌不來棄苞苴以如遺則搖尾之尋羶遂去爾其佩刀必賣而青郊之胠篋潛形枹鼓不聞而白晝之探丸不作則閭宇以寧也論刑而愀然不樂令止著乎鞭蒲析律而凛乎莫欺

厥已怵乎彼枉則水火相濟也至若我有小子公
則造之鄉有塾黨有師而稟既悉由於捐割我有
成人公則德之呈之能課之業而獎勵更切于師
儒則教誨弘也常平發而釜鐘親筦鳩形咸慶來
蘇池隍浚而樵麗高擎雉堞頓成斗絕則生聚固
也尤其大者教化之原在學校公則觚稜聿峻而
兩序之鐘鏞俎豆展也於論風俗之成在國書公
則譜帙重鐫而千秋之放失褒誅于焉論定聽爾

日之與歌臺际何能悉數其大凡覩域中之士習
民風豈茀稱之爲小補也哉震生皆窳奚質擁腫
非材逢世無能覺歷落嶔崎之可笑致身乏術更
蹣跚勃窣以何之種研爲田歲歲枯魚似我傭書
作計年年窮鳥依人游馮煖以誰門歌魚徒鋏守
成都以爲壁卓地無錐結納何年縱有金張而挾
劍獎成寧冀絕無愈湜以題門然而彭澤工貧茂
陵善病跛扈飛揚之氣俱盡自分

聖世之爲連民而提攜頤復之德方來何幸嬰兒下
逢慈母問者瞻顏偃室昂首蒲塔北斗泰山大慰
歐陽之想望光風霽月飽聆茂叔之丰裁元化鴻
濛褚李野倫四時之氣風標雋上謝康樂裕萬頃
之陂珠玉清言發爲咳唾芷蘭香草裁作衣裳豈
徒孔金魏玉稱家國之符禎抑亦寒纖儉粱指人
倫之冠冕也乎茲者節屆覽揆祥逢初度海籌競
進適承正則庚寅池宴弘開恰際頳濵丁卯瞻申

侯於周室早知崧嶽生神接曼倩于漢廷何怪歲
星韜彩家籛鏗而戶戴勝都爲慈母㝁禧人勾漏
而客函關爭向神君介嘏震也拙不能文感而思
抒臚陳德範不同頌禱之虛文譔述經猷要本見
聞之實蹟福壽男子同放勳之遇封人章甫袞衣
效邦人之誦孔子此日兕觥引酌祝我公于千杯
百榼之間他年鳧舄遺飛羨我公於八座五雲之
上

聖誕會祭序

襄平張國柱

蓋聞尊師法祖上遡道統所由傳崇德報功不忘本源所自出故由歷代以迄今茲自中土而及薄海莫不於我先師至聖宮牆瞻仰俎豆春秋矣惟是學人誦詩讀書與先聖晤對而於誕降之辰竟淡漠相置無有記憶而舉奠者揆諸遡道窮源之義能無抱隱痛寐歟嘗觀黃冠緇流遇神佛誕日皆相與聚衆建壇闡揚教典致齋脩儀竭誠享獻

而我至聖斯文宗主爲千百世之師者反於降誕忽而忘焉雖學人之習矣不察亦由無以董而倡之也庚午秋江夏周子我席時正司鐸安邑云稽史記世家先聖誕於魯襄二十二年十一月庚子然以夏正推算質明聖裔應以今之八月念七日爲斷武漢各郡縣原係周子會大人梅城先生額請上憲約集舉行作有序文表章以示遵守至今遠近從風屆期會同祭奠行之已久而安邑未之舉行殊爲缺典周子爰遍告同人歛分輸金脩盛奉牲醴於是日環聚澤宮共虔致祀各展敬師樂道之誠庶乎不讓禮於黃緇矣獨是事之未興也固賴有人以倡率之事之既興也尤賴有人以循行之而其事始久遠弗替思學人今日文章事業與他年富貴功名皆自聖教中得來既有以感之諒無有聞風而不應者予承乏茲土忝有提調之責因望從事聖門諸君子羣相鼓舞共謀有終

或主會以力任或隨衆以捐貲自今以往當以周子始事永爲奉行雖聖德天高地厚不待禋祀以尊而吾輩日沐教育之中所借以少表尊師法祖崇德報功者其在斯乎故不禁畧綴數語用相勗勉云

傳

明朝大司徒恭簡公傳　　太原王錫爵

講學自王文成而後辨才縱橫名勢輝赫而其間貞儒鉅公處已立朝之行業亦往往有以是捲者隆萬間講席之盛莫如麻城天臺耿公余猶及與公先後班行問志意款款相慕善也竊惟四十季來爲耿氏之學者盈天下表章羽翼則有中丞太史輩在吾姑撮其行業緒餘人所略而不盡知者

紀焉按耿之先有諱國寶者從高皇帝起淮甸其次子必安以功授濟陽衛千戶而長子必順自光山還麻城遂爲楚人五傳爲鳴甫公大振公祖也生公父靜菴公金娶于秦而舉公及仲子定理叔子定力即今中丞君季子定裕公生而岐嶷有大志嘗侍鳴甫公問世間何者最貴累數級至公若卿更問其上鳴甫公曰上唯有聖人耳公應聲曰兒當爲聖人鳴甫公奇之初爲諸生時麻城令金

匆者才而未練事公因試策具陳得失幾五千言令驚謝寘諸首壬子舉於鄉儕輩頗自眩飾以示得意公布袍就宴泊如也丙辰以春秋魁南宮授行人司行人已未選雲南道御史時分宜爲相太宰吳鵬阿其意通賄門公首發鵬姧且語侵執政疏上罷鵬分宜氣亦爲奪辛酉巡按甘肅至蘭州邊境酷寒故事中丞具貂襜褕逆于道而晉菴戴公曰不可以故事待賢者其廉重乎于人如此嘗

是時直指使者出分宜識勞加禮因與之爲市公若不問也者第以絲帕杷子侑緘爲陳說古大臣義甚晰且曰某某可大用而已壬戌改督學南畿凜凜以崇正學廸正道爲已任建崇正書院簡諸髦俊肄習其中身爲師帥焉其所陶鑄不拘一方要以耶新發陳蕩邪刋穢俾各有所得而止即一切拔覈士吏于簿書文藝之外敦風化獎名檢常惓惓爲俗習爲之一變時新鄭相國與徐文貞郤

厥御史齊康詆文貞公爲疏辨邪正消長甚力上爲之謫康罷新鄭而無何新鄭復相遂修舊怨于公時公由御史晉大理左寺丞四季矣竟以舊官謫判横州已新鄭敗以薦起衢州府推官漸歷尚寶司丞至太僕少卿尋擢爲都察院協理僉都御史丁柰淑人憂服除以原職起撫福建公以父老乞致仕不報靜菴公趣公行先是撫閩者劉公堯誨念閩濱海兵弱稍括稅督逋爲足餉計而罷公

尚鵬至則皆罷之公謂從前則病民從後亦病兵爲之衷度其宜使兩稱便焉時方田令下所在爲厲公獨倣廣輿圖法區刬其壤地高下廣狹之宜條八法下之報完獨先又一官民之則立條鞭之籍括丁糧零雜之數署之片紙使滑胥不得濫征又修保甲鄉約以間輯小學新編閨訓禮纂用提誨民佐功令所不及焉時廣寇林道乾訌海上公欲檄東埔諸寨酋擒之廉知酋世寶一銅銃爲我

所得乃與之約若以賊首馘與我兵之被虜者來當以銃歸寨酋讙願效死而以金書牙蠟來謝且請通貢公却其餽且曰通貢非典也弗許第上言東埔寨酋震怖天威矢擒賊自效宜及是時羈縻用之葢自是寇盜徙跡閭里始宴然而報功之日詔止賜金而已庚辰丁靜菴公憂甲申再起都察院僉都御史俄晉副都時新進者勵鋒氣好搏擊公惜老成之去務宛轉調護之乙酉晉刑部侍郎丁亥晉南京都察院右都御史己丑以御史誤論

劾撫臣陳公有季徐公元太周公繼自引過求去有詔慰留甚切而新進諸臺省遂齕公不佽求去乃愈力十月晉戶部倉場尚書至是乞休疏九上矣始得歸先是公爲御史時撫臣論羅大參汝芳王兵憲道行公疏爲白之時公臺臣也不嫌與臺長爭異同比身爲臺長用公義以率屬而卒不附豈非世道之變耶公歸隱于天臺山學者稱爲天

臺先生時公老且病矣口誦筆記不厭諄諄士[illegible]筵往來謂必強冠服見之為言學道治民之不易公之學自謂啟自彭孝廉公甫成于仲子公甫以主敬為的公曰道在明倫著五倫圖而仲子別有所悟入一日公與仲論中庸喜怒哀樂未發及上天之載無聲無臭有省又舉羅文恭靜中養出光景語似仲子仲曰有何光景兄第默識此時光景可耳公爽然自失無何舉筵忽悟契文成良知之

旨曰一身皆知體也仲曰奚但一身通天地皆知體也兄弟間自相師友故仲卒而公有祝予之痛焉公學大都以反身默識為主以語默動靜示之範圍其于奇邪曲說排斥必嚴蓋公沒而有以不經毀聖之詞上干吏議者公本所為變色而爭者也今之學者襲口吻易工耳如公出處卓卓無論如狀記公巡甘肅時受石經之餽途見役喘汗相屬曰此非節用愛人旨耶因解留洛有留經記而其在留都也餞史比部桂芳適泰淑人誕日饌客豐比部拂然起曰富貴移人公俛首謝其後晤史於汝寧語之故史曰爾時若何不言公曰恐以吾不樂聞過而墮言者意耳嗚呼此軼事也然正唯弟子不能學矣蓋公沒後抱公遺經為世名卿及名師者不可勝數吾友瞿元立守黃謂黃之人有質雅而好修者不問知其為耿公之子弟與其弟子也公年七十三卒訃於朝賜祭葬謚恭簡邑令

胡尚質建專祠以祀之紀功德焉著有天臺文集若干卷行世

仁覺居士楚倥公傳　温陵李贄

先生諱定理字子庸別號楚倥諸學士所稱八先生是也諸學士咸知有八先生先生初不自知也而此稱楚倥先生傳何也夫傳者所以傳也先生初不待傳而此復為傳以傳之又何也蓋先生初不待傳而余實不容不為先生傳者按先生有德

不耀是不欲耀其德也有才無官是不欲官其才也不耀德斯成大德矣不用才始稱真才矣人又烏能爲先生傳乎且先生始終以學道爲事者也雖學道人亦不見其有學道之處故終日口不論道然目擊而道斯存也所謂雖不濕衣時時有潤者也莊純夫曾告我曰八先生云吾始事方湛一湛一本不知學而好虛名故去之最後得一切平實之旨於太湖復能収視返聽得黑漆無入無門

之旨於心隱乃始充然自足深信而不復疑也唯世人莫可告語者故遂終身不談唯與吾兄天臺先生講論於家庭之間而已故亦遂以天臺爲師天臺亦自謂吾之問學雖有所契然賴吾八弟之力爲多子庸曾問天臺云學庸語孟雖同是論學之書未審何語最切天臺云聖人人倫之至一語最切子庸謂終不若未發之中之一言也余當時聞之似若兩件然者夫人倫之至即未發之中苟

不知未發之中則又安能至乎蓋道至於中斯至矣故曰中庸其至矣乎又曰無聲無臭至矣歲壬申楚倥遊白下余時懵然無知而好談說先生黙黙無言但問余曰學貴自信故曰吾斯之未能信又怕自是故又曰自以爲是不可與入堯舜之道試看自信與自是有何分別余時驟應之曰自以爲是故不可與入堯舜之道不自以爲是亦不可與入堯舜之道楚倥遂大咲而別蓋深喜余之終可入道也余自是而後思念楚倥不置又以未得

見天臺爲憾丁丑入滇道經團風遂舍舟登岸直抵黃安見楚倥并睹天臺便有棄官留住之意楚倥見余蕭然勸余復入余乃留吾女幷吾壻莊純夫於黃安而因與之約曰待吾三年滿収拾得正四品祿俸歸來爲居食計即與先生同登斯岸矣楚倥牢記吾言教戒純夫學道甚緊吾女吾壻天臺先生亦一以已女已壻視之矣嗟嗟予敢一日

而忘天臺之恩乎旣三年余果來歸柰之何聚首未數載天臺郎有內召楚倥亦遂終天也旣以戚戚無懽爾天臺先生亦終守定人倫之至一語在心時時恐余有遺棄之病余亦守定未發之中一言恐天臺或未窺物始未察倫物之原故往來論辯未有休時遂成扞格直至今日耳今幸天誘我衷使予舍去未發之中而天臺亦遂頓忘人倫之至乃知學問之道兩相舍則兩相從兩相守則兩

相病勢固然也兩舍則兩忘兩忘則渾然一體無復事矣余是以不避老不畏寒直走黃安會天臺於山中天臺聞予至亦遂喜之若狂志同道合豈偶然也然使楚倥先生而在則片言可以折獄一言可以回天又何至苦余十有餘年彼此不化而後乃覺邪設使未十年而余遂死余終可以不化邪余終可以不與天臺合邪故至次日遂同其子汝念往拜先生之墓而先生之墓木拱矣余旣痛九原之不可作故特爲此傳而連書三紙以貽之第一紙以呈天臺志余喜也第二紙付汝念汝思使告而焚之先生之墳志余慼也第三紙特寄子健於京志余喜而且慼慼而又喜也蓋子健推愛兄之心以及我可謂無所不至矣故爲傳傳余意以告先生云

司馬叔臺公傳

葉向高

自嘉隆來士大夫以理學名者楚則二耿先生伯

曰恭簡公天臺叔曰叔臺恭簡公余僅一再晤叔臺公則共事留曹八九載無日不相見見必歡然咲語移時余素不講學然公甚喜余每告人曰見某人使人心和氣舒殆冬日之日也余甚愧其意其後余入綸扉而公逝値朝紳紛紜爲朔洛之爭余每嘆安得有公在以風之公存心厚而持論恕口不言人短在南中日外絕無一毫滯涯之感稍見於辭色余嘗許公爲眞恬眞平使世人皆如公

天下平平無事矣公諱定力字子健别號叔臺故世稱叔臺先生先世有國賓者當洪武間以功授濟陽千戸長子必順卜居麻城之太平里嘉靖末郎里爲邑名黄安而當公之舉于鄉猶稱麻城人自必順五傳至大振大振生金娶秦淑人生四子恭簡爲刑部左侍郎贈祖父如其官公初誕秦淑人病欲弗舉時仲子定理方七歲哭曰兄有我我奈何無弟淑人曰無衣也仲子觧衣覆之乃舉少

從恭簡禀業恭簡舉於鄉遊南雍挾公與俱恭簡成進士公始爲諸生迨督南畿學公復從之南畿師事史公桂芳友楊公希淳焦公竑吳公自新皆以學問相砥礪吾郡吳襄惠公督楚學扳居異等是歲爲嘉靖甲子當大比襄惠每告人耿生必捷果如其言乙丑下第後之金陵恭簡師道嚴公濟以温和門弟子益親戊辰當赴春官以恭簡遷廷尉過里留侍依依不果行至辛未及第廷對李文

定公欲置之鼎甲而高文襄公嫌其筆畫重抑居二甲除工部屯田司主事江陵相國公座師也又先曾執贄故獨加眷盼其後公見江陵權盛遂深自引避所尊信惟房師王文肅公及同年鄧公文潔張公元忭鄒公德涵在工部滿考踰歲晋刑部員外郎丁秦淑人艱歸復除兵部武選司員外晋車駕郎中所居官咸遵功令奉職有聲屬劉御史臺劾江陵鄒公方僉事河南江陵疑之曰疏僉事

筆也直指將阿意劾僉事公力懇應城李司空移書爲觧直指以其書上江陵僉事竟不免李江陵姻也亦罷去公出爲台州知府以外艱歸復除成都府恭簡泣語公吾先世隱約澤未及人弟能爲三十城造命乃可謝逝者公頓首敬受教抵任即爲徽盟諸僚屬謂吾輩精神通則宵小遠而下民受福郡賦役無書公購得刊行之奸竇盡塞方田之役大致倣恭簡所行于閩者條以從事民甚便

之蜀最苦採木公議動大衆毋嗇其費任長吏毋
縶其足豫採探分夷險布恩信明賞罰使商夷樂
趨操縱在手乃可集事當事悉從之又念收木舊
難豫請冬曹頒式于商人及木至皆中程吏不得
要索所省無筭蜀民賴公得全其軀命不可勝計
已乃新學宮表章趙文肅大儒禁民素冠違者罰
使捕蝗蝗盡而民不擾先後直指被胠篋公覘其
穴自內出曰此必庖人也捕治果伏辜有夫扶其

婦死論抵爰書具謂婦詈夫爲鬭夫訴云彼詈我
爲鬭所生耳公爲續二字於牘而出之蓋詈姑則
於律應死也八計以治平爲天下第一賜宴返郡
値征松州諸番以轉餉功賜寶鏹在蜀五載晉按
察副使督閩學下車即頒楊羅李朱諸大儒微言
以訓士錄蔡文莊陳布衣苗裔示風向至校藝則
隨士子所長不執一指嘗曰文之不同有如其面
吾面澤欲人盡澤吾面癯欲人盡癯可乎夫不離

耳目口鼻而妍媸在丰神氣骨間此吾之所以相
士也故每試凡居前茅者無非名士自辛卯至今
以巍科高第列館閣臺省卿寺藩臬郡邑蜚聲展
釆率皆公所識拔得士之盛爲從來學使者第一
其延接諸生春風藹然隨才陶鑄各極其詣且一
一評其行品官位如持左券無不驗者轉河南參
政當大計冢宰陸莊簡公署其考曰清畏人知貞
不絶俗請於朝褒異之尋擢太常少卿引疾侍恭

簡於家踰年起守故官隨晉右通政徙左以論祭
襄藩過里値恭簡喪還朝以三殿災上疏自劾語
多規切不報者久之轉政修郄於焦公以公爲黨
滯鄉士者六年執政去乃擢南僉都御史督操江
瀕發語衆知君操江以江爲職而事權分屬他曹
所轄地千五百里備兵使者五非內外同心天塹
未易固也又曰權使流毒人心洶洶兵食之計不
可不豫王文成譚襄敏以民兵平寇伍司馬守吉

安孜孜積貯卒藉以誅逆藩今之有司誰慮及此
者旣受事郎疏言五防五便其大指言榷使罔利
藪奸及竈丁擔夫畿內羣不逞可慮而欲專責治
兵使者練民兵備餉如王文成伍吉安故事亡何
有上新河之變賴公成畫璫黨去根本不搖已復
上疏極言中使之害謂臣兄弟叨仕厰蒙恩二世
臣年六十有子及孫竊憐愛之願其世世受廛明
經爲太平之民彼璫輩無門祚身名之恤豈復爲

國家計深遠語甚切至又勸上時閱通鑑纂要見
歷代盛衰之故皆不報又屢疏乞休不允歲壬寅
以九載考績晉右副都御史仍舊任僉都之滿三
考而爲副自公始也公雖職操江而攝臺之日久
又時兼攝他曹所建白皆關曹事大察會乙巳當
內計公與太宰吉水曾公爲政於南而余佐留銓
預焉曾公寬然長者惟恐枉人考功徐君欲有所
黜爭論至動色公意主曾公然亦謂考功議是兩

爲曾解余復從臾之故是役也人以爲衆其年晉
兵部左侍郎仍南所省歲供錢及贖鍰且數千金
盡畱界代者爲修署鑿河費時餘姚孫公亦自南
臺長遷宪留樞先後兩署皆同寅甚相得然孫公
氣勁面冷在諸公間多齗齗公爲曲暢而默劑之
所裨益甚多妖人劉天緒發難驚動陪京元兇已
就擒孫公窮搜其黨六七十人用三木囊之通衢
以次就斃公請於孫公曰玉石難分蜚語未實盍
少緩之孫公不謂然公嘆曰孫公其不免乎已而

臺省果有言公以三品滿岀畱都卿大夫祖餞公
僉行後孫公且愈孤力爲諸公言其赤心任事至
以百口保之亡何孫公亦竟去都下搢紳方望公
來而公感慨於世事人情之日非有浩然之意中
途上章乞骸骨頃之病沒中外聞之莫不悽悼所
司請卹贈南京戶部尚書予祭葬其生爲嘉靖辛
丑年正月十四日終於萬曆丁未年十一月二十

一日金陵人合祀公於恭簡閟志名宦楚祀鄉賢而蜀有專祠與文翁並配朱氏封恭人男汝忞郎孝廉能世其家

周司空友山先生傳　　亭州王奇

先生之學不求人知者也而求知先生亦不易顯名厚實人情之所爭趨也而先生避之若浼赫聲烈燄人情之所爭避也而先生藐之若遺氣節自砥尚矣而幹濟未必能優涇渭分別嚴矣而持論未必肯恕兼此數者而又若拙若愚躬實蹈之而口不言求知先生何易易也內舉莫如親而先生從子民獻有傳外舉莫如賢而大司空朱公衡大司寇鄒公元標太宰陸公光祖給諫劉公道隆祝公侍御鍾公有奏疏若丁池陽相國則以國士受知先生智足以知夫子而不阿所好者也按其狀先生者曰先生學問得之耿恭簡者多而以躬行實踐爲本與人議論多所開發其於文章一根於理要不作浮靡飣餖之態居恒恂恂退讓遇事直前雖賁育之勇不可欲至籌機相人異日若合左券云而所述薦疏如川西參政周某不言躬行隨試輒効心日游於道德仁義之府政不遺於盤根錯節之衡方其筮仕工部也正故相作威之日乃托疾而辭行取之選恥濡足於權門及其歷官尚寶也正故相打言官之日乃抗言以救御史劉臺之廷杖扶正氣於善類自曹郎以及卿貳蕭然儒素不交一浮薄喜事之人以眶蹺時名所在克能其職一惟奉公守法之兢兢此皆眞品眞才亟當予之以諡此先生沒後十年給諫劉公之疏與鄒鍾諸名達後先如出一口者也至其任光祿而因事納忠轉圜國本之大計說者謂與李長源尉王之對同功而不費斗粟計勦寧州巨盜盧上桂此又王文成一流人非直褒衣緩帶與奉新上饒講道東南木鐸清時而已嗟乎當國家多壘之時主

上日夜撫髀思得一長才靖亂之臣不易遘況才
與骨合骨與量合如先生者豈非聖代之麟鳳也
哉郎亟寻易名以風厲人心未必非撥亂反正之
一機況乎斳俎豆於鄉校也先是神廟庚子辛丑
間阜和尚寓麻城先生與之友善人謂其皈心阜
老過於恭簡不知其守黑守雌後身身存遁體從
聃叟得來郎中年標指艮知嘿嘿宗信如龍谿王
公猶非所授衣而況其他乎奇與先生伯子之厚

同時補博士弟子一日謁先生先生目屬之曰孺
子可教先生誠失言哉奇且老卹矣而茫然罔從
其何以謝先生諱恩敬字子禮以嘉靖甲子舉於
鄉成戊辰進士歷官三十年家食之日過半天性
沈嘿跐無錯屣門絕雜賓蔬衣敝廬處之宴如也
而賑貧贍族倍酧物直則傾囷而出無所愛屢任
輙奏勣例宜得蔭屢以忤權倖見泥後以滿三品
考蔭一子之衍入成均與伯子俱尾公卒孫曾七
人多文秀世寧世鎮最著世權郎承蔭者當劇賊
之衝而毀家倡義以衞一鄉令人有欒武子之思
焉

吳曲蘿傳　　雲間董其昌

余以乙未分較南宫舉吳敦之使君乃得士之名
大著蓋君爲臨朐馮文敏宗伯所拔戊子楚闈第
一人稱天下士余郎非目迷五色而價爽連城知
人固未易也先是禮闈較文以制藝爲重制藝有

當然後求其論策余獨離而爲二各加裁鑒三者
合而後收讀敦之論大奇之謂必天下士以視袁
伯修陶周望皆咄咄歎賞周望因是以檢論得湯
賓尹余又謂袁伯修曰此卷一似漸于李阜吾者
豈江黃吳解元耶伯修曰論則饒爲之制藝當更
奇也一日道遇馮宗伯宗伯駐馬語曰始敦之出
棘誦制藝平平耳余不許也敦之曰然有不終試
乎余曰若有佳論仍遇主司重論者亦見收矣何

以若合符也是時方有宏詞之科余力不能爲敦之先宗伯亦爾蓋敦之磊軻任運競進爲羞豈惟詞舘郎司理有聲宗伯且薦爲吏部郎敦之固辭僅平進禮部竟宗伯之世感知而巳感恩無有也其司理潤州常鎮多忠諫逐臣提衡在口時有司或附之以負名聲或背之以媚津要敦之落落穆穆相與於無相與不可得而親不可得而踈假令敦之今尚在黨禍何從耶敦之沒十餘年而余官

南都其子光能相見泪交於顱以京山李先生之埋誌示余且請爲傳余何能辭敦之名化號曲蘿生而早慧兒時常閉目跏趺坐空囷中家人跡得之不知其所從習似從高僧中成者年十三已博通五經子史邑令號之聖童嘉禾姚少宰爲楚學使羅異等過蕭以占祭酒座上揮筆千言有如夙搆祭酒嘆服自以爲不如然屢困名場戊子楚闈業已受喚拙目矣忽風引一卷長丈許至案前主

司取視之懽呼起舞遂錄第一乙未成進士授鎮江理臺案倚重平亭疑獄數出意表民有壓死而訟諸生撲殺之君案之曰撲人者右其手理宜横今縱而左非撲勢訟家情立得遠近神之軍吏議關有御史客抗而鬬軍吏殺之御史當軍吏殺人獄詞具無敢反者君據律爭軍吏得免雖御史不能爲其客報也海上有大盜檄君捕之爲出獄中盜問狀賊就擒飛播之致司馬徵兵餉江南諸郡

猝無以應君具白假漕粟應而徐督諸郡還漕歲終錄囚有詔赦未至御史欲行刑不果君抗言曰律有決不待時之文詔未至則從律可衆稱其敏練先後五載擢禮部客曹主事出使襄邸襄王餽金令人羅之途已莫測其所從歸歲補膳曹主事晉江李文節署部事曹郎競以細謹迎合君獨舉其常度或中酒不以時入曹郎對談諧謔笑傲若有意相忤者遂中以考功法不俟除而歸歸則稍

作冏冏[illegible][illegible]種竹䌷忘機客爲文字歡入不逆出不送人入[illegible]其簡易居久之補河東塩官聊復應之一行邊塞遂投劾歸期年擢戸部主事朝議方嚮用而君已病手足厥矣醫者以樂餌進或以修西方進皆笑謝之終不止酒彌留之際神色不亂蓋其童時已有定力驗矣誌文言君雖坦率無畛迹於高曠至於倫常取予大有坊表父光祿公卒於京師徒步扶喪哀感行路父所幸諸姬二所各

他人子悉以田廬童僕贍之自司理歸幾於垂橐第儲有俸入爲季父太學公壽太學公沒遺孤五齡朝夕於側提獎顧復長則督之學俾有成立太學公第宅不能保歸之豪家時時飲恨君以倍值取歸謝遺命也舉族兄不能葬之櫬更恤其子宗族鄉黨待以舉火客至如歸必厭所欲生平不能握算惟聽之紀綱蕭祭酒常推百金之惠君固却之曰柰何以貧累長者清節其介如此又好爲文

見不聞之德某子甲未知名譽之蕭祭酒得録子籍祭酒曰非吳君幾失子某子甲請謝避不見有奇才生負氣而爲邑令所抑闈中得卷誤以爲生匿不出事後知爲敦之殊悔泊舟赤壁過訪以士云爲辭意深遠矣所著遺集若干卷李先生評其文曰骨力沉雄氣韻生動旁睨橫絶變化無方人以爲篤論始余所疑敦之爲李氏學者及詢之乃雅非所歸嚮特其性得之而持論與焚書合者

總之不名一器任眞似達氣義似俠裔取似狷生死去來之關似禪郎馮宗伯以文章政事推君亦爲知之不盡矣光龍俊爽有父風恂恂軌於度善繼志敦之爲不泯矣

進士盧贊勳先生傳

漁臺魏公韓

盧公諱堯臣字贊勳號欽父中科里人其先七世食餼祖東河公諱大儒以明經官別駕父心齋公諱廷箎亦歲薦理學名儒崇祀鄉賢至公甫八[illegible]

仲伸文通五經應童子試時當事以公年最少□
文公試以數對公輒隨聲應之俱稱絕十三入縣
庠十八食縣餼壬午歲公郎登賢書年僅二十有
三耳在孝廉中幾三十年閉戶讀書毫不與外事
凡邑中之宽且曲者公始爲之伸理之剖析之計
公十上公車至戊戌科以爭元見遺公志愈堅行
愈勇及庚戌始魁天下一時紙貴長安鬻公文者
竟藉以成家公性至孝友僅一弟諱舜臣父終時

偶不瞑公跪而請曰大人或以幼子爲憂此子責
也父遂瞑卒之教弟成名其所遺並已所有者悉
以美好之物予之毫無自私焉至於族中之貧儒
者周給撫養公皆以爲己任間有不立者或至鬻
身公不惟捐貲以贖之甚且安居之室家之宗族
鄉黨宜無間言公初仕益都其民不馴其俗甚悍
其稅糧不易徵公則操守惟嚴撫字從寬民無不
感公恐後焉山東壬子秋闈慕公名取爲同考入

□士十有三人元魁皆出其門俱名下士後多大
顯位以節概稱者指不勝屈可不謂知人識士乎
益邑人有爲宦指後強奪其妻者公必盡法以懲
郎權役亦未嘗少貸也益人疑公廉有以新著獻
者公啟封見金當即擒其人以訊之彼云欲因以
病公公叱曰此亦安足以病我徒自病耳遂責而
斥之其居官之嚴毅清介大率類此至若鋤強扶
弱發奸摘伏一切神明而烏奇之者又未可以殫

述也時益有權要僅見公守清行斷難以濟私遂
降公公亦無慍色後權要以事敗公復起寧前司
李不數月而賴公以生者七十餘人雖任刑而公
則無刑之心也後以年老致仕歸里著述爲業作
三不朽以行世月旦卒諸弟子講學卒年七十有
五生子七人孫三十人科第綿綿非公盛德孰能
有此

鄉賢吳敬菴先生傳　江陵胡在恪

吳公名國寧字敬菴灕源里人好學篤行母黃氏早逝以至孝聞事父及後母程婉容愉色人稱無間言父病侍疾日夜號泣湯藥必躬親病劇嘗糞度不起遂觸地痛絶移時方甦父卒居喪悉從典禮廬墓者三年朝夕哭奠未嘗見齒先是公有幼弟三皆繼出父易簣時命公兄弟分財異居五其鬮使各取一以一畀公子公曰兒幸長硯田筆耕亦可自贍豈以兄故而倍弟產乎願以益諸季兒

無需此也父既捐館悉推其巳與子之田廬奴婢而屬之弟惟受先人主及祭器焉撫三藐孤各畢其婚娶各綜理其所遺業弟數破產輒復以所自治補缺乃復稍稍盛築室扃戶延名師課督約曰弟幼失怙願無失學不成名足不得及戶外也厥後諸弟俱以英年遊泮爲時名士其天性孝友如此公讀書務識大義不屑屑章句制舉業尤專精心性之學竊聞先達恭簡耿公伯仲講論獨契格致之旨而歸本於一心之主敬學者稱爲敬菴先生時新邑創建公分督西城工役不辭櫛風沐雨倡義捐助以濟諸費歲不登廩粟陳陳相因價騰湧貴境外華金至積公戶趾相屬轂相擊也公曰吾里饑吾積粟原以活此一方民若越國而受公等金安在能急人之困也乃大開廩召隣里父老計口而周之有以良田美宅質者公焚其劵曰緩急所時有君但持去奚質爲賴以存活者逾百里

焉祲後多疫癘公施藥以救尫羸施棺以歛殘胔施地以瘞白骨傾囊倒篋不惜數千金孝昌貧士鄒某鬻妻以自活公聞之捐金贖還資而遣之歸遠近莫不高其義以貲郎補吉水丞載米之官惟飲彭湖一勺水耳後尊鱸念切遂命駕歸去歸數年而卒又數十年而爲今

上康熙之五年歲次丙午潛德在人沒世輿論益著邑之人士具呈請於縣轉申各上憲得春秋從祀

於鄉益盛德之報云

節孝婦盧母匡氏傳　邑人張希良

節孝婦匡氏父宇垣公先世滕東以宦遊寄籍於黄遂爲黄岡人八邑庠舉三子二女氏其季也母彭氏夢掌中産幽蘭獨幹而氏生少穎異工針紉紡績女紅之務通尚書左傳觀羣書凡一八耳一過目者輙終身不忘以故身處閨房中而於古今得失興亡之數以及成敗利鈍之機皆若燭照而數計也安邑盧公堯臣成進士授寧前司李纂氏緑窻廷譽而聘之氏父既許諾知已有娶抱三子云且悔之因禱於神以决去就夢中見氏刺繡虎首尾垂成以一玉研覆之寤思盧姓之首與虎同文乃以氏歸於盧舉一子郎今孝廉盧公爾憶也子始生父復夢郡通守薛公授以玉研比覺而誕故其子之乳字以之益感二夢而得名也其子幼早孤土田爲豪所侵氏父年益高往說其事豪侮

之含忿以沒氏痛其父之不平而身爲孀婦獨杰何乎仇讐乃口授疏藁遣弟叔隣伏闕訃仇仇被逮幾斃值流氛梗道獄未讞仇得逸氏召弟責之曰若獨不念仇之殺而父乎出利刃銘其背誓復父仇刺指血淋漓以示弟命捕仇屢擊之雖不中然仇亦悸死已而叔隣没氏撫其孤伯兄守偹伯隣夫婦繼没遺孤女氏嫁之當是時匡氏不絕如縷卒起寒祚子姓蕃育至今則氏之以也後及夫寢疾子亦病瀕危氏奔走夫若子之間衣不弛帶者累月夜則涕泣告天祈以身代然卒不起氏乃盡脱簪珥襄事忍死撫孤時僅二十九齡也無何秦晋寇起歲荐侵氏家亦漸落然以讀書洞世變智深而勇沉杜微嫌造次動必以禮故雖崎嶇於兵戈草木水火窮餓中母子相依終能不失其節方流寇之逼山城也大姓爭先走避氏不爲動謂老僕曰負孤免子當遷於近井之室城陷收我骨

爲餓寇至環攻氏獨扃一室斷炊者三晝夜會圍
觧乃得不死明年寇復至氏攜孤走府城孤長舍
不能敦師躬刺繡以易薪蒭五夜織作猶以尚書
訓故口授孤使無廢學每誦古節婦吟云兒能成
名妾不嫁良人瞑目黃泉下未嘗不反復提孤耳
泣下沾襦焉無何寇益滐氏攜孤南渡江府繼陷
益攜孤匿梁子湖已還棲於邑之龍山而兵寇訌
江上矣然皆先幾免於難當其踉蹌出走水陸閧

闕足重繭委頓必負祖先木主與俱蘧廬一飯卒
弃薦以爲常所止必擇婺婦爲居停主或資糧隔
絕累日不火食仍岸然鵠立無墮倚容漁嫗野媪
舉敬憚焉甲申三月京師失守氏捧讀國變錄至
煤山君后投繯事痛哭失聲謂其子曰汝父成明
進士三十五年俯仰皆君恩也今神州陸沉汝輩
念之否幸毋求聞達爲前人羞汝母赦水餘年無
憾其子奉母訓六年所有齮齕者不得已乃出之

卯貢於雍甲午試北闈不售將仕貧焉氏寄語曰
汝曹俱甘草草進身若家世何子聞之瞿然歸卒
舉丙午鄉試氏之教其子往往不苟如此歲壬子
上採科臣議旌表天下節孝邑薦紳父老以氏應大
典巡撫董公特疏上聞
勅下禮部議奏曰臣氏性成節孝志凜冰霜臨難而
矢死靡他茹荼而守貞可久篝燈課讀旣以母道
兼師皓首彌堅永以坤儀垂範亟宜旌表用勵世

風所司給坊金三十兩旌爲節孝
制曰可檄下守令肅幣敦賀氏曰人各有懷期自盡
耳豈以弋譽乎旌例棹楔費鉅非賜金所能辦汝
寒素愼勿以虛名毀汝家予不樂此也先是其子
爲氏豫置黃腸紈綺甚侈氏見之愀然曰厚葬非
禮且予謝華靡綦縞垂四十餘年烏用是斑然衣
然者爲氏性恬淡寡言笑居常危坐肅肅帷幕若
處子右不喜浮屠星相雜派罕及其門惛優劇姻

黨冠婚諸慶會卹氏一至爲重終不赴而贈答餽遺無闕禮御下嚴而有恩一門之內男女無少長皆別途訓子孫以孝友退讓見科第蟬聯日益盛頗懼滿盈而陰行善如不及義女陳氏幼嘗許聘胡姓者亂後不知胡所在有以多金求娶者氏曰舊盟何可寒也乃令物色其夫得則貧不能娶矣氏已其值益助妝遣之胡今尸祀焉又艾姓者嘗鬻身於氏詢所出知爲盧氏三從甥立時焚券歸

之諸懿行未可索陳也甲寅春滇黔變起氏忽語家人曰疇昔之夜夢吾夫子小築成期予共處殆將徃也予老矣亂離何堪再見重以累汝曹室傍井三十年前死所予其終始於此泉也及夏竟卒易簀之際猶呼侍婢掖之起向東南坐數引衣覆其足其子曰兒女前可無覆也氏曰見裏衣非婦道卒覆之乃瞑其內則之嚴蓋死而後已也氏生於明萬曆已亥年卒於今

上康熙甲寅年春秋七十有六以節終先時庭有乳燕忽一白羽子墮地殪氏對之悽然欲泣既卒羣翔入內寢繞繐帷哀鳴上下薄暮還伏於巢罷哺不出者三日人異之

奉直大夫彭公傳　　邑人盧　經

彭應選字克符號椿齡太仙里人也祖文學南坪與恭簡耿大司農同學恭簡禮之爲畏友公生而岐嶷稚襁時恭簡稱偉器謂南坪曰他日大君門

者必是兒資性穎敏非常書籍過目輒成誦聽鈍根者咕嗶聲則哂之總角試童子冠軍補弟子員負氣任達揮金如土不事家人生產尤不屑尋行數墨作章句儒每讀史至殺身成仁舍生取義故事輒掩卷太息曰大丈夫當如是矣伯兄諱應會明萬曆庚子科舉於鄉公專志博古恥干祿之業不幸伯兄上公車卒於京邸人僉勸公續科名於折節爲制藝癸卯科闈中擬元未果誤中副車適

覃恩例選拔於食餼二十人中七郡合試公列頭
經第一貢卷紙貴當時初授台州別駕其地偪處
海濱倭寇不敢犯界兩浙倚爲長城値丁艱闔州
士民請留指使上疏奪情公弗許服闋起任楊州
會淮水災公淪河築隄本富者未富者並受其賜
揚之人立碑建祠紀厥功而報厥德尋遷靜寧州
牧闖賊方揭竿亂關中鐵騎十餘萬圍靜寧十閱
月公登陴擊柝親冒矢石猶張巡之守睢陽迨內

糧既絕外兵無援賊攻打益急射書入城云獻刺
史則圍解否則城必屠公集士民告之曰余之死
守孤城者上爲封疆下爲生靈耳與其城破而萬
姓玉碎曷若吏死而一州瓦全乎士民咸呼曰甘
與賢州伯效死守誰忍殺父母以保子女耶哭聲
震地公姑應之曰諾次日早朝衣朝冠北向再拜
畢獨縋城出逆賊陣大呼曰我靜寧知州也速殺
我聊救一城命勿食言賊曰壯哉彭知州舍之解

圍去公亦解組就道州人臥轍攀轅必不能留比
歸里聚宗族曰余宦游廿餘年遭世變媿無俸以
分宗族願盡捐田租給伯叔兄弟代完賦役三載
宗族咸感泣先是弟應照歿遺腹生男世振公教
育猶子俾克家伯兄應會故無後公奔喪長安扶
旅櫬歸故園急脊令在原之難備嘗險阻雲間董
宗伯諱其昌顏其堂曰孝友明季屢經兵燹堂燬
而扁尚存人以爲孝友格天似有鬼神呵護云

記

明朝天窩勝槩記　　邑人耿定向

邑南二舍許山曰五雲層巒聳翠森邑奇觀也自山巔迤邐而西羣山合沓環而如窩故稱天窩云窩中林木蓊翳石泉沸出常稔之田可十餘畝居常藏息不殊人境間臨高周覽恍身居太清而俯覗塵寰也窩北有山如屏西有山如蓋以故時雖隆冬朔風不能侵雖盛夏炎威不至酷而東南隅

則又皆凹而如闕杲日方昇薰風徐來此中獨先得之識者謂其高而能含幽而能豁隨處可宅與時咸宜其勝槩如此

天臺勝記　　耿定向

天臺山者楚豫之交山也其山形類臺巧若天造故名天臺云由黃安北六十里而遥至界河高橛橋折而西從谷口入可十五里許至平頭嶺嶺峻而險若天塹限隔人寰者由嶺下行三里許折而

北里許爲牛耳巖萬歸菴菴巖北躋蹬縈蘿而上三里許有洞高廣可二丈許深可三丈許洞前怪石羅列如臺如几如獅如虎未可殫狀奇花異木繽紛葳蕤若人夙植然者余壬申夏初一至其中題曰止止洞命叔子定力子健書甲戌子徵周思久氏遊至此中作凝神二大書并紀詩一絕云歷磴攀蘿入紫霄披雲趺坐慮全消花間喚出仙童子閑倚洞門吹玉簫自洞下復循前道仍折而西

緑溪逕入夾岸林木鮮美芃芃掩映岩石瑰奇遍呈異狀一帶溪流縈廻潺潺涓涓如鳴珮槩玉倏湍激如飛雪噴珠倏滙集如碧鑑氷壺郎淵明所記桃花源逕度未之尚已行十數里許至赤城寺寺在山麓由寺後山透迤而上可六里許始至山巔臺故在山巔也周環皆石峭立如壁高可數十仞上廣可數畝止一逕可躋按壁鐫宋元祐七季開者從臺趾上凡一百五十餘級至離垢門又一

百二十八武上至息緑門又七十二武至達天門
是爲臺嶺三門名皆余萬曆甲戌年所題子徵書
息緑門左石壁鑱朱端平時事令人悲楚顧其文
蝕齧不可盡讀已離垢門左有石如座學博應德
劉思召氏已未春遊題曰坐忘臺叔子壬申夏追
書之叔子復題曰鳴琹處循臺而右兩石研谽中
有石隱隱如龍狀子徵題曰卧龍洞洞前有泉從
石竅出郎石鑿池瀦之一夕積可十數斛歲旱土

人致虔取水歸灑之可致雨余題曰作霖池叔子
書池右從石穴傴躬伏地入數武有窟向離前有
石如盤上可坐七八人隆慶已巳白下焦太史竑
弱侯率六子八座其上詠詩云儘將雙脚壓崔嵬
下視青天萬里開飛騰莫訝不知險曾踏羊腸百
折來因題曰七子臺子徵復題曰抱奇窟臺西南
岡有石如香几右有石如門爐余因題曰告天爐
子徵書臺東西山並時於前其峭壁皆如臺差小

而俯又一山尤小而崒嵂附麗於右兩山之後又
兩山亦如臺狀降班並峙殆若子弟負墻環橋質
疑請益亦如昆季駢肩連袂旣翕而共學也載登
臺嶺騁望萬巒千巘合沓環拱其從若立其跛若
伏又殆如孫子繩繩林立滕前如億萬卒徒赴赴
桓桓從大將旗鼓而聽節制者壬申夏余名其臺
之大者曰伯臺前中曰仲臺右曰叔臺左曰小臺
叔子書仲臺叔臺兩山故聯亘屏立從東北上者

無竇可入盎朱嘉熙間始刊通以便淮蔡之避元
兵者今兩石柱立如門子徵題曰了心關叔子書
關右有巖西向子徵題曰留月關右有壁東向題
曰賓暘留月巖嶺之左有石上覆如盎前有古松
數株子徵題曰撫松巖賓暘壁左郎小臺也上有
怪石古松存甫吳心學氏尤愛之題曰披雲峰子
徵書由臺東烏徑行十數里許爲黃楊寨以巖多
黃楊故名周廻峭壁亦如臺上平曠可田可漁宋

端平中全活十數萬衆計必屯聚於此西二舍許爲老君三舍許爲仙居四舍許爲佛塔三山咸瞰乎其後北面於臺云余嘗謂此山之勝不獨擅奇一方郎寰中諸著名山似不多讓彼兵亂之季生靈憑其險阻得以全活者其麗不億爲民立命之功爲尤鉅矣乃其弘美膚功不甚章章顯著則以界在遠徼高蹤之足音罕至而文獻之事缺如故也美含不章功崇不伐可謂至德也已矣予徵茲

綜其勝槩列爲十景徵詩同志以侈其勝詞宗學士是始矜羡競美故知抱至德者未始終不遇也雖然是豈此山之情也哉

天臺遊記

耿定向

嘉靖己未暮春余時奉命使衞歸省在里爰偕學博應德劉師召氏始遊叔子定力秦生思君從爲兩留滯魏氏宅數日仲弟定理偕從兄　定策族弟定曉暨王生國佐秦生鏞德修等數十人追隨後至停數日方山人　與時亦至因與同登黃楊寨失道穿莽緑巖下共飯牛耳巖涂道士菴而還越壬戌秋中余時典學南畿過里中復偕應德暨太守子徵周思久氏大尹　劉方氏遊余兩弟暨劉生廷諫秦生思君思通等十數人從停數日歸越隆慶丁卯仲冬余轉大理在告山居貴陽李大參渭湜之時守韶入覲過余問學因與之遊從行者兩弟暨方生民昭等十數人也踰宿別

余偕二三子從饅頭嶺循八家畈歸存甫吳心學率其弟　共學追隨未及過湜之於平頭嶺班荆與語存甫因奮起力學云已已新春白下焦生竑弱侯率其徒霍丘田生旣需李生能立能化來候予予與之遊兩弟暨秦生思君等二十餘人從兒汝愚侍時弱侯爲余賦北山有臺什踰日爲上元節叔子誕辰也是夜二三子諸相切劘頗爲爬懇叔子次第其語爲天臺別訂以貽弱侯而浮光

同志友　官思恕氏曳杖策蹇來會因與從東道歸過其宅再宿與弱侯別而還辛未秋中余率仲子暨胡生楚材劉生熻劉生廷諫方生民順等遊至牛耳巖余憊而還因有精力大減之慨仲子前日藉令子徵諸吏在行亦倦遊否余黙然有味于輔仁之旨云壬申初夏余復約子徵重遊留方氏宅數日遲子徵不至遂率方生民感民忠民恕民順民熙暨劉生廷諫徐生中立從清風嶺來遊

至牛耳巖始得探洞之奇踰宿登臺留數日方氏諸昆季聆余語俱有省發彊善意時叔子以冬官使吉州過家得從遊命㑹諸大書鐫各巖壁間歸

甲戌秋八月余時起爲符丞奉命使魯藩歸省在里偕子徵暨　萬茂氏遊王生國佐方生民感昆季從從子汝霖汝念侍初十發黃安宿方生民順宅次日宿牛耳巖十二日登臺踰日朱子子相暨浮光屈子發官子思憲至踰日仲子偕吳存甫

周生芬至再踰日既望子徵懸弧辰也余趣諸友賦詩爲壽兒汝愚自館中賦天臺高呈上是日方氏昆季治具諸友以次稱觴已余念諸子弟憊筋力忘險遠相從意子徵有以教詔之者座中側覷子徵色初愀然若有深念已始漸怡乃更端以請子徵曰余十年前此日亦效俗宴集鎮日閧然勞擾止辦一醉飽甚無味也十年後以慈嚴繼背至日率避客山庄或寓蕭寺則亦岑寂甚矣今

寓茲奇蹤郎登頻超忽一不見其勞兼良朋萃止匡坐靜言又匪往之岑寂則皆諸君賜也顧何以報謝第矢彊勉爲善無媿此餘生庶不相負耳子徵語辭若引而不發意則篤至矣余聆之矍然一時座中聆者若咸有感省云余惟此山當宋元之季鞠爲戰壘矢石交馳刀斗相聞民集其間如遊釜魚懸幕燕藉此苟全性命郎爲厚幸至慶雖有勝槩麗景誰則樂之嗣天降康真人御宇宇內寧

讌東西南北之人各散歸故里而此山故僻在一隅不當孔道無論冠蓋章縫不聞足音即牧兒蕘豎至其中者亦罕矣則又何落莫甚也茲余儕幸生際承平里中朋輩諸賴天啟其志斯學是始引類聯羣時相羊容與其中商心談道匪爲逸豫上下千古問如此休盛不審曾一再見否撫今思昔其知所自也夫其知所自也夫

巽山應侯去思碑記　　耿定向

余邑黃安故黃岡麻城黃陂之裔疆也創自嘉靖癸亥令四易而民鮮愛徵蓋經屯慮始自古難之矣今天子篤意元元數飭吏治而撫臺汝泉趙公祗命詢楚瘼余邑爲尤計非卓茂材不可維時侯尹羅山甫期而聲稱籍甚趙汝入也習侯治行特疏請改令吾邑侯至諗我民疾苦所先亟創條鞭法省諸不經費無慮數千金民乃蘇語具余所譔邑賦役碑中顧侯所以能令我民頌思無斁者不獨此先是諸君侯以邑草創過鄉人士多刓廉隅侯肅然秉公臨之右家豪族不敢以贄通酒食枉車騎蓋始知有官府之崇然由此益自兢兢於當世之憲終侯之任無有詿累訟牒者乃岩壑清修士侯每折節式廬焉而尤好崇獎節義惟恐湮沕蔑者優以粟帛或置田贍之學宮初建秩祀往不虔胥吏每乾沒其祭供而故移以厲民侯恚曰邑之大事在祀厲民以祀非所以康夫子也誦法之

謂何爰庀殿廡庖湢每脩祀必豫戒而俎豆始秩秩有儀矣俗尚信鬼多竭貲以豊祠祀侯曰此民貧之因乎乃懸重禁始息邑諸生故朴魯少文侯裒然揚搉以陳其趣覩諸敝衣决履者輒斥俸助之乃約束又不少借也由是諸生咸斤斤自飭如侯指侯又不以政成自多事上謹遇同官油油不存城府乃事關民隱必引義固爭不依回徃司府大猾素卯我邑時迂道來魚肉我民侯悉裁之自

是相戒勿敢道黃安矣邑城堙故卑不足恃侯檢餘帑丹之高六尺許役不踰旬民不知費所出又出貲飭黌宮前巒卜漏澤地葺諸壇壝公署咸以時役民民忘勞焉侯出冠族乃約巳不殊寒畯公暇課僕灌園自給訟者卮楮勿罰貴賓過厨傳咸自主辦至入覲挈家貲爲道里費不忍以錙銖厲我民云居四載擢廷評去尋晉秋官大夫余爲建生祠記其事余惟侯之遇士紳也若嚴父嫺於義方而不溺其遇上暨同官也若師友無犯而無隱也其崇禮樂善也若嗜飴其興事建業也若理家其視身也若貞女而其燠咻我民也則若保母矣則夫侯之去也而民胥懷去之外也而民滋懷有以哉余茲記貽來者蓋藉侯爲枸非直爲侯記也侯名存初宇復之浙台之仙居人大司寇容菴先生冢子也仲若叔皆時名賢其家學所漸從來矣

勿幕泉紀　耿定向

余邑新造城中井少民病汲余舍前鑿井三十尺許繼日夜漸積水止可十數斛而居隣爭汲者如堵至不能朝夕家人不得已設幕以防私竊余視之恚曰孟子云昏暮叩門戶求水火無弗與者奈何若此臨者耶維是厚直鳩工重浚之又十五尺許忽土變而泓泓盡水湧頃之水集廿尺又五蓋始及泉云爰命工繕甃甃成戒勿設幕令同巷人人得取焉第與約曰日之朝男子汲日之夕婦女汲不如約者罰亦別也而金陵楊生道南適覯其成請名曰勿幕泉余曰善哉余於鑿井而益悟於易矣余玩易之井而益有悟於學矣無地無泉井不及泉浚未力也無學無得學鮮自得造未深也斯言也易之井備矣初井泥志襍也故不食二井谷雖得微矣故止䠶鮒三渫矣可用汲矣弗甃猶弗固也得無咎耶四甃矣五冽且寒矣上六始可勿幕通之人人也子曰井德之地也深哉深哉綿

曰古之淵淵出之涓涓爾視爾泉志言甫編

秦氏義田記

提舉龍仁夫

秦麻城甲族秦之著曰夔弼字朝卿以其家產顛末示予予忻然援筆誌之朝卿之言曰秦故是邦土著六世祖諱執中執中之子五希申希孟希旦之世微且臧存者希尹希仁希尹之子諱楠吾曾祖也家陡埠河之南俗曰河南秦希仁之子四諱楷椅概槦吾從曾祖也家陡埠河之東俗曰河東

秦楠之子三諱克勤克儉克家勤儉之子又微且臧存者家之子國柱吾先君也與伯季父國棟國材云卿爲四椅概之世又微且臧存者楷之子從龍生瓔槦之子震龍生斌斌瓔皆從季父於是秦之系者七焉方朔南瓜裂邑爲兵衝居是閒者如懸幕燕如蛛蝥浮空中猝風驚霆掃潰不可支烽烟且騰弱妻稚子道棄捐相望何暇及其先人田宅耶吾河南東家錯居江左生殖匿匿宛然先疇

世業荊棘芃芃狐狁穿穴喟無可如何至元丁丑邑復爲人境先君呼夔弼命之曰麻城田廢幾可[illegible]遂與季父瓔剪荊棘驅狐狁一一物色然後田之故粗可尋又十二年戊子以田之闢墾者疇若干自列於大司農且按質劑之舊列豪之吞并者若干愬於郡若縣蜎蹶累年然後復又二十八年延佑乙卯有旨准民自實田則悉頃之荒熟凡七千有二實於官者於是昔之復者然後定嗚呼勤

哉則相謀曰吾祖自宋紹興乾道迄今三百載陵遷谷變薄少幸無恙語有之百足之蟲不僵百尺之柯不摧奈何斷忿觸意行道之人自爲坐取王承福輩嗤笑哉顧錯居不可合則以是七千頃者仍祖籍以衆扶樹之視歲之上下口之多寡而均其廩若縣官賦入供億百需則別儲貯千餘石若所謂新安倉以俟而族之能者遞掌之又別峙三千石爲義塾以教族之子弟至婚姻喪葬春秋[illegible]

塋之祀各有經念欲垂誡其後斬一言焉予謂古先聖王敎人綱秩天紀五宗九族之制彬彬焉德降且衰乃有親兄弟爭錢物相魚肉如太史公所謂使人鼻酸雖然彼云云者宜與偷鴟梟之流耳若太山張公藝與近世九江之陳金谿之陸一門風義炫赫簡編獨非人耶奈之不得如昔人勢也乃其意則昔人之遺也雖然吾何以爲朝卿贅請贅二言焉曰公曰忍予嘗過蘇天平范文正家塋域在焉予讀義田碑約荅族之長者賢者持其歲之出入而不得擅其會計文正子孫得董其會計而不得親田之出入范數百口賴以不饑寒至今非以其公耶若公藝書百餘字以進於唐高宗者非忍耶夫敗俗傷教之流未有不激於私而成於忿若予之二言將天壤無弊可也豈乎孫氏子孫其毋替斯言哉

天臺書院記　　秣陵焦竑

古學校之教修士求志達道未有不爲時用者其在於鄉也高者尊爲父師少師而下亦不失爲更老日羣其子弟督教之迨歿則相與追思其功德祀之瞽宗推而月之日先聖先師夔伯夷周公孔子顏子皆其人也近世理學莫盛於宋迨天聖明道間學猶未立而四書院之名獨聞於天下是時周之鹿洞陸徐巖朱之隱屏各以道德師於鄉爲之徒者率振振雅馴行藝修好世徒知賴其用而漸摩成就之功豈一日積哉天臺先生崛起楚之黃安推明孔顏周陸之學與鄉人肄習之從遊者屨恒滿戶外已宦轍所至又自其鄉達諸四方今去之數十年而其教如存先生所風動抑已遠矣當其校士新安按胡侯於髫齔中而授之學至是綰印綬來爲邑令乃盡推先生之言措諸政事約束精明寬簡中度闔部晏然民吏意得以其間造先生之廬與其子弟講求未墜之緒而闡繹之嘆

曰古鄉先生沒必有祭吾師顧其可後爰卜地邑
東偏搆堂三楹奉先生像設而同志之友及門之
徒皆祔食於旁講堂三楹翼以二室待來遊者棲
焉書舍二十楹羣多士於中誦詩讀書循循如琅
琅如也惟謹墻之東西復爲孝子節婦二祠周而
覽之齋祭有所肄習有次庖湢燕休各有寧宇又
出其餘買田數十畝會其入以具祀事既成書來
俾余志之嗟乎先生特起千載之後明先聖之道

以爲後之學者其於求仁之要修身之矩本末粲
然如指諸掌藉令遐陬獨學之士精思而實踐之
可以學聖人而無難況黃人息遊於斯者皆門人
之子孫昆弟也彷彿於聲容而得其意之所存能
無憬然思奮者乎自是其賢者超然自信而獨立
即中材亦勉焉循其矩矱而寡過不惟先生之精
神丰采久而彌新侯之德於是邑亦將無窮矣侯
名尙質字某徽之歙人蒞茲五載治最當遷矣而

能加意於吏責所不及亦先生得士之驗也是爲
記

國朝　博士崖記　三韓白良琯

距天臺西南二十餘里而遙相傳昔曾有博士隱
居於此其上猶存讀書基址云或曰此攻木之工
匠名也崖夾一溪溪水探源於老君山北下從八
畈口出凡經四十里溪中盡石或偃或卧或巨或
細或平或欹齒齒相續一水潺瀉其間石之纍垂

委屬於溪中者時若渴馬之飲於泉時若龜蛇之
出沒時若樓閣之聳峙仰觀四壁則皆蒼松古木
參差連蜷又雜以鳥鳴鶴巢蕙草奇葩經緯其上
一曲一折皆有可觀而各各不同山性然也予閱
名山大川多矣或身接而意不屬一覽而輒忘未
若茲之俯仰幽深足以供人茂樹之樂而起遺世
之思者倘所謂石隱殆其地歟且安知非石隱之
人不欲以文顯而復托於攻木之工以自食其力

如伐檀詩人者乎吁旣逝於世復潛其名古之楚狂接輿曷以加焉徒使後之人想望高風不能詳其姓氏生於何時處於何代人去而崖僅存其將呼崖而欲出乎胡不幸不與天臺並載於初乘而止傳於流俗之口乎抑豈造物秘以待後人乎予故因遊天臺而並記之云者固欲使茲崖之不湮沒於草莽也然而已大非茲崖命名之初志已試問同遊者之曾子𡡉耿子輿至張子晶然耶否耶

時九月十日也

重脩儒學碑記　　晴川熊伯龍

吾嘗披閱安志而不禁有今昔盛衰之感焉使極盛而不流爲衰也則古今無氣運極衰而不返爲盛也則聖賢無補救氣運者聽之自天補救者操之自人然天以氣運而望其補救於人人以補救而挽其氣運於天其間非聖賢不爲功如安邑侯龍衢張公其選也按安之鄉僻處萬山之中初無所爲縣治也去郡城遠聲教文物不能及其風樸茂其俗喬野有識者慮之太學生秦鉞省祭李大夏伏闕上書請割岡陂麻之土而建縣焉疏報可遂成城於嘉靖間凡廛市井竈規畫井井與九屬邑相若也學宫則在縣治西有廟有廡有堂有門有泮有祠遥憶鼓篋釋菜時彬彬盛哉以故人文蔚起彰爲國華衣冠禮樂俎豆薦馨浸淫至於七十餘年而兵燹興明社屋此邦之墟一陷於獻再

沒於闖刼灰烽燧城郭丘墟而學宫之傾毁尤甚向之所謂泮水者巍然山矣向之所謂廟若廡若堂若門者町疃場而蠨蛸戶矣宫墻之數仞者蕩然瓦礫與民居雜遝相爲往還而狂夫之無擇矣旁竇四達啟閉無司而城闕之子衿且佻達於中矣聖賢之靈方委諸草莽而霜露矣我

朝定鼎命吏來守茲土前後凡六易侯而皆拘牽於

禮樂百年後興之文留意於學宫者寡焉今

大子龍飛之四年樂亭張公來蒞茲土仁心仁聞美不勝書越二年蒲中盧子章與亦奉　命司山城鐸停車榛莽中風雨不蔽始搆齋堂三楹修官舍又三楹而諸生謁見廳事始堪旋馬尋募邑之紳衿子弟欲取文廟而鼎新之乃以廢之餘力莫辦也維侯毅然獨任不取民間半菽不費公帑一錢先割清俸百金遣工師購江木若干遡長河之流而來爲正殿桼桷構櫨栭楔根闑之用隨購山木

若干本其値與江木相敵瓦之屬稱是甎之屬稱是灰石之屬又稱是先浚頖池得故泉瀹水製如刃週砌堅好樹大屏當雲路之衝以蔽内外次新正殿五楹立先聖龕座柱繞龍螭牕開翡翠踵事增華不厭至美四配十哲龕座亦復相當以及俎豆祭器無不備美次新兩廡各七楹先賢先儒龕座復林立焉又創櫺星門三楹門左建名宦祠三楹門右建鄉賢祠三楹頖水之旁立禮門義路各

一所殿後建庫房五楹以儲祭器法物凡材無可因者則鼎創之制有可循者則完復之棟楹梁梲之腐黑撓折者更爲之甃瓦級甎之破缺者補綴之赤白之漶漫不鮮者丹之雘之旁竇之可通雜遝往來者窒之聚攻木之工攻石之工攻金之工設色之工刮磨之工搏埴之工終日矻矻然稟餼之費復倍於値起丙午終己酉侯與學之師儒戴星僕僕度地經營歷寒暑不少輟而落厥成功告

圭士民樂之多侯之功感侯之德而無以誦其美也欲勒之貞珉以垂不朽謂余承乏館閣時督京畿學政曾過侯之鄉景侯之爲人與侯周旋以大約不立圭角不盜虛聲惟以實心行實政故侯飛鳧歷三邑所至輒能興利除害百廢無不舉又絕無侈前人誇來者之意幾微芥蔕於胸中即如是役也縻侯金錢以萬計費侯經理以三年計而身不辭勞口不鳴功從不以片紙隻字中聞於上憶

濤畏人知而德與功又過之非所謂聖賢其心補救氣運而造化在手者乎都人士爲余述其美而丐余記其事余固不文之甚者也然美則愛愛則傳我之好善何獨不如人乎爰紀其今昔興廢之大槪以志其不可諠兮之有如此者至其價值之多寡與殿廡祭器之規條則俟襄事諸君子另勒之碑陰云

重修鼓樓記

邑人秦如芫

張邑侯滋安三載政成化洽百廢俱興人和治多暇凡城郭官室整飭維新金湯益固邑之鼓樓在勝國兵燹灰燼已久有石焉伏於塗土有址焉棄於瓦礫名爲通衢實則穢墟侯乃行其途視其額垣斷壍不欲使盛跡㵎湮因其地全其天逸其人迺晉迺塗不丹楹不斵椽不越月而落成無欂櫨櫛梲之華而梁棟板檻瑰偉逾昔顏其額曰望鶴樓登臨睥睨賦咏志美昔之所難今於是乎在日則轂擊肩摩效技於楹廡四達夜則刻漏滴壺風霜清冽叶應鼓角外則連山聳翠勢若星拱五雲似馬東峙南翔泉流西伏馳奔雲矗迴延野緑遠混天碧咸會於譙樓之外其意象物趣之美覽者各自得焉夫地勝而得人以任之則山若增而高水若闢而廣邑若從而麗樓不待飾而已奐矣猗歟休哉我侯以世胄之裔英妙之年宏巨之才烹鮮小試郎物阜民康則治日益峻道日益高行日

益懋由此而登崇陟峻他日澤在天下勲在太常名在石室所持以不朽者無極琴鶴相隨又何所極耶斯樓應與白雲黄鶴並峙千古侯之命名其在斯乎思侯之命名知侯之居心豈特一時之勝槩城郭之壯麗歟將見繼侯而理者覩侯之經營猶在也棠蔭猶存也窺其細知其大也是侯之德不可不記侯之志不可不記侯之修樓而命名何可以不記也請記諸石以爲循良楷云

萬權園記　　邑人張希良

吾邑土風喬樸以園池相尚者僅二家曰自得耿氏園也在城內曰萬權吳氏園也在邑西南十里許蘿曲村環溪山之勝蒼松翠竹落花啼鳥不匠意而四時幽致天然先是尧祿磨峰公課其子客部處植舜華焉客部諱化字敦之以戊子名元登第旣宦成歸而益植權自署萬權侯更增置齋閣亭臺花石島嶼文社酒舟舞衫歌扇與諸名士游

公沒累更寇燹子盧江令諱尧龍字荀長率浮家南北外之還蘿村葺先澤重整三㽔木蘭招故舊相娛樂自擬藍田故其賦新舫曰蘿村如在輞川遊徵諸同志倡和成帙焉園之爲堂者一羣卉駢矣曰尊權識始也館曰會侶郎客部讀書舍子孫世肄之爲樓者二曰蓮華淨域特深矗前沼有菡萏矣老檜垂簷子纍纍可摘也盛夏榻之不知暑曰馱雪倣趙文敏名環植琪花寶樹初春倚檻如藐姑雪赤城霞園之豔賞此爲最軒二曰輪雪以梅曰浴紅以安石榴爲臺者各一織月在尊權後釣臺星斗在權溪閣一曰漪公盧江晚年置在權溪紫薇墩墩環水溪靄叢焉竹樹交蔭魚鳥親人閣盡之園多桂可五六十株秋中丹黃璀璨香聞十數里顧未有題識予名其處曰香天蓮華樓側老桂一本則盧江自㧊焉桂子人罕見予於會侶館北紅藥間僅見之其他曲廊夾徑名識屢易難

索紀矣溯權溪者從紫薇登舟泝而上夾岸榆柳參天藤蘿翳日如碧琉璃行平疇曖曖時從林隙遇之溪僅三五里屈猶逶折維纜問魚之浦灑酒白石之磯遵瀕蒲澗鳧渚鷗汀隨處留人郎武尼九曲無逾此深窅也探奇者至百花洲而竟洲爲盧江種核地先考賦新舫所謂百花洲老吳宮月是也餘具盧江自志中大抵權園之勝勝以溪溪勝以舟非舟溪不靈非溪園不韵而予謂總勝以

人耳子瞻記承天夜游云何夜無月何處無竹栢特少閒人如吾兩人人勝之謂也往者客部盧江兩公風雅相繼好賢如不及故其時外則綱鄉子雲元石諸公挾策至內則江汝諸子相與鼓吹山川賞奇析義而後槿園聲價十倍焉藉令主人不汎愛門徑苔封縱金谷平泉如闤闠中瓶花小艸而誰與傳之順治戊戌春公以長公暉受學延予會侶者三載含弟希聖亦繼至暇則壺觴選勝公

鶴髮酡顏縱談諸名理娓娓忘倦憶積霖初霽公過會侶邀予溪行作賞日遊比至肴榼已先待遂相與酌酒酣暢儀欣對竟日賞月陳矣賞日自公始又大雪中公謂槿川雪舫最奇命酒游焉萬樹琳瑯氷花藻繪舟行離披荷蒂中琤琤作碎玉聲寒光四薄侍童皆股慄口噤擊楫賦詩未已公之豪舉見一斑矣從來泉林佳致生長其間則忘囪囪車馬又苦不悉惟予三年晨夕拾主者之所忘傲遊人以所未悉故於園事最親今雖栩捐尊移而魂夢猶在槿堂也庚子。夏先考偶過園中老友玉美在公從予也因牽挽登舟會暮理楫沿溪上下月林清影散入酒杯中先考樂甚與玉美分韵各二章先考詩曰放舟當落日物色漸希微曲渚通漁火殘霞上釣磯波分銜槳出山影鬪林飛好友經年集尊空興未稀又曰林塘雙槳路山月一纖臺醒酒荷香入吟詩柳浪開流螢高復下宿鳥

去還來談劇忘溪邃源窮未擬回詩成河星欲曙乃罷舟無何玉美逝又數年先考暨公俱逝予每過園林感念往事不勝西州之痛焉長公暉季少刻苦能文殆將無愧會侶者園雖少廢而與其弟曦好客不倦予知槿園之終以人勝也因爲之記且勗之

雙泉堂記

九河劉承啟

余蒞任三月重建二堂乃掘地得泉焉豈誠瑞應

耶抑或以示儆也葢人有五性之德與地脉井泉流行不息之理一也嘗讀易至井之象曰木上有水井君子以勞民勸相言有牧民之責者勞之不已從而勸之勸之不已又從而相之能勞民勸相則民德可新父子有親君臣有義夫婦有别長幼有序朋友有信往來用之井井不窮矣故井之九五井洌寒泉食言井養之德具而井養之功行也上六井收勿幕有孚元吉言恩澤及人而井養之

功成也雖然余何能大成井養之功惟因泉而甃井甃井以蓄泉固兢兢惟羸其瓶之是懼特記而鐫諸石以自儆云

重修儒學記　　九河劉承啟

天下皆尊一孔子天下郡國州邑皆有學宫我
皇上御書頒行天下顏曰萬世師表葢欲使天下士講夫仁義禮智之彝以修身齊家治國平天下亦如七十二賢之心悦誠服屏翳撤而虚名出是
聖天子顏師表之意也而吏或不能喻上之意視學校爲非急務即至頹廢而亦莫之救噫先聖其恫矣又何以標示來學使之入廟思敬振起士習而風元元乎然則學校遍天下而聖賢不世出惟學之不脩故至此詎非爲政者之過哉安學面震趾坤環山帶水煙霞林樹獻秀來青規模形勢恢以閎光以大青衿之士喁喁欣奮其間科名之盛自翰銓清要以及州縣之屬甲於他邑人地靈傑相

應而然也獨是余自丙子春來宰是邑三日謁廟見其傾圮剥落瓦礫荆榛穢積壅塞不禁喟然曰此學校之空名刺子衿於城闕所由來也爾時甫下車即行季考且欲頻藉月課論文考道乃顧瞻草莽不能群萃而聚講則學荒習媮余滋懼矣於是捐俸庀材鳩工廣文宋君暾原周君我席欣然監督耿子賓生董其事自櫺星戟門殿廡學舍明倫堂以及啟聖名宦鄉賢諸祀靡不因舊加葺在

之蠹者易之朽之殘者更之深邃池潴爲久遠計周遭壘砌悉覆堅石余偕鄉先生從師儒聿觀厥成則殿宇廡楹丹若流虹而泮水獨沉靜淵默奕奕泱泱每月朔二望六諸生操觚染翰問學海文山盡萃几席驅波濤於硯滴挽星斗於筆芒固其所優爲余爲諸生竿頭更進一言曰爾之鄉不有爲鉅公而溯洙泗之源者乎不有爲名儒而索關閩濂洛之奥者乎是皆爲爾安開風氣之先而爲

仲尼之徒者也由是覩之學不本諸心皆爲僞學夫宮室之敝必改而新之而後可觀學術之敝必改而新之而後可大余不憚改作以新安邑之學安邑之士必不憚去其舊習以自新其學諸生曰自新之學何學也余曰以太極爲垣以至誠爲基以正心爲堂奥以格致爲戶牖以篤實光輝爲丹雘以定靜爲止水由是發而爲視聽言動皆有禮感而爲君臣父子夫婦昆弟朋友皆有則遇而爲富貴貧賤患難皆有守聖人之堂如是聖人之室如是得其門而入者如是如是則睟然見面盎背庶幾與學宮之廣大高明互相輝映矣諸生曰唯唯敬受教余曰雖如是猶未可自足也居斯游斯必也相對如對越嚴師惟慮致有一毫踰越又不獨諸生宜然也凡邑人士覽觀廟貌幸無徒欣羨其巍煥願追尋其所以師表以爲恂慄嚴密之助則其才品寧但曰[illegible]人數等已耶衆皆曰唯唯

敬受命願書而鐫諸石遂爲之記

重建養濟院碑記

尊川朱希若

天下凡莫之爲而爲與夫爲之而不得不爲大約有二一曰天時一曰人事歲事之豊歉人民之貧腴盈有氣數存焉此天時也勤儉之家可以備緩急力作之苦聊以延朝暮此人事也惟夫時至而不能趨事起而不能赴機不能自爲食寒不能自爲衣如文王之世所謂無告之民者皆老病顛連

又鮮室家妻子之扶持蛃步而鳩形蟄嚙而蟬飲旦夕待盡而勢又不得自盡是固天地之贅民也聖天子宵旰勤勞所以軫念斯民者至深且遠而又皇恩屢沛海澨山陬無弗戴堯天而荷昇平矣其於此衆尤加矜恤當其事者雖未必漠然置之而或無以處之揆諸天時而此衆似在天時之外語以人事而此衆又無人事之趣此實心實政之爲難遇也邑侯光仲劉公之牧黃安也清利除害百廢

具興入其境而大有再登風雨時至天時可知也入其邑而義舘之書聲琅然譙樓之丹雘屹然泮宮之美富巍然稽其政而邑志之蒐輯犁然登其堂而雙泉泓然於人事何如哉他如課士恤農還商惠工善政不可枚舉而發政施仁於養濟更爲兢兢考自明神宗初年於邑三山門外作養濟院左濵大街右抵城垣厥後經令君蕭公重葺爾數十年來已成廢壞凡疲癃之就食者出無與依入無與庇暑則炎歊蒸炙寒則雪霜狼籍我公惻然念之爰搆屋一十四間南北相向右畔小池二可用汲爲澣爲沐皆仁恩之汪濊也而且薰風初扇給之单衣白露方零賜之袍被饑則餐以常平疾則飲以湯藥嗚呼公之推恩可謂厚矣孟子謂不忍一牛而擴而充之可以保民况乎實有是政又爲保民之充類者乎於以裁成輔相補天時之有憾續人事之不足彼古大臣一夫不獲耻如內溝

寧有加於此哉抑余嘗過其處矣院之東爲三角山三峰罔峙石洞轟轟皆仁風之播揚也其南則太守周公所更爲五雲山者也遺澤猶有存焉者乎西望似馬洞龍書屋在焉豈無人乎珥筆而誌諸野史者公之爲是舉固不足以罄公之善政而即是舉也亦既與茲三山並不朽矣公諱承啟字光仲故城人

張氏節烈碑記

九河劉承啟

烈婦張氏太仙里民李子方之妻也家貧窶隨夫佃耕劉茅冲桂姓之田有近隣祝子昂慕氏色竊窺子方他出徑入氏室與遂淫慾氏則烈不可犯寧受白刃駡不絶口當爲子昂斧鑿砍死余承乏茲土聞其事哀其死而且重其操方將上之當事入告 九重旌表節烈以風示後世會因子昂旋受寘誅格于成例不果而又慮夫歲月綿邈事久弗彰致使氏之烈操湮沒無聞爲覓片石置墓門題曰烈婦張氏之墓并爲文以祭之嗟乎人之死生亦大矣世之貪生惡死者何可勝數即或口誦詩書身奉聖賢名教者一旦遇有患害亦有幸生苟免之心寧蒙羞忍耻而不顧氏固女流而又田間貧窶之婦也乃能知綱常盡大義如是是不獨巾幗中之錚錚有聲而亦當世之所希有而僅見者矣守天地之正持人倫之彝實知名教之偉大夫也使舉世而皆有氏之節則爲臣者自忠爲子

者自孝百工技藝之人皆自知廉耻安有婾薄之可譏而不臻于上理也乎予固哀其死重其烈惜其未得上聞賜旌也特記其始末以昭示夫來者廉頑立懦其亦知所觀感也夫康熙三十六年三月二十八日是即氏持正全身之日也遂爲記

書

國朝　上開府大中丞張公書　邑人張希良

生再拜奏記大中丞閣下往者癸丑冬閣下奉命撫楚即當三藩並移之際貪夫捉船城郭江湖一時騷動生比濫竽省志偕諸同事上謁見閣下居高而遠思憂形於色若不知其憲節之方新者竊以爲閣下眞古大臣也無何滇黔變起湖湘以南望風奔竄閣下獨以江鄂孤城與制閫相犄角躬

擐甲冑曉夕睥睨間拊殘黎厲將士卒待王師之至更念風鶴餘生蕩家失業重以追呼民將不堪於是疏緩十三年租賦民懷其惠相率輦輸以佐大軍之急已而山寇頻發指授方畧所至皆討定之歲饑又復疏請蠲賑活人以億計蓋自用兵以來閣下外籌攻守內計拊循焦勞抑損未嘗有八騶之車一蓋之乘鳴金鼓建牙旗而晏坐堂皇者六年於茲矣遂能殄滅元兇掣西南半壁而還之

朝廷揷羽漸稀大勞將艾閣下之功高矣閣下之庇蔭楚人者亦已厚矣乃者祭典失銜生與偕計諸人以閣下功未白幾欲揚元禮之旗會天子聖明謂閣下亶勞臣宜秉楚節如故三戶孺嫗罔不瓣香手額幸不奪我冠公也以閣下聰明慈惠閔憂元元如不及疾苦愁歎纖悉畢燭之更何假一妄書生之言上溷明聽然語云泰山不讓土壤河海不擇細流周公聖人也吐握哺髮所欲言而請

畢事者千有餘人爲能達下情而廣集思之益也盂水置薤治理通焉刻今災異日以聞民艱日以甚生雖草茅下賤杞憂之及亦將身之敢避狂夫之誅而與寒蟬同黙黙乎請以閭閻困瘁所尤劇者爲閣下陳之楚地歲比不登矣大江以北田號半入山谷無陸海浸漑之饒雨澤皆仰給於天土旣磽瘠而且壤錯豫州其氣先寒百畝之家田宜早稻者十不得一焉楚天涯雨常在三春入夏則

往往多亢暵亦理數然也故五六月之間一有蘊隆中晚二穀舉盡之未見楚人有全收也今歲則愈有難言者生安人也即以安邑論邑自正月不雨至於四月僅而得雨農人倉卒爲耕具則稻之菑亦長矣而蟲復災之四月一雨以後隻金爍石直到於今阡陌塵飛土龜至尺討螟蝨女魃所留餘民天有幾而長吏覬希滂沛展轉踰期屢屢以秋災報罷然則焚膺愁痛豈盡至於閣下之耳乎

夫楚人呰窳素無積聚所倚爲命者光羅商固數隣邑之灌輸耳今汝南赤地千里室如懸罄無斗粟得至關南而南人之墾占北地者捲土來歸日以千百計主客交困莫可如何水盡菰菱山窮橡栗旦夕殍於溝壑十室而九矣其勉爲支吾不過暫時人耳生一門三十餘口廪食不及二十石終今以往數米而炊可延殘息三兩月此後亦未知軀命何托而細民可知一邑如此他邑可知及今不爲之所生恐數十萬財賦之區非復

朝廷之有也夫災傷之書既上軍需國賦亦當暫爲緩止以俟德音乃長吏之徵比益急盈庭鞭撻慘不忍聞大餉兩乞以及加編官課交督於一時升斗餘粒復消耗於醫瘡剜肉中矣夫自明季迄今凡三大荒崇禎辛巳人相食順治癸巳春斗米四百緡今米價當癸巳四之一人未至相食也然長年三老以爲苦倍疇昔者疇昔家有餘財而今

惟束手以斃也催科不已如人之垂死又加鴆毒焉則雖

聖天子與我閣下甚愛斯人願緩須臾以待大澤之至而已無及矣豈不痛哉自古荒政莫善常平今州縣積貯無幾未能口分而家給也多方賑救或請上方之金或鼓尚義之級補而明之是在閣下但於秋災分數外更爲補牘得邀往者給復一年之賜因民以賑民則莫大之仁術也第今之民生

既浚矣在官者往而不可還矣哀此孑遺危急存亡正在無絲可賣無穀可糶之際閣下繪圖入告請蠲請緩期以來年捧腹之民咸浩蕩而豫有生氣矣南糧之有改折也蓋山鄉不利舟檝有輓運之艱行營委積有守候支放之苦於是以銀充米外給水脚官爲就近採買此通變宜民至計也往者本折二家紛如聚訟彼時穀賤傷農折者利其輕賫而本者苦其倍費耳頃歲穀騰計本折適相

等其議始熄但如安邑舊有南北二漕北漕久入條鞭民忘其勞矣閣下倘爲安人造百世之福一言建白將南漕併入條鞭上也即以時方致武難於發議亦當以暫准改折明著憲行俾長吏有所遵守柰何歲頒詳駁罔所適從而一二奸猾因得假營折之名爲奇貨以滑其中借庫墳庫委無用金錢於胥吏之手哉夫此無用金錢皆百姓膏血也一歲營折之費可當正供五之一合五歲而已

已重費一歲之折矣浚削如此若之何其不窮且斃耶大差之爲里甲累久矣官錢打掃日生飯食輿夫贈送諸色目歲費約數千金單與尤甚百孔千竇殆莫可窮詰而爲之歛散者保戶也保戶半積蠹大猾憑城縱壑寅易漁民每見里排輸代白六房兩皂下逮門役奉賀新里名刺纍纍墻壁間也夫賀新者皆有求於保戶者也里之新而保戶是賀謂保戶之大得所欲也殫里之出竭盧之入

哀苦莫告而若輩以爲賀自此以上快心之奉又不知其凡幾也故欲釐剔弊源則大差之名不可不禁而保戶不可不革也錢糧之官爲徵解也通乎宜省矣火耗之禁功令森嚴然銖黍所入未必無盈餘足以償道里之費補收兑之虧也今徵常在官而解常在民是官獨取盈民乃重耗也陽奉陰違之弊其可不察飭而條爲畫一乎水旱災祲吏之所不欲聞而百姓之所急欲上聞者也比年

饑饉有語及奏報者非惟吏難之民亦自難之此其故可知矣夫駁勘所以重虛冒而或者反以滋費得不償失恐非勤恤民隱至意也今歲荒又見告矣曩者陋例顧閣下澄泳而逆閉其途也軍需旁午取辦臨時勢不得不資採買然名雖官給價值其實層累而至於下十無二三焉而贖者又復借端掊克利歸於下而怨叢於上害有不勝言者今西南漸平一切採辦當已之即不獲已而委之

忠公廉潔之人審諏里甲行戶估值有無侵蝕之實則公無廢事而亦無困人矣夫五聽所以達民窮項之刁風亦少熾矣訐訟之徒以睚眦破人家蓋黄之大姓無不罹其禍者近復開告密之門誠其人如朱家郭解者流鷹擊宜矣山野之民多收幾庚穀稍稍自給而指爲豪又何以處夫横道之豺狼也夫里有富民俗之厚也今乃羅織至此生恐不數季而富者貧貧者益無所賴矣矧哀鴻満野萬井蕭條閣下宜帥先諸憲長守令斷絶獄訟靜以養民氣猶懼傷之忍使其波累於即當三木開乎周禮荒政十二有曰除盜賊自諱盜之律嚴其諱益甚而萑苻之勢張矣今一月之內盜所刼掠凡數處皆有力之家鑽體灼膚備極慘毒席捲一空昭昭人耳目而長吏漫不加意比及隆冬一牛石種皆將莫保其有閣下何繇知之誠恐上下相蒙宵人得志不至釀無窮之禍不止也生閲邸

報七月二十八日地震京師壞城郭踣室廬壓殺人民無算此其變之大者按春秋五書地震不言事應而春秋繁露與洪範五行傳論著甚詳天人深祕生不敢妄爲徵引而日食則修德月食則修刑

天子與大臣同心一體恐懼修省當有見微而知著者矣又聞安陸之蓮華庵怪鳥見按其形似在山海圖爲水爲火爲兵爲大喪是不一說而生弟希

聖謂陳建從信錄所載萬曆十五年異鳥見於秀水縣之思賢鄉人頭鳥身翡下有白鬚竟日而去其年大水明年米貴死者塞路水爲腥膩不可食杭州保俶塔後積棺幾至山半流液成川正與蓮華庵所狀合殆將有水患疾疫之憂其兆既成矣導迎天和以消沴戾是不可不先事而豫防也又安邑之南鄙土人剝瓜往往有稻秧叢生其中此所謂木妖也夫穀以養人不熟於田而寄於空虛

無用之地大無之象見矣煙蒼蒼明年無糧封豕得之民之無祿剝瓜著之其事非偶然也今秋將盡矣驕陽未退霂霢尚屯居民汲水遠至數里外洩利之疾所在都有過時不雨又將無麥此真萬物芻狗之秋也經書成公七年冬大雩是吁嗟禱雨之祭四時皆有之今恒暘如故而曾莫省憂非所以懼天災而恤人窮也然欲從事於禱祠之末則又不可自古軍旅之從必有凶年言民以征役

怨咨之氣感動天變而旱乾作也故宣公七年夏公會齊侯伐萊秋至自伐萊大旱胡氏以爲此其應也楚自大軍進討資糧芻束山夫水手覈車船木麻鐵鉤楯戰馬諸費所以備行間緩急者惟是江北數州民耳積五六年征役之氣以召天變其不雨宜也昨歲西江底定言者請蠲逋賦二百餘萬

上曰其助逆可誅其仳脅仍可憫特曲從之今我武

維揚數州奉義之民僅存皮骨未及於寬政是從王者反不逮從逆者有厚恤也天心幾何其不亢戾乎閤下誠以江北數州頻年可憐之狀與所以致災之由剴切具疏得比於西江閩廣諸處給復數年以寬其力以慰其心好生之德又不宜嗷嗷諸邑被之而已夫祝瓦暴身紫雲起鄭俠繪忠湎雨應日者

聖天子虔禱郊壇玉步甫移甘霖立沛行之而既效

矣閣下若能出告誡引罪之言罷青苗免役之害以附於洛陽監門禦災之實天心仁愛主聖臣賢誰謂一氣呼籲中而桴鼓有爽應哉不此之圖瞻烏蹙蹙誠未知其所底矣自古災祲讁告草澤之言往往與肉食相參今求言不逮下生竊耻其無由自達於當宸也而妄效之閣下閣下

天子之喉舌也異時閣下揆覽之辰生隨於鄉大夫握爵爲壽閣下延之東堂俯詢民瘼不知其勝之

前而晷之移也故嘗以爲閣下眞古大臣躬逢古人臣吐握之風而無寸壤涓滴以裨益高深其視任棠賢不肖何如耶生惶恐百拜

頌

明朝天窩書院頌　淮海孫應鰲

黃安邑南曰五雲山幽焉能谿高焉能含綿邃昭曠爲邑奇觀山陰則列屏如臺山陽則中凹如屋四序熙和百嘉叢簇淑氣攸鍾仙莖爰苗邑有道仁人楚侗耿子于茲卜築闢紫芝之洞房啟白雲之盤谷錫厥異稱命爲天窩萃弟子以講德邀明儔以嘯歌恍乎如身居清都而下俯寰宇浩乎如胸蟠羣彙而廣包大羅也廼有臺使汝泉趙子念庭舒子下令邑吏備材鳩工捌楹建閣緯楔立其崔巍精舍成其煜爚匪以侈覽觀恣悟嬉實因表賢喆資來學于是楚侗舊友淮海孫生忻聞厥聲驚覩厥成悵懷征之旣阻聊奮筆而紓情用紀美

事俾垂永名期同遊之大雅證斯文之宗盟云爾頌曰翠微兮環巒雲錦兮空谷睇九澤兮軼風聳千仞兮垂幄山迤邐兮西騫又合沓兮南眷儼韞藏兮如窩孰招搖兮能扳窩中人兮君之子楚之侗兮昌韡韡搆筌檽兮蒞橑服蓀佩兮荷履泉灩瀲兮飲而甘木紛鬱兮息以陰蘊隆洒濯兮嚴寒燠溫烟月徘徊兮風日與眺楚之侗兮澹居此鄰泰清兮棲顥始昂若思兮頫若委楦若株兮泛苔

止一几兮徜徉萬有兮混茫遙不悶兮德符掇不
跂兮天光羌窩中兮來往藹金蘭兮心賞惠我人
兮不惘以怳絃歌誦兮式昭以朗楚之侗兮滓冥
天降鑒兮芳馨俪紫芝兮玉英熗金跗兮垂莖辰
象精兮瑶光發分藻井兮攢柯樾靈根梃兮獨茂
頎瑞應圖兮罔湮閟我所思兮窩之陽楚之洞兮
壽而昌欲往從兮遊陰康耿難即兮阻河梁春秋
不淹兮道可受鄉風舒情兮緊退覩楚之侗兮思

故舊倘眡我兮在左右

國朝　雙泉頌　　臨皋詹大衢

九河慕齋劉公蒞任黃安政通人和三月大治因
念燕堂湫隘無公餘退食之所將程土物畧基址
量功命日肇揩柱礎期于安固咄咄工人停畚鍤
注目相覩皆謂署踞勢高未易有水水忽溢得非
泉耶公不信徐掘而深之但見清冽上湧涓涓不
息似有原者亦以堂前左隅偶一見之畧不經意
及驗之右隅亦復如是其分列位置若量而後定
者然公以適然得之適然付之初無容心惟堂成
不另題額因其雙泉而名之有是哉天地間出之
自然而功足以被萬物者孰有如泉哉彼掘井九
仞而不及泉者固無足論在昔貳師將軍李廣利
有事大宛軍中乏水廣利拔刀刺山乃得飛泉湧
出又戊巳校尉耿恭守疏勒敵人絕其上流不得
飲城中穿井十五丈仍無水恭特拜而禱之方見

泉湧公以清潔之操沛陰膏于宇內非有待于拔
劒拜禱之勞而泉水雙溢爲澤被四境之驗譬之
雉乳鹿行若無足異惟雉不他乳而乳于中牟之
陌鹿不他隨而隨于淮陰之車及後魯公鄭公皆
用茂德登台司故世競稱之不置今泉之出也不
于他處而特出于聽政之所又復左右雙出焉豈
侯驗諸後而始稱也乎白香山嘗柬林塘父云昔
與冷泉作主一百日勝于二十四考中書彼昔賢

以日計之而猶患不足者公以長年坐致之而有餘豈非得于天者篤歟余邑與安邑同屬黄郡而安邑又爲先文憲所經遊之處隔越不過百里雖未嘗至固已心識之今春三月余被召來安甫入境但見井里恬然其沐浴而歌詠者無不荷公之功而無能名公之德惟以居近大江頗覺安邑山多水少歷觀諸峯暎帶時讓時爭時違時應時拒時迎擬爲仰窺石壁若岸俯瞰壑澗若流澗壑藤

蘿虧蔽若荇藻蒼煙古樹横豎參錯飛鳥往來若游魚竊自笑准形匠心所見無非水者然亦僅形似耳而未得其眞也及登公堂奉公教瞻望堂額雙泉坐定詢所由得其實頓覺甘冽迎芳襲人衣裾不减囊登金山徘徊中泠泉畔時然彼猶是閒遊地也豈若公秉懷清淑托志淵泓經史淹洽以文章抒爲經濟如川谷之瀉流江海雖極汪洋澎湃沛然莫禦而其所爲靜深者必有所本故左右逢原不竭不涸而無能測其所以然雙泉之左右並出天豈無意而示之哉爰繫之以頌曰貞憲維邦醴泉維雙樂只君子如漢如江泉雙迴異槩德之地樂只君子汪濊不匱泉以有源用汲受福君子豈弟澤流式穀我行其庭明慎用刑以水爲鑑大哉滄溟挹彼注茲中正有準不激不溢惟斷克敏上接天漢下暎汝沱興所當興予來作歌陳之輶軒上之太史沾溉邇遐淪浹肌髓慕義嚮風自

西自東躋彼公堂其樂融融

表

國朝至聖誕辰慶賀表

武昌周家鼎

伏以道周庶彙以開先亘古之光華如旦德冠三門而立極終天之神化聿新闡千祀惟精惟一之心傳垂萬年並育並行之教澤貞恒不息廣運無疆某等竊惟生知本乎天縱大人立功立德以立言性量出以至誠君子盡巳盡人而盡物既扶出

於靡竭宜追遡所由初顧欲尊垂統之師則斷自
素王之位文父文母精衷致禱於尼阿廼聖廼神
粹氣適鍾於岱嶽時從夏建瑞應周靈典緯臨塵
躔度當樞於北極星張正次文章發耀於南離節
經寒露之九陽誕值仲秋之念七辛卯合朔從推
杳沐之芳辰庚戌宜春可得麟遊之吉月紀庚子
誠非無故論公羊豈盡爲誣萃靈奇於歲月日時
括悠久之運元會合世家具在年表堪稽即今之

萬國同文九圜昭祀以遙傳實始於二龍繞室五
老降庭之一日况皇躬時懋於典學臨雍肅下拜
之儀而盛朝雅志於崇文過廟起停車之敬既隆
二丁之常典復念一本之發祥首自成均遍乎黨
塾斯蓋環林忻洽芝何懽騰者也恭惟大成至聖
孔子先師與天合撰惟聖偕時是訓是行持世道
人心之大法爲律爲度立君臣父子之洪綱高矣
法象莫能容不皇不帝不王功烈尊於九五至哉

範圍何可外大知大仁大勇教思廸於三千濯江
漢以暴秋陽當日疇云可尚軼唐堯而邁虞舜及
門智足以知故德化久而益彰廟樂奏如天樂乃
精英隱而彌耀杏壇亭若郊壇綿彼大年由昭代
而指春秋匪因時爲隆替遙占華算自東周而逮
浩刼寧逐運以遷流某等妄效管窺謬同蠡側學
慚入室咸歸洪鑪鼓鑄之中見愧得門均出大造
甄陶之表專是尊欽於上哲寧猶瀆祀於羣祇謳

其詩讀其書固不知乎天之高而地之厚見其禮
聞其樂敢竟忘乎木之本而水之源靈爽在玆對
丹廷而雀躍明禋無替向碧殿以鳬趨伏願睿鑒
昭回聖聰採聽玉書挺異而後文風偕世運俱升
繡紱徵奇以來心法隨治功並茂化行俗美長留
老安少懷之心戸誦家絃允愜繼往開來之意從
此泮宮麗藻芹之色俎豆馨香庶幾雲漢聯奎壁
之光几筵肅睦雖華衢之贊古帝何以加於至人

即天保之頌大君無由過於夫子道至斯而極矣
民無得而稱焉

人物補遺

郡幕秦仲武

仲武字右泉太仙里人父早卒事母盡孝幼有大志不務雕蟲技凡廬舍田園手劈荆榛能豊其業爲人排難解紛濟人之急脫人于阨遇知名士輙敬禮之如王公承寧從叔忍調登賢書成進士爲資佐其宦遊使無內顧憂且勉之曰但爲清白吏忠君愛民無以貧爲慮也嘗見山僻一婦號聲痛

哭將投繯叩其實則夫繫囹圄令轉嫁贖罪不忍割乃出囊金贈之俾完破鏡又有以無辜株連罄子者傾橐贖還未嘗少見德色及叅軍江寧尤練達世務多善政未數年解組歸訓子若孫俱有聲庠序間晚年益樂爲善凡煑茗施粥修道成梁合藥救人無虚日兩與鄉飲年逾九十以疾卒孫國鈐由廩膳遊太學國鈺國鉉曾孫啟濡啟澍皆列子衿報未有艾焉

縣尉楊明輝

明輝字燿寰任江西新淦縣尉時盜賊竊發莫能治縣正素悉其才詳請委任不數月獲渠魁十餘人羣盜屏息事聞陞新淦縣倅明恕精嚴吏畏民懷以勞瘁病目告歸淦民勒碑記其事遺愛不置云

庠彥李之瑋

之瑋邑庠生幼以文章名年十五即補弟子員督

學使水公頒刻試卷稱其不凡讀書尤明大義癸未會城陷瑋投江殉難漂溺三十餘里漁人救援復甦甲寅譚賊倡亂奉當事令隨孝廉盧爾慥往撫瑋躬冒矢石入賊營反覆勸諭亂遂止太守于公造廬優奬邑侯張公請光卿飲謂其能以禮義爲干櫓也年七十有七卒子二俱列膠庠家學不墜有以夫

華文海

文海事父以孝聞父歿呼天痛悼廬墓三年尤肯周人之急扶人之危有楊姓被訟誣鬻子海奏金贖之吳姓負債投林自縊海救蘇代還生平甘淡泊三十餘年不入城市仁孝恬静如此邑人至今稱之

閨範補遺

魏氏貞烈

魏氏明大中丞魏公韓之女也適博士弟子盧纁

早死遺孤漢三歲淣未及週氏年方二十有二重以姑命撫二藐孤裙布荆釵紡績教子絶迹不歸寧者四十年及兩子成立諸孫繞膝後始一適焉署纂鎮岐司馬馬公煥曾以苦節和熊旌其門

王顯治妻吳氏

吳氏邑庠生王顯治妻也治卒氏年二十四誓以死從絶粒不食者數日姑觧之曰汝死我無所依子無所恃汝夫終不瞑目矣氏始勉強支持事姑

純孝姑病奉湯藥温枕蓆不假手奴婢父母病亦
爲之奉醫藥備棺椁具喪葬又還其奩田爲父母
春秋祭盡誠盡孝與事翁姑等凶歲甘食薄粥餘
米以濟乞人以周鄉鄰遣子就傅必教之曰毋墮
家聲先是初寡時有誘其改嫁以奪其產者氏曰
我與此子生于斯死于斯苦惟我受于彼何與及
被豪僕屢加侵侮氏曰寡母孤兒被人欺侮常情
也嗚呼節操如彼而見地又如此氏不遠勝鬚眉
男子哉

黄乾貞妻熊氏

熊氏邑民黄乾貞妻也年僅二十二歲而夫歿欲
以身殉因有煢姑舅誓死守節事姑相繼没氏賣
簪釵飾以襄事家貧壁立惟勤紡績迄今子女成
立每念母勞嗚咽泣涕云

胡獻臣妻阮氏

阮氏鄉民胡獻臣之妻也十六歸胡生子二長甫
六歲次僅四歲不幸獻臣早夭氏年方念四即不
欲生止以煢煢二孤無託上有衰偷病姑時資藥
餌惟忍死矢志躬勤紡織以供晨夕姑歿竭力殯
葬一一如禮人皆稱爲節孝兩全云及氏病篤長
子之琰計無所出割股肉調羹以進終莫能愈二
守楊公玉在題額旌之顏曰行符古閫兒弟克相
友愛善繼母志豈非節孝之報歟